普通高等教育汽车类专业系列教材

汽车法规（第3版）

主　编　付铁军　郑晋军
副主编　丁海涛　汪　震
参　编　吴　量　杨思航　朱　凯

机械工业出版社

根据近年来我国汽车行业法规建设的巨大变化，本书具体讲解了我国目前汽车法规体系的现状与发展方向，界定了汽车法规的内涵与外延，阐述了汽车法律法规对汽车行业发展的深刻影响；同时，还适当地介绍了发达国家先进的汽车法律法规体系。在此基础上，系统讲解了我国在汽车产业、汽车技术、汽车认证以及有关汽车的营销、金融、税费、维修、专利、道路交通等各方面的政策法规。

本书适合作为高等院校汽车类专业相关课程的教材，也可作为从业人员自学的工具书。

本书配备教学课件，选用本书作为教材的教师可在机械工业出版社教育服务网（www.cmpedu.com）注册后免费下载。

客服人员微信：13070116286。

需要配套资源的教师可登录机械工业出版社教育服务网 www.cmpedu.com 免费注册后下载，或联系机工小编索取（微信：13683016884/电话：010-88379674）

机工教育微信服务号

机工汽车小编

图书在版编目（CIP）数据

汽车法规/付铁军，郑晋军主编. —3 版. —北京：机械工业出版社，2021.9（2025.2 重印）
普通高等教育汽车类专业系列教材
ISBN 978-7-111-69705-3

Ⅰ.①汽… Ⅱ.①付… ②郑… Ⅲ.①汽车工业-工业法-中国-高等职业院校-教材②道路交通安全法-中国-高等职业院校-教材　Ⅳ.①D922.292②D922.14

中国版本图书馆 CIP 数据核字（2021）第 244727 号

机械工业出版社（北京市百万庄大街22号　邮政编码100037）
策划编辑：何士娟　责任编辑：何士娟
责任校对：史静怡　封面设计：张　静
责任印制：邓　博
北京盛通数码印刷有限公司印刷
2025 年 2 月第 3 版第 6 次印刷
184mm×260mm・17.5 印张・431 千字
标准书号：ISBN 978-7-111-69705-3
定价：69.90 元

电话服务　　　　　　　　网络服务
客服电话：010-88361066　　机　工　官　网：www.cmpbook.com
　　　　　010-88379833　　机　工　官　博：weibo.com/cmp1952
　　　　　010-68326294　　金　书　网：www.golden-book.com
封底无防伪标均为盗版　　　机工教育服务网：www.cmpedu.com

第3版前言

本书为2015年出版的《汽车法规》的修订本。

在本书第2版出版以来的五年里（2016—2020年），中国汽车市场风起云涌，中国汽车产业经历了前所未有的变革。

——《道路机动车辆生产企业及产品准入管理办法》出台，代工生产模式获国家认可。

——《汽车产业投资管理规定》颁布施行，取消汽车投资项目核准事项，全面改为地方备案管理。

——汽车行业外资股比放开，外商独资汽车公司成立。

——《汽车销售管理办法》实施，打破销售垄断，鼓励发展共享型、节约型、社会化的汽车销售和售后服务网络。

——国六排放标准实施和新能源补贴政策退坡让技术落后者加速淘汰出局的政策靴子落地。

——《乘用车企业平均燃料消耗量与新能源汽车积分并行管理办法》实施，乘用车企业进行平均燃料消耗积分核算和新能源车积分核算管理。

——《关于免征新能源汽车车辆购置税的公告》实施，免征新能源汽车车辆购置税。

还有诸多汽车界发生的大事，我们无法一一列举。

本次修订的主要目的就是对所有与汽车相关的法律、法规、技术标准及时更新，使本书内容更加充实、权威、准确，切实反映近五年来中国汽车相关法律、法规和技术标准的更新发展。

本书除保持第2版的基本结构与基本内容外，主要在以下几个方面进行了修改：

1) 采用现行的法律、法规、标准。

2) 增加了一些新内容，例如中国新能源汽车与智能网联汽车相关产业政策，《小微型客车租赁经营服务管理办法》对网约车为代表的移动出行的影响等。

3) 精简部分内容，修改了《汽车法规》第2版的文字错误。

本书紧密贴合《中国工程教育专业认证》标准要求第3条和第6条关于"能够设计针对复杂问题的解决方案、系统单元或工艺流程，并能够在设计环节中体现创新意识，考虑社会、健康、安全、法律、文化及环境等因素"的要求，可以作为车辆工程或相关专业的汽车产业政策与技术法规教材使用，也可作为广大汽车行业从业人员的工具书。

本修订版由付铁军、郑晋军任主编，丁海涛、汪震任副主编，参加编写的还有吴量、杨思航、朱凯。在编写过程中广泛参阅了汽车相关的法律、法规、技术标准和相关政府文件告示，并参考了相关网络和杂志刊登的有关资料，在此向所有作者表示感谢。

由于编者水平有限，对于本书存在的不尽如人意之处，恳请广大读者批评指正。

编　者

2021 年于吉林大学

第 2 版前言

本书为 2011 年出版的《汽车法规》的修订本。

自本书第 1 版出版以来，中国的经济和社会形势发生了巨大的变化。首先，中国已经成为世界汽车生产与消费第一大国，如何应对全球竞争的崭新局面，以实现中国汽车产业可持续发展，并完成从汽车消费大国向汽车强国完美过渡是我们面临的重大挑战。第二，随着中国汽车保有量的急剧增加，汽车对城市的发展、能源消耗、环境污染等方面产生了深远的影响，同时，对汽车生产制造、道路交通安全、机动车运行、保险理赔、维修等方面提出了更高的要求。

在这种大的背景条件下，中国近三年出台了一系列对汽车生产准入和消费有重大影响的法律、法规。所以，本次修订的主要目的就是对与汽车相关的法律、法规、技术标准及时更新，使本书内容更加充实、权威、准确，切实反映目前中国汽车相关法律、法规和技术标准的更新发展。

本书除保持第 1 版的基本结构与基本内容外，主要在以下几个方面进行了修改：

（1）采用最新的法律、法规和标准。例如，针对《缺陷汽车产品召回管理条例》《家用汽车产品修理、更换、退货责任规定》《道路交通安全法》《机动车驾驶证申领和使用规定》（公安部令第 123 号）、《机动车登记规定》（公安部第 124 号令）、GB 7258—2012《机动车安全技术条件》等内容按照政府最新文件公告进行了修订。

（2）增加了一些新内容，例如"我国车辆企业及产品准入许可公告管理制度"一节，讲解中国最重要的汽车认证制度——公告管理制度。在"我国其他汽车产品认证制度"一节，讲解中国其他汽车认证制度，即环保部环保认证、北京环保认证和交通部油耗认证。

（3）精简了部分内容，对《汽车法规》第 1 版的一些不足进行了修改。

本修订版主编为付铁军、郑晋军，副主编为王军年、洪哲浩，襄阳汽车职业技术学院郭传慧副教授及杨思航参与了部分内容的编写工作。在编写过程中广泛参阅了与汽车相关的法律、法规、技术标准和政府有关文件告示，并参考了相关网络和杂志刊登的有关资料，在此向所有文件制定者及文章作者表示衷心的感谢。

由于编者水平有限，本书难免存在某些不尽如人意之处，恳请广大读者批评指正。

编　者

2015 年于吉林大学

第1版前言

汽车政策法规对中国汽车产业的影响向来深远，2011年是"十二五"开局之年，作为国家支柱产业之一的汽车业未来5年走向如何，与政策法规紧密相关。新的汽车产业政策力求推动汽车行业结构调整和兼并重组，促进汽车产业实现自主创新战略，提高自主创新能力，加快培育自主品牌，大力培育和发展新能源汽车产业，积极推进传统能源汽车的节能减排，妥善解决因汽车产业快速发展所产生的能源、交通、环境等问题，最终达到"人-车-社会"的和谐统一。

笔者在高校任教，从事汽车工程、汽车维修及汽车营销等专业的教学，一直关注我国汽车行业政策法规建设。因有着多年的教学科研经历，深知国内鲜有汽车法规方面的教材，而汽车专业的学生有必要掌握汽车行业政策法规方面的知识，为此，笔者以多年汽车法规课程教学科研经验为基础，结合我国汽车政策法规建设的现状以及世界汽车先进国家汽车法律法规实践，编著了本教材。

本教材是机械工业出版社汽车分社规划的"普通高等教育'十二五'汽车类规划教材"中的一本，可作为汽车工程、汽车维修与检测、汽车营销与售后技术服务等专业的课程教材，也可作为广大汽车从业人员的工具书。在编写过程中广泛参考借鉴了国内有关汽车政策法规方面的研究结果，在此对借鉴参考书籍的原作者一并表示衷心的感谢。由于笔者的水平有限，教材难免有疏漏之处，恳请广大读者批评指教。

编　者

目 录

第3版前言
第2版前言
第1版前言
第一章 绪论 ··· 1
　第一节 汽车政策法规对汽车行业发展的深刻影响 ········· 1
　第二节 汽车法规的内涵和外延 ························· 4
　复习思考题 ··· 7
第二章 汽车法律法规体系 ································· 8
　第一节 国际汽车法律体系简介 ························· 8
　第二节 国外著名三大汽车行业法律法规体系 ············· 10
　第三节 我国日臻完善的汽车行业法律法规体系 ··········· 15
　复习思考题 ··· 17
第三章 我国汽车政策法规基础知识 ························· 18
　第一节 我国的汽车产业政策解读 ······················· 18
　第二节 《鼓励外商投资产业目录》解读 ··················· 20
　第三节 新能源汽车产业政策 ··························· 23
　第四节 智能网联汽车产业政策 ························· 34
　复习思考题 ··· 40
第四章 汽车技术法规专题 ······························· 41
　第一节 汽车安全法规 ································· 41
　第二节 汽车节能法规 ································· 52
　第三节 汽车排放法规 ································· 64
　第四节 汽车噪声法规 ································· 69
　第五节 《机动车运行安全技术条件》解读 ················· 73
　复习思考题 ··· 77
第五章 汽车认证法规 ····································· 78
　第一节 各国汽车产品认证制度简介 ····················· 78
　第二节 我国机动车辆强制性产品认证制度 ··············· 84
　第三节 我国车辆企业及产品准入许可公告管理制度 ······· 93
　第四节 我国其他汽车产品认证制度 ····················· 102
　复习思考题 ··· 105
第六章 我国的汽车销售与金融管理法规 ··················· 106
　第一节 汽车销售法规 ································· 106
　第二节 二手车交易流通管理办法 ······················· 108

第三节　汽车登记法规制度……………………………………………… 113
　　第四节　汽车信贷管理法规……………………………………………… 129
　　第五节　汽车租赁相关法规……………………………………………… 136
　　复习思考题…………………………………………………………………… 142

第七章　汽车税费管理法规…………………………………………… 143
　　第一节　汽车税法概论…………………………………………………… 143
　　第二节　车船税…………………………………………………………… 145
　　第三节　车辆购置税……………………………………………………… 151
　　第四节　汽车消费税……………………………………………………… 156
　　第五节　汽车增值税……………………………………………………… 160
　　第六节　汽车燃油税……………………………………………………… 166
　　复习思考题…………………………………………………………………… 170

第八章　汽车维修的标准和法规……………………………………… 171
　　第一节　汽车维修标准和维修企业……………………………………… 171
　　第二节　机动车维修管理规定…………………………………………… 175
　　第三节　汽车改装相关法律规定………………………………………… 179
　　复习思考题…………………………………………………………………… 182

第九章　汽车道路交通法规…………………………………………… 183
　　第一节　道路的基本知识………………………………………………… 183
　　第二节　道路法律法规解读……………………………………………… 186
　　第三节　汽车保险理赔政策法规解读…………………………………… 203
　　复习思考题…………………………………………………………………… 213

第十章　汽车专利法规………………………………………………… 214
　　第一节　汽车专利知识要点……………………………………………… 214
　　第二节　我国的汽车专利………………………………………………… 227
　　第三节　汽车 WTO 知识产权与海外并购……………………………… 237
　　复习思考题…………………………………………………………………… 246

第十一章　汽车法律服务……………………………………………… 247
　　第一节　我国的汽车法律环境分析……………………………………… 247
　　第二节　汽车召回制度…………………………………………………… 250
　　第三节　汽车三包的法律规定…………………………………………… 255
　　复习思考题…………………………………………………………………… 268

参考文献………………………………………………………………… 270

第一章 绪 论

第一节 汽车政策法规对汽车行业发展的深刻影响

汽车自 19 世纪末诞生以来，已经风风雨雨走过了一百多年。从卡尔·本茨造出的第一辆车速仅为 18km/h 的三轮汽车，到现在从静止加速到 100km/h 只需要不到 4s 的超级跑车。这一百多年，汽车发展的速度是如此惊人！在汽车的发展历程中无不留下了汽车法规的痕迹。汽车法规的不断完善，极大地促进并规范了汽车技术的发展，下面让我们一起来回望这段历史。

【案例1】 著名的《红旗法》

汽车诞生之初，由于噪声大，污染严重，制动、转向性能等较差，并不十分受欢迎。为此，许多国家都对汽车上路行驶加以限制，如不准汽车上大路、看见马车要停车等。最有名的应是英国实施的《红旗法》，这是 1865 年英国议会针对蒸汽汽车制定的世界上最早的机动车交通安全法规。其中第 3 条规定，"每一辆在道路上行驶的机动车辆必须遵守两个原则：其一是至少要由 3 个人来驾驶一辆车；其二是 3 个人中必须有 1 个人在车前 50m 以外步行作引导，并且要手持红旗不断摇动，为机动车开道。"在第 4 条中又规定，"机动车在道路上行驶的速度不得超过 6.4km/h（4mile/h），通过城镇和村庄时，则不得超过 3.2km/h（2mile/h）。"

1896 年 1 月 20 日，一名叫沃尔塔·阿诺尔德的英国人因违反限速规定而被处以罚款，成为世界上第一个因超速而被罚的汽车驾驶人。当时他的车速只有 13km/h。在《红旗法》被废止之前，英国对汽车的研制几乎处于停滞状态。直到 1896 年，此法规才被其他限制车速的规定替代。

1875 年，美国议会也做出决议，认为汽车是危险车辆，"它含有一种与我们任何常识性的概念都不相符合的、极其危险的自然力。"对汽车的使用和制造进行了干预。而最早发明了蒸汽汽车的法国，则由于 1789 年爆发了资产阶级革命，以及后来社会和政治上的动荡，在汽车的研制方面中断了半个多世纪。

下面引用《无条件信任的力量》中的一段文字：

"你知道最先研制汽车的是哪个国家吗？"

"不是德国吗？"

"不是，虽然现在的德国是汽车制造大国，但最早制造汽车的国家是英国。1765 年研制出蒸汽汽车发动机的詹姆斯·瓦特，1839 年开发电力汽车的安德森，都是英国人。英国作为产业革命的领头人，开发了很多尖端的技术，而且把它们传播到了世界各地。汽车也不例外。1884 年后，德国人戴姆勒和本茨开发了汽油车。十年后，德国工程师鲁道夫·狄塞尔又开发了柴油汽车。可是，英国的汽车产业为什么没能继续发展壮大呢？"

"是因为技术外泄,还是被别国开发的新技术打倒了呢?"

"虽然原因很多,但最根本的是他们拿起石头砸了自己的脚。听说过维多利亚女王颁布的《红旗法》(Red Flag Act)吗?"

"汽车的商业化导致马车业受到了巨大的损失,于是英国就颁布了这个法规。它的内容很有意思,一辆汽车必须有3个人,一个人在白天扛着红旗,一个人在晚上提着红灯,目的是在距离50m的地方,就要告诉人们汽车来了。而且最高车速不能超过6km/h,尤其在市区,车速要在3km/h以下。"

"英国为了拯救夕阳产业——马车业,颁布了这个法规,但最终却是赔了夫人又折兵,不仅没能挽救马车业,还让汽车行业一蹶不振。"

《红旗法》将车速限制在步行速度之下,的确可以防止事故。但是,立法者不知道:机械动力除了能为车轮提供转速外,也能为汽车停止提供制动力,其实并不会妨碍公共安全。这项专门针对特定技术(机械动力车辆)的限制性法令,大大遏制了英国汽车工业的发展。直到1896年,《红旗法》才渐渐通过例外规定的方式被废弃。而那个时候,汽车工业发展的第一个十年已悄然逝去,法国和德国的技术已远远领先于英国。

【案例2】 全球三次石油危机与美国"油老虎税法"的出台

第一次危机(1973年):1973年原油价格从每桶3.011美元提高到10.65美元,油价猛然上涨了两倍多,从而触发了第二次世界大战之后最严重的全球经济危机。持续3年的石油危机对发达国家的经济造成了严重的冲击。在这场危机中,美国的工业生产下降了14%,日本的工业生产下降了20%以上,所有工业化国家的经济增长都明显放慢。

第二次危机(1978年):1978年年底,全球石油产量从每天580万桶骤降到100万桶以下。随着产量的剧减,油价在1979年开始暴涨,从每桶13美元猛增至1980年的34美元。这种状态持续了半年多,此次危机是造成20世纪70年代末西方经济全面衰退的一个主要原因。

第三次危机(1990年):国际油价急升至42美元的高点。美国、英国经济加速陷入衰退,全球GDP增长率在1991年跌破2%。国际能源机构启动了紧急计划,每天将250万桶的储备原油投放市场,以沙特阿拉伯为首的欧佩克也迅速增加产量,很快稳定了世界石油价格。

众所周知,现代汽车90%以上都是以石油的炼化物——汽油和柴油作为燃料的,世界上石油的最大消耗是用在汽车上的。1990年,美国报纸上对大排量轿车污染了城市空气的问题展开了长达两年的公开讨论。1992年,政府下令对凯迪拉克轿车、奔驰190系列以上的全部轿车、宝马轿车、奥迪A8轿车、保时捷轿车等征收售价10%的油老虎车税,税款不高,但使这几款轿车的名声受到很大的影响。从此,大排量轿车不再像过去那样吃香了。

【案例3】 洛杉矶光化学烟雾事件

洛杉矶位于美国西南海岸,西面临海,三面环山,是个阳光明媚、气候温暖、风景宜人的地方。早期金矿、石油和运河的开发,加之得天独厚的地理位置,使它很快成为一个商业、旅游业都很发达的港口城市。

然而好景不长,从20世纪40年代初开始,人们就发现这座城市一改以往的温柔,变得"疯狂"起来。每年从夏季至早秋,只要是晴朗的日子,城市上空就会出现一种弥漫天空的浅蓝色烟雾，使整座城市上空变得浑浊不清。这种烟雾使人眼睛发红、咽喉疼痛、呼吸憋闷、头昏、头痛。1943年以后，烟雾更加肆虐，以致远离城市100km以外、海拔2000m的高山上的大片松林也因此枯死，柑橘减产。仅1950—1951年，美国因大气污染造成的损失就达15亿美元。1955年，因呼吸系统衰竭死亡的65岁以上的老人达400多人；1970年，约有75%以上的市民患上了红眼病。这就是最早出现的新型大气污染事件——光化学烟雾污染事件。

光化学烟雾是由于汽车尾气和工业废气的大量排放造成的，一般发生在湿度低、气温在24~32℃的夏季晴天的中午或午后。汽车尾气中的烯烃类碳氢化合物和二氧化氮（NO_2）被排放到大气中后，在强烈的阳光照射下，会吸收太阳光的能量。这些物质的分子在吸收了太阳光的能量后，会变得不稳定，原有的化学链遭到破坏，形成新的物质。这种化学反应被称为光化学反应，其产物为含有剧毒的光化学烟雾。

洛杉矶在20世纪40年代就拥有250万辆汽车，每天大约消耗1100t汽油，排出1000t多的碳氢化合物（CH），300t多的氮氧化合物（NO_x），700t多的一氧化碳（CO）。这些排放物，经太阳光能的作用发生光化学反应，生成过氧乙酰基硝酸酯等组成的一种浅蓝色的光化学烟雾，加之洛杉矶三面环山，光化学烟雾扩散不开，停滞在城市上空，形成污染。另外，还有炼油厂、供油站等其他石油燃烧排放。这些化合物被排放到阳光明媚的洛杉矶上空，不啻制造了一个毒烟雾工厂。

从20世纪50年代开始，美国加利福尼亚州空气资源委员会为限制汽车废气对环境的污染，制定并公布了许多相关法规。他们制定的法规、标准除在美国贯彻执行外，通常还被其他国家的立法者采用。

【案例4】 好的政策法规造就中国车市的神话

据中国汽车工业协会发布的2009年国产汽车产销统计，2009年国产汽车产销突破1300万辆，同比增长创历年最高，乘用车产销首次超过1000万辆，商用车总体呈良好表现。汽车工业的迅猛发展，使我国成为世界第一大汽车生产和销售国家。

这一年，我国出台了汽车购置税下调、汽车下乡补贴、汽车以旧换新优惠政策，以及汽车产业振兴规划等一系列促进汽车产销的利好政策法规。

车辆购置税是按车价的10%计算的，4S店售车价格中包括车价加17%的增值税，所以要扣除增值税后再乘以10%来征收购置税。购置税=（购车价格÷117%）×10%。如果对1.6L及以下小排量车的购置税优惠至5%，则小排量车的购置税=（购车价格÷117%）×5%。假如一台车售价是11.7万元，车价就是10万元，购置税就是1万元。如果是小排量车，优惠后购置税为5000元。

2009年是中国车市有史以来最热闹的一年。在全球市场普遍低迷的情况下，中国车市创造了一个奇迹——一枝独秀，气势如虹，全年更有突破1350万辆的气势，超越美国成为全球第一大汽车市场。中国在全球汽车市场所占的比重，也由2008年的13.3%提高到了20%以上，在世界汽车产业格局中的地位日益凸显。

当然，2009年中国车市的发展有其政策因素和消费体量的支撑作用，并非由车企和行业单方面促成。面对全球性金融危机，世界上还没有哪个国家的政府像中国那样迅速、有力地采取救市措施。特别是1.6L及以下排量的乘用车实施车辆购置税减半的政策效果非常明显，前

11个月对市场增长贡献率达到85%。据统计，政策因素拉动增长达260万辆左右。

曾被预测为"寒冬"的2009年，却是新车井喷的一年。统计数据显示，全年有90款新车型推出，而且这些新车不是小改款，都是纯粹的新车型。从特点上说，2009年上市的新车不仅多，而且全，几乎涵盖了各类车型，无论是产品的排量，还是产品的价位，其空间都被排满，形成多种级别与层次，出现品种多元化趋势。车型特征向国际化、时尚化发展。

2009年，尽管各大厂家都在扩大产能，但排队提车的现象比比皆是。几乎所有新车的提车时间都超过了一个月，个别热销车型更是达到了3个月之久。与往年风起云涌的汽车降价潮相比，2009年要缓和得多，除了微型车的价格略微下降外，其他各系列车型的价格均保持稳定，而中级车和豪华车的价格还出现了上升。

2009年，国内汽车市场自主品牌表现出了前所未有的佳绩，创下了包揽市场份额第一的"神话"。在国际金融风暴阴影下的2009年中国车市，自主品牌车型可以说是先于竞争对手"复苏"了，改变了自主品牌车企与合资车企的竞争格局。

毫无疑问，2009年是汽车行业在中国飞速发展的一年。从技术革新的角度来看，由于各家汽车厂商之间的激烈竞争，使得技术升级不断加速。从发动机性能的提升到整车设计的变革，2009年的技术革新推动了整个汽车产业的发展。从行业发展的角度来看，随着中国汽车普及大潮的到来，汽车市场的高速增长使得各大厂商之间的竞争变得更为激烈。有的厂商在渠道上追求大的变革，有的厂商为了提升品牌形象进行品牌营销，有的厂商着力于产品型号的不断丰富，很多国产汽车厂商通过加速技术消化实施全球化战略。如此种种，都表达出当今汽车产业竞争的激烈与残酷。

综合以上案例可以清楚地看到，汽车在给人们的生活带来巨大便利的同时，也产生了许多负面效应。案例1中对于交通安全的担心促使英国制定了《红旗法》，案例2中世界能源紧张促成了"油老虎税法"的诞生，案例3中由于汽车尾气排放造成了严重的环境污染，各国相继制定了环保法规。交通安全、污染物排放、能源枯竭已成为威胁人类生存的三大问题，给人类美好的生活投下了阴影。为了社会的协调发展，必须使汽车及汽车产业的发展符合整个社会的发展需要。为此各国政府都相继颁布政策，制定汽车法律法规，以起到积极的引导作用，带动技术进步，使汽车产业沿着有利人类整体利益的方向发展。案例4讲述了中国政府在全球性金融危机的影响下，迅速采取有力的救市措施，出台各项政策刺激车市，造就了2009年中国汽车销量的神话。由此可见，汽车政策法规对汽车行业发展的影响是极其重大和深远的。

第二节 汽车法规的内涵和外延

世界汽车工业发展的历史表明，汽车产业的振兴，不仅取决于核心技术的掌握，还得依靠一系列政策法规的支撑。在我国汽车产业发展的历史中，政策法规也起到了重要的促进作用，并且已经具备了相当的规模和特点，初步形成了以法律为基础、政策为依据、辅以若干法律规章的政策法规体系。

所谓汽车法规，是指有关汽车生产、投资、贸易、消费等的法律、法规、政策、规章和汽车有关标准规范的总称。国内外的实际经验表明，政策法规对汽车产业的发展起决定性的影响。

我国的法律体系大体包括以下几种法律法规：法律、行政法规、地方性法规、自治条例、单行条例和规章等。法律有广义和狭义两种理解。广义上讲,法律泛指一切规范性的文件,包括法律、法规、规章、国家标准等;狭义上讲,仅指全国人大及其常委会制定的规范性文件。在与法规等一起谈论时,法律是指狭义上的法律。法规,在法律体系中,主要指行政法规、地方性法规、民族自治法规及经济特区法规等,即国务院、地方人大及其常委会、民族自治机关和经济特区人大制定的规范性文件。

1. 法律

法律是我国最高权力机关全国人民代表大会和全国人民代表大会常务委员会行使国家立法权,立法通过后,由国家主席签署主席令予以公布的规范性文件。因而,法律的级别是最高的。与汽车相关的法律有《道路交通安全法》《公路法》《保险法》和《消费者权益保护法》等。

2. 行政法规

行政法规是由国务院制定的,通过后由国务院总理签署国务院令公布。这些法规也具有全国通用性,是对法律的补充,在条件成熟的情况下会被补充进法律,其地位仅次于法律。法规多称为条例,也可以是全国性法律的实施细则,如《机动车交通事故责任强制保险条例》《专利代理条例》等。

3. 规章

规章主要指国务院组成部门及直属机构,省、自治区、直辖市人民政府及省、自治区政府所在地的市和经国务院批准的较大的市和人民政府,在它们的职权范围内,为执行法律、法规,需要制定的事项或为本行政区域的具体行政管理事项而制定的规范性文件,如国家专利局制定的《专利审查指南》等。

我国汽车行业的法律法规体系建设包括宏观、中观和微观多个层面,涉及汽车研发、生产、销售和消费等多个环节,政府、企业、消费者等多个行为主体。我国汽车行业法律法规体系包括以下几个层次的内容。第一个层次是以产业政策为核心的汽车产业促进法或产业促进条例。产业促进法应在整个汽车工业的政策法规体系中起主导作用,是其他相关政策法规的基础,决定未来一定时期内中国汽车工业的发展方向与格局。第二个层次是涉及汽车生产和产品管理方面的政策法规,包括准入认证制度、产品质量标准和汽车安全等方面的政策法规。第三个层次是消费者权益保护的立法,包括质量"三包"、汽车召回等内容。第四个层次是加强汽车行业社会性管理职能的立法,如环境保护和汽车行业配套法律法规(如城市基础设施、道路交通、停车场规划)。

过去我们对这方面的研究甚少,既不系统,也不全面,甚至有些汽车行业的从业人员对汽车相关政策法规不仅知之甚少,而且关注不够,这一状况严重制约了我国汽车产业的健康发展。

【小阅读】

汽车新政影响车市

1. 军队采购自主品牌汽车

2014年年初,经习近平主席和中央军委批准,解放军四总部印发《关于军队贯彻落实〈党政机关厉行节约反对浪费条例〉的措施》(以下简称《措施》)。《措施》中指出,严格按编制标准配备公务用车,公务用车实行集中采购,选用国产自主品牌汽车。

点评:对于公务用车选用自主品牌这个话题,多年以来一直备受关注。对于自主品牌的发展,政府部门的示范作用不可忽视。此次军队要求公务用车选用自主品牌,若能贯彻执行下去,对自主品牌的发展是非常有利的。

2. 杭州实施限购

2014年3月25日晚7时,杭州市政府就汽车限购一事在其官网发布公告称,宣布从3月26日零时起杭州市实行机动车限购。至此,杭州已成为继北京、贵阳、上海、广州、天津之后的国内第六个实施汽车限购的城市。

点评:解决日益拥堵的城市交通最直接的办法就是限购,这种权宜之计并非大中城市的"治堵"之本。而对于限购,很多尚未限购的二三线城市也提前释放了销量潜力,武汉、郑州等城市的经销商通过一些炒作,提前释放了消费能力,这一举措很有可能会影响到该年国内汽车产销总量。从目前的情况来看,预计2014—2015年中国汽车产销量将会继续保持两位数增长,而限购的压力也会与日俱增。

3. 控制乘用车企业平均燃料消耗量

2014年5月7日,工信部发布了《关于加强乘用车企业平均燃料消耗量管理的通知(征求意见稿)》(简称《通知》),按照规定,到2015年我国生产的乘用车平均燃料消耗量要降至6.9L/100km,2020年要进一步降至5.0L/100km。

为了推动此目标的落实,工信部在《通知》中明确了一系列惩处措施,包括公开通报、暂停新车申报和停止新车产能审批等,可谓异常严厉。

点评:这则通知在汽车企业内激起了千层浪,使很多品牌尤其豪华品牌的车企坐立不安。像奔驰、宝马、奥迪等品牌早已推广它们的小排量发动机,但是类似于雷克萨斯、英菲尼迪以及其他豪华品牌,它们将面临在未来两年内大范围以小排量代替大排量发动机的更新换代。据悉,像雷克萨斯NX、英菲尼迪Q50、英菲尼迪ESQ在2014年已经推出2.0T和1.6T发动机。而以往以大排量为主的品牌,也会在这道即将实施的政令下,引入小排量发动机。

其实该政策已在很多国家施行,其中以美国最为严格,目的是提高汽车燃油的使用效率,促使技术改进。但中国和美国政策上最大的区别在于美国实施的是企业平均油耗标准,意思是一个企业生产的同类车平均燃油经济性要达标。而中国将要采取的标准是按照单辆汽车整车质量划分等级,也就是说单辆汽车要在所符合的重量段内达到燃油消耗量标准。

但中国的这一政策并不能很好地为纯电动车企业发展创造条件。在美国,很多纯电动车企业的初期发展最重要的经济来源手段之一就是向大排量车企出售油耗限值,而这笔资金可以帮助初期的纯电动车企业获得研发费用,其中就包括了菲斯科、Coda电动车公司等。

4. 非运营乘用车六年内免检

2022年9月9日,公安部、市场监管总局等国家部委联合发布了《关于深化机动车检验制度改革优化车检服务的意见》。新规中指出,优化非营运小客车、摩托车检验制度。自2022年10月1日起,非营运小微型载客汽车(面包车除外)、摩托车自注册登记之日起第6年、第10年进行安全技术检验,在10年内每两年向公安机关申领检验标志;超过10年的,每年检验1次。

点评:该《意见》的发布对国内车主非常有利,公安和质检部门响应民声而制定

《意见》，对社会、对车主都是好消息。

5. 新能源汽车免征购置税政策

2014年7月9日，国务院总理李克强主持召开国务院常务会议，部署加快发展现代保险服务业，决定免征新能源汽车车辆购置税，围绕推进简政放权，通过相关法律修正案草案和行政法规修改决定。

会议决定，自2014年9月1日至2017年底，对获得许可在中国境内销售（包括进口）的纯电动以及符合条件的插电式（含增程式）混合动力、燃料电池三类新能源汽车，免征车辆购置税。

点评：新能源优惠政策的推出，一方面提高了车企发展新能源车的热情，另一方面降低了新能源车的购置成本，有利于对消费者普及和推广新能源车，对新能源车的发展起到一定促进作用。但目前车市竞争激烈，只有增强新能源汽车对传统能源汽车的可替代性，提高新能源汽车的性价比，才能在市场上对传统高耗能汽车起到"挤出"效应。

相比于此前的补贴政策，此次免征车辆购置税对于新能源汽车产业的推动力将会更大。一方面，从政策效果来看，我国曾经在2009年出台汽车产业和钢铁产业调整振兴规划，针对小排量汽车减免车辆购置税，使得当年的汽车产销量实现了爆发式增长；另一方面，由于存在地方保护的因素，地方补贴迟迟无法落实，导致新能源汽车异地推广面临困境，而此次购置税免征打破了地方界限，所有的新能源汽车都将受益于利好政策带来的价格优势。但阻碍新能源汽车市场发展的主要原因不是价格而是基础设施、技术、安全、售后服务、产品质量等多方面。

（以上信息来源于中国汽车工业信息网）

复习思考题

1. 什么是汽车法规？简述我国的汽车法律法规体系是由哪几个层次构成的。
2. 举例说明汽车法规对汽车行业的作用及其影响。

第二章 汽车法律法规体系

第一节 国际汽车法律体系简介

在谈及美、欧、日法律法规体系时,首先要从系统的角度论述政府对机动车管理的体系。图2-1给出了国际上通行的机动车政府管理体系,这个体系分三个层次,第一层次是机动车的法律体系,第二层次是机动车的技术法规体系,第三层次是机动车管理的各项制度。

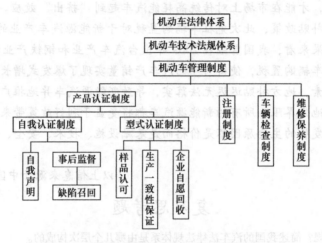

图2-1 国际上的通行的机动车政府管理体系

在市场经济下,政府管理是法制化管理,因此首先必须立法。机动车运输系统涉及三方面的因素,即人、路、机。人是指驾驶人、行人等道路使用者;路是指机动车使用的道路;机是指机动车辆,三者构成一个有机的系统。因此机动车法律体系也须根据三大因素确立,共同组成完整的机动车法律体系。

图2-2所示为日本有关机动车的法律体系,我们能很清晰地看出其法律体系的构成状况。机动车法律体系中有关车辆的法律是由直接涉及车辆安全、污染控制和节能的法律组成的,在这些法律中,车辆法(如日本的道路车辆法)是车辆法律体系中的主法。

由于对车辆的管理涉及大量技术工程方面的问题,因此必须有一个技术法规体系。技术法规体系的作用就是将法律规定的目标和原则转换为可操作的技术要求,便于实施。

为保证技术法规规定的技术要求得以实施,政府还必须按系统的要求建立一套涉及各个环节的管理制度,这套管理制度由产品认证制度、注册制度、检查制度和维修保养制度组成。这里特别要指出的是作为机动车管理的最后一个环节——车辆报废,在美、欧、日没有相关的管理制度。原因之一是车辆一旦被个人购买,就成为拥有者的个人财产,政府无权将个人财产报废或没收。另一方面,发达国家拥有很完善的二手车市场和我国尚没有的再制造业,产品的更新换代速度快,使用者的换代速度也快。没有政府管理制度并不表明政府不施

第二章 汽车法律法规体系

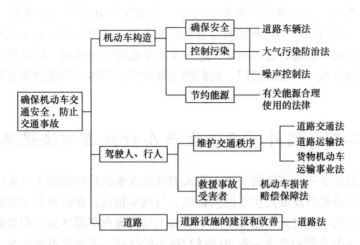

图 2-2 日本有关机动车的法律体系

加相应的措施。发达国家大多采用政府补贴技术先进的车辆，或通过随机动车年限增长来增加车辆检查次数等经济手段来促使老旧车辆的报废更新。

政府管理机动车有以下四个目的：一是减少因交通事故造成的人员死伤及财产损失；二是控制机动车的污染以保护环境；三是降低能源消耗以保护有限的地球资源；四是防止机动车的丢失以维护社会治安。上述四个目的就决定了技术法规体系组成的四个方面，即机动车技术法规体系包括安全、污染控制、节能和防盗。美国、欧洲、日本之间的技术法规体系虽有差异，但都是由这四个部分组成的。在1998年以前，国际上普遍的认识是机动车技术法规体系包括三个方面，即安全、污染控制和节能。1998年，《关于对轮式车辆、可安装和用于轮式车轮的装备和部件制订全球性技术法规的协定》，即1998年日内瓦协议书，第一次将防盗列入机动车技术法规涵盖的内容，尽管当时美、欧、日还没有专门针对防盗技术的法规正式公布。

在美、欧、日机动车管理体系中，各个层次的管理机关是不同的。法律的批准均在国会或议会。在美国，技术法规由交通和环境主管部门制定，国会批准。欧洲经济委员会（ECE）法规由ECE下属的车辆制造专业组（WP29）制定，由联合国批准；ECE指令由布鲁塞尔工作组制定，欧洲议会的运输部长会议批准。日本的技术法规由运输省组织制定，运输大臣批准。在美国，环境方面的机动车管理制度的制定由环保局（EPA）负责，安全和油耗方面的制度制定由运输部负责。因为美国是联邦制国家，实施的又是自我认证制度，所以车辆年检等一些工作是由各州政府负责的。在欧洲各国和日本，各项机动车管理制度的实施都是由交通运输主管部门负责。一些发展中国家或前华沙条约缔约国原来的管理体制很不统一，有些工作由标准化部门负责，近年来也做了调整。如俄罗斯、斯洛伐克、泰国均进行了管理体制的调整，把管理工作统一交由交通运输主管部门负责。从参加WP29会议的代表名单看，除中国、美国及加拿大由运输和环保两个政府部门参加外，其他40多个国家均由运输部或交通部代表本国政府参加。

世界各国政府管理部门这种高度的趋同性是由机动车管理的系统性和内在规律所决定的。对机动车的管理必须实施全寿命期管理，各项管理制度必然有机关联并共同组成一个整体，机动车管理中的三因素（人、机、路）的互相制约关系决定了由交通运输主管部门进行管理的内在必然性。在一些国土面积比较小、机动车保有量较多的国家，如日本、韩国等，停车问题日益突出。停车问题和城市道路建设有关，城市道路建设又和城市规划密不可分，为加强统一规划和管理，这些国家又进一步改革政府管理体制，将政府的运输主管部门与建设主管部门合并成一个政府部门。他们的这种政府管理体制的设置和改革值得我们认真研究和借鉴。

第二节　国外著名三大汽车行业法律法规体系

　　汽车工业已经历了一百多年的历史，为人类社会改善机动性起到了巨大作用，人类机动性的改善又对社会和经济发展产生了巨大影响。与汽车相比，在世界上没有其他任何一个交通工具能得到人们的如此钟爱，没有哪一个交通工具能像汽车那样为人们普遍拥有，而又能给人们带来如此多的方便和享受。在20世纪50年代以前，工业界不断地改进汽车，追求动力性及舒适性的不断提高，从未想到今后汽车产业将面临的巨大挑战是安全、污染控制和节能。

一、三大法律体系的产生

　　20世纪40年代初期，美国加州发生了光化学烟雾污染，后被证明是汽车排放造成的。50年代，科学家研究发现了汽车排放中对人类有害的气体成分。于是美国加州首先对汽车排放实施政府控制，从此开创了政府对汽车产品实施的法制化管理。

　　60年代中期，有位美国人提出：从美国有了汽车到60年代中期，因交通事故死亡的人数比美国历次战争死亡的人数的总和还多。之后，美国政府为了保护政府公务员的安全制订了9项针对公务车的安全标准。这件事引起了社会的广泛争论，民众认为在得到安全保护方面，民众应当享有平等的权利。自此，政府开始对汽车产品安全实施法制化管理。1966年联邦政府公布了机动车安全法，改组了政府管理机构。

　　70年代初期，石油危机出现了，作为石油需求大国的美国深知石油对美国社会和经济的影响。同期，联合国出版了《地球只有一个》一书，书中断言，由于解决不了安全、排放、油耗等问题，汽车工业已成为夕阳工业。这些因素促使美国政府把汽车产品的油耗问题纳入政府管理的范畴。

　　欧洲是第二次世界大战的主战场，战时遭到了巨大的破坏。战争结束后，欧洲面临全面复兴的局面。为此，1947年联合国成立了欧洲经济委员会（ECE）来促进欧洲的复兴。

　　欧洲国家的跨界陆运特别频繁，势必面临涉及交通运输的一些汽车性能需要统一的问题，例如需要统一不同用途的灯光的颜色。于是1953年在ECE内陆运输委员会（TRA NS）的公路运输分委会（SC1）中成立了车辆制造专业组（WP29）来研究和管理这方面的事务。1958年在日内瓦签署了欧洲范围内的一个联合国协议书《关于采用统一条件批准车辆、装备和部件并互相承认此批准的协议书》，简称1958年"日内瓦协议书"，为了实现统一，就在欧洲这些国家组建了共同体。共同体作为一个"形式上的国家"也要建立一套对机动车产品的管理，于是欧洲共同体在ECE法规的基础上也演变出了一套管理体制。

　　日本的汽车工业是在20世纪60年代以后才迅速发展起来的，尽管日本早在1951年就制定了道路车辆法，但其制定的初衷是为了管理车辆的注册登记和年检，后来随着国际上的变化才逐步加入了对机动车产品的管理。这个进程可以从日本道路车辆法和道路车辆安全基准的修正过程看出来：1951—1984 年日本的道路车辆法修改了 14 次；到 1989 年，道路车辆安全基准共修改了 62 次。

美、欧、日在不同时期，根据本国的实际情况都建立了一套机动车管理体制，并把汽车产品的管理纳入到机动车管理体制中。对三者进行比较后我们不难看到，在将汽车产品纳入机动车管理体系方面，美国的做法条理清晰，具有代表性，为世界各国政府完善对机动车产品的管理提供了经验。

二、三大法律体系的发展

在关贸总协定的乌拉圭回合前，国际上对技术法规和标准没有明确的界定。乌拉圭回合后的《贸易性技术壁垒协议》明确了技术法规和标准的定义，二者分立在不同的法律体系。标准是自愿执行的；技术法规同标准不同，除包含技术规范，还包含标准所不包含的政府主管部门的管理规则，因而是强制实施的。从美、欧、日技术法规体系看，由于一些法规是乌拉圭回合前制定的，所以名称仍叫标准，如美国的机动车安全标准。从法规的构成上也不一定每一个法规都能很明显地看出技术法规的特点，但美国的机动车环保法规和 ECE 法规都具有明显的法规特色。

美国的机动车技术法规收录在《美国联邦法规》（Code of Federal Regulations）全集里，安全和油耗方面的法规收集在第 49 篇（运输篇）里，污染控制方面的法规收集在第 40 篇里。美国机动车技术法规是以篇、部分和分部的形式归类的，因此很难准确地按项列出其数量。另外由于美国的安全技术法规和环保技术法规是由运输部和环保局分别制定的，因此在技术法规结构形式上又有所区别。

欧洲的技术法规有两个体系：一个是 ECE/WP29 制定的 ECE 法规，另一个是欧盟的 EC 指令。ECE 法规的起源远早于 EC 指令，它原来是欧洲范围内实施的技术法规。它并不具有强制性，因此 1958 年日内瓦协议书的各签署国采用的法规可以是对本国生产车辆的要求，非汽车生产国也可以用来作为对进口车辆的要求，各国可以自行决定采用的法规数量。20 世纪 90 年代，ECE 为使其法规更具有国际性，对 1958 年日内瓦协议书做了修改，允许非欧洲国家签署 1958 年日内瓦协议书。此后，许多非欧洲国家都参加了 ECE/WP29 的活动。日本、澳大利亚等国还签署了 1958 年日内瓦协议书。

目前 ECE 法规共有 116 项。它们分别由 WP29 的六个工作组制定，各工作组每年召开两次工作会议，并将制定的法规提交至每年 WP29 管理委员会的三次会议上审定。ECE 法规具有技术法规的鲜明特点：由于目的是服务于型式认证，因此作为主管部门管理要求的认证程序是法规的主要内容，具体的技术要求则"服从于"管理要求，许多技术要求，包括试验方法、试验程序都放在法规的附录中。

欧洲共同体成立后，作为一个统一体，在机动车技术法规方面也需要统一，当时还没有在全球范围内统一机动车技术法规的趋势，因此欧洲共同体在 ECE 法规之外又建立了一套适用于共同体国家的技术法规，即 EEC 指令。在 ECE 法规以外建立 EEC 指令的原因有几个：一是 ECE 法规是非强制的，共同体各国采用的数量各不相同，需要在共同体内建立统一的技术法规；二是共同体作为未来的"统一国家"也有建立机动车法规的必要性；三是

ECE法规所涉及的认证主要是零部件和整车的一部分要求，没有专门针对某种车型的认证，而共同体要开展对M1类汽车和摩托车整车的型式认证和互相承认。随着欧洲共同体变为欧盟，EEC指令也变为EC指令。

ECE法规和EEC指令都源于欧洲，主要参与国基本相同，参与法规起草的汽车技术专家无非来自于奔驰、大众、标致等大型汽车集团，因此EEC指令与ECE法规在结构和内容上可以说是同出一辙，极为相似。到目前为止有70多个EC指令和ECE法规在技术内容上是一致的。在全球机动车技术法规走向统一的今天，ECE法规和EC指令既有与全球法规统一的必要，也有彼此统一的可能。

日本的技术法规是以道路车辆法为法律基础、以道路车辆安全基准为核心的。有73条内容的安全基准最早是为了实施车辆检查制度设立的。对汽车产品，依据安全基准又制订了一套具体的"技术标准"和一套与之对应的75个试验方法和试验规程。

日本的机动车技术法规在灯光方面和被动安全性方面与美国相关法规同属一个体系，而与欧洲体系有较大差别。在排放和油耗方面则是按本国的实际情况制定的，因此排放的试验工况与美、欧都不一样，油耗也不是按出厂平均油耗设置而是按车重分类的。

日本作为一个汽车生产大国，汽车出口所占比例很大，主要出口国为美国。在国际贸易中汽车的进出口是以出口国的产品能否满足进口国的技术法规为基本原则的，所以日本的汽车生产企业对美国的技术法规十分清楚，其出口美国的产品都能很好地符合美国的技术法规。

为保护本国汽车工业，美国限制日本汽车进口，与日本达成了日本自我限制出口的协议。而日本为打破此限制，开始在美投资建厂，在美国实行本地化生产，使日本汽车牢牢地占领了美国市场的不小份额。在牢固占住美国市场后，日本进一步将战略转向欧洲，为此日本的技术法规的方向转为与欧洲法规相协调。这一期间，国际上开始了全球机动车法规的协调，日本很好地顺应了这个潮流，适时加入了1958年和1998年日内瓦协议书，并制定了与ECE法规协调的短期、中期、长期计划。从这个意义上讲，日本本国的技术法规体系虽然仍存在，但实际上转向了与ECE法规协调的轨道。日本签署了1958年日内瓦协议，使其能在ECE法规制订方面发挥更加积极的作用，使本国利益通过参与ECE法规的制订得到体现。

20世纪90年代前后，全球汽车业开展了一场兼并重组的活动，汽车工业的贸易、投资、生产进一步全球化。各国机动车技术法规对贸易和生产的技术壁垒也越加显现。各国法规的不同增加了工业界的负担，使得生产品种过多，成本较高。成本的增加使本来利润率很低的汽车制造业更加困难，随之带来的是消费者购买价格的升高，消费者利益受到损害。90年代初，美国倡议开展法规协调工作并在ECE/WP29中提出提案。最初的协调设想是在欧洲已经修改的、适应国际化的1958年日内瓦协议1995年版本的基础上制订一个新的联合国协议，从而取代1958年协议书。在ECE/WP29 102次会议时开始了此项工作，工作开展了近两年。到106次会议时，工作难以继续进行下去了，原因是1958年日内瓦协议书是一个包括技术法规、认证制度和互相承认的协议书，而美国、加拿大等国实施的是自我认证制度，欧洲实施的是型式认证制度，两种认证制度的巨大差异无法协调，更解决不了互相承认的问题。于是，ECE/WP29 106次会议后工作方向发生改变，决定今后仍保留1958年协议书并让其继续独立运行，重新起草一个仅就技术法规进行统一的新联合国协议书，以避开解

第二章 汽车法律法规体系

决不了的认证制度协调和承认问题。此后又经过了两年半的工作,在 ECE/WP29 114 次会议时通过了新的联合国协议即《关于对轮式车辆,可安装和/或用于轮式车辆的装备和部件制订全球性技术法规的协议书》,简称为 1998 年日内瓦协议书。1998 年日内瓦协议书并不是统一的全球技术法规草案,而是一个用来指导全球如何开展技术法规制订工作的程序性文件。

1998 年日内瓦协议书有包括序言在内的 17 条。对协议书制订的目的、缔约各方的地位、协议书的执行机构、全球技术法规制订的原则、现有技术法规如何成为全球技术法规、全球技术法规的要求和制订/批准程序、法规的采纳和实施都作了规定。协议书还对如何成为缔约方、如何签署协议书、协议书如何生效、如何修改作了规定。

协议书制订的目的是建立一个全球性的程序,使全世界所有区域的缔约方都能参与共同制订全球性技术法规的工作,同时还要确保制订过程的透明性。在制订全球性技术法规时,在法规的严格程度方面要考虑发展中国家的需要。

在技术法规制订准则中,协议书规定全球技术法规要对法规涉及的产品有清晰的描述,法规要对安全、环境保护、节约能源和防盗性能方面提出高水平要求。对达不到技术法规要求的缔约方要规定一个最短的过渡期。对发展中国家还可以规定一个替代水准的相应的试验规程。全球技术法规要尽可能地规定性能要求而非设计特性,还应规定相应的试验方法等。应特别指出的是,要规定对符合全球技术法规的标志或标记有清晰的描述。

在处理与 1958 年协议书的关系上,1998 年协议书规定:本协议书与原 1958 年协议书并存运行,两者的运作独立不受影响。目前已有 15 个全球统一的技术法规作为首批制定项目在 WP29 的 6 个工作组中制定,其项目见表 2-1(1998 年协议书首批制定的全球统一汽车技术法规项目)。

表 2-1 汽车技术法规项目

所属的专家工作组	项 目 名 称
GRE	灯光及光信号装置的安装
GRRF	摩托车制动
GRRF	轿车制动
GRSP	安全玻璃
GRSP	操纵控制件、信号装置和指示器的位置的识别
GRSP	车辆分类、质量和尺寸
GRSP	行人安全性
GRSP	儿童安全带的下部固定点和系带
GRSP	车门锁及车门保持件
GRSP	头枕
GRPE	全球统一的重型发动机认证规程(WHDC)
GRPE	全球统一的摩托车排放试验循环(WM)
GRPE	重型发动机的车载诊断系统(OBD)
GRPE	非循环排放
GRPE	非公路机械(NRMM)及其微粒物排放试验(PM)

1998年日内瓦协议书是美国倡导制定的,对它的运作,美国的态度自然十分积极;由于1958年协议书仍在独立运作,全球统一技术法规的起草仍在WP29的6个专家工作组中进行,因此欧洲仍起着十分重要的作用;日本作为一个汽车工业大国,是签署了1958年协议书及1998年协议书的非欧洲国家,其地位和发挥的作用也很特殊。

1958年协议书至今已有60余年的历史,成员国有德、法、英、意、日、澳等41个签约国,由于其成功的运作,为世界积累了丰富的经验,使ECE法规成为世界著名的法规体系,ECE/WP29也发展为全球技术法规协调的唯一场所。但由于历史原因,即1958年协议书原来仅限于欧洲地域,加之美国出于认证体制的原因不可能签署,所以仍难以让人接受其全球性地位。1998年协议书则不然,由于其起源就是为了响应全球技术法规统一的呼声,一开始就确立了其全球化性质,因此得到了广泛的认同,发展十分迅速。从1998年起仅仅5年的时间就有北美、欧洲、亚洲、非洲等22个国家签署,世界上最主要的汽车生产国都已成为其成员国。

ECE/WP29原来是联合国欧洲经济委员会车辆制造工作组的简称,鉴于ECE/WP29的活动从20世纪90年代以来已打破了欧洲地域界限,在1998年日内瓦协议生效后,日本于1999年提出将ECE/WP 29改名为"世界车辆法规协调论坛",简称仍叫WP29,这一提议得到了各国一致赞同。2000年ECE/WP29正式更名,仍简称为WP29。

目前,WP29在1998年协议书的法律框架下正在组织制订的全球汽车技术法规共计17项。2004年11月18日,在联合国世界车辆法规协调论坛(UN/WP29)第134次会议的《全球汽车技术法规协定书》缔约国大会上,《关于门锁和车门保持件的全球技术法规》草案获得了通过。待联合国批准生效后,该法规成为首个正式出台的全球统一汽车技术法规。这一天,对于中国汽车业而言意义更加重大,该法规的表决通过意味着从这一天起,中国的汽车技术法规正式与国际接轨。作为1998年协议书的正式缔约国,我国享有对全球统一汽车技术法规从立项到审查批准全过程的投票表决权利,同时也有义务采用该技术法规,将其引入中国的汽车技术法规体系中。

【小阅读】

机动车地方法规

自从世界上有机动车技术法规以来,在发达国家第一个设立机动车地方法规的是美国加利福尼亚州,但仅限于环保方面的排放法规。在其他国家均没有机动车的地方技术法规。

这种状况的产生有很独特的历史背景,首先是20世纪40年代,人类历史上首次光化学烟雾发生在加利福尼亚州,其次是加利福尼亚州先于美国联邦成立了管理汽车排放的机构——加利福尼亚州空气资源局并最先公布了世界上第一个机动车技术法规:加利福尼亚州排放法规。

了解美国处理联邦法规与州法规的关系有着重要的现实意义。

在制定1970年清洁空气法的时候,美国国会必须决定是各州政府还是联邦政府拥有制定控制机动车排放法规的权力,因为在20世纪60年代后期,汽车工业界关注到,越来越多的州政府提出采用各种不同的机动车排放控制的建议,于是在1967年,美国汽车工业界敦促国会制止州政府出台排放控制法律。

第二章 汽车法律法规体系

国会做出了响应，取消了各州政府控制机动车排放的权力，但只有一个州例外，这就是加利福尼亚州。因为加利福尼亚州在控制排放方面行动迅速，其技术法规比联邦法规更严，更具有挑战性，但是它也没有完全的自由，它必须证明该州的要求从总体讲至少和联邦法规一样有助于保护人体健康，才能从EPA获得豁免权。

1977年，对各州的禁令得到了修改，允许其他州采用加利福尼亚州的法规。但是要求这些州完整地采用加利福尼亚州控制机动车排放法规而不是单独的某项标准，从而避免制造厂必须去开发所谓的"第三类车"。

第三节 我国日臻完善的汽车行业法律法规体系

汽车是20世纪最显著的人文标志，被誉为"改变世界的机器"。汽车立法和执法水平体现了汽车文明发展的程度。世界上许多工业化国家，很早就开始了汽车工业立法，欧洲、美国、日本等国家还建立了比较完善的汽车法律法规体系。它贯穿于汽车设计—制造—销售—使用—维修—报废的全过程。

我国汽车行业方面的立法一直是个薄弱的环节，不仅相关立法少，而且存在的问题也比较多。近年来，我国加紧制定有关法律法规，构建我国汽车行业法律法规体系。我国汽车行业法律法规体系大致由3个不同层次构成：

第一层次，法律体系。法律体系包括3个方面：一是关于汽车制造的法律，如《节约能源法》和《大气污染防治法》；二是关于车辆交通管理的法律，如《道路交通安全法》；三是关于道路建设和维护的法律，如《公路法》。

第二层次，法规体系。法规体系一般由技术法规和管理法规两部分组成，如《校车安全管理条例》《缺陷汽车产品召回管理条例》等。

第三层次，管理制度。主要包括车型认证制度、进口车管理制度、汽车注册制度、驾驶人培训制度、汽车维修保养制度、汽车车检制度等。

近几年来，我国汽车工业法律、法规逐步完善，有关立法部门在车辆立法方面做了许多卓有成效的工作，为建立汽车行业相关法律体系打下了一定基础。

以下是近几年来颁布实施的和汽车行业相关的法律法规：

2017年1月6日，工业和信息化部公布了《新能源汽车生产企业及产品准入管理规定》，自2017年7月1日起施行。工业和信息化部于2009年6月17日公布的《新能源汽车生产企业及产品准入管理规则》（工产业〔2009〕第44号）同时废止。

2017年9月27日，工业和信息化部等五部委公布了《乘用车企业平均燃料消耗量与新能源汽车积分并行管理办法》，自2018年4月1日起施行。

2017年11月13日，新修订的国家标准《机动车运行安全技术条件》（GB 7258—2017）经国家标准委批准发布，自2018年1月1日起实施。

2018年11月27日，工业和信息化部公布《道路机动车辆生产企业及产品准入管理办法》，自2019年6月1日起施行。2002年11月30日公布的《摩托车生产准入管理办法》（原国家经济贸易委员会令第43号）同时废止。

2018年12月10日，国家发展和改革委发布《汽车产业投资管理规定》，自2019年1月10日起施行。经国务院同意，《政府核准的投资项目目录（2016年本）》中新建中外合资轿车生产企业项目、新建纯电动乘用车生产企业（含现有汽车企业跨类生产纯电动乘用车）项目及其余由省级政府核准的汽车投资项目均不再实行核准管理，调整为备案管理。

2018年12月25日，为加快车联网（智能网联汽车）产业发展，大力培育新增长点、形成新动能，工业和信息化部制定了《车联网（智能网联汽车）产业发展行动计划》。

2019年1月3日，工业和信息化部据《道路机动车辆生产企业及产品准入管理办法》（工业和信息化部令第50号）相关规定，制定《道路机动车辆生产企业准入审查要求》和《道路机动车辆产品准入审查要求》，自2019年6月1日起实施。

2019年6月30日，国家发展和改革委、商务部联合发布了《外商投资准入特别管理措施（负面清单）（2019年版）》，自2019年7月30日起施行。2018年6月28日国家发展和改革委、商务部发布的《外商投资准入特别管理措施（负面清单）（2018年版）》同时废止。

2019年9月2日，商务部等七部门印发了《关于进一步促进汽车平行进口发展的意见》。

2019年10月30日，国家发展和改革委公布了《产业结构调整指导目录（2019年本）》，自2020年1月1日起施行。《产业结构调整指导目录（2011年本）（修正）》同时废止。

2020年2月10日，为顺应新一轮科技革命和产业变革趋势，抓住产业智能化发展战略机遇，加快推进智能汽车创新发展，国家发展和改革委等11部委制定了《智能汽车创新发展战略》。

2020年4月23日，为支持新能源汽车产业高质量发展，做好新能源汽车推广应用工作，促进新能源汽车消费，财政部、工业和信息化部、科技部、国家发展和改革委联合发布了《关于完善新能源汽车推广应用财政补贴政策的通知》。

2020年6月23日，国家发展和改革委、商务部发布《外商投资准入特别管理措施（负面清单）（2020年版）》，自2020年7月23日起施行。2019年6月30日国家发展和改革委、商务部发布的《外商投资准入特别管理措施（负面清单）（2019年版）》同时废止。

2020年7月18日，商务部《报废机动车回收管理办法实施细则》公布，自2020年9月1日起施行。

2020年9月16日，财政部、工业和信息化部、科技部、国家发展和改革委、国家能源局联合发布了《关于开展燃料电池汽车示范应用的通知》，推动我国燃料电池汽车产业持续健康、科学有序发展。

2020年11月2日，国务院办公厅印发《新能源汽车产业发展规划（2021—2035年）》。

2020年12月27日，《鼓励外商投资产业目录（2020年版）》公布，自2021年1月27日起施行。《鼓励外商投资产业目录（2019年版）》同时废止。

2020年12月28日，为规范机动车行业发票使用行为，营造公平公正有序的营商环境，国家税务总局、工业和信息化部、公安部联合制定了《机动车发票使用办法》，该办法自2021年5月1日起试行，2021年7月1日起正式施行。

2020年12月31日，为支持新能源汽车产业高质量发展，做好新能源汽车推广应用工作，财政部、工业和信息化部、科技部、国家发展和改革委联合发布了《关于进一步完善新能源汽车推广应用财政补贴政策的通知》，通知从2021年1月1日起实施。

复习思考题

1. 试简要分析世界各国机动车管理体系。
2. 简述世界汽车行业法律法规体系的现状。
3. 简述我国汽车行业法律法规的结构层次。

第三章　我国汽车政策法规基础知识

汽车是一种耗能、影响环境和安全的产品，需要庞杂的社会配套条件和大量的基础设施支撑才能被广泛使用。制定汽车产业政策有利于规范和促进汽车产业正常有序的发展。中国的汽车产业起步较晚，现在正处于快速发展时期，因此，制定汽车产业政策显得尤为重要。汽车产业政策涵盖了汽车产业的各个方面，是汽车产业发展必要的依据。

第一节　我国的汽车产业政策解读

2018年12月10日，国家发展和改革委主任办公会议审议通过了《汽车产业投资管理规定》，自2019年1月10日起施行。

一、《汽车产业投资管理规定》的政策背景

汽车产业是关系国计民生的战略性、支柱性产业。汽车产业政策是我国汽车产业的发展基础，也是制定汽车方面法规的政策基础，正确地认识和解读汽车产业政策对汽车行业的发展起着至关重要的促进作用。国家高度重视汽车产业，先后制定实施了一系列促进汽车产业发展和规范汽车产业投资的政策措施。1994年，国家发布实施《汽车工业产业政策》。2004年，国家发展和改革委发布实施《汽车产业发展政策》，进一步明确了汽车投资项目的管理要求。2015年，国家发展和改革委发布《新建纯电动乘用车企业管理规定》（国家发展改革委2015年第27号令），对新建纯电动乘用车企业投资项目和生产准入进行规范管理。2016年12月，《国务院关于发布政府核准的投资项目目录（2016年本）的通知》（国发〔2016〕72号）对汽车投资项目核准做出新的规定，明确提出"严格控制新增传统燃油汽车产能，原则上不再核准新建传统燃油汽车生产企业，积极引导新能源汽车健康有序发展"等要求。2017年6月，按照国务院有关要求，国家发展和改革委印发《关于完善汽车投资项目管理的意见》（发改产业〔2017〕1055号），提高传统燃油汽车投资项目准入标准，规范新能源汽车投资项目条件，加强产能监测预警，完善产业监督管理。

经过40余年的改革开放，我国汽车产业发展取得了长足进步，基本具备了市场化运作、国际化发展、后置式监管的基础。为贯彻落实好党中央、国务院关于深化"放管服"改革、全面放开一般制造业的决策部署，主动适应汽车产业发展新形势，深化汽车产业投资管理改革，加大简政放权力度，强化事中事后监管，国家发展和改革委正式发布《汽车产业投资管理规定》，自2019年1月10日起施行。经报国务院同意，《政府核准的投资项目目录（2016年本）》中新建中外合资轿车生产企业项目、新建纯电动乘用车生产企业（含现有汽车企业跨类生产纯电动乘用车）项目及其余由省级政府核准的汽车投资项目均不再实行核准管理，调整为地方备案管理。其中整车类投资项目由省级政府承担管理责任。

《汽车产业投资管理规定》总则

第一条　为深入学习贯彻习近平新时代中国特色社会主义思想和党的十九大精神，适应

第三章 我国汽车政策法规基础知识

汽车产业改革开放新形势，完善汽车产业投资管理，推动汽车产业高质量发展，依据《行政许可法》《企业投资项目核准和备案管理条例》等相关法律法规，制定本规定。

第二条 完善汽车产业投资项目准入标准，加强事中事后监管，规范市场主体投资行为，引导社会资本合理投向。严格控制新增传统燃油汽车产能，积极推动新能源汽车健康有序发展，着力构建智能汽车创新发展体系。

第三条 坚持使市场在汽车产业资源配置中起决定性作用，更好发挥政府作用；坚持简政放权、放管结合、优化服务；坚持开放合作、公平竞争；坚持谁投资谁负责、谁审批谁监管、谁主管谁监管。

第四条 本规定适用于各类市场主体在中国境内的汽车投资项目。

第五条 汽车投资项目分为以下类型：

（一）汽车整车投资项目按照驱动动力系统分为燃油汽车和纯电动汽车投资项目，包括乘用车和商用车两个产品类别。燃油汽车投资项目是指以发动机提供驱动动力的汽车投资项目（含替代燃料汽车），包括传统燃油汽车、普通混合动力汽车，以及插电式混合动力汽车等投资项目。纯电动汽车投资项目是指以电动机提供驱动动力的汽车投资项目，包括纯电动汽车（含增程式电动汽车）、燃料电池汽车等投资项目。智能汽车投资项目根据驱动动力系统分别按照燃油汽车或纯电动汽车投资项目管理。

（二）其他投资项目包括汽车发动机、动力电池、燃料电池和车身总成等汽车零部件，专用汽车、挂车，以及动力电池回收利用、汽车零部件再制造投资项目。

第六条 汽车整车和其他投资项目均由地方发展改革部门实施备案管理。其中，汽车整车投资项目由省级发展改革部门备案。

二、《汽车产业投资管理规定》解读

一是加强汽车产业投资方向引导，优化燃油汽车和新能源汽车产能布局，明确产业鼓励发展的重点领域。

二是严格控制新增传统燃油汽车产能，明确禁止建设的燃油汽车投资项目范围，严格新增燃油汽车产能投资项目的准入条件。

三是积极引导新能源汽车健康有序发展，进一步提高新建纯电动汽车企业投资项目的条件，明确对投资主体、技术水平、项目所在区域的要求。

四是加强关键零部件等投资项目管理，明确发动机、车用动力电池、燃料电池、车身总成、专用汽车和挂车等投资项目的条件。

五是强化事中事后监管，明确企业主体责任和各级政府部门监管责任，建立部门协同监管机制，加强违规项目查处和问责。

六是完善产能监测与预警机制，引导社会资本合理投资，提升对汽车投资项目的管理服务能力。

近年来，国家相关部委对汽车产业投资管理政策持续进行调整完善，已大幅度下放投资核准权限。《汽车产业投资管理规定》出台前，实施核准管理的汽车投资项目还有3类，分别是：由国务院负责核准的新建中外合资轿车生产企业项目；由国务院投资主管部门负责核准的新建纯电动乘用车生产企业（含现有汽车企业跨类生产纯电动乘用车）项目；由省级政府负责核准的《汽车产业发展政策》规定实行核准的其余项目。

实施汽车产业投资项目核准的初衷是合理配置生产要素，推动产业集聚高效发展。当我国汽车产业布局基本完成，初步形成数家大型企业集团主导汽车产业发展的格局时，骨干企业自主配置生产要素的能力显著增强，继续实施事前核准的必要性明显降低。与此同时，新一轮产业变革正蓬勃兴起，汽车产业发展方式发生深刻变化，市场主体趋于多元，跨界融合特征明显，需要积极探索、大胆创新，继续实施事前核准已难适应新形势新要求。此外，汽车产业多头管理问题突出，事前许可繁多，行政效率低下，企业负担较重，社会反应强烈。

取消汽车投资项目核准事项，既是贯彻落实党中央、国务院关于深化"放管服"改革、全面放开一般制造业决策部署的重要举措，又是主动适应新一轮产业变革、积极回应社会关切的客观要求，能够为地方和企业创造更好的政策环境。

首先，在取消汽车投资项目核准事项的同时，明确了各类汽车投资项目的准入标准，为开展事中事后监管提供了基本依据。

其次，同步做好了汽车产能利用率、新能源汽车产量占比等数据的调查分析工作，全面掌握各地、各企业的运行情况，为汽车投资项目实施备案管理创造了条件。

第三，要求企业通过全国投资项目在线审批监管平台报送项目有关信息，并对项目信息的真实性、合法性和完整性负责，为有关部门和地方实施监管提供了第一手信息资料。

第四，各级发展改革部门将与规划、国土、环境保护、安全生产及行业管理部门建立协同监管机制，对查实的违规项目给予撤销备案，同时实施联合惩戒。

第五，建立健全监督责任制和责任追究制，对不依法履行监管职责或者监督不力的单位，给予约谈、通报，责令限期整改；逾期不改正的，在整改到位前暂停备案。对负有责任的领导人员和直接责任人员，依法依规给予问责、处理。

第二节 《鼓励外商投资产业目录》解读

2019年3月15日《中华人民共和国外商投资法》公布，自2020年1月1日起施行。《中华人民共和国中外合资经营企业法》《中华人民共和国外资企业法》《中华人民共和国中外合作经营企业法》同时废止。2019年12月26日，《中华人民共和国外商投资法实施条例》公布，自2020年1月1日起施行。

2020年4月23日，为推进西部大开发形成新格局，财政部、税务总局、国家发展和改革委联合发布了《关于延续西部大开发企业所得税政策的公告》，自2021年1月1日起执行。

2020年12月27日，国家发展和改革委、商务部公布了《鼓励外商投资产业目录（2020年版）》（以下简称《鼓励目录》），自2021年1月27日起施行。《鼓励外商投资产业目录（2019年版）》同时废止。

一、2020年版《鼓励目录》出台的背景情况

2020年1月1日起施行的外商投资法规定，国家根据国民经济和社会发展需要，鼓励和引导外国投资者在特定行业、领域、地区投资。外国投资者、外资企业可以依照法律、行政法规或者国务院的规定享受优惠待遇。《鼓励目录》是我国外商投资促进政策的重要组成部分，是外国投资者、外资企业享受优惠待遇的主要依据之一。

2020年3月10日召开的国务院常务会议要求，统筹推进疫情防控和经济社会发展，坚持扩大对外开放，多措并举稳外贸稳外资，并审议通过一批稳外资政策举措。这些政策举措中既包括缩减外资准入负面清单，还包括修订鼓励外商投资产业目录，使更多符合我国国民经济社会高质量发展方向的外商投资能够享受税收等优惠政策。2020年6月，国家发展和改革委与商务部修订发布2020年版全国和自贸试验区外资准入负面清单，将条目分别缩减至33项和30项，大幅提高对外开放水平，以在放宽市场准入上"做减法"和在优惠政策上"做加法"，形成稳外资政策合力的原则，充分吸收采纳了各方面提出的建设性、合理化意见建议，于12月发布2020年版《鼓励目录》。

二、2020年版《鼓励目录》亮点

2020年版《鼓励目录》主要有以下四个亮点：

一是进一步增加鼓励外商投资条目，扩大鼓励范围。本次修订距上一版仅隔1年，为保持政策连续性、稳定性，同时体现产业优化升级和区域协调发展需要，使符合支持方向的新投资享受优惠政策，在条目上只增不减。修订后的《鼓励目录》总条目1235条，比2019年版增加127条，全国范围增加65条，中西部地区增加62条，增幅超过10%；修改88条，主要是对原条目的涵盖领域进行了扩展。

二是进一步鼓励外资投向先进制造业，增强重要产业链供应链的韧性。

三是进一步鼓励外资投向现代服务业，提升服务业发展质量。

四是进一步鼓励外资投向中西部地区优势产业，促进区域协调发展。

三、2020年版《鼓励目录》汽车制造业和汽车相关的目录

（1）航空、航天、船舶、汽车、摩托车轻量化及环保型新材料研发、制造（专用铝板、铝镁合金材料、摩托车铝合金车架等）。

（2）汽车用高分子材料（摩擦片、改型酚醛活塞、非金属液压总分泵等）设备开发、制造。

（3）第三代及以上轿车轮毂轴承、高中档数控机床和加工中心轴承、高速线材和板材轧机轴承、高速铁路轴承、振动值Z4以下低噪声轴承、各类轴承的P4和P2级轴承、风力发电机组轴承、航空轴承、飞机发动机轴承及其他航空轴承、医疗CT机轴承、深井超深井石油钻机轴承、海洋工程轴承、电动汽车驱动电机系统高速轴承（转速≥1.2万r/min）、工业机器人RV减速机谐波减速机轴承制造。

（4）高密度、高精度、形状复杂的粉末冶金零件及汽车、工程机械等用链条的制造。

（5）汽车车身外覆盖件冲压模具、汽车仪表板、保险杠等大型注塑模具、汽车及摩托车夹具、检具设计、制造。

（6）汽车动力电池专用生产设备的设计、制造。

（7）精密模具（冲压模具精度高于0.02mm、型腔模具精度高于0.05mm）设计、制造。

（8）非金属制品模具设计、制造。

（9）四鼓及以上子午线轮胎成型机制造。

（10）滚动阻力试验机、轮胎噪声试验室制造。

（11）氢能制备与储运设备及检查系统制造。

(12) 汽车发动机制造及发动机研发机构建设：升功率不低于70kW的汽油发动机、升功率不低于50kW的排量3L以下柴油发动机、升功率不低于40kW的排量3L以上柴油发动机、燃料电池和混合燃料等新能源发动机。

(13) 汽车关键零部件制造及关键技术研发：双离合器变速器（DCT）、无级自动变速器（CVT）、电控机械变速器（AMT）、汽油发动机涡轮增压器、黏性联轴器（四轮驱动用）、自动变速器执行器（电磁阀）、液力缓速器、电涡流缓速器、汽车安全气囊用气体发生器、燃油共轨喷射技术（最大喷射压力大于2000Pa）、可变截面涡轮增压技术（VGT）、可变喷嘴涡轮增压技术（VNT）、达到国六排放标准的发动机排放控制装置、智能转矩管理系统（ITM）及耦合器总成、线控转向系统、颗粒捕捉器、低地板大型客车专用车桥、吸能式转向系统、低拖滞盘式制动器总成、铝制转向节、大中型客车变频空调系统、汽车用特种橡胶配件，以及上述零部件的关键零件、部件。

(14) 汽车电子装置研发、制造：发动机和底盘电子控制系统及关键零部件，车载电子技术（汽车信息系统和导航系统），汽车电子总线网络技术，电子控制系统的输入（传感器和采样系统）输出（执行器）部件，电动助力转向系统电子控制器，嵌入式电子集成系统，电控式空气弹簧，电子控制式悬架系统，电子气门系统装置，电子组合仪表，ABS/TCS/ESP系统，电路制动系统（BBW），变速器电控单元（TCU），轮胎气压监测系统（TPMS），车载故障诊断仪（OBD），发动机防盗系统，自动避撞系统，汽车、摩托车型试验及维修用检测系统，自动驾驶系统，车载电子操作系统，车载电子操作系统应用程序开发（APP），抬头显示技术，智能网联汽车避让转向辅助系统，碰撞报警系统（FCW），自动制动控制系统（ABC），自动紧急制动系统（AEB），电子驻车制动系统（EPB），线控制动系统，自适应巡航系统（ACC），前视摄像系统，轮速传感器，车联网技术。

(15) 新能源汽车关键零部件研发、制造：能量型动力电池单体；电池正极材料（比容量≥180mA·h/g，循环寿命2000次不低于初始放电容量的80%）及前驱体材料，电池负极材料（比容量≥500mA·h/g，循环寿命2000次不低于初始放电容量的80%）、电池隔膜（厚度≤12μm，孔隙率35%~60%）；电池管理系统，电机控制器，电动汽车电控集成；电动汽车驱动电机系统（高效区：85%工作区效率≥80%），车用DC/DC（输入电压100~400V），大功率电子器件（IGBT，电压等级≥750V，电流≥300A）；插电式混合动力机电耦合驱动系统；燃料电池发动机（质量比功率≥350W/kg）、燃料电池堆（体积比功率≥3kW/L）、膜电极（铂用量≤0.3g/kW）、质子交换膜（质子电导率≥0.08S/cm）、双极板（金属双极板厚度≤1.2mm，其他双极板厚度≤1.6mm）、低铂催化剂、碳纸（电阻率≤3mΩ·cm）、空气压缩机、氢气循环泵、氢气引射器、增湿器、燃料电池控制系统、升压DC/DC、70MPa氢瓶、车载氢气浓度传感器；电动汽车用热泵空调；电机驱动控制专用32位及以上芯片（不少于2个硬件内核，主频不低于180MHz，具备硬件加密等功能，芯片设计符合功能安全ASIL C以上要求）；一体化电驱动总成（功率密度≥2.5kW/kg）；高速减速器（最高输入转速≥12000r/min，噪声低于75dB）。

(16) 车载充电机（满载输出工况下效率≥95%）、双向车载充电机、非车载充电设备（输出电压250~950V，电压范围内效率≥88%）和高功率密度、高转换效率、高适用性无线充电、移动充电技术开发及装备制造。

(17) 智能汽车关键零部件研发、制造：传感器、车载芯片、中央处理器、车载操作系

第三章 我国汽车政策法规基础知识

统和信息控制系统、车网通信系统设备、视觉识别系统、高精度定位装置、线控底盘系统；新型智能终端模块、多核异构智能计算平台技术、全天候复杂交通场景高精度定位和地图技术、传感器融合感知技术、车用无线通信关键技术、基础云控平台技术；新型安全隔离架构技术、软硬件协同攻击识别技术、终端芯片安全加密和应用软件安全防护技术、无线通信安全加密技术、安全通信及认证授权技术、数据加密技术；测试评价体系架构研发，虚拟仿真、实车道路测试等技术和验证工具，整车级和系统级测试评价方法，测试基础数据库建设。

（18）与L3/L4/L5自动驾驶相关的硬件制造：激光雷达，毫米波雷达。

（19）充电桩、储能充电桩制造。

（20）机动车充电站、电池更换站建设、经营。

（21）加氢站建设、经营。

（22）中西部目录——汽车零部件制造：六档以上自动变速器、商用车用高功率密度驱动桥、随动前照灯系统、LED前照灯、轻量化材料应用（高强钢、铝镁合金、复合塑料、粉末冶金、高强度复合纤维等）、离合器、液压减振器、中控盘总成、座椅、汽车主被动安全保护装置、汽车起停电动机、新能源汽车驱动装置及控制系统。

【小阅读】

事件一：2018年10月，在华晨宝马成立15周年之际，宝马集团和华晨汽车集团联合宣布，股东双方将延长华晨宝马的合资协议至2040年。同时宝马集团官方宣布，宝马集团计划收购华晨宝马25%股权，将持股比例从50%提升至75%。双方将于2022年完成股权调整的变更工作。2019年1月18日，华晨中国汽车控股有限公司在香港召开特别股东大会，会上批准将华晨宝马25%的股份出售给宝马集团，约63%的股东代表投票赞成这一举措，当日，宝马集团官网发布证实该消息。这意味着宝马将成为首家在华合资企业中拥有多数股权的外国汽车制造商。

事件二：2018年7月10日，特斯拉与上海临港签署投资协议，计划在临港地区独资建厂。特斯拉是中国第一家外商独资设立的汽车公司。2019年1月7日，工厂正式开工，埃隆·马斯克出席开工仪式。不到一年，2019年12月，特斯拉上海超级工厂已经生产出首批特斯拉Model 3。在2020年1月7日正式交付典礼上，马斯克宣布对外向一般大众消费者交车，并且启动中国制造Model Y项目。而马斯克起初宣布该工厂仅供应大中华地区的想法，因为2020年冠状病毒疫情影响美国的复工计划，以及在中国的生产线产能逐渐扩张并超越本土市场需求的情况而改变，2020年10月26日，特斯拉上海超级工厂开始向欧洲与大洋洲的十多个国家出口电动汽车。

第三节 新能源汽车产业政策

2020年10月29日中国共产党第十九届中央委员会第五次全体会议通过《中共中央关于制定国民经济和社会发展第十四个五年规划和二〇三五年远景目标的建议》。

"十四五"时期是我国全面建成小康社会、实现第一个百年奋斗目标之后，乘势而上开启全面建设社会主义现代化国家新征程、向第二个百年奋斗目标进军的第一个五年。中国共产党第十九届中央委员会第五次全体会议深入分析国际国内形势,就制定国民经济和社会发展"十四五"规划和二〇三五年远景目标提出以下建议:

1. 发展战略性新兴产业。加快壮大新一代信息技术、生物技术、新能源、新材料、高端装备、新能源汽车、绿色环保以及航空航天、海洋装备等产业。

2. 全面促进消费。增强消费对经济发展的基础性作用,顺应消费升级趋势,提升传统消费,培育新型消费,适当增加公共消费。以质量品牌为重点,促进消费向绿色、健康、安全发展,鼓励消费新模式新业态发展。推动汽车等消费品由购买管理向使用管理转变,促进住房消费健康发展。健全现代流通体系,发展无接触交易服务,降低企业流通成本,促进线上线下消费融合发展,开拓城乡消费市场。

在气候变暖及能源危机的背景下,发展新能源汽车产业已成为世界各国的共识,各国政府出台政策给予支持和鼓励,全球新能源汽车市场进入快速发展期,在新能源汽车产业规划方面,各国纷纷推出禁售燃油车的时间表(图3-1)。

国家	禁售详情
美国	美国加州可能将在2030年禁止传统燃油车上市销售
法国	2040年全面停止出售汽油车和柴油车
英国	将于2040年起全面禁售汽油和柴油汽车
荷兰	从2025年开始禁止在本国销售传统汽车
印度	计划2030年禁售燃油车
比利时	计划2030年禁售燃油车
瑞士	计划2030年禁售燃油车
瑞典	计划2050年禁售燃油车
挪威	从2025年起禁止燃油汽车销售
德国	2030年后禁售传统汽车

图3-1 部分国家燃油车禁售时间规划

为了鼓励新能源汽车的发展,中国已经建立了比较完善的政策体系,从宏观政策、行业管理、财税优惠、科技创新、基础设施、推广应用等方面,全面推动中国新能源汽车产业的发展。图3-2是2016—2020年8月中国新能源汽车产销量统计。

图3-2 2016—2020年8月中国新能源汽车产销量

第三章 我国汽车政策法规基础知识

一、中国近几年有关新能源汽车的政策法规

（一）宏观政策方面

2015年5月，国务院发布《中国制造2025》，其中提到：继续支持电动汽车、燃料汽车发展，提升核心技术的工程化和产业化能力，形成关键零部件到整车的完整工业体系和创新体系，推动自主品牌节能与新能源汽车同国际水平接轨。

2016年11月，国务院发布《"十三五"国家战略性新兴产业发展规划》，再一次明确了新能源汽车、新能源和节能环保等绿色低碳产业的战略地位。要求大幅提升新能源汽车和新能源的应用比例，推动新能源汽车、新能源和节能环保等绿色低碳产业成为支柱产业，到2020年，产值规模达到10万亿元以上。

2017年4月，工业和信息化部、发改委、科技部发布《汽车产业中长期发展规划》，其中明确加快新能源汽车技术研发及产业化、实施动力电池升级工程、加大新能源汽车推广应用力度，到2025年，新能源汽车占汽车产销量20%以上。

2020年11月2日，国务院办公厅印发了《新能源汽车产业发展规划（2021—2035年）》（以下简称《规划》）。《规划》明确了未来15年新能源汽车产业的发展方向，进一步表明了国家推动新能源汽车产业发展的决心。

（二）行业管理方面

2015年6月，工业和信息化部、发改委发布《新建纯电动乘用车企业管理规定》，为有实力、有技术的进入者创造进入纯电动汽车生产领域的条件。

2017年9月，工业和信息化部、财政部、商务部、海关总署、质检总局五部门联合发布《乘用车企业平均燃料消耗量与新能源汽车积分并行管理办法》（以下简称《积分办法》）。

2019年12月16日，为配合我国碳排放权交易的开展，规范碳排放权交易相关的会计处理，根据《中华人民共和国会计法》和企业会计准则等相关规定，财政部公布了《碳排放权交易有关会计处理暂行规定》。

2019年12月16日，工业和信息化部发布《新能源汽车废旧动力蓄电池综合利用行业规范条件（2019年本）》和《新能源汽车废旧动力蓄电池综合利用行业规范公告管理暂行办法（2019年本）》。

2020年6月15日，工业和信息化部公布了《关于修改〈乘用车企业平均燃料消耗量与新能源汽车积分并行管理办法〉的决定》（工业和信息化部令第53号，自2021年1月1日起施行。

此次修改明确了2021—2023年新能源汽车积分比例要求，分别为14%、16%、18%。

此次修改一是增加了引导传统乘用车节能的措施。为引导企业加大节能技术研发投入，《决定》对生产/供应低油耗车型的企业在核算新能源汽车积分达标值时给予核算优惠，考虑到随着油耗达标要求逐年加严，符合低油耗标准的车型技术难度和成本逐步增大的实际情况，2021—2023年逐步提高低油耗车型核算优惠力度，从0.5倍、0.3倍逐步过渡到0.2倍。二是完善了新能源汽车积分灵活性措施。为降低积分供需失衡风险、保障积分价格，《决定》建立了企业传统能源乘用车节能水平与新能源汽车正积分结转的关联机制，企业传统能源乘用车燃料消耗量达到一定水平的，其新能源汽车正积分可按照50%的比例向后结转。三是丰富了关联企业的认定条件。允许同一外方母公司旗下的合资企业间、国内汽车企业与其持股的境外生产企业所对应的授权进口供应企业间转让平均燃料消耗量积分。四是将

燃用醇醚燃料的乘用车纳入核算范围，对具备节能减排优势的车型给予核算优惠。

《积分办法》规定新能源乘用车车型积分计算方法见表3-1。

表3-1 新能源乘用车车型积分计算方法

车辆类型	标准车型积分	备注
纯电动乘用车	$0.0056 \times R + 0.4$	（1）R为电动汽车续驶里程（工况法），单位为km （2）P为燃料电池系统额定功率，单位为kW （3）当R小于100时，标准车型积分为0分；$100 \leqslant R < 150$时，标准车型积分为1分 （4）纯电动乘用车标准车型积分上限为3.4分，燃料电池乘用车标准车型积分上限为6分 （5）车型积分计算结果按四舍五入原则保留两位小数
插电式混合动力乘用车	1.6	
燃料电池乘用车	$0.08 \times P$	

1. 纯电动乘用车积分相关要求

纯电动乘用车车型积分 = 标准车型积分 × 续驶里程调整系数 × 能量密度调整系数 × 电耗调整系数

（1）当$100 \leqslant R < 150$时，续驶里程调整系数为0.7；当$150 \leqslant R < 200$时，续驶里程调整系数为0.8；当$200 \leqslant R < 300$时，续驶里程调整系数为0.9；当$300 \leqslant R$时，续驶里程调整系数为1

（2）当纯电动乘用车动力电池系统的质量能量密度 <90W·h/kg 时，能量密度调整系数为0；当 90W·h/kg≤质量能量密度 <105W·h/kg 时，能量密度调整系数为0.8，当 105W·h/kg≤质量能量密度 <125W·h/kg 时，能量密度调整系数为0.9，125W·h/kg≤质量能量密度，能量密度调整系数为1

（3）纯电动乘用车30min最高车速不低于100km/h。按整备质量（m, kg）不同，设定纯电动乘用车电能消耗量目标值（Y）。车型电能消耗量（kW·h/100km，工况法）满足电能消耗量目标值的，电耗调整系数（EC系数）为车型电能消耗量目标值除以电能消耗量实际值（计算结果按四舍五入原则保留两位小数，上限为1.5倍）；其余车型EC系数按0.5倍计算，并且积分仅限本企业使用

纯电动乘用车电能消耗量目标值：$m \leqslant 1000$ 时，$Y = 0.0112 \times m + 0.4$；$1000 < m \leqslant 1600$ 时，$Y = 0.0048 \times m + 8.60$

2. 插电式混合动力乘用车应符合《插电式混合动力电动乘用车技术条件》（GB/T 32694）要求。车型电量保持模式试验的燃料消耗量（不含电能转化的燃料消耗量）与《乘用车燃料消耗量限值》（GB 19578）中车型对应的燃料消耗量限值相比应当小于70%；其电量消耗模式试验的电能消耗量应小于前款纯电动乘用车电能消耗量目标值的135%。无法同时满足以上两项指标的车型按照标准车型积分的0.5倍计算，并且积分仅限本企业使用

3. 燃料电池乘用车续驶里程不低于300km，当P不低于驱动电机额定功率的30%且不小于10kW时，车型积分按照标准车型积分的1倍计算；其余车型积分按照标准车型积分的0.5倍计算，并且积分仅限本企业使用

注：2021年1月1日之前获得型式批准并且满足GB/T 32694—2016要求的插电式混合动力乘用车，在2023年1月1日之前可以获得1.6分的标准车型积分，具体积分倍数按照上述第2条中插电式混合动力乘用车要求执行

在核算乘用车企业新能源汽车积分实际值时，同一车型在核算年度有多个新能源乘用车车型积分的，按照不同的积分分开计算

【小阅读】

2018年12月12日，东风汽车公司发布《关于新能源汽车补贴的关联交易公告》，公告显示，其母公司东风汽车有限公司因2018年度"双积分"（平均燃料消耗量积分、新能源汽车积分）存在缺口，所以拟通过提供补贴的方式提升东风汽车电动车销量，增加新能源汽车积分。根据双方约定的补贴标准测算，此次补贴金额预计为2.2亿元，将主要用于促进东风汽车2018年新能源汽车终端销售，补贴车型分别为东风俊风E-R30和E11K电动汽车。

2020年7月24日，工业和信息化部发布了关于修改《新能源汽车生产企业及产品准入

第三章 我国汽车政策法规基础知识

管理规定》(以下简称《准入规定》)的决定,该决定提出,为更好适应我国新能源汽车产业发展需要,进一步放宽准入门槛,激发市场活力,加强事中事后监管,促进我国新能源汽车产业高质量发展,需要对上述《准入规定》部分条款进行修改,自 2020 年 9 月 1 日起施行。

一是删除申请新能源汽车生产企业准入有关"设计开发能力"的要求。为更好地激发企业活力,降低企业准入门槛,删除了第五条以及《新能源汽车生产企业准入审查要求》等附件中有关"设计开发能力"的相关内容。

二是将新能源汽车生产企业停止生产的时间由 12 个月调整为 24 个月。《道路机动车辆生产企业及产品准入管理办法》(工业和信息化部令第 50 号)第三十四条第三款规定生产企业连续两年不能维持正常生产经营的,需要特别公示。《准入规定》关于新能源汽车生产企业特别公示的要求应与其保持一致。

(三)财税优惠方面

2017 年 12 月 26 日,财政部、税务总局、工业和信息化部、科技部发布了《关于免征新能源汽车车辆购置税的公告》:一是自 2018 年 1 月 1 日至 2020 年 12 月 31 日,对购置的新能源汽车免征车辆购置税。二是对免征车辆购置税的新能源汽车,通过发布《免征车辆购置税的新能源汽车车型目录》实施管理。

2020 年 4 月 23 日,财政部发布了《关于完善新能源汽车推广应用财政补贴政策的通知》,2020 年 4 月 29 日,国家发展和改革委等 11 个部门印发了《关于稳定和扩大汽车消费若干措施的通知》。两个《通知》完善了新能源汽车购置相关财税支持政策,将新能源汽车购置补贴政策延续至 2022 年底,并平缓 2020—2022 年补贴退坡力度和节奏,加快补贴资金清算速度,加快推动新能源汽车在城市公共交通等领域的推广应用。

对城市公交、道路客运、出租(含网约车)、环卫、城市物流配送、邮政快递等领域符合要求的车辆,2020 年补贴标准不退坡,2021—2022 年补贴标准分别在上一年的基础上退坡 10%、20%。原则上每年补贴规模上限约 200 万辆。

两个《通知》还对新能源乘用车的补贴设置了价格"门槛"。新能源乘用车补贴前售价须在 30 万元以下(含 30 万元),为鼓励"换电"新型商业模式发展,加快新能源汽车推广,"换电模式"车辆不受此规定。

两个《通知》还将燃料电池汽车的补贴范围进行了调整,将对燃料电池汽车的购置补贴,调整为选择有基础、有积极性、有特色的城市或区域,重点围绕关键零部件的技术攻关和产业化应用开展示范,中央财政将采取"以奖代补"的方式对示范城市给予奖励。争取通过 4 年左右的时间建立氢能和燃料电池汽车产业链,关键核心技术取得突破,形成布局合理、协同发展的良好局面。

2020 年 12 月 31 日,为支持新能源汽车产业高质量发展,做好新能源汽车推广应用工作,财政部、工业和信息化部、科技部、国家发展和改革委联合发布了《关于进一步完善新能源汽车推广应用财政补贴政策的通知》,通知从 2021 年 1 月 1 日起实施。

(四)科技创新方面

2020 年 10 月 27 日,《节能与新能源汽车技术路线图(2.0 版)》(以下简称 2.0 版技术路线图)正式发布。2.0 版技术路线图分别以 2025 年、2030 年、2035 年为关键节点,设立了产业总体发展里程碑(图 3-3)。

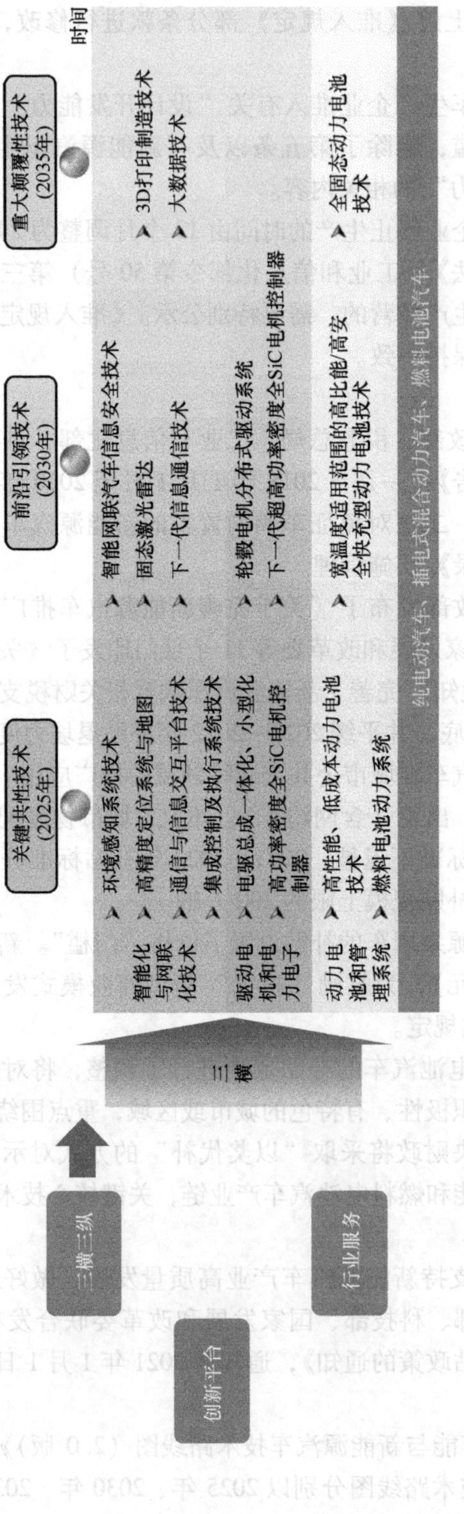

图3-3 新能源汽车产业规划主要内容

预计到 2035 年节能汽车与新能源汽车年销售量占比达到 50%，汽车产业实现电动化转型；燃料电池汽车保有量将达到 100 万辆左右，商用车将实现氢动力转型，各类高度智能网联汽车在国内广泛运行。中国方案智能网联汽车与智慧能源、智慧交通、智慧城市深度融合。

（五）推广应用方面

2020 年 7 月 15 日，工业和信息化部、农业农村部、商务部三部门联合发布了《关于开展新能源汽车下乡活动的通知》，《通知》提出在 2020 年 7 月—2020 年 12 月，由中国汽车工业协会负责组织实施，各地工业和信息化、农业农村、商务主管部门做好配合，开展新能源汽车下乡活动。12 月，新能源汽车下乡活动收官，历时近 4 个月，中国汽车工业协会共发布 3 批下乡车型名单，据初步统计，新能源汽车下乡车型近 4 个月销量已超过 18 万辆，对比前 11 个月新能源车市整体销量，新能源汽车下乡拉动了新能源乘用车市场近五分之一的销量。

2020 年 9 月 21 日，工业和信息化部等五部门联合发布了《关于开展燃料电池汽车示范应用的通知》，该通知对我国燃料电池汽车产业发展明确了四个方面的内容。

一是支持方式。将采取"以奖代补"方式，对入围示范的城市群，按照其目标完成情况核定并拨付奖励资金。

二是示范内容。示范城市群应找准应用场景，完善政策环境，聚焦关键核心技术创新，构建完整产业链。

三是示范城市群选择。采取地方自愿申报、专家评审方式确定示范城市群。鼓励申报城市群打破行政区域限制，强强联合，自愿组队，取长补短。

四是组织实施。示范城市群应确定牵头城市，明确任务分工，强化沟通协调，统筹推进示范。五部门将依托第三方机构和专家委员会，全程跟踪指导示范工作，并实施节点控制和里程碑考核。

（六）基础建设方面

2016 年 1 月，关于"十三五"新能源汽车充电基础设施奖励政策及加强新能源汽车推广应用的通知中提到，2016 年至 2020 年，中央财政将继续安排资金对充电基础设施建设、运营给予补贴。

对新能源汽车而言，我国拥有全球最大的新车市场、最完善的政策体系、最齐备的配套体系，也出现了拥有国际竞争力的企业；从长远来看，会继续坚持发展新能源汽车战略不动摇。

二、《新能源汽车产业发展规划（2021—2035 年）》解读

（一）《新能源汽车产业发展规划（2021—2035 年）》的核心要点

(1)《规划》指出，要坚持电动化、网联化、智能化发展方向，以融合创新为重点，突破关键核心技术，优化产业发展环境，推动我国新能源汽车产业高质量可持续发展，加快建设汽车强国。

(2)《规划》提出，到 2025 年，纯电动乘用车新车平均电耗降至 12.0kW·h/100km，新能源汽车新车销售量达到汽车新车销售总量的 20% 左右，高度自动驾驶汽车实现限定区域和特定场景商业化应用。到 2035 年，纯电动汽车成为新销售车辆的主流，公共领域用车

全面电动化，燃料电池汽车实现商业化应用，高度自动驾驶汽车实现规模化应用，有效促进节能减排水平和社会运行效率的提升。

（3）《规划》部署了5项战略任务：一是提高技术创新能力。坚持整车和零部件并重，强化整车集成技术创新，提升动力电池、新一代车用电机等关键零部件的产业基础能力，推动电动化与网联化、智能化技术互融协同发展。二是构建新型产业生态。以生态主导型企业为龙头，加快车用操作系统开发应用，建设动力电池高效循环利用体系，强化质量安全保障，推动形成互融共生、分工合作、利益共享的新型产业生态。三是推动产业融合发展。推动新能源汽车与能源、交通、信息通信全面深度融合，促进能源消费结构优化、交通体系和城市智能化水平提升，构建产业协同发展新格局。四是完善基础设施体系。加快推动充换电、加氢等基础设施建设，提升互联互通水平，鼓励商业模式创新，营造良好使用环境。五是深化开放合作。践行开放融通、互利共赢的合作观，深化研发设计、贸易投资、技术标准等领域的交流合作，积极参与国际竞争，不断提高国际竞争能力。

（4）保障措施。

一是深入推进"放管服"改革，进一步放宽市场准入，实施包容审慎监管，促进新业态、新模式健康有序发展。

完善企业平均燃料消耗量与新能源汽车积分并行管理办法，有效承接财政补贴政策，研究建立与碳交易市场衔接机制。

加强事中事后监管，夯实地方主体责任，遏制盲目上马新能源汽车整车制造项目等乱象。推动完善道路机动车辆生产管理相关法规，建立健全僵尸企业退出机制，加强企业准入条件保持情况监督检查，促进优胜劣汰。充分发挥市场机制作用，支持优势企业兼并重组、做大做强，进一步提高产业集中度。

二是健全政策法规体系，落实新能源汽车相关税收优惠政策，优化分类交通管理及金融服务等措施。推动充换电、加氢等基础设施科学布局、加快建设，对作为公共设施的充电桩建设给予财政支持。

破除地方保护，建立统一开放公平市场体系。鼓励地方政府加大对公共服务、共享出行等领域车辆运营的支持力度，给予新能源汽车停车、充电等优惠政策。

2021年起，国家生态文明试验区、大气污染防治重点区域的公共领域新增或更新公交、出租、物流配送等车辆中新能源汽车比例不低于80%。

制定将新能源汽车研发投入纳入国有企业考核体系的具体办法。加快完善适应智能网联汽车发展要求的道路交通、事故责任、数据使用等政策法规。加快推动动力电池回收利用立法。

三是加强人才队伍建设，加快建立适应新能源汽车与相关产业融合发展需要的人才培养机制，编制行业紧缺人才目录，优化汽车电动化、网联化、智能化领域学科布局，树立正向激励导向，实行股权、期权等多元化激励措施。

四是强化知识产权保护，构建新能源汽车知识产权运营服务体系，加强专利运用转化平台建设，建立互利共享、合作共赢的专利运营模式。

五是充分发挥节能与新能源汽车产业发展部际联席会议制度和地方协调机制作用，强化部门协同和上下联动，制定年度工作计划和部门任务分工，抓紧抓实抓细规划落实工作。

第三章 我国汽车政策法规基础知识

（二）《新能源汽车产业发展规划（2021—2035年）》的技术要求

1. 强化整车集成技术创新

以纯电动汽车、插电式混合动力（含增程式）汽车、燃料电池汽车为"三纵"，布局整车技术创新链。

研发新一代模块化高性能整车平台，攻关纯电动汽车底盘一体化设计、多能源动力系统集成技术，突破整车智能能量管理控制、轻量化、低摩阻等共性节能技术，提升电池管理、充电连接、结构设计等安全技术水平，提高新能源汽车整车综合性能。

2. 提升产业基础能力

以动力电池与管理系统、驱动电机与电力电子、网联化与智能化技术为"三横"，构建关键零部件技术供给体系。

开展先进模块化动力电池与燃料电池系统技术攻关，探索新一代车用电机驱动系统解决方案。

加强智能网联汽车关键零部件及系统开发，突破计算和控制基础平台技术、氢燃料电池汽车应用支撑技术等瓶颈，提升基础关键技术、先进基础工艺、基础核心零部件、关键基础材料等研发能力。

3. 核心技术攻关

（1）电池技术突破。开展正负极材料、电解液、隔膜、膜电极等关键核心技术研究。加强高强度、轻量化、高安全、低成本、长寿命的动力电池和燃料电池系统短板技术攻关。加快固态动力电池技术研发及产业化。

（2）智能网联技术。以新能源汽车为智能网联技术率先应用的载体，支持企业跨界协同，研发复杂环境融合感知、智能网联决策与控制、信息物理系统架构设计等关键技术，突破车载智能计算平台、高精度地图与定位、车辆与车外其他设备间的无线通信（V2X）、线控执行系统等核心技术和产品。

（3）基础技术提升。突破车规级芯片、车用操作系统、新型电子电气架构、高效高密度驱动电机系统等关键技术和产品。攻克氢能储运、加氢站、车载储氢等氢燃料电池汽车应用支撑技术。支持基础元器件、关键生产装备、高端试验仪器、开发工具、高性能自动检测设备等基础共性技术研发创新。

攻关新能源汽车智能制造海量异构数据组织分析、可重构柔性制造系统集成控制等关键技术，开展高性能铝镁合金、纤维增强复合材料、低成本稀土永磁材料等关键材料产业化应用。

4. 新型产业生态

（1）支持生态主导型企业发展。鼓励新能源汽车、能源、交通、信息通信等领域企业跨界协同，围绕多元化生产与多样化应用需求，通过开放合作和利益共享，打造涵盖解决方案、研发生产、使用保障、运营服务等产业链关键环节的生态主导型企业。在产业基础好、创新要素集聚的地区，发挥龙头企业带动作用，培育若干上下游协同创新、大中小企业融通发展、具有国际影响力和竞争力的新能源汽车产业集群。

（2）加快车用操作系统开发应用。坚持软硬协同攻关，集中开发车用操作系统。围绕车用操作系统，构建整车、关键零部件、基础数据与软件等领域市场主体深度合作的开发与应用生态。通过产品快速迭代，扩大用户规模，加快车用操作系统产业化应用。

(3) 推动动力电池全价值链发展。鼓励企业提高锂、镍、钴、铂等关键资源保障能力。建立健全动力电池模块化标准体系，加快突破关键制造装备，提高工艺水平和生产效率。完善动力电池回收、梯级利用和再资源化的循环利用体系，鼓励共建共用回收渠道。建立健全动力电池运输仓储、维修保养、安全检验、退役退出、回收利用等环节管理制度，加强全生命周期监管。

落实生产者责任延伸制度，加强新能源汽车动力电池溯源管理平台建设，实现动力电池全生命周期可追溯。支持动力电池梯次产品在储能、备能、充换电等领域创新应用，加强余能检测、残值评估、重组利用、安全管理等技术研发。优化再生利用产业布局，推动报废动力电池有价元素高效提取，促进产业资源化、高值化、绿色化发展。

(4) 提升智能制造水平。推进智能化技术在新能源汽车研发设计、生产制造、仓储物流、经营管理、售后服务等关键环节的深度应用。加快新能源汽车智能制造仿真、管理、控制等核心工业软件开发和集成，开展智能工厂、数字化车间应用示范。加快产品全生命周期协同管理系统推广应用，支持设计、制造、服务一体化示范平台建设，提升新能源汽车全产业链智能化水平。

(5) 强化质量安全保障。开展新能源汽车产品质量提升行动，引导企业加强设计、制造、测试验证等全过程可靠性技术开发应用，充分利用互联网、大数据、区块链等先进技术，健全产品全生命周期质量控制和追溯机制。引导企业强化品牌发展战略，以提升质量和服务水平为重点加强品牌建设。

落实企业负责、政府监管、行业自律、社会监督相结合的安全生产机制。强化企业对产品安全的主体责任，落实生产者责任延伸制度，加强对整车及动力电池、电控等关键系统的质量安全管理、安全状态监测和维修保养检测。

健全新能源汽车整车、零部件以及维修保养检测、充换电等安全标准和法规制度，加强安全生产监督管理和新能源汽车安全召回管理。

5. 产业融合

(1) 与能源融合。加强新能源汽车与电网（V2G）能量互动。加强高循环寿命动力电池技术攻关，推动小功率直流化技术应用。鼓励地方开展V2G示范应用，统筹新能源汽车充放电、电力调度需求，综合运用峰谷电价、新能源汽车充电优惠等政策。

促进新能源汽车与可再生能源高效协同。推动新能源汽车与气象、可再生能源电力预测预报系统信息共享与融合，统筹新能源汽车能源利用与风力发电、光伏发电协同调度，提升可再生能源应用比例。鼓励"光储充放"（分布式光伏发电—储能系统—充放电）多功能综合一体站建设。支持有条件的地区开展燃料电池汽车商业化示范运行。

(2) 与交通融合。发展一体化智慧出行服务。加快建设涵盖前端信息采集、边缘分布式计算、云端协同控制的新型智能交通管控系统。加快新能源汽车在分时租赁、城市公交、出租汽车、场地用车等领域的应用，优化公共服务领域新能源汽车使用环境。引导汽车生产企业和出行服务企业共建"一站式"服务平台，推进自动代客泊车技术发展及应用。

构建智能绿色物流运输体系。推动新能源汽车在城市配送、港口作业等领域应用，为新能源货车通行提供便利。发展"互联网+"高效物流，创新智慧物流营运模式，推广网络货运、挂车共享等新模式应用。

（3）与信息通信融合。推进以数据为纽带的"人—车—路—云"高效协同。基于汽车感知、交通管控、城市管理等信息，构建"人—车—路—云"多层数据融合与计算处理平台，开展特定场景、区域及道路的示范应用。

打造网络安全保障体系。健全新能源汽车网络安全管理制度，构建统一的汽车身份认证和安全信任体系，推动密码技术深入应用，加强车载信息系统、服务平台及关键电子零部件安全检测，强化新能源汽车数据分级分类和合规应用管理，完善风险评估、预警监测、应急响应机制，保障"车端—传输管网—云端"各环节信息安全。

（4）标准对接与数据共享。建立新能源汽车与相关产业融合发展的综合标准体系，明确车用操作系统、车用基础地图、车桩信息共享、云控基础平台等技术接口标准。建立跨行业、跨领域的综合大数据平台，促进各类数据共建共享与互联互通。

智慧城市新能源汽车应用示范，开展智能有序充电、新能源汽车与可再生能源融合发展、城市基础设施与城际智能交通、异构多模式通信网络融合等综合示范，支持以智能网联汽车为载体的城市无人驾驶物流配送、市政环卫、快速公交系统（BRT）、自动代客泊车和特定场景示范应用。

6. 基础设施建设

（1）加快充换电基础设施建设。科学布局充换电基础设施，加强与城乡建设规划、电网规划及物业管理、城市停车等的统筹协调。依托"互联网+"智慧能源，提升智能化水平，积极推广智能有序慢充为主、应急快充为辅的居民区充电服务模式，加快形成适度超前、快充为主、慢充为辅的高速公路和城乡公共充电网络，鼓励开展换电模式应用，加强智能有序充电、大功率充电、无线充电等新型充电技术研发，提高充电便利性和产品可靠性。

引导企业联合建立充电设施运营服务平台，实现互联互通、信息共享与统一结算。加强充电设备与配电系统安全监测预警等技术研发，规范无线充电设施电磁频谱使用，提高充电设施安全性、一致性、可靠性，提升服务保障水平。

鼓励商业模式创新。结合老旧小区改造、城市更新等工作，引导多方联合开展充电设施建设运营，支持居民区多车一桩、临近车位共享等合作模式发展。鼓励充电场站与商业地产相结合，建设停车充电一体化服务设施，提升公共场所充电服务能力，拓展增值服务。完善充电设施保险制度。

（2）推进新一代无线通信网络建设。加快基于蜂窝通信技术的车辆与车外其他设备间的无线通信（C-V2X）标准制定和技术升级。推进交通标志标识等道路基础设施数字化改造升级，加强交通信号灯、交通标志标线、通信设施、智能路侧设备、车载终端之间的智能互联，推进城市道路基础设施智能化建设改造相关标准制定和管理平台建设。加快差分基站建设，推动北斗等卫星导航系统在高精度定位领域应用。

（3）有序推进氢燃料供给体系建设。提高氢燃料制储运经济性。因地制宜开展工业副产氢及可再生能源制氢技术应用，加快推进先进适用储氢材料产业化。开展高压气态、深冷气态、低温液态及固态等多种形式储运技术示范应用，探索建设氢燃料运输管道，逐步降低氢燃料储运成本。健全氢燃料制储运、加注等标准体系。加强氢燃料安全研究，强化全链条安全监管。

推进加氢基础设施建设。建立完善加氢基础设施的管理规范。引导企业根据氢燃料供给、消费需求等合理布局加氢基础设施，提升安全运行水平。支持利用现有场地和设施，开展油、气、氢、电综合供给服务。

（4）建设智能基础设施服务平台。统筹充换电技术和接口、加氢技术和接口、车用储氢装置、车用通信协议、智能化道路建设、数据传输与结算等标准的制修订，构建基础设施互联互通标准体系。引导企业建设智能基础设施、高精度动态地图、云控基础数据等服务平台，开展充换电、加氢、智能交通等综合服务试点示范，实现基础设施的互联互通和智能管理。

【小阅读】

为推动我国燃料电池汽车产业持续健康、科学有序发展，2020年9月16日，财政部、工业和信息化部、科技部、国家发展和改革委、国家能源局五部委联合发布《关于开展燃料电池汽车示范应用的通知》，决定开展燃料电池汽车示范应用工作。

1. 支持方式

针对产业发展现状，五部门将对燃料电池汽车的购置补贴政策，调整为燃料电池汽车示范应用支持政策，对符合条件的城市群开展燃料电池汽车关键核心技术产业化攻关和示范应用给予奖励，形成布局合理、各有侧重、协同推进的燃料电池汽车发展新模式。

示范期暂定为四年。示范期间，五部门将采取"以奖代补"方式，对入围示范的城市群按照其目标完成情况给予奖励。奖励资金由地方和企业统筹用于燃料电池汽车关键核心技术产业化，人才引进及团队建设，以及新车型、新技术的示范应用等，不得用于支持燃料电池汽车整车生产投资项目和加氢基础设施建设。

2. 示范内容

示范城市群应聚焦技术创新，找准应用场景，构建完整的产业链。一是构建燃料电池汽车产业链条，促进链条各环节技术研发和产业化。要依托龙头企业，以客户需求为导向，组织相关企业打造产业链，加强技术研发，实现相关基础材料、关键零部件和整车产品研发突破及初步产业化应用，在示范中不断完善产业链条、提升技术水平。二是开展燃料电池汽车新技术、新车型的示范应用，推动建立并完善相关技术指标体系和测试评价标准。要明确合适的应用场景，重点推动燃料电池汽车在中远途、中重型商用车领域的产业化应用。要运用信息化平台，实现燃料电池汽车示范全过程、全链条监管，积累车辆运行数据，完善燃料电池汽车和氢能相关技术指标、测试标准。三是探索有效的商业运营模式，不断提高经济性。要集中聚焦优势企业产品推广，逐步形成规模效应，降低燃料电池汽车成本。要为燃料电池汽车示范应用提供经济、安全稳定的氢源保障，探索发展绿氢，有效降低车用氢能成本。四是完善政策制度环境。要建立氢能及燃料电池核心技术研发、加氢站建设运营、燃料电池汽车示范应用等方面较完善的支持政策体系。要明确氢的能源定位，建立健全安全标准及监管模式，确保生产、运输、加注、使用安全，明确牵头部门，出台加氢站建设审批管理办法。

第四节　智能网联汽车产业政策

智能网联汽车是搭载了先进的车载传感器、控制器、执行器装置，并融合了现代通信与网络技术，实现车与X（人、车、路、云等系统）之间进行智能化的信息交换、共享，具

第三章 我国汽车政策法规基础知识

备复杂的环境感知、智能决策、协同控制等功能，可综合实现安全、高效、舒适、节能行驶，并最终实现替代人类操作的新一代汽车。

智能网联汽车是汽车工业和人工智能技术结合的全新产物，是我国抢占汽车产业未来战略的制高点，也是人工智能大规模应用的重要场景。智能网联汽车的发展将引发汽车工业、交通形态、社会分工等等方面巨大的变化，同时也必然会对既有的社会秩序和规则带来挑战。法律规则建设是智能网联汽车发展中非常重要的一环。

一、智能网联汽车分级

在车辆的智能化分级标准中，一种是美国国家公路交通安全管理局（NHTSA）分级标准，另一种是工业界目前广泛采用的由 SAE International（国际汽车工程师协会）所制定的分级标准，SAE 将自动驾驶技术分为 L0、L1、L2、L3、L4、L5，总共六个等级。具体分法如图 3-4 所示。

自动驾驶分级		名称	定义	驾驶操作	周边监控	接管	应用场景
NHTSA	SAE						
L0	L0	人工驾驶	由人类驾驶者全权驾驶汽车	人类驾驶人	人类驾驶人	人类驾驶人	无
L1	L1	辅助驾驶	车辆对转向盘和加减速中的一项操作提供驾驶，人类驾驶人负责其余的驾驶动作	人类驾驶人和车辆	人类驾驶人	人类驾驶人	限定场景
L2	L2	部分自动驾驶	车辆对转向盘和加减速中的多项操作提供驾驶，人类驾驶人负责其余的驾驶动作	车辆	人类驾驶人	人类驾驶人	
L3	L3	条件自动驾驶	由车辆完成绝大部分驾驶操作，人类驾驶人需保持注意力集中以备不时之需	车辆	车辆	人类驾驶人	
L4	L4	高度自动驾驶	由车辆完成所有驾驶操作，人类驾驶人无需保持注意力，但限定道路和环境条件	车辆	车辆	车辆	
	L5	完全自动驾驶	由车辆完成所有驾驶操作，人类驾驶人无需保持注意力	车辆	车辆	车辆	所有场景

图 3-4 NHTSA 及 SAE 自动驾驶分级标准

2020 年 3 月 9 日，工业和信息化部在其官网公示了《汽车驾驶自动化分级》推荐性国家标准报批稿，拟于 2021 年 1 月 1 日开始实施，见表 3-2。

《汽车驾驶自动化分级》基于驾驶自动化系统在执行动态驾驶任务中的角色分配，以及有无设计运行条件限制，将智能网联汽车划分为 0~5 共 6 个不同的等级。

0 级驾驶自动化（应急辅助）：驾驶自动化系统不能持续执行动态驾驶任务中的车辆横向或纵向运动控制，但具备持续执行动态驾驶任务中的部分目标和事件探测与响应的能力。

1 级驾驶自动化（部分驾驶辅助）：驾驶自动化系统在其设计运行条件内持续地执行动态驾驶任务中的车辆横向或纵向运动控制，且具备与所执行的车辆横向或纵向运动控制相适应的部分目标和事件探测与响应的能力。

2 级驾驶自动化（组合驾驶辅助）：驾驶自动化系统在其设计运行条件内持续地执行动态驾驶任务中的车辆横向和纵向运动控制，且具备与所执行的车辆横向和纵向运动控制相适应的部分目标和事件探测与响应的能力。

3级驾驶自动化（有条件自动驾驶）：驾驶自动化系统在其设计运行条件内持续地执行全部动态驾驶任务。

4级驾驶自动化（高度自动驾驶）：驾驶自动化系统在其设计运行条件内持续地执行全部动态驾驶任务和执行动态驾驶任务接管。

5级驾驶自动化（完全自动驾驶）：驾驶自动化系统在任何可行驶条件下持续地执行全部动态驾驶任务和执行动态驾驶任务接管。

表3-2 工业和信息化部自动驾驶分级标准

分级	名称	车辆横向和纵向运动控制	目标和事件探测与响应	动态驾驶任务接管	设计运行条件
0级	应急辅助	驾驶人	驾驶人及系统	驾驶人	有限制
1级	部分驾驶辅助	驾驶人和系统	驾驶人及系统	驾驶人	有限制
2级	组合驾驶辅助	系统	驾驶人及系统	驾驶人	有限制
3级	有条件自动驾驶	系统	系统	动态驾驶任务接管用户（接管后成为驾驶人）	有限制
4级	高度自动驾驶	系统	系统	系统	有限制
5级	完全自动驾驶	系统	系统	系统	无限制*

注：*表示排除商业和法规因素等限制。

为了减少分歧，中国标准参考SAE标准0~5级的分级框架，对于每个具体的驾驶自动化功能分级结果基本是一致的，仅有少部分依照国情进行调整。

两者的不同点有三个：

其一，SAE标准下将AEB等安全辅助功能和非驾驶自动化功能都放在0级，称为无驾驶自动化，中国版标准则叫作应急辅助，驾驶人能够掌握驾驶权，系统可感知环境，并提供报警、辅助或短暂介入驾驶，作为一个安全的基础分支。该级和非驾驶自动化功能分开，更加便于理解。

其二，中国版标准针对0~2级自动驾驶，规定的是"目标和事件探测与响应"由驾驶人及系统协作完成，而在SAE标准下，L0级至L2级智能网联汽车的OEDR（目标和事件检测，以及决策任务）全部由人类驾驶人完成。

其三，中国版标准在3级中明确增加了对驾驶人接管能力监测和风险减缓策略的要求，明确最低安全要求，减少实际应用的安全风险。

二、智能网联汽车法规标准简介

美国内华达州2011年3月率先进行道路测试立法、发放测试牌照，2020年美国交通部发布了"Ensuring American Leadership in Automated Vehicle Technologies - Automated Vehicles 4.0"，即"确保美国自动驾驶技术领先地位-自动驾驶4.0版本"。德国2015年出台了《自动和联网驾驶战略》，宣布将投入数十亿欧元改造网络基础设施、鼓励智能汽车研发。法国在2018年将自动驾驶领域纳入国家人工智能发展计划和促进经济增长及企业变革行动

第三章 我国汽车政策法规基础知识

方案，并为该领域研发提供政策便利及资金支持。日本于 2016 年 5 月发布《关于自动行驶系统的公道实证实验的方针》，2017 年秋季开始在高速公路、一般公路上对自动驾驶系统进行大规模测试试验。韩国政府多部门联合发布"2030 未来汽车产业发展战略"，包括构建无人驾驶管理体系及路网系统、促进汽车产业转型等。2018 年 5 月，欧盟委员会发布《通往自动化出行之路：欧盟未来出行战略》，提出到 2030 年完全进入自动驾驶社会。联合国也于 2016 年 3 月正式修订《维也纳道路交通公约》，允许自动驾驶技术应用到交通运输中；世界车辆法规协调论坛（WP29）也在抓紧制定自动驾驶技术相关的技术法规。

2020 年中国相继发布了《智能汽车创新发展战略》《新能源汽车产业发展规划（2021—2035 年）》和《智能网联汽车技术路线图 2.0》，充分体现了国家大力发展智能网联汽车的决心。

文件对智能网联汽车技术架构和体系进行全面梳理和修订，智能网联汽车涉及整车零部件、信息通信、智能交通、地图定位等多领域技术，将技术架构划分为"三横两纵"，如图 3-5 所示。"三横"指车辆关键技术、信息交互关键技术与基础支撑关键技术。"两纵"指支撑智能网联汽车发展的车载平台与基础设施。

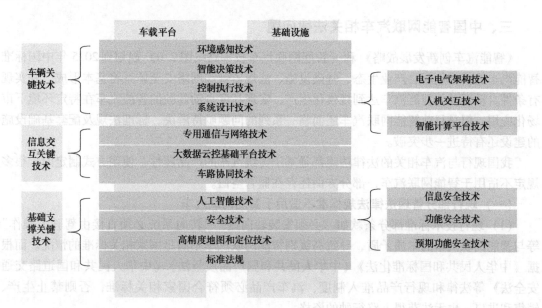

图 3-5 中国智能网联汽车技术构架

文件规划了智能网联汽车三个关键的发展时间节点如图 3-6 所示。

（1）到 2025 年，PA（部分自动驾驶）、CA（有条件自动驾驶）级智能网联汽车渗透率进一步提升，市场份额超过 50%，C-V2X 终端新车装配率达 50%。HA（高度自动驾驶）级智能网联汽车实现限定区域和特定场景商业化应用。

（2）2030 年 PA、CA 级智能网联汽车市场份额超过 70%，HA 级智能网联汽车市场份额达到 20%，C-V2X 终端实现普及，并在高速公路广泛应用、在部分城市道路规模化应用。

（3）2035 年实现基本普及，各类网联式高度自动驾驶车辆广泛运行于中国广大地区。

市场应用目标		
发展期（2020—2025年）	推广期（2026—2030年）	成熟期（2031—2035年）
PA、CA级智能网联汽车销量占当年汽车总销量的比例超50%，HA级智能网联汽车开始进入市场，C-V2X终端新车装配率50%	PA、CA级智能网联汽车销量占当年汽车总销量的比例超70%，HA级车辆占比达20%，C-V2X终端新车装配率基本普及	各类网联式高度自动驾驶车辆广泛运行于中国广大地区，HA、FA级智能网联汽车具备与其他交通参与者间的网联协同决策与控制能力
网联协同感知在高速公路、城市道路节点（交叉路口、匝道口等）和封闭园区成熟应用。具备网联协同决策功能的车辆进入市场	具备车路云一体化协同决策与控制功能的车辆进入市场	
在高速公路、专用车道、停车场等特定场景及园区、港口矿区等限定区域实现HA级智能网联汽车的商业化应用	HA级智能网联汽车在高速公路广泛应用，在部分城市道路规模化应用	高速公路快速路、城市道路等基础设施智能化水平满足HA级智能网联汽车运行要求

图3-6　中国智能网联汽车市场应用目标

三、中国智能网联汽车相关法律问题

《智能汽车创新发展战略》和《智能网联汽车技术路线图2.0》规划到2025年中国标准智能汽车的技术创新、产业生态、基础设施、法规监管和网络安全体系将基本形成，并实现有条件自动驾驶的智能汽车达到规模化生产，实现高度自动驾驶的智能汽车在特定环境下市场化应用。但是目前智能网联汽车还面临一系列的问题亟待解决，标准法规及配套基础设施的建设还有待进一步突破。

我国现行与汽车相关的法律法规都是基于传统汽车的产品属性、使用方式制定的，很多规定不适用于智能网联汽车，部分方面还存在监管空白。

（一）现行部分管理法律法规标准不适用于智能网联汽车

（1）现行技术标准部分条款如"必须安装转向盘""转向系统必须直接由驾驶人操作"等与智能网联汽车的本质矛盾，导致高级别智能网联汽车不满足国家相关标准的情况。而根据《中华人民共和国标准化法》《中华人民共和国产品质量法》《中华人民共和国道路交通安全法》等法律和现行产品准入制度，汽车产品必须符合国家相关标准，否则禁止生产、销售和进口，也无法获得上路行驶的资格。

（2）现行法律法规限制了智能网联汽车部分场景下的道路测试：《中华人民共和国公路法》第77条规定，制造方不得将公路作为检验机动车性能的试车场地。因此智能网联汽车相关驾驶功能的验证目前只能在部分测试专用场地进行。

（3）现行法律法规中关于驾驶人、驾驶行为的规定制约了自动驾驶功能的使用：双手离开转向盘属于妨碍安全的行为，违反了《中华人民共和国道路交通安全法实施条例》第62条第（3）款的规定。由于智能网联汽车的本质就是将人类驾驶人从驾驶任务中解放出来，上述关于驾驶人、驾驶行为的规定，限制了部分自动驾驶功能的使用。

（4）交通行为责任主体与自动驾驶行为主体不匹配：这包括两个方面，一方面是在由人控制车辆驾驶的情况下，根据《中华人民共和国侵权责任法》规定的"机动车发生交通事故造成损害的，依照道路交通安全法的有关规定承担赔偿责任"，另一方面，当自动驾驶无人控制时发生交通事故，则应当适用产品责任，即"因产品存在缺陷造成他人损害的，生产者应当承担侵权责任"。当汽车的自动驾驶等级较低时（L1~L3），现行交通行为责任法律体系能够适用智能网联汽车。而对于高级别智能网联汽车（L4、L5），其潜在行为责任主体将从驾驶人、汽车制造商扩展到自动驾驶系统开发商、车辆运营商、信息服务商、路侧设备提供商等，导致我国现行交通行为责任划分体系无法适用。

（5）部分车辆保险法律规定难以适用于智能网联汽车：车辆保险的本质是承包车辆遭受意外自然灾害和意外事故造成的汽车本身的损失，以及被保险人对第三者的人身伤害和财产损失的经济赔偿责任，因此保险制度与交通行为责任划分体系高度关联。根据《机动车交通事故责任强制保险条例》，车辆保险的"投保人"是机动车所有人或管理人，"被保险人"为投保人及其允许的合法驾驶人。随着驾驶主体和交通行为责任主体的变化，我国现有的针对车辆所有人、驾驶人、投保人、被保险人建立起来的车辆保险法律框架可能会被打破。

（6）智能网联汽车通过搭载在车身周围的传感器获取周边环境信息，结合车辆位置信息创建实时的3D车辆周边环境感知地图，并将创建的3D局部地图与高精地图对比，得到车辆在高精度地图中的精确位置（即"环境感知＋高精度定位＋高精度地图"）。根据《中华人民共和国测绘法》中关于测绘的定义，智能网联汽车的上述行为属于测绘活动。我国出于维护国家安全的目的，对测绘行为实行严格的监管制度，部分规定不适用于智能网联汽车。

（7）根据《关于加强自动驾驶地图生产测试与应用管理的通知》，自动驾驶地图（即高精度地图）属于导航电子地图的新型种类，其数据采集、编辑加工和生产制作必须由具有导航电子地图制作测绘资质的单位承担。而我国对导航电子地图资质管理严格，获得该资质的企业几乎都是图商。

（8）根据《关于导航电子地图管理有关规定的通知》，在使用高精度地图过程中，运用空间定位仪器采集空间地理信息（如坐标、高程、地物属性），以及通过获取的地理信息对高精度地图相关内容进行检测、校核、更改等，属于测绘活动，相关企业必须取得导航电子地图资质。根据该定义，智能网联汽车通过"高精度定位＋环境感知＋高精度地图"实现路径规划的行为属于上述管理范畴，因此智能网联汽车企业必须取得导航电子地图资质。

（9）根据《公开地图内容表示补充规定》等文件，重要桥梁的限高、限宽、净空、载重量和坡度属性等内容都属于敏感信息，高精度地图在公开出版前，必须过滤并删除上述内容。上述敏感信息是自动驾驶车辆计算加速度控制加速、制动，以及转向等的重要参考，删除后会影响部分自动驾驶功能的使用。

（10）高精度地图要求高时效性，仅依赖专业的采集车辆集中制图无法实现全国范围内的地图及时更新。相对于集中制图模式，众包数据采集模式（简称"众包模式"）通过依靠大量道路上行驶的车辆进行数据采集可以实现地图实时更新的目的，效率高、成本低。就采集的数据类型看，众包模式可能会涉及测绘行为，但我国目前尚未建立针对众包模式监管制度，相关领域存在监管空白。

（11）与其他网络产品相比，智能网联汽车具备可移动性，自动驾驶网络安全不仅关乎车辆本身，还涉及公共安全。如果车辆被不法分子远程攻击，可能会造成严重的人身伤害和财产损失。尽管我国已出台了《中华人民共和国网络安全法》，但相关规定比较原则，无法应对智能网联汽车带来的特殊情景下的网络安全问题。

（二）中国智能网联汽车基础设施建设及政策的制定

正因为智能网联汽车不仅需要符合汽车相关的法律法规，而且还要与地理信息、网络安全、电子通信等领域的法律法规相适应。近年来国家及地方相关部分纷纷出台指导文件，进行智能网联汽车相关产业的建设及政策的制定。

2020年3月18日，发改委、工信部印发《关于组织实施2020年新型基础设施建设工程（宽带网络和5G领域）的通知》。其中在"5G+智慧港口应用系统建设"创新应用提升工程提到，重点开展现场多路视频的回传及垂直运输港机的远程控制，完成港口自动理货、港口封闭区域内集卡自动驾驶等，提升港口理货的准确率及效率，实现降本增效。

2020年4月15日，为发挥标准在车联网产业生态环境构建中的引领和规范作用，加快制造强国、网络强国和交通强国建设步伐，工业和信息化部、公安部、国家标准化管理委员会联合发布了《国家车联网产业标准体系建设指南（车辆智能管理）》。

2020年4月26日，交通运输部起草《公路工程适应自动驾驶附属设施总体技术规范（征求意见稿）》。意见稿是国家层面首次出台的与自动驾驶相关的公路技术规范，对于推动我国自动驾驶发展加速迈入产业化具有重要意义。该文件规定了公路工程适应自动驾驶附属设施的总体技术要求，包括总则、术语与缩略语、总体架构、高精度地图、定位设施、通信设施、交通标志标线、交通控制与诱导设施、交通感知设施、路侧计算设施、供能与照明设施、自动驾驶监测与服务中心、网络安全。

复习思考题

1. 简述汽车产业政策的制定背景。
2. 汽车产业政策的制定有何意义？
3. 汽车产业政策想要实现的目标是什么？
4. 我国鼓励外商投资的"交通运输设备制造业"相关的项目有哪些？

第四章 汽车技术法规专题

第一节 汽车安全法规

汽车工业已经经历了一百多年的历史,极大地改善了人类社会的机动性,促进了社会和经济的发展。但是,汽车安全问题越来越成为今后汽车工业发展将要面临的巨大挑战之一。

从20世纪50年代开始,世界上许多国家,特别是工业发达国家相继制定了相应的汽车安全法规,对汽车安全等技术性能加以控制。

汽车安全技术法规是一个庞杂的体系,其内容十分细致,各种规定还在不断修改、增加。虽然各国汽车安全技术法规在整体宗旨上是一致的,但是具体内容和规定则有所不同。以安全带为例,在适用车种上,有的国家规定所有车辆都要使用;有的国家规定为总重在3.5t以下的车辆使用;有的国家规定为轿车、载重车、客车使用;瑞士只要求轿车使用。在使用范围上,有的国家规定所有道路都要使用,如法国规定在市区内22:00—次日6:00使用,美国规定前座乘员必须使用,日本要求驾驶人必须使用。关于安全带的破坏强度,欧洲标准规定在温度(20±5)℃,湿度65%±5%保持24h的破坏强度在1500kgf⊖以上;美国标准规定不同形式吊带的破坏强度为1810~2720kgf;澳大利亚规定不同形式吊带的破坏强度为1270~2268kgf,其他带子为1587~2268kgf;日本腰带为2720kgf以上,腰肩联结带在2270kgf以上,肩带在1810kgf以上。此外,对带子的宽度、伸长率、耐磨损性、耐寒性、耐热性、耐水性、耐光性、吸能性、滞后性、搭扣的解脱力、锁紧和收卷装置、固定位置和固定强度,都有相同或不同的要求。

《美国汽车安全法》指出:制定汽车安全法的目的是"减少汽车事故及由事故引起的人员伤亡,建立国内销售汽车的安全标准,以谋求综合治理国内的安全问题"。汽车安全法规是对在本国销售的汽车的安全技术法定标准。要进入某一国家的汽车市场,产品就必须符合当地的汽车安全技术法规。各国汽车安全技术法规各有不同的规定,因此对汽车的出口有重大影响,汽车厂家往往要专门根据某一法规体系进行特殊设计。出口不同的国家,就要照顾到不同的法规要求。

一、美国的汽车安全技术法规

美国汽车安全技术法规是在美国《国家交通及机动车安全法》的授权下,由美国运输部、高速公路安全管理局制定的与机动车辆结构及性能有关的机动车安全法规。该法规包括美国联邦机动车安全标准(FMVSS),与FMVSS配套的管理性汽车技术法规,美国汽车产品安全召回法规和美国联邦机动运载车安全法规(FMCSR)。从1968年1月10实行以来,

---

⊖ 1kgf = 9.8N。

这一系列法规经过不断的修改，对各条款的要求日益严格。

美国 FMVSS 法规目前主要包括被动安全、主动安全、防止火灾等 50 多项法规。概括起来，主要包括如下几方面内容。

（一）避免车辆交通事故的安全标准

避免交通事故的安全标准，即汽车主动安全法规，主要提供了与风窗玻璃、灯光信号装置、前后视野，以及制动和操纵稳定性等与汽车整体性能相关的法规标准。

（二）发生事故时减少驾驶人及乘员伤害的安全标准

发生事故时减少驾驶人及乘员伤害的安全标准，即汽车被动安全法规，目前共计 26 项，已形成完整的体系，见表 4-1。

表 4-1 美国 FMVSS 中相关被动安全法规

编号	内容	编号	内容
201	乘员在车内碰撞时的防护	215	保留
202	头部约束	216	轿车车顶抗压强度
203	驾驶人免受转向控制系统伤害的碰撞保护	217	客车紧急出口及车窗的固定与松放
204	转向控制装置的向后位移	218	摩托车头盔
205	玻璃材料	219	风窗玻璃区的干扰
206	车门锁及车门固定组件	220	轿车翻滚保护
207	座椅系统	221	轿车车身连接点强度
208	乘员碰撞保护	222	轿车乘员座椅和碰撞保护
209	座椅安全带总成	223	追尾碰撞防护装置
210	座椅安全带总成固定点	224	追尾碰撞保护
211	保留	301	燃油系统完整性
212	风窗玻璃的安装	302	内饰材料易燃性
213	儿童约束系统	303	压缩天然气车辆燃料系统完整性
214	侧碰撞保护	304	压缩天然气车辆燃料箱的完整性

碰撞中人员受到伤害的主要形式如下：

(1) 碰撞时汽车结构变形直接对乘员造成伤害。

(2) 碰撞时乘员与车内结构发生二次碰撞造成的伤害。

(3) 碰撞时以及碰撞后乘员身体部分超出车外，受到伤害。

(4) 碰撞后燃油起火，引起对乘员的伤害。

(5) 发生行人碰撞时，保险杠对行人腿部造成的伤害。

(6) 发动机盖对行人头部造成的伤害。

(7) 碰撞中车体冲击加速度峰值对乘员的伤害（特别是脑部和内脏）。

1. 美国 FMVSS 法规对整车碰撞安全性的各项规定

汽车发生碰撞事故一般指汽车和外部事物之间的碰撞，称为一次碰撞。乘员与汽车内部结构的碰撞，称为二次碰撞。碰撞试验按照碰撞方式的不同大致可分为正面碰撞、侧面碰撞、后方碰撞及动态碰撞等。

正面碰撞是最常见的碰撞形态，根据美国统计资料显示，大约 70% 的碰撞事故发生于

第四章 汽车技术法规专题

车辆的前方,因此车辆正面碰撞试验是极具意义和代表性的碰撞试验。制定汽车正面碰撞标准,成了政府相关部门首要考虑的问题。美国 FMVSS208 中有关于正面碰撞的标准,它要求汽车以 48.3km/h 的速度沿纵向向前行驶,撞击一个垂直于汽车行驶方向的固定壁障,或者撞击一个与汽车行驶方向成 ±30° 角的固定障壁时,测试放在每一个前排外侧座位上的假人的响应,该响应应该满足相应的成员保护要求。一般使用 0°、左 30° 和右 30° 三个碰撞试验来验证汽车的正面碰撞安全性。

另一种常见的碰撞形态是侧面碰撞。试验方法为可变形移动壁碰撞试验,碰撞方式为:以 53.9km/h 的速度、27° 的接近角、90° 的碰撞面接触来侧碰假人,要求撞击侧的车门不能脱离,非撞击边车门关闭。

在正面测试中,美国使用的是 HYBRID Ⅲ(正面碰撞假人)第 50 百分位男性。侧面碰撞试验中,美国所用的碰撞假人为 SID 假人。由于这两种假人构造上有所差异,所以二者在碰撞伤害值评定方面不一样。乘员受碰撞而遭受伤害的程度可用美国医学协会制定的简明受伤分级(AIS)来评定。

1—轻微。
2—中等。
3—较重(一般没有生命危险)。
4—严重(有生命危险,但可以救治)。
5—垂危(难以救治)。
6—致死(在 24h 内发生,无法救治)。

在碰撞过程中,人体各种组织和器官容忍撞击有一定的极限值。FMVSS 有如下几个伤害指标:

(1)头部伤害指标。在交通事故中,头部伤害是最重要的伤害形式。美国缅因州立大学于 1960 年提出评价头部碰撞忍受能力的耐力曲线 WSTC 曲线,给出了头部接触碰撞时造成头部严重伤害的线性加速度与冲击持续时间之间的关系。

对于复杂的 WSTC 曲线,很难用一个有效加速度值来体现,后几经修改,最终决定采用新的头部伤害指标 HIC 计算公式来作为头部伤害界限的基准。

HIC = 1000 作为头部伤害的安全界限,据测定,当 HIC 值为 1000 时,发生恶性头骨骨折的概率相当于 33%。

(2)胸部伤害指标。在交通事故中,驾驶人常因胸部与转向盘碰撞而受伤,胸部是继头部后最应该受到保护的部位。胸廓骨架包括 12 块胸椎骨、胸骨和相对刚硬但可以活动的保护壳。

美国碰撞伤害标准规定:胸部测试仪的输出加速度计算结果不应超过 $60g$,除了积累的时间间隔不超过 3ms 的情况(也就是 3ms 准则);胸骨和脊骨之间有压缩的偏差不应超过 76mm(它表明了胸部的骨折情况);沿轴的方向从大腿传来的力不应超过 10kN。

另外,胸部伤害指数 TTI 是适用于胸部侧面碰撞时伤害评价的指标,在研究 TTI 时,还考虑了人体的重量和年龄,即

$$TTI = 1.4 \times AGE + 0.5(RIBY + T12Y) \times MASS/Mstd$$

式中,TTI 为胸部伤害指数;AGE 为用于试验的人体的年龄(岁);RIBY 为第 4、8 根肋骨的侧面加速度峰值(g);T12Y 为第 12 节胸骨脊椎骨处的侧面加速度峰值(g);MASS 为用

于试验的人体的重量（kg）；Mstd 为标准人体的重量，Mstd＝75kg。

对于 50 百分位男性假人，TTI 可简化为

$$TTI = 0.5(RIBY + T12Y)$$

（3）颈部伤害指标。由于复杂的运动学以及脊椎和上胸椎皆为非均质性结构，因此了解颈部受伤的规范要比头部困难得多。目前美国 FMVSS208 所引用的颈部伤害标准，包括轴向负载（压力或张力）、剪力（垂直于颈部的力量）以及横向力矩（弯曲或伸展）作为量化的指标。但由于人类体形差异极大，主要的量化标准均以美国 50% 男性为标准，其中男性的颈部伤害承受横向伸展力矩的标准为 57N·m，而横向弯曲力矩则为 190N·m；轴向压力最大的忍受极限值为 4000N，轴向张力的忍受程度是 3300N；横向剪力的忍受程度是 3000N。

至于 FMVSS208 所采用的 Nij 颈部伤害标准，为一混合的颈部伤害指标。其中 i 代表轴向力（张力或压力），j 代表横向力矩（弯曲或伸展），经排列组合后共有：

颈部张力—伸展力矩指标 Nte
颈部张力—弯曲力矩指标 Ntf
颈部压力—伸展力矩指标 Nce
颈部压力—弯曲力矩指标 Ncf

四种伤害指标，其中 Nij 的计算公式为

$$Nij = (F_z/F_{zc}) + (M_{ocy}/M_{yc})$$

式中，F_z 为轴向力；F_{zc} 为颈部轴向受力临界值；M_{ocy} 为弯曲力矩；M_{yc} 为颈部弯曲力矩临界值。根据以上公式，可计算出颈部受力期间 Nij 对时间的变化曲线，目前法规所定的 Nij 临界值上限为 1.0，即指标一旦超过 1.0，就表示颈部已经受到损伤。

（4）腿部伤害指标。腿部伤害指标有大腿骨轴向压缩力（N）和小腿骨轴向压缩力（N）。中美汽车正面碰撞标准对比见表 4-2。

表 4-2 中美汽车正面碰撞标准对比

项　目	中国（GB 11551—2014）	美国（FMVSS 208）
固定壁障质量/kg	70000 以上	45000 以上
适用车型	M1 类、≤2500kg 的 N1 类车	≤4536kg 乘用车、货车、多用途乘用车
垂直加速度	0.29g 以下	0.29g 以下
假人	两个 HYBRID Ⅲ 第 50 百分位男性	HYBRID Ⅲ 第 50 百分位男性
头部伤害指数（HIC）	≤1000	≤1000
胸部变形量/mm	≤75	≤76.2
胸部 3ms 合成加速度	—	≤60g
大腿受力/N	≤10000	≤10000
碰撞角度/(°)	0	0～30
碰撞速度/(km/h)	48～50	≥48.3
碰撞时样车偏移量/mm	±150	±150

2. 碰撞时乘员在车内二次碰撞和将乘员抛出车外的防护

根据交通事故调查，因汽车侧面碰撞事故而导致车内乘员受伤或者死亡占所有交通事故的比例远少于正面碰撞，但是致死率却高于正面碰撞。这是因为侧面空间狭小，乘员与车门内饰板之间仅存在约 20～30mm 的间隙。不像正面碰撞那样有一个较大的缓冲区，可以通过车身前纵梁的溃缩来吸收能量。在侧面碰撞中，应以减小车门内板的侵入速度和优化二次碰撞中假人的动态响应来保护乘员安全。FMVSS 规定了五个种类的减缓碰撞的主要要求，同时对其他各种碰撞，如对于头部、面部接触的车室内结构物提出了增加衬垫或去掉锐角缘、硬质构件的方案。FMVSS 对车门锁及车门固定组件专门做了规定，以防侧面碰撞将乘员抛出车外。

3. 安全带及安全气囊等约束系统

FMVSS 208 乘员碰撞保护规定了乘用车中安全约束系统的要求，如肩部/膝盖安全带和正面的安全气囊。FMVSS 208 规定在中等速度到高速（32～40km/h）的碰撞中，在系安全带和未系安全带的情况下，根据成年乘员和儿童乘员身高体型的差异，每一次的碰撞触发需求改变安全约束系统的开启或者自动抑制（关闭）功能，以保护乘员的安全。FMVSS 2081998 年修订案要求车辆必须安装一种智能化的安全气囊，以保护乘员的安全，特别是在低速碰撞中，将安全气囊对婴儿、儿童和其他乘员造成的伤害减小至最低。

（三）防火标准

美国 FMVSS 要求金属油箱具有与塑料油箱同等的耐火性能，以防止碰撞事故发生后油箱漏油，引起火灾。

【小阅读】

美国政府通过新汽车安全法案

美国众议院已于 2010 年 5 月 26 日通过新的汽车安全法案。与旧法案相比，新汽车安全法案新增了一些汽车安全标准，比如要求在车辆上安装 BOS 系统和信息记录器（黑匣子）。同时，新法案还对车辆脚踏板的位置、电子系统、按钮式点火系统和传输配置等制定了相关标准。另外，新法案还提高了车企的最高罚款金额（由 1640 万美元提高至 2 亿美元）。由美国高速公路安全管理局（NHTSA）决定新法案具体执行时间。

二、欧洲的汽车安全技术法规

相对于美国安全法规偏重于汽车的被动安全，欧洲的安全法规（ECE）更加偏重于汽车的主动安全。欧洲各国的汽车法规起步较早，20 世纪 50 年代初一些国家就对汽车灯具、制动等装置制定了一些规定，但各国规定的检查方法、效果的评定以及限值都不同。从 20 世纪 60 年代后期开始制定被动安全性法规，参照美国法规并根据自身特点加以修正，经过多年的研究、实施，如今也形成了比较完善的被动安全法规体系。此外，除了侧撞安全法规以外，其他各项与美国的法规无本质区别。

ECE 法规自 1985 年制定以来，经不断的修正，至今已颁布实施的 109 项法规中有 88 项安全法规，其中，主动安全法规 62 项，被动安全法规 26 项。ECE 法规非常重视灯光和信号装置的安全性。另外，在动态试验方面规定了车辆正面碰撞、侧面碰撞、翻车时车身强度及碰撞时防止火灾等要求。表 4-3 列出了 ECE 法规对整车碰撞安全性的各项规定及其发布年份。

表 4-3 ECE 法规对整车碰撞安全性的各项规定及发布年份

法规编号	内容	发布年份
12	防止转向机构对驾驶人伤害的认证规定	1969 年
29	商用车辆驾驶室乘员防护认证规定	1974 年
32	追尾碰撞中被撞机动车辆结构特性认证规定	1975 年
33	正面碰撞中被撞机动车辆结构性能认证（不包括转向轮中心在全车长 1/4 内的汽车）	1975 年
94	前撞乘员防护认证规定	1995 年
95	侧撞乘员防护认证规定	1995 年
34	燃油系统完好规定	1979 年

ECE 规定汽车在正面碰撞中被撞机动车辆的结构性能要求如下：

（1）碰撞速度 48.3km/h，90°障碍壁前碰撞，无假人。

（2）碰撞后通过座椅 R 点的横向平面和通过仪表板最后边投影线的横向平面间的距离不小于 450mm。确定平面位置时不考虑按钮、开关等影响，在通过座椅中心线的纵向平面每边的 150mm 范围内确定。

（3）碰撞后通过座椅 R 点的横向平面与通过制动踏板中心的横向平面的距离不小于 650mm。

（4）放脚位置空间的左右隔板的间距不小于 250mm。

（5）汽车底板与篷顶的距离减少量不超过 10%。

（6）碰撞时汽车的侧门不能被撞开。

（7）碰撞后，侧门应能不使用工具而打开。无刚性顶篷的车除外。

三、日本的安全技术法规

日本早在 1951 年起就根据《道路运输车辆法》制定了道路运输车辆安全标准，后经 40 多次的修订，至今仍在执行。安全标准属于法规命令，不同于一般的工业标准。各汽车制造厂所生产的汽车若符合此标准，则政府将颁发给安全证书并定期进行检查。该标准的制定和修改除根据日本运输技术审议会的安全长期计划及汽车安全性（EVS）的研究成果外，还重点参考了欧洲经济共同体（EEC）汽车法规及美国 FMVSS，同时也参考了英、法、德等国的汽车安全标准或法规，已形成了比较健全的道路车辆安全标准体系。由于日本国土狭窄，他们特别重视汽车与行人、摩托车之间的安全，因此对汽车外部凸出物等的规定特别详细。日本的道路车辆安全标准几经修订，现在已发布的有关汽车标准有 73 条，其中主动安全标准 43 条，被动安全标准 17 条，防火标准 2 条。此外，还设置了试验方法标准 88 条。由于日本的汽车工业以出口为主，因此日本生产汽车执行的标准法规大多为 FMVSS 和 ECE 等法规。日本道路车辆法律、法规及其管理制度与美国联邦机动车安全法规相比差距很小，基本做法一致。

四、我国安全技术法规的现状

（一）我国汽车标准体系

我国还没有建立起真正意义上的汽车安全法规体系。长期以来，国内只有汽车标准，没有汽车法规。在世贸组织文件中，标准与法规是两个完全不同的范畴，标准具有自愿性，法规具有强制性。即使是国内的强制性标准也不能等同于技术法规，因为缺少管理文件。

我国汽车标准制定得比较晚，刚制定时参照了欧洲、美国、日本等国家的法规，选择了其先进的部分。但随着认识水平的提高和欧洲汽车产品及企业进入中国，我国的汽车标准逐渐向欧洲法规靠拢，再结合我国道路、车辆、人员的实际情况，逐步形成了我国的标准体系，涉及安全（主动安全、被动安全、一般安全）、环保（排放、电磁干扰、噪声、有毒有害物质、可回收）、节能（降低能源和材料消耗、可再利用）、防盗等（图 4-1）。

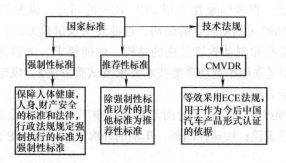

图 4-1 中国汽车标准与技术法规

注：CMVDR 即 China Motor Vehicle Design Rule，中国机动车设计规划。

我国的汽车强制性标准工作起步于 20 世纪 90 年代初期，1995 年开始逐步实施。汽车强制性标准体系主要以 EEC/ECE 体系为参照，其中安全标准按照主动安全、被动安全和一般安全划分：主动安全项目主要涉及照明与光信号装置、制动、转向、轮胎等；被动安全项目涉及座椅、门锁、安全带、凸出物、车身碰撞防护以及防火等；一般安全项目涵盖视野、指示器与信号装置、车辆结构与防盗等。我国的汽车强制性标准首先从主动安全开始，随着汽车工业和技术、经济的发展，逐步向一般安全、被动安全扩展，约 80% 与 ECE 等法规等效，其中安全标准占强制性标准实施数量的 81% 左右。

1. 主动安全法规

主动安全法规主要涉及灯光、制动系统、转向系统等，截至 2018 年 12 月，主动安全强制性标准已批准发布的有：照明与光信号装置 19 项；制动、转向、车轮 9 项；合计 28 项。我国安全法规的研究制定工作最先开展的是主动安全，目前已基本形成了较为完整的标准体系，现阶段的主要工作是提高标准的技术要求以及增加与新技术相关的标准。

（1）视野方面。除霜和除雾；前方视野；后视野系统；刮水器和清洗系统等。

（2）灯光标准。汽车灯具包括照明类灯具和信号类灯具（含回复反射器），是最为重要的汽车主动安全部件。截至 2014 年 6 月，汽车灯光强制性标准共有 19 项，包括两个整车的灯具安装标准，即 GB 4785《汽车及挂车外部照明和光信号装置的安装规定》和 GB 18100《摩托车照明和光信号装置的安装规定》，其余灯具产品则根据相应的配光性能，形成灯具零部件的配光标准与整车灯具安装标准的配套实施。

由于我国大型车辆夜间在道路上行驶存在安全隐患，GB 23254 标准中增加了车身反光标识的要求。随着新技术的发展，GB 25991 规定了汽车用 LED 前照灯的要求，GB 25990 规定了车辆尾部标志版的要求。

（3）制动方面。制动系的结构、性能与试验方法；制动软管等。制动系统是汽车行驶安全的重要保证，我国目前针对汽车制动系统的强制性标准有 3 项，其中，GB 12676《商用车辆和挂车制动系统技术要求及试验方法》规定了商用车辆和挂车制动的技术要求和试验方法，它对商用车辆和挂车行车制动、应急制动和驻车制动系统的结构、性能要求和评价方法都做出了明确的规定。其中，有关应急制动、制动系统部分失效时的剩余制动性能和行车制动系统双回路控制的规定对我国汽车安全性能的提高更是具有重要的意义。

由于乘用车（通常为液压制动）与其他车辆在使用对象、使用目的、车辆结构和性能上存在很多差异，因此，很多国家在采用 ECE R13 的同时，也参照引用了 ECE R13 – H（乘用车制动）。GB 16897《制动软管的结构、性能要求及试验方法》规定了汽车及挂车用制动软管、制动软管接头和制动软管总成的结构、性能要求、试验方法及标示。2008 年 4 月 25 日发布 GB 21670《乘用车制动系统技术要求及试验方法》，规定了乘用车制动系统的结构、性能要求和试验方法。

（4）其他方面。操纵件、指示器的图形标志；喇叭；车轮安全防护；转向机构性能；车速表；防盗系统；罩盖锁；加速控制器；车辆的外廓尺寸限值；轮胎的性能；安全玻璃的性能等。

截至 2018 年 12 月，一般安全强制性标准包括视野 4 项，指示与信号装置 6 项，车辆结构与防盗 19 项，合计 29 项。其中 GB 11562《汽车驾驶人前方视野要求及测量方法》规定了驾驶人前方 180°范围内直接视野的要求和测量方法；GB 15084《机动车辆　间接视野装置　性能和安装要求》规定了 M 类和 N 类以及少于四轮并至少驾驶室被部分封闭的 L 类机动车辆的间接视野装置的术语和定义、技术要求、试验方法及安装要求；GB 15742《机动车用喇叭的性能要求及试验方法》规定了机动车喇叭的性能要求；GB 13392《道路运输危险货物车辆标志》适用于道路运输危险货物车辆标志的生产、使用和管理。

在一般安全标准中，GB 1589《汽车、挂车及汽车列车外廓尺寸、轴荷及质量限值》标准作为汽车标准中最基本的技术标准之一，对我国的汽车产品制造、物流运输、道路交通安全起到至关重要的作用。

半挂车长度限值为 13.75m，运送 45ft（1ft＝0.305m）集装箱的半挂车长度最大限值为 13.95m；封闭式厢式半挂车为 13.75m；半挂车前回转半径不应大于 2040mm。为了治理规范国内轿运车市场，在标准中新增中置轴车辆运输车挂车，规定长度限值为 12m，中置轴车辆运输列车的长度限值为 22m，能够装载 8（大中型）~10（中小型）辆乘用车，在法规标准允许范围内相比原有的半挂车辆运输车运输效率高。中置轴、牵引杆挂车长度为 12m，车厢长度限值为 8m（不包含中置轴车辆运输挂车），规定由牵引杆挂车组成的列车属于货车列车，货车列车长度限值为 20m。铰接列车长度限值为 17.1m；此外规定长头铰接列车（长头牵引车＋半挂车）长度限值为 18.1m，对于国内长头市场发展有一定的促进作用。在车辆的宽度方面，标准中宽度限值为 2.55m；冷藏车宽度限值为 2.6m。最大总重限值也是 GB 1589 重点规定的内容，在标准中对于不同轴数的车辆进行了明确的规定，二轴货车及半挂

第四章 汽车技术法规专题

牵引车总重限值18t，三轴货车及半挂牵引车总重限值25t，双转向轴四轴货车总重限值31t，四轴汽车列车总重限值36t，五轴车限重43t，六轴车限重49t。该标准为规范车辆产品及货运、客运市场，限制大吨小标及不规范车辆产品的清理整顿工作提供了依据。

GB 15740《汽车防盗装置》规定了M类和N类汽车防盗装置的要求和试验方法。

2. 被动安全法规

截至2018年12月，被动安全强制性标准主要有：座椅、安全带突出物标准11项；车身、碰撞防护标准12项；防火标准3项；合计26项。

（1）车身方面。侧门强度；门锁和铰链；座椅的强度；侧面及下部防护；前后端保护装置及正面、侧面、后部的碰撞保护等。

（2）约束系统方面。成人安全带和约束系统；安全带固定点；儿童约束系统；头枕等。

（3）防止碰伤方面。内、外部凸起物；转向装置对人体的伤害。

（4）防火灾方面。燃油箱安全要求；防止燃料泄漏的措施；内饰材料的阻燃特性等。

（二）对我国汽车技术法规的几点思考

我国的汽车技术法规工作近年来取得了长足进展。《标准化法》颁布实施后，汽车行业结合本行业标准进行了清理整顿，严格区分了强制性标准范围，建立了以汽车安全、环境保护和节能这三方面为主要技术内容的汽车强制性标准体系，并积极开展各项标准的制定工作。可以说，汽车强制性标准无论是在限定范围上，还是在具体技术内容上，都基本与国外技术法规的技术要求相当，这为汽车技术法规的制定与实施打下了良好的技术基础。

但是，综合分析我国现行的有关机动车法律、法规，还存在着许多不足，主要表现在以下方面。

（1）相关机动车法律体系尚未完全建立，基本结构不健全，车辆安全法等法律尚缺。同时，以有关基本法律为基础制定的行政法规及部门法规尚不协调和配套。

（2）现行的有关法律及法规大都是在实行市场经济前制定的，在内容上还存在着许多不符合国际惯例的要求，有关内容也有不协调之处，有待修订。正是由于现行的法律、法规本身存在着技术上的问题，因此操作起来比较困难，也难以达到预期效果。

（3）标准和技术法规混为一谈。《标准化法》把标准分为强制性标准和推荐性标准，但是标准与技术法规的定义和概念是不同的，属于不同的范畴体系，不能将强制性标准简单地比作技术法规。从强制性标准到技术法规还要做过渡工作，补充其管理要素及法规特性的内容。现行的汽车强制性标准无论是在具体技术内容上，还是在标准的可操作性方面都或多或少存在一些问题。

另外，从总体上看，现行有关法律、法规层次不太清楚，政府管理的特征不突出，管理目的也不太明确，管理范围不清晰，与国际惯例不太合拍，难以满足市场经济的要求，难以满足汽车工业大发展并尽快形成支柱产业的迫切要求。

（三）我国新车评价程序

1. C-NCAP介绍

2006年，为了促进中国汽车产品安全技术水平的快速发展，降低道路交通安全事故中的伤亡率，实现构建和谐汽车社会的目的，在充分研究并借鉴其他国家NCAP发展经验的基础上，结合我国汽车标准、技术和经济发展水平，中国汽车技术研究中心正式建立了

C-NCAP（中国新车评价规程）。

全新的《C-NCAP管理规则（2018年版）》由乘员保护、行人保护、主动安全三大版块构成，于2018年7月1日实施。C-NCAP在原有的正面100%重叠刚性壁障碰撞试验、正面40%重叠可变形壁障碰撞试验、可变形移动壁障侧面碰撞试验、座椅鞭打试验等基础上，再次进行了改进和完善，并针对中国行人事故高发的特点适时增加了行人保护试验和车辆自动紧急制动系统（AEB）试验，评分及星级划分体系也做了较大调整。

2. C-NCAP试验项目

碰撞试验、低速后碰撞颈部保护试验（"鞭打试验"）为C-NCAP的正式评价项目，燃料消耗量试验为C-NCAP的附加试验项目。

（1）碰撞试验。

① 正面100%重叠刚性壁障碰撞试验（图4-2）。试验车辆100%重叠正面冲击固定刚性壁障。碰撞速度为50km/h（试验速度不得低于50km/h）。试验车辆到达壁障的路线在横向任一方向偏离理论轨迹均不得超过150mm。在前排驾驶人和乘员位置分别放置一个Hybrid Ⅲ型第50百分位男性假人，用以测量前排人员受伤害情况。在第二排座椅最左侧座位上放置一个Hybrid Ⅲ型第5百分位女性假人，用以测量第二排人员受伤害情况。在第二排最右侧座位上放置一个P系列3岁儿童假人，用以考核乘员约束系统性能及对儿童乘员的保护。

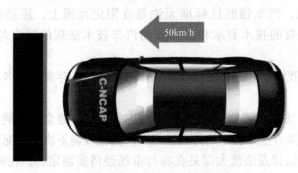

图4-2　正面100%重叠刚性壁障碰撞试验

② 正面40%重叠可变形壁障碰撞试验（图4-3）。试验车辆40%重叠正面冲击固定可变形吸能壁障。碰撞速度为64km/h，偏置碰撞车辆与可变形壁障碰撞重叠宽度应在40%车宽±20mm的范围内。在前排驾驶人和乘员位置分别放置一个Hybrid Ⅲ型第50百分位男性假人，用以测量前排人员的受伤害情况。在第二排座椅最左侧座位上放置一个Hybrid Ⅲ型第5百分位女性假人，用以测量第二排人员的受伤害情况。

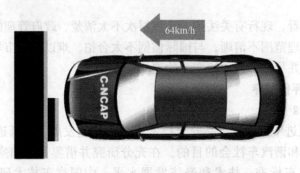

图4-3　正面40%重叠可变形壁障碰撞试验

③ 可变形移动壁障侧面碰撞试验（图4-4）。移动台车前端加装可变形吸能壁障冲击试验车辆驾驶人侧。移动壁障行驶方向与试验车辆垂直，移动壁障中心线对准试验车辆 R 点，碰撞速度为 50km/h（试验速度不得低于 50km/h）。移动壁障的纵向中垂面与试验车辆上通过碰撞侧前排座椅 R 点的横断垂面之间的距离应在 ±25mm 内。在驾驶人位置放置一个 EuroSID Ⅱ型假人，用以测量驾驶人位置受伤害的情况。在第二排座椅被撞击侧放置 SID – Ⅱs（D版）假人，用以测量第二排人员受伤害的情况。

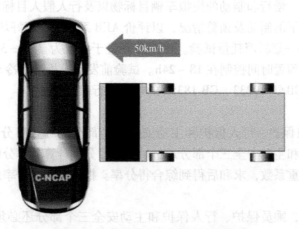

图4-4　可变形移动壁障侧面碰撞试验

（2）低速后碰撞颈部保护试验（以下简称"鞭打试验"）（图4-5）。将试验车辆驾驶人侧座椅及约束系统仿照原车结构固定安装在移动滑车上，滑车以速度变化量为 20km/h 的特定加速度波形发射，模拟后碰撞过程。座椅上放置 BioRID Ⅱ型假人，通过测量后碰撞过程中其颈部受到的伤害情况，用以评价车辆座椅头枕对乘员颈部的保护效果。

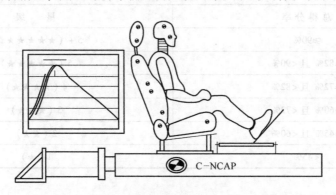

图4-5　低速后碰撞颈部保护试验（鞭打试验）

（3）行人保护试验。用成人头型和儿童头型分别以 40km/h 的速度按照规定的角度冲击被试车辆特定部位，进行行人保护头型试验，通过每次获得的 HIC15 值进行综合评分。再根据被试车辆保险杠下部高度选择 TRL 上腿型或 FLEX 腿型冲击器以 40km/h 的速度按照规定的方向撞击保险杠，通过每次获得的腿部弯矩以及膝部韧带伸长量等性能指标进行评分。头型试验和腿型试验结果用以评价车辆碰撞行人时，车辆前部对行人的保护效果。

（4）车辆电子稳定性控制系统（以下简称"ESC"系统）的性能测试报告审核。ESC

51

系统对于车辆保持良好的行驶稳定性具有很好的作用，对于配置了 ESC 系统的试验车辆，通过审核车辆生产企业提供的具备资质的第三方检测机构出具的关于此车型满足相关要求的性能测试报告，判定车辆上的 ESC 系统是否具备所要求的性能。

（5）车辆自动紧急制动系统（以下简称"AEB"系统）的性能测试。AEB 系统在车辆发生紧急情况时会自动制动以避免或减轻碰撞伤害，对于配置了 AEB 系统的车型，进行 AEB CCR，以及 AEB VRU_Ped 测试。AEB CCR 及 AEB VRU_Ped 试验是用被试车辆以不同速度行驶至前方静止、慢行和制动的模拟车辆目标物以及行人假人目标物，检验被试车辆在没有人为干预的情况下的制动及预警情况，以评价 AEB 系统的性能好坏。

（6）附加试验——燃料消耗量试验。试验车辆置于温度为（24±3）℃的室内进行预处理，之后进行预置，预置时间控制在 18~24h。试验前发动机机油和冷却液温度达到室温的 ±2℃ 范围内。按照 GB/T 19233、GB 18352 的规定进行试验。

3. 评价结果

C-NCAP 以乘员保护、行人保护和主动安全三个部分的综合得分率来进行星级评价。乘员保护、行人保护和主动安全三个部分通过试验项目分别计算各部分的得分率，再乘以三个部分分别所占的权重系数，求和后得到综合得分率。根据综合得分率对试验车辆进行星级评价。

除综合得分率外，乘员保护、行人保护和主动安全三个部分还必须满足最低得分率等要求。

满足电气安全要求的纯电动汽车/混合动力电动汽车（EV/HEV）除公布星级结果之外，还会采用电安全标识单独标示。

根据总得分率，按照星级评分标准对试验车辆进行星级评价，见表 4-4。

表 4-4 C-NCAP 星级评价标准

总得分率	星 级
≥90%	5+（★★★★★☆）
≥82% 且 <90%	5（★★★★★）
≥72% 且 <82%	4（★★★★）
≥60% 且 <72%	3（★★★）
≥45% 且 <60%	2（★★）
<45%	1（★）

第二节 汽车节能法规

一、油耗法规

20 世纪 70 年代中期以前，世界各国还没有强制执行的汽车油耗法规或标准。1973 年中东石油危机后，世界石油价格飞涨。此外，石油资源的逐渐枯竭，也威胁到人类长远的正常生活。许多工业发达国家同时也是石油主要进口国，其进口的石油有相当一部分消耗在汽车上，从能源的安全性考虑，如果不控制汽车的油耗，其经济发展可能会受控于石油出口国。于是，在1975年，美国政府首先颁布了能源保护法和能源政策，并制订了1978—1985年控制汽车燃油消耗量的法规，成为世界上第一部强制执行的汽车油耗法规。

20世纪80年代以来，世界各国开始关注温室效应引起的全球范围的气候变暖。二氧化碳（CO_2）是造成温室效应的主要因素，各种温室气体中CO_2约占50%，而汽车排放的CO_2约占CO_2总排放量的7%，但工业发达国家汽车排放的CO_2约占该国CO_2总排放量的30%~40%。

1992年世界环保大会要求各工业发达国家在2000年排放的CO_2总量维持在1990年的水平，京都协议书则要求工业发达国家在1990年的基础上再进一步降低。

由于汽车的燃油消耗量与CO_2的排放量有直接关系，所以油耗法规的意义不单是能源问题，还关系到降低CO_2的问题。

主要国家和地区油耗限值水平走势如图4-6所示。

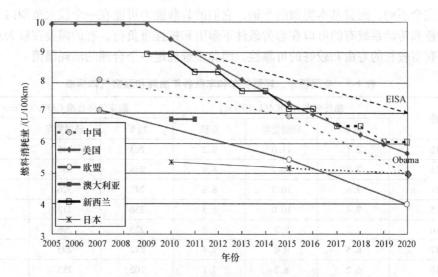

图4-6 主要国家和地区油耗限值水平走势

注：EISA：2007年12月19日，布什政府发布了《2007年能源独立和安全法案》（Energy Independence and Security Act of 2007，简称EISA）。obama：奥巴马燃油标准

1. 美国平均油耗法

制定平均油耗法的是美国能源部，起因是20世纪70年代爆发的两次石油危机。在危机之前，美国主要靠压低进口原油的价格，降低本国汽油的销售价格，来适应国内大排量汽车的生产及销售。但在1973年中东产油国抬高了石油价格后，美国国内汽油价格大幅提高，导致美国公众大举转向购买低油耗轿车，因而日本和西欧的省油车在美国大受欢迎，使得一向以"大就是美"的美国汽车工业遭受重创。为此，1974年美国议会指令交通部和能源部负责制定出国内第一个油耗法规，这就是对1980年以后制造的各种轿车和小货车颁布的燃油经济性改进标准。接着1975年由政府颁布了能源政策和储备法，依据该法后来制定了平均油耗法。法规中规定不管某汽车公司生产多少种档次的汽车，其平均油耗必须符合国家规定。这里的平均油耗允许值，是将厂家每年销售的各类轿车或轻型货车以其所占总销售量百分比作为加权系数乘以该车型的油耗，再将各车型加权油耗累计得出的。

如当时的轿车平均油耗是 3.8L（1USgal）行驶 21km，随后的法规规定，各汽车公司必须在 20 世纪 80 年代初期实现 3.8L 行驶 43km 的要求。这项法规的实施，迫使美国汽车公司投入上千亿美元的巨资，重新设计新车型，重新安排生产线，从而将平均油耗几乎降到 1970 年的一半。

自美国平均油耗法实施以来，车主一年可节约近 3000 美元的油料费，这是国家推动汽车技术进步的代表杰作，同时也大大促进了代用燃料的开发。

但在 20 世纪末，随着石油危机的缓和，美国的油价下降，油耗已不再成为美国人关心的焦点，于是油耗法规的性质已部分转化成为控制 CO_2 的手段。

美国油耗法规控制的是轿车和轻型货车。对于基本属于运营性的中重型货车，油耗占运营成本的比例较大，车主非常关心其车辆的燃油消耗量，因此这部分车辆的油耗可以通过市场竞争加以解决，政府只需引导，不必干预。此外，中重型货车在设计和设置上所达到的功能与轿车完全不同，配置基本类似的车辆，它们的装载能力可能在一个较大范围内变化，它们的驱动桥和传动系统有的可以在恶劣条件下牵引和拖挂重负荷，有的需要在较为恶劣的运行工况下获得较长的寿命和较好的可靠性，因此很难确定一个合理的油耗限值。

表 4-5 美国轿车、轻型货车和车队各年油耗和温室气体标准

年份	油耗标准 NEDC/(L/100km)			温室气体标准 CAFE/(g/mile)		
	轿车	轻型货车	车队	轿车	轻型货车	车队
2012	8.1	11.0	9.2	263	346	295
2013	7.8	10.7	8.9	256	337	286
2014	7.6	10.3	8.6	247	326	276
2015	7.4	10.0	8.3	236	312	263
2016	7.2	9.7	8.0	225	298	250
2017	6.5	9.0	7.4	212	295	243
2018	6.2	8.7	7.1	202	285	232
2019	5.8	8.2	6.7	191	277	222
2020	5.5	7.8	6.3	182	268	213
2021	5.3	7.4	6.0	172	249	199
2022	5.1	7.2	5.8	164	237	190
2023	5.0	7.0	5.7	157	225	180
2024	4.9	6.8	5.5	150	214	171
2025	4.7	6.6	5.3	143	203	163

注：美国车队的燃油消耗目标是从高速公路安全管理局的标准中转化而来。这些数据与 EPA 制定的温室气体目标不完全对应。其中主要的不同在于环保署考虑到测量空调系统中非 CO_2 温室气体的减排，而高速公路安全管理局没有制定相对应的标准。而且，这组燃油经济性目标值没有考虑灵活燃料车（包括电动车）的 CAFE 配额。也就是说，这组目标值完全是对汽油车能效提高的要求。

信息来源：联邦环保署，2012—2016 年和 2017—2025 年最终标准法规

美国在 2010 年 4 月和 2012 年 8 月分别颁布了 2012—2016 年（第一阶段）和 2017—2025 年（第二阶段）的轻型汽车燃油经济性标准和温室气体标准。表 4-5 给出了各年的两套标准值，其中 NEDC 油耗标准值为由 CAFE 工况下的燃油经济性标准转换而来。

20世纪末和21世纪初,美国政府讨论了提高多用途运动车(Sport – Utility Vehicles,SUV)(如越野车和皮卡)和微型厢式货车(Minivans)的燃油经济性。SUV车型目前在美国的年销售量与轿车接近,但在归类上属于轻型货车,可是很多用户都把它当作轿车使用,行驶在上下班的车流中。

CAFE标准虽然主要是为了减少美国对进口石油的依赖而设立,但客观上确实也达到了节能减排的效果。美国科学院的研究认为,在20世纪80年代油价下降以后,高油耗车型的使用成本随之下降,但美国汽车的平均油耗和排放并没有因此而上升,主要是因为CAFE标准的存在。从1978年到2011年,美国新售的轻型乘用车的平均油耗下降了40%,从13.1L/100km降低到7.8L/100km。在每辆车行驶距离不变的情况下,也就意味着温室气体的排放下降了40%。而如果油耗的改善是通过新能源技术和增加燃效达到的,其他污染气体的排放可能降低的还会更多。

2. 欧盟的油耗法

欧洲汽车由欧洲经济委员会(ECE)的法规(Regulation)和欧洲经济共同体(EEC)(即后来的欧盟EC)的指令(Directive)加以控制。法规是ECE参与国根据协议自愿采用相互认可的,指令则是要求EEC(EC)参与国强制执行并相互认可的。ECE法规一般均有EEC(EC)指令相对应,它们在技术内容上相同,但实施日期有差别。

1980年EEC颁布了关于燃油消耗量的指令——80/1268/EEC,1989年、1993年和1999年通过1989/451/EEC、1993/116/EC和1999/100/EC等指令的修订,现在全称为"关于机动车的二氧化碳排放物和燃油消耗量",其中只有试验方法,没有限值。1990年ECE颁布了油耗法规ECE – R84,1991年修订过,全称为"装有内燃机的轿车的燃油消耗量测量"。为了使油耗法规的试验方法与排放法规的试验方法相一致,ECE颁布了与欧Ⅰ排放法规试验方法一致的ECE – R101油耗法规。1998年为了与即将实施的欧Ⅲ排放法规相一致,在第2次修订本的基础上进行了第2次增补。此法规的全称为"装有内燃机的轿车的二氧化碳排放量和燃油消耗量测量"。很明显,这些油耗法规的内容都是测量方法。

作为世界上第一大经济体的欧盟,其石油资源对外的依赖程度极高。面对油价飞涨的势头,欧盟在2004年提出的三大应对策略中,改变消费习惯位居第二。多年来欧盟还一直采取征收高燃油税和颁布严格的排放标准这两项措施,来引导消费者和生产商,最大限度地降低汽车的能源消耗。

欧洲国家普遍征收较高的燃油税,因而导致燃油零售价格居高不下。以比利时为例,目前无铅汽油的价格已经超过1欧元/L。欧盟燃油税包括两部分:一是消费税;二是增值税。消费税的税率在每个成员国内并不相同。像西班牙、希腊、卢森堡和葡萄牙等国属于税率较低的国家,消费税在最终售价中所占的比例为50%~60%;英国则属于较高的国家,这一比例约为75%。而增值税在每个国家都是固定的,这就意味着油价越高,消费者所缴纳的税就越重。

欧洲各国政府通过增收较高燃油税的方法,一方面鼓励人们尽可能更多地使用公共交通工具,另一方面促使人们在购车时,必须考虑汽车的燃油经济性,进而促进人们使用节省燃油的汽车,如小排量车、柴油车等。

排放法规并非只是由一系列各种污染物的最高允许值组成。它还包括检测、认定和强制执行的方法。从1993年欧Ⅰ开始,到如今的欧Ⅵ,欧盟相继出台的法令涉及排放标准、测量手段、燃油特性以及排放限额等。这些严格的措施不仅使欧洲标准成了全球三大标准之根据2005年1月起实行的欧Ⅵ₁排放标准，污染成分的排放量将进一步减半。最为明显的是一氧化碳（CO）排放将比1993年下降63%。这些标准的实施一方面促进炼油厂逐步提高燃油的质量，更重要的是迫使汽车生产商将重点由价格竞争转向了技术竞争，尤其是在降低油耗的研发方面加大投入。

欧盟OBFCM（车辆燃油消耗量实时监示）法规，要求车辆自身实时测量油耗，数据有准确度要求，油耗数据流需符合相关车机通信规范。为了考核数值偏差，法规里提出了一套测试评价方法和后续处理办法。

OBFCM是2018年11月颁布的欧盟法规（EU）2018/1832，也是对欧盟法规（EU）2017/1151所述WLTP系列法规的进一步修订完善。

欧盟自2020年1月起，新认证的M1类车及N1类Class1车型应符合OBFCM要求；N1类Class2和Class3以及N2类的新认证车型达标日期为2021年1月；在产车型达标期限均相应顺延1年。

3. 日本的油耗法

1979年日本以法律形式颁布了能源合理消耗法、能源合理消耗法实施政令、关于确定机动车能源利用率的省令和制造者等关于改善机动车性能的准则。这些法律性文件规定了控制汽车燃油经济性的运转循环和限值，如2005年前的运转循环是10工况，2005年后的运转循环是10-15工况。

1995年日本规划2010年燃油经济性限值时，采用了将全日本1995年各质量段的实际燃油经济性值分布曲线中最佳的5%的平均值，作为该质量段2010年的限值，这种办法被称为"领跑者"（Top Runner）方式。采用这种方式，2010年的燃油经济性限值约比1995年总体改善了22.8%，其限值如图4-7所示。

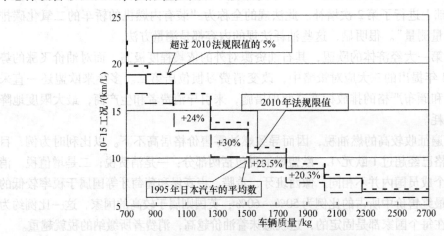

图4-7 2010年日本燃油经济性限值

1999年，日本出台了领跑者计划，即把每一车型级别中燃油经济性最高的车型设为领跑者进而设定为目标值，2007年和2009年分别设定日本乘用车2015年和2020年的目标值为16.8km/L和20.3km/L。

4. 国内油耗法规

中国汽车燃油消耗量标准体系如图4-8所示。

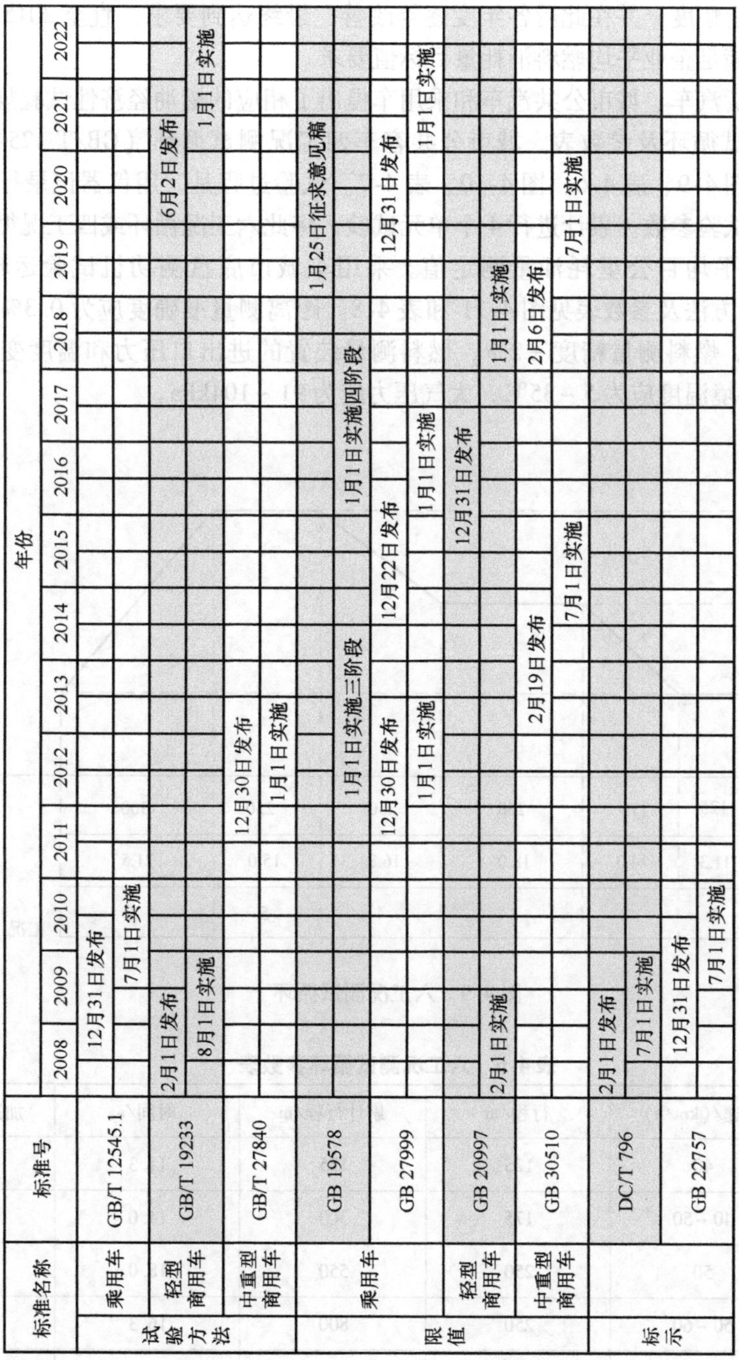

第四章　汽车技术法规专题

标准名称		标准号	2008	2009	2010	2011	2012	2013	2014	2015	2016	2017	2018	2019	2020	2021	2022
试验方法	乘用车	GB/T 12545.1		12月31日发布	7月1日实施												
	轻型商用车	GB/T 19233	2月1日发布														
	中重型商用车	GB/T 27840			8月1日实施		12月30日发布 1月1日实施										
限值	乘用车	GB 19578					1月1日实施三阶段				1月1日实施四阶段			1月25日征求意见稿	6月2日发布	1月1日实施	
	轻型商用车	GB 27999					12月30日发布 1月1日实施			12月22日发布					12月31日发布	1月1日实施	
	中重型商用车	GB 20997	2月1日实施					2月19日发布			12月31日发布 7月1日实施						
	乘用车	GB 30510											1月1日实施 2月6日发布		7月1日实施	1月1日实施	
标示		DC/T 796	2月1日实施 7月1日实施														
		GB 22757			12月31日发布 7月1日实施												

图 4-8　中国汽车燃油消耗量标准体系

57

有关企业平均燃料消耗量目标值的要求已从2012年开始导入，计划到2015年最终完全实施。不要求制造商在第一时间满足根据车型燃料消耗量和对应产量确定的企业平均燃料消耗量目标值，而是给予一定的灵活性，允许制造商的企业平均燃料消耗量超出企业平均燃料消耗量目标值一定幅度，并在此后各年度逐年改善，最终达到要求，直至2015年，开始要求各制造商必须满足企业平均燃料消耗量目标值要求。

我国针对载货汽车、城市公共汽车和乘用车提出了相应的燃油经济性试验规范。载货汽车六工况燃料测试循环及参数表、城市公共客车四工况测试循环（GB/T 12545.2—2001）方法及参数表见图4-9、表4-6，图4-10、表4-7。试验过程是，用仪器记录行程－车速－时间曲线，检查试验参数。累计进行4个单元试验，将此六工况循环或四工况循环的累计耗油量折算成算术平均百公里耗油量测定值。乘用车城市底盘测功机试验运转循环（GB 12545.1—2001）方法及参数表见图4-11和表4-8。距离测量准确度应为0.3%，时间测量的准确度为0.2s，燃料测量精度±2%，燃料测量装置的进出口压力和温度变化不得超出10%和±5℃，环境温度应为5~35℃，大气压力应为91~104kPa。

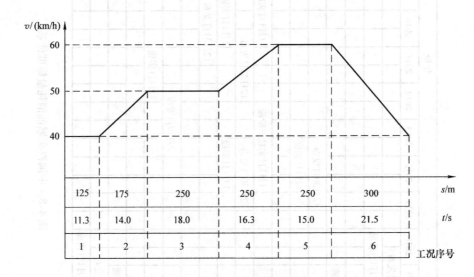

图4-9 六工况测试循环

表4-6 六工况测试循环参数表

工况	车速/(km/h)	行程/m	累计行程/m	时间/s	加速度/(m/s²)
1	40	125	125	11.3	—
2	40~50	175	300	14.0	0.2
3	50	250	550	18.0	—
4	50~60	250	800	16.3	0.17
5	60	250	1050	15.0	—
6	60~40	300	1350	21.6	0.26

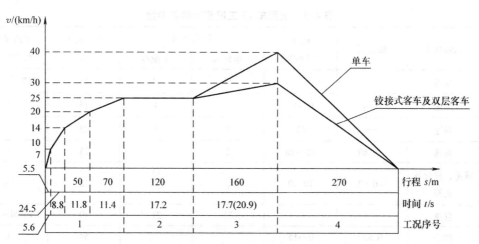

图 4-10 城市客车和双层客车四工况测试循环

表 4-7 城市客车和双层客车四工况测试循环参数

工况序号	运转状态 /(km/h)	行程 /m	累积行程 /m	时间 /min	变速器档位及换档车速/(km/h)	
					档位	换档车速
1	0~25 换档加速	5.5	5.5	5.6	II~III	6~8
		24.5	30	8.8	III~IV	13~15
		50	80	11.8	IV~V	19~21
		70	150	11.4	V	
2	25	120	270	17.2	V	
3	(30) 25~40	160	430	17.7 (20.9)	V	
4	减速行驶	270	700		空档	

注：1. 对于 5 档以上变速器采用 II 档起步，按表中规定循环试验；对于 4 档变速器 I 档起步，将 IV 档代替表中 V 档，其他依次代替，按表中规定试验循环进行。

2. 括号内数字适用于铰接式客车及双层客车。

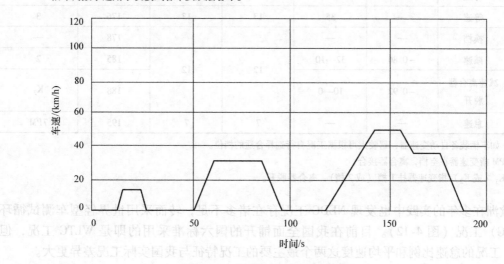

图 4-11 乘用车 15 工况测试循环

表 4-8 乘用车 15 工况测试循环参数

工况	运转次序	加速度	速度/(km/h)	每次时间 运转/s	每次时间 工况/s	累计时间/s	手动变速器使用档位/s
1	急速	-1	—	11	11	11	6PM[①] + 5K_1[②]
2	加速	1.04	0→15	4	4	15	1
3	等速	—	15	8	8	23	1
4	等速	-0.69	15→10	2	15	25	1
4	减速，离合器脱开	-0.92	10→0	3	15	28	K_1
5	急速	—	—	21	21	49	16PM + 5K_1
6	加速	0.83	0→15			54	1
6	换档			12	12	56	—
6	加速	0.94	15→32			61	2
7	等速	—	32	24	24	85	2
8	减速	-0.75	32→10	8	11	93	2
8	减速离合器脱开	-0.92	10→0	3	11	96	K_2
9	急速	—	—	21	21	117	16PM + 5K_1
10	急速	0.83	0→15			122	1
10	换档					124	—
10	加速	0.62	15→35	26	26	133	2
10	换档					135	—
10	加速	0.62	35→50			143	3
11	等速	—	50	12	12	155	3
12	等速	0.52	50→35	8	8	163	3
13	等速	—	35	13	13	176	3
14	换档	—	—			178	—
14	减速	-0.86	32→10	12	12	185	2
14	减速离合器脱开	-0.92	10→0			188	K_2
15	急速	—	—	7	7	195	7PM

注：如车辆装备自动变速器，驾驶人可根据工况自行选择合适的档位。
① PM 指变速器在空档，离合器接合。
② K_1（或 K_2）指变速器挂 1 档（或 2 档），离合器脱开。

欧洲在多年的实践中也发现 NEDC 工况存在诸多不足，转而采用世界轻型车测试循环（WLTC）工况（图 4-12）。目前在我国全面铺开的国六标准采用的即是 WLTC 工况，但 WLTC 工况的急速比例和平均速度这两个最主要的工况特征与我国实际工况差异更大。

CATC 的全称是"China Automotive Testing Cycle"（中国汽车测试循环）。CATC 分为两

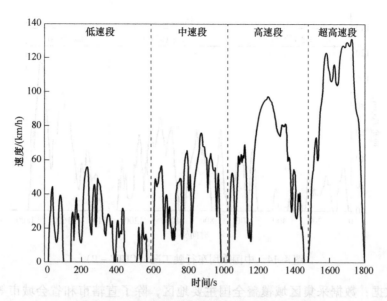

图 4-12 世界轻型车测试循环（WLTC）工况

个部分：《中国汽车行驶工况 第 1 部分：轻型汽车》（GB/T 38146.1—2019）和《中国汽车行驶工况 第 2 部分：重型商用车辆》（GB/T 38146.2—2019），简写分别为 CLTC 和 CHTC（L 和 H 分别代表 Light 和 Heavy）（图 4-13）。

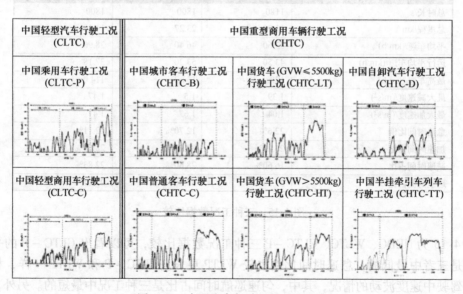

图 4-13 中国汽车行驶工况（CATC）

常用的乘用车行驶工况为 CLTC - P（China light - duty vehicle test cycle - passenger），工况如图 4-14 所示。

中国工况项目组历时 3 年，在 41 个代表性城市建立了包含 3832 辆车的采集车队，覆盖传统乘用车、轻型商用车和新能源汽车，收集了约 3278 万 km 的车辆运动特征、动力特征

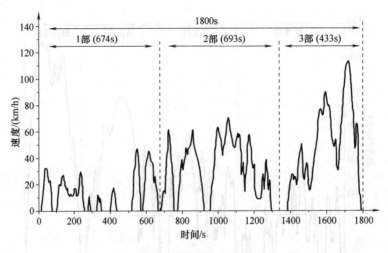

图 4-14 中国乘用车行驶工况（CLTC-P）

和环境特征数据；数据采集区域覆盖全国主要地区，除了直辖市和省会城市等一二线城市外，对三四线城市也有很好的覆盖；采集道路覆盖市区、郊区、主干路、支路、快速路、次干路和高速路等，采集时间覆盖春夏秋冬四季的工作日、节假日、高峰时段和平峰时段，以做到数据采集最大限度接近实际驾驶情况。

工况	NEDC	WLTC	CLTC-P
总时长/s	1180	1800	1800
总里程/km	11.01	23.27	14.48
平均车速/(km/h)	33.60	46.40	28.96
运行平均车速/(km/h)	43.50	53.20	37.18
最高车速/(km/h)	120	131.3	114.0
最大减速度/(m/s^2)	1.39	1.5	1.47
最大加速度/(m/s^2)	1.04	1.67	1.47
急速时间比例	22.6%	12.70%	22.11%
加速时间占比	23.20%	30.90%	28.61%
减速时间占比	16.60%	28.60%	22.83%
巡航时间占比	37.50%	27.80%	22.11%

图 4-15 三种工况数据比较

图 4-15 为 NEDC、WLTC、CLTC-P 三种工况数据比较，可以看出 CLTC-P 的平均运行速度是三者中最低的，急速时间比例也较 WLTP 更长。CLTC-P 和 WLTP 一样，相当重视实际驾驶中速度波动的情况，其中，匀速巡航时间占比是三种工况中最短的。另外，基于中国高速限速 120km/h 的现状，CLTC-P 取消了超高速段，最高车速为 114km/h。相对于 WLTC，CLTC-P 更加符合中国的实际路况。

中国工况应用时间表如图 4-16 所示，在 2025 年前由新能源车型开始，逐步切换至 CATC 工况，到 2025 之后，全面导入 CATC 工况。届时我们也能够获得更加真实可信的车辆油耗、续驶信息。

第四章　汽车技术法规专题

中国工况标准导入计划			
类型	2025年之前		2025年之后
	轻型汽车 (CVW≤3.5t)	重型汽车 (CVW>3.5t)	所有车型
汽柴油车	WLTC	CATC	CATC
混合动力车	WLTC	CATC	
替代燃料汽车	WLTC	CATC	
纯电动汽车	CATC	CATC	
燃料电池汽车	CATC	CATC	

图 4-16　中国工况应用时间表

二、中国新型节能政策

2011 年年底国家发布 GB 27999—2011《乘用车燃料消耗量评价方法及指标》，2012 年开始实施乘用车企业平均燃料消耗量（CAFC）目标值评价体系。

2013 年 1 月 9 日～3 月 9 日，《乘用车企业平均燃料消耗量核算办法》（以下简称《核算办法》）进行了 WTO/TBT 通报。通报期间，收到日本政府的评议意见，表示对我国《核算办法》G/TBT/N/CHN/952 通报的关注、评议以及对我国汽车节能政策的理解和支持。

2013 年 3 月 14 日，国家工信部等五部委联合发布《乘用车企业平均燃料消耗量核算办法》。按照《国务院关于印发节能与新能源汽车产业发展规划（2012—2020 年）的通知》（国发〔2012〕22 号）要求，为进一步完善汽车节能管理制度，实施乘用车企业平均燃料消耗量管理，逐步降低我国乘用车产品平均燃料消耗量，实现 2015 年和 2020 年我国乘用车产品平均燃料消耗量降至 6.9L/100km 和 5.0L/100km 的目标。乘用车企业平均燃料消耗量核算办法自 2013 年 5 月 1 日开始实施。

乘用车企业平均燃料消耗量核算办法所称乘用车是指在中国关境内销售的能够燃用汽油或柴油燃料的乘用车产品（含非插电式混合动力乘用车），以及纯电动、插电式混合动力、燃料电池乘用车等新能源乘用车产品，包括在中国关境内生产的国产乘用车产品和在中国关境外生产的进口乘用车产品。

工业和信息化部会同国家发改委、商务部、海关总署、质检总局实施乘用车企业平均燃料消耗量核算管理。

核算主体平均燃料消耗量的计算方式为：核算主体各车型燃料消耗量与各车型所对应核算基数的乘积之和除以该核算主体所有车型核算基数之和。

为鼓励发展节能与新能源汽车产品，在统计企业达到国家乘用车平均燃料消耗量目标的情况时，对企业生产或进口的纯电动乘用车、燃料电池乘用车、纯电动驱动模式综合工况续驶里程达到 50km 及以上的插电式混合动力乘用车，综合工况燃料消耗量实际值按零计算，并按 5 倍数量计入核算基数之和；综合工况燃料消耗量实际值低于 2.8L/100km（含）的车型（不含纯电动、燃料电池乘用车），按 3 倍数量计入核算基数之和；其他插电式混合动力乘用车，按实际数量核算。

第三节 汽车排放法规

一、汽车排放污染物的成分、危害及防控

（一）汽车排放污染物的成分及危害

汽车排放污染大部分来自发动机燃烧产生的废气。对于汽油机来说，排气污染占产生总污染量的 65%~85%，还有发动机曲轴箱通风污染（主要是碳氢化合物），以及燃油箱等逸出的汽油蒸气、机油蒸发排放等。而柴油机的污染则主要来自排放物及曲轴箱通风。

汽车发动机排出的废气主要由 N_2、CO_2、O_2、H_2、水蒸气、CO、HC、NO_x、SO_2、微粒等组成，其中 CO、HC、NO_x、SO_2、微粒（铅化合物、炭烟、油雾、有机物）、臭气（甲醛、丙烯醛）等是对人体有害的（表4-9）。

表4-9 汽车有害排放物的主要性质和有害作用

	CO	HC	NO_x	浮游微粒
性质	无色、无臭的气体难溶于水；对空气的相对密度：（1个大气压，20℃）0.957 在空气中点燃呈蓝色火焰，生成 CO_2（有还原性）	碳氢有机化合物的总称。从化学性质上，可分为链烷烃（饱和锁状）、萘（饱和环状）、烯烃（不饱和锁状）、芳香族（不饱和环状）	在大气中主要是 NO、NO_2。NO 是无色、无臭的气体，难溶于水，与空气接触生成 NO_2。NO_2 是红褐色有刺激味的气体，易溶于水，与水反应生成亚硝酸	包括无机化合物、植物性有机物、细菌的混合物。容易凝聚，在空中易于吸附带电物体
主要发生源	汽车，特别在急速时排出量大	汽车排气及各种燃烧，也在石油精制过程中产生	汽车排气、化学工厂产生的气体以及各种燃烧设施排出的气体	各种燃烧设施，产生灰尘的作业以及风沙等自然现象
有害作用	与血液中血红蛋白（Hb）结合生成 CO-Hb，CO-Hb 增加会妨碍血液的输气功能，血液中的 CO-Hb 达到 5% 时（大气中 CO 的质量分数约为 $40×10^{-6}$）会引起机能障碍	当碳氢化合物浓度提高时，对黏膜和组织有破坏作用，特别是苯和甲苯等有害物。活性碳氢化合物（烯烃系、芳香族）是生成光化学烟雾的原因。一些高分子重芳香烃可以使人致癌	NO_2 对鼻、眼有刺激作用，会引起咳嗽、失眠等中毒症状。氮氧化合物是形成光化学烟雾的主要原因	硅等→矽肺；镉铅→中毒；铅锌→中毒；炭粉→致癌。引起黏膜疾病、变态反应等

发动机排气中有些成分（如 CO_2）虽然不会对环境造成直接污染，但 CO_2 的大量积聚会对地球环境造成不良影响，即所谓"地球温室效应"。地球白天主要从太阳接受能量，夜间又向空间辐射能量，两者保持平衡，地球温度基本维持不变。CO_2 能吸收红外辐射，当大气中的 CO_2 气体达到一定浓度后，会形成一层日益加厚的透明薄膜，太阳光照射在地表面的能量由于受到 CO_2 层的阻隔，在夜间很难散发到大气层以外，热量长年积累将使全球气候变暖，使极地冰层融化、海平面上升，以及土地出现盐碱化、沙漠化等现象。因此，1997年

12月联合国气候变化框架公约方在日本京都通过了《京都议定书》,要求发达国家首先承担减少CO_2排放任务。

(二)防控措施

欧盟的环保专家认为,要减少汽车污染对城市环境的危害,最有效的办法就是调整城市交通政策,大幅减少私家车数量,优先发展公共交通,提倡自行车交通;同时还应加速发展、普及环保型汽车,减少对石化燃料的依赖。

(1) 控制汽车的数量。在许多大中城市中,汽车的数量实际已经"超载"。政府可以用宏观调控的方法提高汽车的价格,适当减少汽车的购买量,促进制造汽车的小型企业转产,把汽车的数量控制在生态平衡允许的范围内。同时要使公共汽车、地铁等公共交通工具迅速发展起来,大力提倡骑自行车、乘坐公共汽车和地铁,少乘坐私家车,尽量降低汽车尾气排放量。

(2) 严格把关,提高汽油质量。到21世纪初,世界大多数城市都已禁止使用含铅汽油。要提高汽车尾气污染物排放标准,严格把关,不能让未达到标准的汽油流入市场。

(3) 加快采用先进的汽车尾气处理技术,对不符合尾气排放标准的汽车进行淘汰或改造。

(4) 推广以天然气为燃料的燃气汽车,并对燃气汽车进行改造,解决其存在的发动机动力性能下降、储气瓶占用空间大等问题。

(5) 推广新能源汽车。

(6) 加强宣传,提高人们的环保意识。加强对环境保护重要性的宣传,提高人们的环保意识,让群众自觉使用公共交通工具,不购买尾气排放量不达标的汽车,坚决不购买、制造含铅或低质的汽油。

二、欧盟轻型汽车循环测试

各种车辆或发动机,按照能再现车辆和发动机实际运行状况的标准测试循环在标准试验台上运行,在循环过程中测得的排气污染物排放量,就是该车辆或发动机排气污染物的排放指标。各种不同类型车辆或发动机的排气污染物排放性能,只有在这种基本统一的条件下测得才有可比性。循环越接近车辆的实际运行状况,测试的结果就越有实际意义。这样,根据标准要求设计的车辆,就越接近市场的需求。

1. 测试内容

目前主要试验循环标准工况为 NEDC 和 WLTC。NEDC 即新标欧洲循环测试(New European Driving Cycle)。NEDC 主要用来测试传统燃油车的排放水准和续驶里程,NEDC 循环测试时长 1220s,车辆行驶距离 11.01km,平均速度 33.6km/h,最高车速达 120km/h。中国在第五阶段排放之前也一直采用。

WLTC 是在全世界范围内收集真实的行驶工况数据,将车辆通过功率/车重分为三个级别,并针对不同的时速,增加城市拥堵工况的比重。WLTC 循环测试时长 1800s,车辆行驶距离 23.27km,平均速度 46.5km/h,最高车速达 131.3km/h,如图 4-17 所示。相比 NEDC 工况,WLTC 工况的改变主要在车速波动大、急速工况少、无规律、速度区间广、测试周期长。

欧盟轻型汽车排放循环中,汽车变速档位是规定好的;允许的最大速度误差为

150
100
50
0
车速/(km/h)
NEDC
150
100
50
0
车速/(km/h)
WLTC
0
500
1000
1500
时间/s

	NEDC	WLTC
持续时间/s	1180	1800
行驶里程/km	11.01	23.27
平均车速/(km/h)	33.6	46.5
最高车速/(km/h)	120	131.3
怠速比例(%)	23.73	13.00

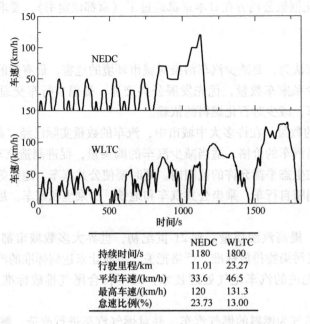

图 4-17　轻型汽车排放测试工况 NEDC 和 WLTC

±1km/h，允许的最大时间误差为±0.5s。欧盟从1970年开始推行汽车排放标准（美国加州为1966年）。最初只限制HC和CO的排放；1977年开始限制NO_x的排放；1988年开始限制柴油车微粒的排放，图4-18所示为欧盟及中国实施轻型汽车各阶段排放的时间表。

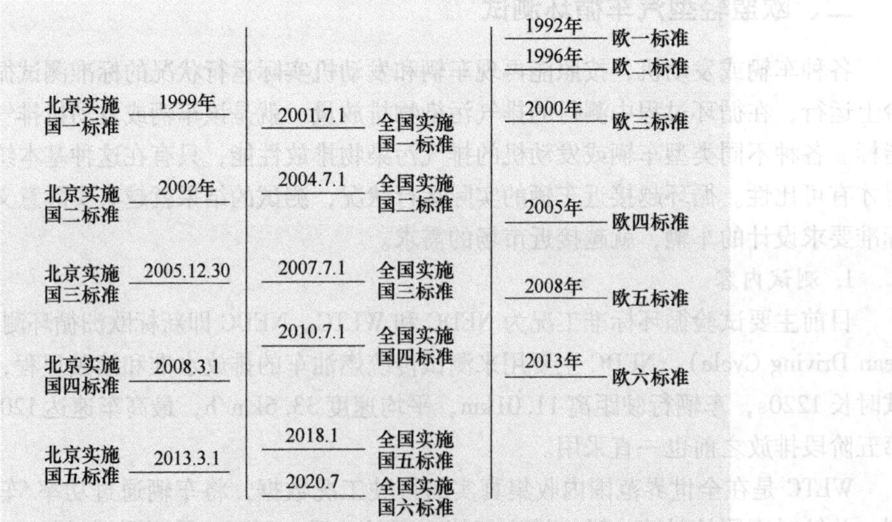

北京实施
国一标准
1999年
北京实施
国二标准
2002年
北京实施
国三标准
2005.12.30
北京实施
国四标准
2008.3.1
北京实施
国五标准
2013.3.1
2001.7.1
全国实施
国一标准
2004.7.1
全国实施
国二标准
2007.7.1
全国实施
国三标准
2010.7.1
全国实施
国四标准
2018.1
全国实施
国五标准
2020.7
全国实施
国六标准
1992年
欧一标准
1996年
欧二标准
2000年
欧三标准
2005年
欧四标准
2008年
欧五标准
2013年
欧六标准

图 4-18　欧盟及中国实施轻型汽车排放标准时间表

轻型汽车排放试验需要应用复杂而先进的设备进行各种测试和结果分析。此外，因为要控制试验环境，所以无法在实际道路上实现该试验。解决方法是应用装有测试和分析系统的

第四章 汽车技术法规专题

汽车废气排放测试试验室（图4-19）：底盘测功机模拟汽车行驶阻力，或轴流风机模拟汽车行进中所获得的冷却空气，定容取样系统（CVS）对排气进行收集，排放分析系统进行精确分析。

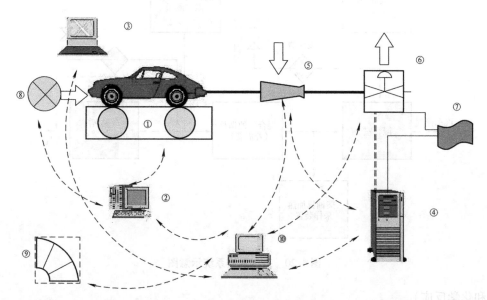

①底盘测功机　②底盘测功机控制器　③可编程司机助手　④排放分析系统　⑤柴油机稀释通道
⑥定容取样系统　⑦取样袋　⑧轴流风机　⑨气象台　⑩主控计算机　◀----▶ 通信路线

图4-19　汽车废气排放测试试验室示意图

2. 对试验车辆和燃料的要求

车辆的机械状况应良好，要求至少3000km的走合。试验车的排气系统不得有任何泄漏，并能收集全部汽车排气。发动机和车辆控制机构的调整应按制造商的规定进行，尤其是急速装置、冷起动装置及排气系统必须进行调整。

点燃式汽车应等效采用CEC基准燃料：CEC RF-08-A-85标准的优质无铅汽油；压燃式汽车应等效采用CEC基准燃料：KF-03-A-84标准的柴油。

3. 试验设备

（1）底盘测功机。底盘测功机应设有惯性模拟器和功率吸收装置，并且有1个或2个转鼓。通常有固定载荷曲线和可调载荷曲线两种类型。测试精度要求：载荷≤±5%；车速≤±1km/h。

（2）排气取样系统。排气取样系统是为测量车辆排气中的实际排放物质量而设计的，应该采用定容取样系统（CVS）。这种系统能将试验车辆的排气用周围的空气在受控制的条件下连续稀释、计量稀释排气的总容积并能连续地按规定的容积比例将样气收集到取样袋中，以供分析用。排气取样系统示意图见图4-20。

试验用排气取样系统应满足下列要求：

（1）气样在进入测试仪器前，其所测成分必须能定量地再现排气中该成分的质量分数。

（2）在较长的时间里，不受其他因素干扰（主要干扰因素：可冷凝成分、固体杂质、

67

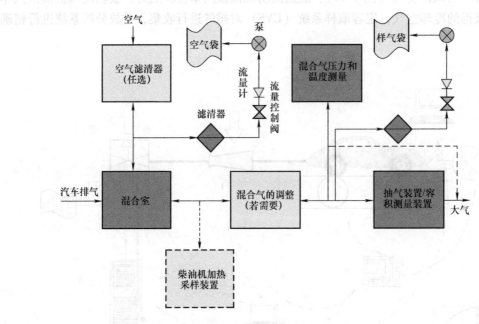

图 4-20 排气取样系统示意图

吸附和化学反应)。

（3）流经 CVS 的稀释排气的质量流量必须保持稳定，即在恒温、恒压的条件下，保持恒定的稀释排气体积的流量。

引入气袋的稀释排气也必须保证恒定的质量流量。

三、我国轻型汽车排放标准

2017 年 12 月 11 日，为贯彻《中华人民共和国环境保护法》和《中华人民共和国大气污染防治法》等法律法规，改善环境质量，完善环境技术管理体系，促进机动车污染防治技术进步，环境保护部公布了《机动车污染防治技术政策》，同日，《关于发布〈机动车排放污染防治技术政策〉的通知》（环发〔1999〕134 号）废止。《机动车污染防治技术政策》指出，对于新生产的机动车，由环境保护部统一制定国家排放标准。强化新车达标监管，重点加强重型柴油车生产、销售等环节监管。加强机动车检测与维护（I/M），重点加强高排放车辆、高使用强度车辆监管，确保上路车辆排放稳定达标。严格控制机动车颗粒物排放，控制重点应从颗粒物质量控制向颗粒物质量与数量同时控制转变。

2016 年 12 月 23 日，生态环境部、国家质监总局发布了《轻型汽车污染物排放限值及测量方法（中国第六阶段）》（GB 18352.6—2016）标准，并且根据不同的标准限值要求，制定国 6a 和国 6b 两个阶段依次实施轻型车国六标准。要求 2020 年 7 月 1 日起，所有销售和注册登记的轻型汽车应符合标准国 6a 阶段要求，2023 年 7 月 1 日起，所有销售和注册登记的轻型汽车应符合标准国 6b 阶段要求。

轻型车国六标准适用于最大设计总质量不超过 3500kg 的 M1 类、M2 类及 N1 类车辆。执行国 6a 和国 6b 阶段标准要求的主要区别在于车辆常温下冷起动后的各项污染物排放限值要求有所不同,其中国6b大幅严于国6a。标准中定义的车辆排放污染物主要包括一氧化碳(CO)、氮氧化合物(NOx)、碳氢化合物(THC、NMHC)、颗粒物(PM)以及粒子直径超过23nm的粒子数量(PN)、氧化亚氮(N_2O,俗称笑气)等。

"粒子数量(PN)限值"是首次出现在我国车辆排放标准中的考核指标,标准均要求车辆PN的排放限值为6.0×10^{11}个/km。同时,考虑到国六标准提前实施情况,结合产业发展实际,对2020年7月1日前,提前实施国六标准地区车辆的PN限值实施过渡期要求(PN过渡期限值为6.0×10^{12}个/km)。

轻型车国六标准和国五标准比较(图4-21):

(1)测试循环由NEDC升级为WLTC;增加了部分试验项目,主要包括:增加了实际道路试验循环测试(Real Driving Emission,RDE)要求;增加了加油过程污染物排放要求;增加低温冷起动排放要求等,标准对车辆的排放要求大大强化。

(2)国六相对国五排放限值要求更为严格,项目增多,指标加严幅度大(图4-21)。

① 国6a阶段的排放标准与国五标准相比主要增加、加严项目包括:增加氧化亚氮(N_2O)、粒子数量(PN)的限值要求;CO加严30%。

② 国6b与国五标准相比更为严格,包括:氮氧化物(NOx)排放下降42%,颗粒物(PM)下降33%,挥发性有机化合物(VOC)蒸发排放限值下降65%,总碳氢化合物(THC)和非甲烷碳氢化合物(NMHC)分别下降50%。

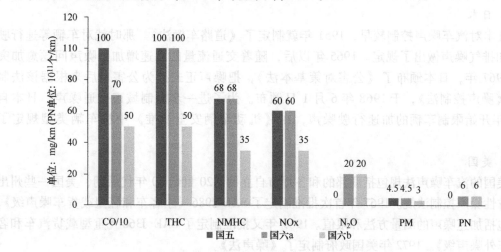

图4-21 轻型汽油车国五和国六排放物限值的比较

第四节 汽车噪声法规

目前,道路交通噪声已经成为城市环境污染治理的重要课题。噪声除了会损伤听力以外,还会引起其他人身损害,被称为城市新公害。统计显示,汽车所产生的噪声甚至已经占到了城市噪声的85%。汽车行驶在道路上时,发动机的振动声、进排气声、喇叭声、轮胎与地面的摩擦声等噪声,严重影响了人们的身体健康。

汽车噪声分车外噪声和车内噪声两种。车外噪声造成环境公害,车内噪声直接对驾驶人和乘客造成损害。为了降低噪声,必须对汽车噪声进行研究和测量。

一、相关标准的发展

各国对汽车噪声的要求是强制性的。如使用 EEC 法规的 E-mark 认证，适用范围为《1958 年协定书》的缔约方共 48 个国家，不限于欧洲国家。使用欧盟指令 EC/EEC 的 E-mark 认证，70/157/EEC 是汽车 E-mark 认证使用的噪声标准。GB 1495—2002《汽车加速行驶车外噪声限值及测量方法》是我国汽车噪声强制性标准。

1. 欧洲

早在 20 世纪 30 年代，一些欧洲的汽车工业发达国家就已有了汽车噪声法规。比如德国，第一部汽车噪声法规建立于 1937 年。不过当时这些法规各国皆不相同，国际上也没有统一的标准。直到 20 世纪 60 年代末，汽车噪声法规在世界范围内被广泛引入，并且法规和测量标准在世界各个经济体内取得了协调一致，甚至在限值上也基本相同。联合国欧洲经济委员会（ECE）和欧洲经济共同体（EEC，现为欧盟 EU）也加快了标准和法规的制定、修订工作。ECE 发布最早的噪声法规是 ECE R9《机动车辆在噪声方面型式认证的统一规定》，它于 1969 年 3 月 1 日首次发布实施。20 世纪 70 年代初，欧共体发布了 70/157/EEC《欧共体型式认证指令——汽车噪声》法规，其各阶段的限值变化和实施日期基本同步于 ECE Reg. No. 51《关于在噪声方面汽车（至少有 4 个车轮）型式认证的统一规定》。至今，该法规已修订 3 次，目前的修订版本号为 92/97/EEC（等效于 ECE Reg. No. 51/02）。

2. 日本

日本对汽车噪声控制较早，1951 年就制定了《道路车辆法》。那时就对车辆等速行驶噪声和排气噪声做出了规定。1965 年以后，随着交通流量的迅速增加，噪声问题愈加突出。1967 年，日本颁布了《公害对策基本法》，把噪声正式列为公害。后来根据该法制定了《噪声控制法》，于 1968 年 6 月 1 日颁布。为了进一步限制城市交通噪声，日本自 1970 年开始限制车辆的加速行驶噪声，在《机动车辆安全标准》中按车辆类型规定了限值。

3. 美国

美国的汽车噪声法规包括联邦的和各州市自立的。20 世纪 60 年代后期，美国一些州出现地方性噪声控制法规。1967 年首次批准制定了 SAE J986《小客车和轻型载货车噪声级》，其中包括加速噪声的测量方法和限值。1969 年又批准制定了 SAE J366《重型载货汽车和客车的车外噪声级》。1972 年美国政府制定了《噪声法》。

4. 中国

与国外相比，我国汽车噪声控制起步较晚。1979 年我国国家标准总局首次颁布了两项国家标准：GB 1495—1979《机动车辆允许噪声》和 GB 1496—1979《机动车辆噪声测量方法》。这两项标准适用于各类型汽车、摩托车、轮式拖拉机等机动车辆，规定了各类车辆车外加速行驶噪声的限值，加速行驶、匀速行驶车外噪声的测量方法以及车内噪声的测量方法，对匀速行驶和车内噪声没有规定相应的限值。到了 1993 年，在大力推广采用国际标准的形势下，由全国声学标准化技术委员会提出、北京市劳保所负责、交通部公路科研所和长春汽车研究所共同参与编制的 GB/T 14365—1993《声学　机动车辆定置噪声测量方法》标准由国家技术监督局发布实施，该标准是参照 ISO 5130—1982 编写的。到了 1996 年，由于我国城市交通噪声污染日益严重，国家环境保护局和国家技术监督局联合发布了

GB 16170—1996《汽车定置噪声限值》，对城市道路允许行驶的在用车辆处于定置工况下的噪声辐射实行控制。至此，国家对汽车加速、汽车定置（指车辆不行驶，发动机处于空载）状态的噪声有了限值和测量方法。2002 年，为了适应现代车型的噪声测量以及与国际惯例保持一致，国家环境保护总局和国家质量监督检验检疫总局又联合发布了 GB 1495—2002《汽车加速行驶车外噪声限值及测量方法》。

2018 年 4 月 1 日，GB/T 14365—2017《声学 机动车辆定置噪声声压级测量方法》实施，该标准规定了发动机转速连续变化时，机动车辆定置条件下，车外噪声声压级测量方法、所需的测试环境和测试所用设备，增加了半消声室测量场地，并对半消声室测量场地进行了要求；该标准仅适用于使用内燃机的 L、M 和 N 类车辆。该标准提供了一种在车辆运转状态下，可测量得到再现噪声声压级的简便易行的测量方法，删除了发动机定置噪声测量。

二、噪声测试

汽车噪声分车内噪声和车外噪声，还分行驶工况噪声和静止工况噪声，测试工况分类见图 4-22。

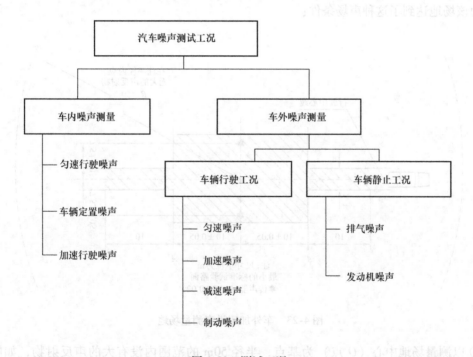

图 4-22 测试工况

1. **车内噪声测试**

目前，国内车内噪声实行的强制性标准只有 GB 7258《机动车运行安全技术条件》中规定的：驾驶人耳旁噪声声级≤90dB（A）（车辆静止，空档，发动机额定转速下测试）。交通部客车等级评定标准 JT/T 325《营运客车类型划分及等级评定》中规定，按客车大小和等级的不同，规定匀速行驶（50km/h）时客车车内噪声≤66～79dB（A）。GB/T 18697《声学 汽车车内噪声测量方法》标准规定了 M 类和 N 类汽车车内噪声测量方法。表 4-10

列出了国内车内噪声标准和测试方法。

表 4-10 国内车内噪声标准和测试方法

车辆分类		限值/dB（A）	测 试 方 法
GB 7258	汽车	驾驶人耳旁≤90	空载，车辆静止、空档，发动机额定转速下
	客车	车内≤79	50km/h 匀速行驶
JT/T 325	营运客车，按大小和等级的不同	车内 66~79	50km/h 匀速行驶
GB/T 18697	M 类和 N 类	没有限值标准	仅提出了国外所采用的车内噪声测试的三种方法：匀速行驶噪声（车速 60~120km/h）、加速行驶噪声和车辆定置噪声，没有针对性

2. 车外加速噪声测量场地及测点位置

（1）测量场地示意图见图 4-23。应达到的声场条件是：在该场地的中心（O 点）放置一个无指向小声源时，半球面上各方向的声级偏差不超过 ±1dB。如果下列条件满足，则可以认为该场地达到了这种声场条件：

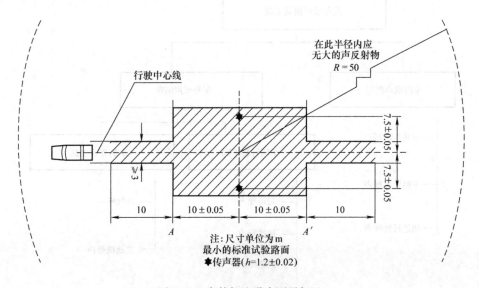

图 4-23 车外加速噪声测量场地

① 以测量场地中心（O 点）为基点，半径 50m 的范围内没有大的声反射物，如围栏、岩石、桥梁或建筑物等。

② 试验路面和其余场地表面干燥，没有积雪、高草、松土或炉渣之类的吸声材料。

③ 传声器附近没有任何影响声场的障碍物，并且声源与传声器之间没有任何人站留，进行测量的观察者也应站在不影响仪器测量值的位置。

（2）测量场地应基本上水平、坚实、平整，并且试验路面不应产生过大的轮胎噪声。该路面应符合 ISO 10844:1994 的要求。

（3）测试传声器位于 20m 跑道中心点 O 两侧，各距中线 7.5m，距地面高度 1.2m，用三脚架固定,传声器平行于路面,其轴线垂直于车辆行驶方向。

3. 加速行驶车外噪声测量方法

(1) 车辆须按下列规定条件稳定地到达始端线。行驶档位:前进档位为4档以上的车辆用第3档,前进档位为4档或4档以下的用第2档。

发动机转速为发动机标定转速的3/4。如果此时车速超过了50km/h,那么车辆应以50km/h的车速稳定地到达始端线。

(2) 加速行驶操作。汽车应以上述规定的档位和稳定速度接近始端线。当汽车前端到达始端线时,必须尽可能地迅速将加速踏板踩到底(即节气门或油门全开),并保持不变,直到汽车尾端通过终了线时再尽快地松开踏板(即节气门或油门关闭)。汽车应直线加速行驶通过测量区,其纵向中心平面应尽可能接近汽车行驶中心线。

(3) 声级测量。在汽车每一侧的噪声至少应测量四次,测量汽车加速驶过测量区的最大声级。每一次测得的读数值应减去1dB(A)作为测量结果。如果在汽车同侧连续四次测量结果相差不大于2dB(A),则认为测量结果有效。将每一档位(或接近速度)条件下每一侧的四次测量结果进行算术平均,然后取两侧平均值中较大的作为中间结果。

第五节 《机动车运行安全技术条件》解读

机动车是道路交通系统中的运动主体。《中华人民共和国道路交通安全法》规定,在道路行驶的机动车应符合机动车国家安全技术标准。

《机动车运行安全技术条件》(GB 7258)是机动车国家安全技术标准的重要组成部分,是进行注册登记检验和在用机动车检验、机动车查验等机动车运行安全管理及事故车检验最基本的技术标准,同时也是机动车新车定型强制性检验、新车出厂检验和进口机动车检验的重要技术依据之一。GB 7258标准的历次版本发布情况为GB 7258—1987、GB 7258—1997、GB 7258—2004、GB 7258—2012、GB 7258—2017。

《机动车运行安全技术条件》(GB 7258)规定了机动车的整车及主要总成、安全防护装置等有关运行安全的基本技术要求。标准还规定了消防车、救护车、工程救险车和警车及残疾人专用汽车的附加要求。标准适用于在中国道路上行驶的所有机动车,但不适用于有轨电车及并非为在道路上行驶和使用而设计和制造、主要用于封闭道路和场所作业施工的轮式专用机械车辆。

一、国内外同类标准的发展概况

《机动车运行安全技术条件》(GB 7258)是我国机动车运行安全管理最基本的技术标准,实际上起着机动车运行安全管理技术法规的作用。该标准自实施以来,在加强机动车运行安全管理、提高机动车运行安全水平、保障道路交通安全等方面起到了积极的作用。

由于国内外车辆管理制度的差异,目前没有与GB 7258内容及作用一致的国际先进标准或技术性法规,但GB 7258的某些内容在日本、欧盟、美国、俄罗斯的一些标准或技术性法规中有所规定。

GB 7258与国际上类似标准和法规的比较见表4-11。

表 4-11 GB 7258 与国际上类似标准和法规的比较

主要对比指标	GB 7258	日本[①]	欧盟[②③]	美国[④]	俄罗斯[⑤]
适用范围	机动车设计、生产；新车注册登记检验和在用车定期检验	机动车新车注册登记检验和在用车定期检验	新车一般安全型式认证要求 在用机动车定期检验	在用机动车检验	在用机动车检验
技术内容	机动车的整车及主要总成、安全防护装置等有关运行安全的基本技术要求和检验方法、机动车环保要求等	机动车的整车及主要总成的技术要求和检验要求	新车型式认证需满足的一般安全及安全装置配备要求 在用机动车的检验项目、方法和检测周期	在用机动车的检验项目和检验方法	在用机动车的检验项目和检验方法

① 日本《道路运输车辆保安基准》。
② 欧洲议会和理事会条例（EC）No 661/2009《关于汽车、其挂车以及所用系统、部件和独立技术装置的一般安全的型式认证要求》。
③ 欧洲议会和理事会指令 2014/45/EU《机动车及其挂车的定期车辆性能检测和指令 2009/40/EC 的废止》。
④ 美国联邦机动车安全法规 49CFR570《Vehicle In Use Inspection Standards》。
⑤ 俄联邦国家标准《汽车安全行驶对技术状况的要求检测方法》（гост 25478—91）。

欧盟于 2009 年发布了欧洲议会和理事会条例（EC）No 661/2009《关于汽车、其挂车以及所用系统、部件和独立技术装置的一般安全的型式认证要求》，该条例对 M 类、N 类和 O 类车辆及其所用系统、部件和独立技术装置的"一般要求和试验""关于某些 N 类和 O 类车辆的特别要求""关于 M2 类和 M3 类车辆的特别要求""轮胎分级""关于车辆轮胎、轮胎安装和轮胎压力监测系统的特别规定""高级车辆系统""换挡提醒装置""电子稳定性控制系统""车辆、部件和独立技术装置的型式认证"等要求做了规定，与 GB 7258 从保障运行安全角度对新生产机动车的安全基本要求和安全装置配置做出规定的出发点接近。可见，通过一个单独的标准/条例对机动车的安全要求做出统一规定的做法已得到了欧盟理事会的认可。

二、GB 7258 的修订原则

（1）提高针对性。针对我国重型载货车辆、危险货物运输车辆、客车安全技术性能差、防火安全性不高及旅居车辆安全管理规定缺失等突出问题，明确提出超载报警装置、紧急切断阀开启报警装置、车内外视频监控录像系统、自动破窗装置等安全装置配备要求，提高了重型货车储气筒额定工作气压和客车行车制动管路压力要求，增加了乘用车列车的相关技术要求，从车辆设计和制造源头上提出提升车辆运行安全性的解决方案，为严格机动车运行安全管理提供技术支撑。

（2）突出可行性。根据我国实际国情，借鉴国外类似技术标准相关要求，增加事件数据记录器（EDR）、汽车电子标识安装等运行安全管理要求，强化车辆识别代号（VIN）打刻要求和新能源汽车安全技术要求，制定切合我国实际状况的、可操作性强的机动车运行安全技术条件。

（3）注重协调性。根据 GB 1589、GB 11567、GB 13094、GB 17761 等国家标准及其他相关国家标准的制修订情况，修改调整标准相关技术要求，保证相关技术标准间的协调一致。

（4）保持连续性。考虑到 GB 7258 标准的实际作用，为保证标准的实施效果，原则上不对标准框架结构及 GB 7258—2012 较 GB 7258—2004 新增的要求进行调整，基本保持 GB 7258—2012 的框架结构。

三、主要修订内容

（1）从进一步提升重中型货车、汽车列车和危险货物运输车辆运行安全技术要求出发，扩大了安全装置的配置要求，增加了货箱（厢）、厢体、罐体等技术要求。

① 增加了总质量大于 3500kg 的货车、专项作业车和半挂车以及所有危险货物运输车辆的所有行车制动器应装备制动间隙自动调整装置的要求。

② 增加了汽车列车的牵引车和挂车的制动匹配要求。

③ 扩大了应安装制动防抱死装置的货车、挂车范围。

④ 严格了重型货车和专项作业车的辅助制动性能要求。

⑤ 规定了储气筒的额定工作气压。

⑥ 增加了货车和挂车不得安装有向后方照亮轮胎或地面的灯具的要求。

⑦ 增加了总质量大于等于 12000kg 的货车应装备车辆右转弯音响提示装置的要求。

⑧ 增加了货车、挂车（特殊用途的除外）装用轮胎的总承载能力应大于总质量且小于等于总质量的 1.4 倍的要求。

⑨ 增加了所有半挂牵引车及三轴和三轴以上货车应装备超载报警装置的要求。

⑩ 增加了三轴及三轴以上货车应具有超速报警功能的要求。

⑪ 细化了货箱（厢）、厢体、罐体等技术要求。

⑫ 增加了装运大型气瓶、可移动罐（槽）等的载货车辆应设置有效的固定装置的要求。

⑬ 扩大了应安装汽车安全带的货车座椅范围。

⑭ 增加了货车应装备驾驶人汽车安全带佩戴提醒装置的要求。

⑮ 严格了总质量大于 3500kg 的货车和货车底盘改装的专项作业车的广角后视镜和补盲后视镜安装要求。

⑯ 增加了货车前下部防护要求。

⑰ 增加了在用的货车列车、铰接列车的机械连接件，包括牵引连接件、牵引杆孔、牵引座牵引销、连接勾及环形孔等，不应有可视裂痕且其磨损极限尺寸应符合 GB/T 31883 规定的要求。

⑱ 增加了危险货物运输半挂车的行车制动应采用双回路或多回路的要求。

⑲ 增加了运输易燃易爆物品的危险货物运输货车电路系统应有切断总电源和隔离电火花的装置的要求。

⑳ 增加了罐式危险货物运输车辆运送易燃易爆液体燃料时，其燃料箱和罐体应采用阻隔防爆安全技术的要求。

㉑ 增加了装有紧急切断装置的罐式危险货物运输车辆，在设计和制造上应保证运输液

体危险货物的车辆行驶速度大于 5km/h 时紧急切断阀能自动关闭，或能通过一个明显的信号装置（例如：声或光信号）提示驾驶人紧急切断阀仍处于"未关闭"状态的要求。

㉒ 增加了本标准新增的关于危险货物运输车辆的特殊要求。

（2）进一步提升了大中型客车的运行安全性和防火安全性要求。

① 增加了车长大于 11m 的客车应装备符合标准规定的车道偏离报警系统（LDWS）和前车碰撞预警系统（FVCWs）的要求。

② 增加了客车所有行车制动器应装备制动间隙自动调整装置的要求。

③ 要求所有客车均安装防抱制动装置。

④ 增加了车长大于 9m 的客车行车制动管路压力应大于等于 1000kPa 的要求。

⑤ 扩大了应安装行驶记录装置的客车类型，规定设有乘客站立区的客车还应装备车内外视频监控录像系统。

⑥ 增加了设计和制造上适用于三级和三级以下公路行驶的客车，后轮若采用单胎，则后轮的轮胎名义宽度应大于等于 195mm 的要求。

⑦ 扩大了应具有限速功能或装备限速装置的客车范围。

⑧ 增加了设计和制造上适用于三级和三级以下公路行驶的客车的随行物品存放区设置要求。

⑨ 增加了客车踏步区域不得设置座椅，客车座椅在车辆横向上不得采用"2+3"布置的要求。

⑩ 扩大了应安装汽车安全带的客车座椅范围。

⑪ 增加了客车应装备驾驶人汽车安全带佩戴提醒装置的要求。

⑫ 增加了车长大于 9m 的未设置乘客站立区的客车，车身左右两侧应至少各有 1 个击碎玻璃式的应急窗同时具有自动破窗功能的要求。

⑬ 增加了客车仪表台下应装备自动灭火装置的要求。

⑭ 增加了车长大于等于 6m 的客车燃料箱应采用阻隔防爆安全技术的要求。

（3）从进一步规范纯电动汽车、插电式混合动力汽车、燃料电池汽车等新能源汽车行业发展、保证运行安全出发，增加了新能源汽车的特殊要求。

① 插电式混合动力汽车的纯电动续驶里程应大于等于 50km。

② 车长大于等于 6m 的纯电动客车、插电式混合动力客车、燃料电池汽车应设置具有向驾驶人报警功能的电池箱专用自动灭火装置。

③ 纯电动汽车、插电式混合动力汽车的低速行驶提示音、REESS 阻值及过低报警等特殊安全防护要求。

④ 纯电动汽车、燃料电池汽车、混合动力汽车的产品说明书中，应注明操作安全和故障防护特殊要求，并向安全人员和紧急救援者提供关于车辆事故处理的信息。

（4）从强化汽车运行安全管理出发，增加了事件数据记录器配备、汽车电子标识安装等要求。

① 乘用车应配备事件数据记录器（EDR）。

② 乘用车（发动机中置的乘用车除外）应装备有符合 GB/T 25985 规定的防盗装置、报警系统和发动机止动装置。

③ 对具有电子控制单元（ECU）的汽车，其 ECU 应记载有车辆识别代号等特征信息，

第四章 汽车技术法规专题

且记载的特征信息不应被篡改且应能被市场上可获取的工具读取。

④ 汽车（无驾驶室的汽车除外）应在前风窗玻璃不影响驾驶视野的位置设置微波窗口，以保证汽车电子标识数据的有效读取；汽车电子标识的安装应符合《机动车电子标识安装规范第1部分：汽车》国家标准的规定。

（5）从促进和规范我国旅居车辆（包括旅居车和旅居挂车）行业发展出发，明确了旅居车和旅居挂车的术语和定义，增加了组成乘用车列车的乘用车、中置轴挂车要求及乘用车和中置轴挂车的匹配要求，增加了旅居车和旅居挂车的电器线路要求。

（6）从促进我国摩托车行业发展出发，修改了摩托车、正三轮摩托车的术语和定义，调整了发动机排量大于等于 800mL 或电动机额定功率总和大于等于 40kW 的两轮普通摩托车的外廓尺寸限值要求。

（7）从提升面包车运行安全水平出发，修改了发动机中置的乘用车的侧倾稳定性要求，增加了禁止使用小规格轮胎和所有车窗玻璃可见光透射比等要求。

（8）细化了重型货车和专项作业车及挂车的车辆识别代号打刻位置要求，修改了设计和制造上具有行动不便乘客（如轮椅乘坐者）乘坐设施的乘用车的后向座椅布置、自动变速器换档、前照灯光束照射位置等要求及载客汽车、设有乘客站立区的客车（即城市客车）、载货汽车和专项作业车的术语和定义，增加了专用载客汽车的术语和定义。

（9）为避免标准限制新技术、新产品的应用，增加了对采用主被动安全新技术、新装备的机动车的特殊管理要求。

复习思考题

1. 美国汽车安全技术法规包括哪几个方面？试简要说明一下。
2. 简述我国汽车安全技术法规现状。
3. 试比较 C – NCAP 与国外 NCAP 测试方法。
4. 为什么要颁布油耗法规？世界上第一部油耗法规是什么？
5. 欧美和日本的节能法规有哪些？
6. 简述中国的节能法规的发展历程。
7. 简述新能源政策的发展前景。
8. 我国政府是如何鼓励发展新能源政策的？
9. 我国使用的国家强制性排放标准和地方法规有哪些？
10. 简述目前我国汽车噪声法规与世界先进国家的差距。
11. 简述 GB 7258 的发展历程。

第五章 汽车认证法规

第一节 各国汽车产品认证制度简介

随着汽车工业的发展,为了保证人类的健康和安全、动植物的生命和健康,以及环境保护和公共安全,各国(地区)相继建立了符合本国(地区)实情的汽车产品认证制度,对汽车和挂车及部件、独立技术总成、系统进行认证。认证的内容包括对产品的安全、环保、节能、防盗等性能进行型式试验,对产品生产企业的质量保证能力进行审查。

目前世界上主要有欧洲、美国、日本三种汽车产品认证制度。这三种认证制度,经过几十年的运行和不断完善,已相当成熟,为世界各国所参照或引用。

一、美国汽车产品认证制度

1953 年,美国在世界上首先颁发《联邦车辆法》,政府由此开始对车辆执行有法可依的管理。美国汽车法规有联邦法规,也有州法规。它主要分为两个部分认证:安全认证(自我认证)和环境保护认证(强制认证)。

1. 安全认证

美国汽车业实行的是"自我认证",即汽车制造商按照联邦汽车法规的要求自行检查和验证。如果企业认为产品符合法规要求,即可投入生产和销售。因此说,"自我认证"体现了美国式的自由——汽车企业对自己的产品具有直接发言权。

美国政府主管部门的任务就是对产品进行抽查,以保证车辆的性能符合法规要求。在美国,汽车安全的最高主管机关是隶属于运输部的国家公路交通安全署(NHTSA)。为确保车辆符合联邦机动车安全法规的要求,NHTSA 可随时在制造商不知情的情况下对市场中销售的车辆进行抽查,也有权核查厂家的鉴定实验数据和其他证据资料。如果抽查发现车辆不符合安全法规要求,主管机关将向制造商通报,责令其在限期内修正,并要求制造商召回故障车辆,这就是所谓的强制召回。同时,如果不符合法规的车辆造成了交通事故,厂家将面临高额惩罚性罚款。在这种严厉的处罚背景下,汽车企业对产品设计和生产过程中的质量控制不敢有丝毫懈怠,而且对召回非常"热心",一旦发生车辆质量瑕疵,就主动召回,否则,如果被公路交通安全署查出,后果不堪设想。

因此美国的自我认证方式,尽管表面看起来较宽松,但实际上很严格。汽车企业是要真正为自己的产品负责的,所有的制造商都不敢弄虚作假。

2. 环保认证

美国对汽车产品在环保方面按照技术法规要求实施 EPA(EPA 是美国环境保护署的英文缩写)认证,这和美国汽车产品安全认证不同,最开始比较接近于政府的型式批准。

制造厂家首先向 EPA 提出 EPA 认证申请,同时附上车辆相关的说明书、技术参数、试验规程、试验报告的数据和资料,并提交车辆排放装置 50 000mile 或 1500h 耐久性试验的

第五章 汽车认证法规

结果。

EPA 在审查认证申请及有关资料后，按发动机类型选择样车，在 EPA 自己的试验室或直接利用生产厂家的试验室进行 EPA 法规所要求的试验。如果试验结果符合 EPA 法规的要求，则认为该车型通过 EPA 认证，并给予官方公布，发放 EPA 认证标志。

二、欧洲汽车产品认证制度

1. 认证制度

欧洲各国实行的虽然也是认证制度，但与美国有较大的区别：美国是由企业自己认证，欧洲则是由独立的第三方认证机构认证。而且欧洲对流通过程中车辆质量的管理没有美国那样严格，他们是通过检查企业的生产一致性来确保产品质量的。因此可以说，美国对汽车的管理是推动式的，政府推着企业走；而欧洲则是拉动式的，政府拉着企业走。

欧洲各国的汽车认证都是由本国的独立认证机构进行的，但标准是全欧洲统一的，依据的是 ECE 法规和 EC 指令，主要有 E 标志认证和 e 标志认证两类（图 5-1）。

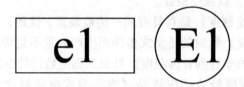

图 5-1 e-mark 标志与 E-mark 标志

一种是以欧洲 WP29 的技术条件要求（ECE Regulation）为依据的体系，主要针对车辆系统和零部件，不含整车。根据 ECE Regulation 进行检测和工厂审查，经批准后可使用 E-mark。E-mark 认证的执行测试机构一般是 ECE 成员国的技术服务机构。E-mark 证书的发证机构是 ECE 成员国的政府部门。相关产品可在欧洲 30 个国家合法销售。

E 标志源于 ECE 法规。这个法规是推荐性的，不是强制标准。也就是说，欧洲各国可以根据本国具体法规操作。E 标志证书只涉及产品零部件及系统部件，不包括整车认证。获得 E 标志认证的产品，是为市场所接受的。

另一种是以欧盟指令（EC Directive）为依据，主要针对整车车辆系统和零部件的批准体系，根据 EEC/EC Directive 进行检测和工厂审查，经型式批准后可使用 e-mark。测试机构必须是欧盟成员国内的技术服务机构，比如德国的 TUV、荷兰的 TNO、法国的 UTAC、意大利的 CPA 等。发证机构是欧盟成员国政府交通部门，如德国的交通管理委员会（KBA）。e 标志是欧盟委员会依据 EC 指令强制成员国使用整车、安全零部件及系统的认证标志，相关产品可在欧盟 15 个国家合法销售。

要获得 E 标志或 e 标志，首先产品要通过测试，生产企业的质量保证体系至少要达到 ISO 9000 标准的要求。据德国的认证机构 TUV 介绍，德国对汽车质量保证体系审核及认证标准很严，依据的是 ISO 9000、QS 9000、ISO 14000、VDA 6.1 等标准。在该机构出示的汽车认证流程表中，检验项目达 47 项之多，除了噪声、排放、防盗、制动等基本项目外，仅车灯就有 6 项。上述两种原则相同，只有极少部分内容有差别，e-mark 较 E-mark 更为严格。

2. 主管部门及其职责

欧洲各国的汽车认证主管机构是各国的主管交通运输的政府机关。以德国为例，德国负责汽车认证的政府部门主要有联邦交通运输部、交通管理委员会（KBA），具体认证工作则由TUV等技术服务机构承担。

召回，在欧洲也是"家常便饭"。与美国不同的是，欧洲实行企业自愿召回，企业发现车辆有问题，就可自行召回，但要向国家主管机关上报备案。但如果企业隐瞒重大质量隐患或藏匿用户投诉，一经核实将面临处罚。

三、日本汽车产品认证制度

日本汽车型式认证制度产生于20世纪50年代，迄今已有60多年的历史。

日本的汽车认证制度总体上来讲与欧洲一样，是型式认证制度，但也很有特色。之所以有特色，是因为它的认证体系由《汽车型式指定制度》《新型汽车申报制度》和《进口汽车特别管理制度》三个认证制度组成。根据这些制度，汽车制造商在新型车生产和销售之前要预先向运输省提出申请，以接受检查。

其中，《汽车型式指定制度》是对具有同一构造装置、性能，并且大量生产的汽车进行检查。《新型汽车申报制度》针对的是型式多样而生产数量不是特别多的车型，如大型载货车、公共汽车等。《进口汽车特别管理制度》针对的则是数量较少的进口车。

代表日本型式认证制度特点的应该是《汽车型式指定制度》，该制度审查的项目主要有：

（1）汽车是否符合安全基准，如车辆的尺寸、重量、车体的强度、各装置的性能、排气量、噪声大小等。

（2）汽车的均一共同性（生产阶段的质量管理体制）。

（3）汽车成车后的检查体制等。

以上的检验合格后，制造商才能拿到该车型的出厂检验合格证。但获得型式认证后，还要由运输省进行"初始检查"，目的是保证每一辆在道路上行驶的车都要达标。达标后的车辆依法注册后就可以投入使用了。但如果投放市场的车辆与检验时的配备不同，顾客可以投诉。

日本实行的召回制度是由厂家将顾客投诉上报运输省，如果厂家隐瞒真相，将顾客的投诉"束之高阁"，造成安全问题后，政府主管部门会实行高额惩罚。

四、俄罗斯汽车认证法规

1. 概况

俄罗斯汽车标准较为严格，国际技术法规（UNECE）和全球技术法规（GTRS）在俄罗斯都被承认和接受。考虑到车辆的具体使用环境，俄罗斯政府出台了一些国家标准。车辆安全性保障贯穿俄罗斯汽车技术法规的整个过程，对国产车和进口车执行一样的标准。到2009年俄罗斯车辆合规性评估系统使用的UNECE的法规编号数量达到112个。俄罗斯参与了诸多国际协议，包括1958年的日内瓦协议，1998年的全球汽车技术法规协议，1997年的维也纳协议，1968年的联合国道路交通公约等。俄罗斯联邦的联邦立法，涉及技术法规、道路交通安全、环境保护、大气保护、消费者权益保护等方面。

第五章　汽车认证法规

2. 组织架构和流程

俄罗斯车辆合规性评估系统的组织结构主要包括工业贸易部、联邦技术法规与计量机构、俄罗斯国家汽车工程研究院等机构。

新车型的认证流程为，首先进行代表性样本的认证测试，然后分析制造商的生产制造条件，如果合格，下发合格证，最后下发车辆型式批准的规定。在车辆型式认证有效期内，汽车厂要保证生产的汽车始终符合车辆型式认证文件的内容。需要注意的是：①认证机构对车辆型式的合规性进行评估；②车辆型式合规性评估的申请人只能是俄罗斯居民，即海外汽车制造商代表；③海外汽车制造商仅能指定一名代表，必须确保进口产品符合俄罗斯法律的要求。

3. 报废汽车和回收利用

《关税联盟技术法规草案》的各项规定与欧盟立法和 ISO 国际标准一致。①M1 和 N1 类车辆的可再利用率至少应为 80%，可回收利用率至少应为 85%；②对于其他车辆类别，可再利用率至少应为 85%，可回收利用率至少应为 90%；③做出对零部件标记和向处置企业提供有关车辆拆解顺序信息的规定；④适用于 M1 和 N1 类车辆技术法规的于 2014 年开始执行，适用于其他车辆类别的技术法规于 2020 年生效。

4. 自动交通事故信息系统

从 2014 年 10 月开始逐步使用这个系统。这个系统用于自动紧急呼叫/通知的车载通信终端、减速转换器、数据记录、通过 GSM 900/1800 网络和通用移动通信系统（UMTS）进行通信；自动数据传输和语音通信。这个系统还存在一些尚未解决的问题：①集成到车辆设计中的必要性以及与原有车载电子控制单元和信令系统的兼容性；②应建立应对紧急呼叫的基础设施并予以验证；③与欧盟系统紧急呼叫（e-Call）的匹配和协调。

5. 俄罗斯市场准入要求

2012 年 8 月 22 日，俄罗斯正式成为世界贸易组织成员。根据 WTO 的协议，俄罗斯将逐步降低汽车的进口关税。从 2013 年 1 月 1 日到 2018 年 12 月 31 日，关税要从 25% 下降到 15%。为了保证环境安全，从 2012 年 9 月 11 日起，俄罗斯引入了废物处理强制税项，征收对象是俄罗斯进口或在俄罗斯制造的每辆汽车，税额每年可进行调整。对于新轿车，税收为 650～2350 美元；对于新载货车，税收为 2940～19 620 美元。

五、印度 ARAI 认证

ARAI 是 Automotive Research Association of India（印度机动车研究协会）的简写，位于印度汽车工业城市浦那。CMVR 是 Central Motor Vehicles Rules（中央机动车法规）的简写。

所有适用于 CMVR 法规的汽车整车与零部件，诸如喇叭、汽车玻璃、灯具、座椅、门锁及门铰链、制动软管、灯泡、轮辋、三角警告牌、回复反射器、油箱、发动机等都必须向印度交通部认可的认证机构 ARAI 申请认证。轮胎则需要向印度标准局（BIS）申请认证。

ARAI 主要负责汽车整车性能的评估，如制动、碰撞、制动软管等，依据 AIS 标准或 IS 标准进行测试检验。此外还进行除轮胎以外的其他汽车零部件、农林机械产品、发电机组、工程机械产品的性能评估。ARAI 对车辆零部件检测评估后也会签发证书，但发动机排放和整车性能仅仅发布一份检测报告。

印度现有两套标准法规：其中一套是印度标准局（BIS）制定的 IS 标准；另外一套是由印度机动车研究协会（ARAI）制定的 AIS 标准。IS 标准类别多，范围广，更新的速度较 AIS 标准慢。AIS 标准只针对汽车及其零部件，不涉及其他产品。

六、南非汽车准入制度介绍

1. 认证流程及未来趋势

（1）车辆认证流程：①对申请车辆认证企业提交的申请材料进行汇总，确定该企业在经营过程中是否遵纪守法；②确保对安全问题至关重要的每一个零部件项目乃至所有零部件项目均已达到相关的强制性标准的要求；③确保汽车制造商实施的质量管理体系已获得国际认可；④确认车辆系统达标；⑤颁发认证证书。

（2）认证时间：车辆在南非市场销售之前或进入南非市场时应进行认证，鉴定流程在《工作守则》中有详细叙述。

（3）认证方式：根据《工作守则》中规定的要求"SANS 10267：机动车认证"实施车辆认证工作。

（4）认证机构和地点：NRCS 汽车管理部负责车辆认证工作；车辆认证可以在 NRCS 位于比勒陀尼亚省格鲁克鲁夫市的办公所在地进行，或者根据汽车制造商、进口商以及汽车组装和改装厂家的申请，NRCS 可以在上述企业所在地进行车辆认证。

汽车制造商、进口商以及汽车组装和改装厂家需要填写车辆认证申请表、机动车型号明细（NVM 表格），根据资料汇总确认机动车产品是否达标，进行产品一致性工厂检查，并预先缴纳相关费用。另外，南非政府新征收的碳排放税将成为车辆认证的一个必要条件。

2. 汽车产品认证体系

南非是 WP29《1958 年协定书》和《1998 年协定书》的缔约方，采用在两份协定书的法律框架下制定并颁布的联合国 ECE 法规。联合国 ECE/WP29 协定书框架下的型式批准是南非政府采用的唯一批准体系。通常情况下，NRCS 认可已经获得联合国 ECE 认证、产品标准达到 ECE 法规要求并且获得"E"标识的产品。NRCS 汽车管理部不承认其他认证体系，例如自行认证。

七、中国汽车认证制度

我国的汽车工业起步比较晚，20 世纪 80 年代中后期，随着改革开放的深入，逐步地确立起社会主义市场经济体制。产品质量管理理念和政府职能也随之改变，开始引进国际上普遍采用的产品认证和合格评定程序，从而建立了我国的产品认证制度（表 5-1，表 5-2）。

表 5-1 3C 认证制度历史

起始时间	管理部门	适用产品		备注
		进口	国产	
1989—2002 年	国家进出口商品检验局	√	—	CCIB
2002 年至今	国家认证认可管理委员会	√	√	3C

第五章 汽车认证法规

表 5-2 公告管理历史

起始时间	管理部门	检验内容		备注
		可靠性	强检项	
1982 年	中国汽车工业总公司	√	—	三联单
1986 年	中国汽车工业总公司	√	—	目录
1993 年	国家机械工业部	√	—	目录
1995 年 6 月 30 日	国家机械工业局	√	12 项	目录
1997 年 1 月 1 日	国家机械工业局	√	25 项	目录
1999 年 1 月 1 日	国家经济贸易委员会	√	34 项	公告
2000 年 11 月 1 日	国家经济贸易委员会	√	43 项	公告
2003 年 4—5 月	国家发展与改革委员会	√	43 项	公告
2004 年 3 月	国家发展与改革委员会	√	48 项	公告
2006 年 10—11 月	国家工业和信息化部	√	74 + 1 项	公告
2020 年 12 月至今	国家工业和信息化部	√	114 + 27 项	公告

从严格意义上说，我国目前不存在汽车产品型式认证制度。我国的《车辆生产企业及产品公告》（以下简称《公告》）、《全国汽车、民用改装车和摩托车生产企业及产品目录》和《农用运输车生产企业及其产品目录》（以下统称《目录》）管理始于 1985 年，最初《目录》上的整车企业只有 60 多家。从 2001 年起，《目录》逐渐过渡到了《公告》，这是对《目录》的重大改革。现在《公告》在产品检测、监督等方面，十分接近于型式认证，只是管理的内容还比较少。

由于历史原因，我国汽车产品的认证比较复杂，目前存在着以下几种管理形式：

（1）3C 认证制度。对汽车生产企业进行质量保证能力审查和对产品进行型式试验（安全、环保、节能、防盗性能），通过后颁发 3C 认证证书和标志，对象为所有类型的新生产的国产汽车和进口汽车及多种零部件。

（2）《公告》管理制度。对汽车生产企业进行资质审核，对产品进行可靠性和强检项检验，通过后发布公告，对象为所有类型的国产新生产汽车。

（3）《国家环保目录》及《北京环保目录》管理制度。对汽车及发动机排放、噪声项目进行检验以及一致性核查，通过后发布目录，对象为所有类型的新生产汽车及发动机。

（4）"营运汽车燃料消耗量达标车型核查表"管理制度。对汽车油耗进行检验，通过后发布车型表，对象为从事营运的 3500kg 以上的客车和货车。

而上述政府各部门对汽车行业的管理并不存在多少横向联系，而是根据本部门职能对汽车行业进行纵向垂直管理。如国家工业和信息化部《公告》目前仍是汽车上牌照最重要的依据；中国质量认证中心受国家认监委委托受理汽车产品 3C 认证，3C 认证是汽车产品生产、出厂销售、使用的依据；《国家环保目录》是原国家环保总局依据环保法规对汽车排放、噪声等提出的要求；《北京环保目录》是北京市为防止大气污染而对汽车排放提出的更高阶段的要求。

第二节　我国机动车辆强制性产品认证制度

一、强制性产品认证制度

所谓3C认证，就是中国强制性产品认证制度，英文名称China Compulsory Certification，英文缩写CCC，如图5-2所示。

我国政府为兑现入世承诺，于2001年12月3日对外发布了强制性产品认证制度，从2002年5月1日起，国家认证认可监督管理委员会开始受理第一批列入强制性产品目录的19大类132种产品的认证申请。

它是我国政府按照世贸组织有关协议和国际通行规则，为保护广大消费者人身和动植物生命安全，保护环境、保护国家安全，依照法律法规实施的一种产品合格评定制度。主要特点是：国家公布统一目录，确定统一适用的国家标准、技术规则和实施程序，制定统一的标志标识，规定统一的收

图5-2　3C认证标志

费标准。凡列入强制性产品认证目录内的产品，必须经国家指定的认证机构认证合格，取得相关证书并加施认证标志后，方能出厂、进口、销售和在经营服务场所使用。

我国国家质量监督检验检疫总局和国家认证认可监督管理委员会于2001年12月3日一起对外发布了《强制性产品认证管理规定》，对列入目录的19类132种产品实行"统一目录、统一标准与评定程序、统一标志和统一收费"的强制性认证管理。将原来的"CCIB"认证和"长城CCEE认证"统一为"中国强制认证"，又称"3C"认证。

"3C"认证从2003年5月1日（后来推迟至8月1日）起全面实施，原有的产品安全认证和进口安全质量许可制度同期废止。目前已公布的强制性产品认证制度有《强制性产品认证管理规定》《强制性产品认证标志管理办法》《第一批实施强制性产品认证的产品目录》和《实施强制性产品认证有关问题的通知》等。第一批列入强制性认证目录的产品包括电线电缆、开关、低压电器、电动工具、家用电器、音视频设备、信息设备、电信终端、机动车辆、医疗器械、安全防范设备等。

需要注意的是，3C标志并不是质量标志，而只是一种最基础的安全认证。

3C认证主要是试图通过"统一目录，统一标准、技术法规、合格评定程序，统一认证标志，统一收费标准"等一揽子解决方案，彻底解决长期以来我国产品认证制度中出现的政出多门、重复评审、重复收费以及认证行为与执法行为不分的问题，并建立与国际规则相一致的技术法规、标准和合格评定程序，极大促进了贸易便利化和自由化。

二、机动车强制性认证规则的适用范围及认证模式

1. 适用范围

本规则适用于可在中国公路及城市道路上行驶的M类汽车、N类汽车和O类挂车（包括完整的或不完整的）。不适用于在轨道上行驶的车辆、农业与林业用拖拉机和各种工程机械以及其他非道路车辆和三类底盘。

第五章 汽车认证法规

2. 认证模式

认证模式为型式试验+初始工厂审查+获证后监督。

三、机动车相关的强制性认证项目

自2001年我国政府对外发布了第一批强制性认证产品以来,汽车的强制性认证项目在后续几批实施的强制性认证产品中得到了不断的完善。下面介绍在强制性认证产品中,与汽车相关的项目。

(一)第一批强制性认证产品

第一批实施强制性产品认证的产品中的第十二(机动车辆及安全附件)、十三(机动车辆轮胎)、十四(安全玻璃)三个项目为与机动车相关的认证项目(表5-3)。

表5-3 第一批实施强制性产品认证的产品

十二、机动车辆及安全附件(共4种)	(一)汽车:在公路及城市道路上行驶的M、N、O类车辆;(二)摩托车:发动机排气量超过50mL或最高设计车速超过50km/h的摩托车;(三)汽车摩托车零部件:汽车安全带、摩托车发动机
十三、机动车辆轮胎(共3种)	(一)汽车轮胎:轿车轮胎(轿车子午线轮胎、轿车斜交轮胎)、载重汽车轮胎(微型载重汽车轮胎、轻型载重汽车轮胎、中型/重型载重汽车轮胎);(二)摩托车轮胎:摩托车轮胎(代号表示系列、公制系列、轻便型系列、小轮径系列)
十四、安全玻璃(共3种)	汽车安全玻璃(A类夹层玻璃、B类夹层玻璃、区域钢化玻璃、钢化玻璃)、建筑安全玻璃(夹层玻璃、钢化玻璃)、铁道车辆用安全玻璃(夹层玻璃、钢化玻璃、安全中空玻璃)

机动车辆及安全附件如下所述。

1. 安全带

发生车祸时有没有系安全带,往往会出现迥然不同的结局。没有系安全带的人员死亡率相对高得多。因此,汽车上配备符合标准的安全带是十分重要的。

(1)适用范围。本规则适用于安装在M类和N类汽车上,且由前向成年乘员作为独立装备单独使用的安全带和约束系统。

(2)检验项目和检测依据。

① 检测项目:腐蚀试验;微滑移试验;织带的处理和抗拉载荷试验(静态);带有硬件的安全带总成部件的试验;带有卷收器的附加试验;安全带总成或约束系统的动态试验;带扣开启试验;有预紧装置的安全带附加试验;织带的燃烧特性试验。

② 例行检验和确认检验项目:例行检验;织带或卷收器检验;带扣检验;锁止极限值;标志;确认检验(按GB 14166—2013附录C"生产一致性的控制"执行其中的动态试验最小频次暂定为每年每种一次)。

③ 检测依据:GB 14166—2013《机动车乘员用安全带、约束系统、儿童约束系统》;GB 8410—2006《汽车内饰材料的燃烧特性》。

2. 安全玻璃

好的汽车玻璃是生命的保障。但是有很多人都没有认识到汽车风窗玻璃的质量对行车安全的影响有多大。试验表明，合格的风窗玻璃在车速为60km/h左右时，试验假人头部撞击玻璃，产生留痕但不会穿透玻璃，没有散落的玻璃碎渣；速度为100km/h时，玻璃会有破碎，试验假人头部不会穿透玻璃。以这样的速度撞到玻璃上，人是没有致命危险的。当用伪劣的汽车玻璃试验时，试验假人头部穿透了风窗玻璃。当头部穿透风窗玻璃，破碎的玻璃会划伤静动脉，导致死亡。汽车风窗玻璃不仅要考虑安全方面的要求，而且也要满足光学方面的要求。如果玻璃质量不好，会导致所看物体产生变化，物像不能正常在视网膜成像，因此眼睛要不停地调整睫状体，这样就会导致视疲劳。如果对物体的变化不能及时判断，就容易发生车祸。因此，给汽车配备质量合格的安全玻璃是十分重要的。

【小阅读】

汽车玻璃在使用过程中由于交通事故、石子飞溅、硬物击打或玻璃自爆等原因造成破损而更换是比较常见的。由于汽车玻璃破碎事故的高发性，保险公司还开设了"汽车玻璃单独破碎险"。

汽车玻璃不同于普通的商品，其损坏具有极大的特殊性和偶然性。而且汽车玻璃一旦破损，就需要马上更换或修补，这不仅是为了防止漏风、漏水，更是为了驾乘人员的安全。汽车风窗玻璃的安全性主要体现在三个方面：防止玻璃飞脱、支撑气囊工作、具有良好的光学性能。

目前我国的汽车玻璃维修零配市场上，还存在假冒伪劣汽车玻璃、不合格黏结剂以及不规范安装操作。我国的汽车玻璃零配市场，由于缺少经过专业培训的汽车玻璃维修工，致使20%以上的汽车玻璃安装质量不合格，给消费者生命安全埋下了隐患。

据美国国家高速公路交通安全局（NHTSA）的研究报告，如果玻璃黏结安装符合标准，在48km/h正面碰撞时，玻璃飞脱率可以减少50%；否则，15%的前排乘员（在没有安全气囊和没系安全带的情况下）会发生全部或部分从风窗玻璃框飞出，其中的1/3会导致死亡。

来自中国保险行业协会财产保险工作委员会的统计表明，在交通事故中，由于汽车玻璃原因，大约10%的乘客受到过二次伤害，乘客的死亡概率增加了25%。

汽车风窗玻璃有一项重要的安全功能，就是当车辆发生撞击事故时，风窗玻璃必须保留在车身上，保障驾乘人员不被抛出车外；此外，风窗玻璃是前排乘客侧位置的安全气囊在展开时的后支撑板。气囊打开时，人抵到气囊上，气囊冲压到玻璃上，玻璃承受了来自惯性、乘员和气囊的三重冲击，牢固的风窗玻璃黏合系统限制了气囊前移距离，保证了人员前冲空间，对人员起到保护作用。如果玻璃飞出、气囊外翻、人员前冲，气囊的保护作用就会极大降低。

同时，汽车风窗玻璃是汽车车顶刚性结构的重要支撑系统。当汽车发生翻车事故时，它可以防止汽车车体的进一步变形，从而保障驾乘人员的安全。此外，汽车玻璃还必须具备良好的光学性能，保障驾驶人的视线不受影响。优质的汽车玻璃在正确安装的情况下，关键时候可以起到救命的作用。

另外，越来越多的车型在玻璃上粘贴了电子设备，如内置天线等，因此玻璃与车身应彻底绝缘，否则电子设备使用效果会严重受到影响。玻璃安装粘贴用胶的电导率须符合标准，进而保证收音机天线、感应刮水器等电子设备正常工作。

综上所述，更换的汽车玻璃必须具备同原装玻璃相同的安装强度和刚性以及其他物理

第五章 汽车认证法规

性能。

一般不用担心原车的玻璃安装,因为它们经过了汽车生产厂和零件供应商的科学论证和反复测试。但如果汽车玻璃在使用过程中需要更换,则一定要选择质量好的风窗玻璃,并到黏结安装符合安全标准的专业店,使其恢复到原厂安装状态;否则,整车安全性就要打折扣了。

目前为世界上包括奔驰、宝马、大众、奥迪、丰田以及沃尔沃等多个知名品牌汽车制造商所采用或推荐的,是得到世界权威 TUV 认证并在世界范围内首家通过 Euro NCAP 碰撞测试的德国汉高玻璃安装系统。

3. 机动车辆轮胎

有统计数据表明,高速公路上的交通事故中,由爆胎引起的事故占 70% 以上。从这一角度看,轮胎对车辆的重要性远远超过鞋对人的重要性。据英国邓禄普公司的研究资料,在欧洲道路上使用的各种轿车轮胎,因刺穿而损坏的约占 40%,因爆破而损坏的约在 15% 以上。正是因为由轮胎引发的交通事故的增加,如今厂商对轮胎的保护也越来越重视。如果说轮辋更多的是给予外观的影响,那么轮胎的作用对于车辆来说更具实质性,它不但决定了加速、制动性能,而且对油耗和舒适性也产生了深远的影响。由此看来,轮胎质量的高低对汽车整体性能的影响是十分巨大的。因此,对汽车轮胎进行强制性认证是有必要的。

在汽车的高速行驶过程中,轮胎故障是所有驾驶者最为担心和最难预防的,也是导致突发性交通事故的重要原因。随着道路交通的迅速发展,特别是高等级公路里程的增加,因轮胎爆裂导致的交通事故频繁发生。只有加强汽车轮胎强制性检验的尺度,才能保证乘员在驾驶过程中的安全和舒适等。

(二)第四批强制性认证产品

随着中国经济的迅猛发展,中国已成为全球汽车消费增长最快的国家。然而,汽车的使用安全及防盗安全问题也引起了人们的关注。

据了解,自 2005 年 10 月 1 日起,汽车防盗报警系统等安全技术防范产品已随第四批强制性认证产品的发布列入了强制性产品认证目录内,如果未能获得强制性产品认证证书和未加施中国强制性认证标志的汽车防盗报警系统,不得出厂、销售、进口或使用。

另据调查,我国现有汽车防盗器生产企业近 100 家,主要集中在广州、中山、深圳等地,大部分为中小型私人企业,多采用手工插接的生产工艺,年产量 350 万台,产值约 7 亿元。

1. 适用范围

本规则规定了对汽车防盗报警系统实施强制性产品认证的要求。

本规则所涉及的汽车防盗报警系统,是指在设置警戒状态下对未经许可打开任何车门、行李舱盖和发动机舱盖的行为实施探测、发出报警信号并能止动汽车的报警系统,包括市场销售的用于安装到在用汽车上的汽车防盗报警系统、提供给汽车生产厂用于安装在出厂前汽车的汽车防盗报警系统。不包括汽车本身已具有的防盗装置或系统。

2. 单元划分

汽车防盗报警系统产品强制性认证对单元划分做了如下说明:

(1)设置警戒/解除警戒所采用的方法、技术不同或报警传输方式不同的汽车防盗报警系统产品,不可作为一个认证单元。

(2) 汽车防盗报警系统产品主电路板形状、结构不同的，不可作为一个认证单元。

(3) 汽车防盗报警系统产品因主芯片、外壳等关键件存在差异的型号，可按同一单元申请认证，但须按表5-4所示方式送样，并增测相关检测项目。

表5-4　差异项目名称及其增测项目

差异项目名称	增测项目
主机主芯片型号或封装形式不同	控制、止动、温度和电源电压、射频电磁场辐射抗扰度、电快速瞬变脉冲群抗扰度
主机外壳材料不同	温度和电源电压、振动、碰撞、射频电磁场辐射抗扰度、静电放电抗扰度
主机外壳结构不同	外壳防护等级、振动、碰撞、射频电磁场辐射抗扰度、静电放电抗扰度
设置/解除警戒装置的外壳材料或结构不同	静电放电抗扰度
设置/解除警戒装置核心部件不同	设置警戒/解除警戒、静电放电抗扰度
止动部件不同	止动、电压下降与撤除、电快速瞬变脉冲群抗扰度
探测器/传感器不同	探测、控制、射频电磁场辐射抗扰度、静电放电抗扰度、电快速瞬变脉冲群抗扰度
定位或通信模块不同	过电压、温度和电源电压、射频电磁场辐射抗扰度、静电放电抗扰度、电快速瞬变脉冲群抗扰度

随着我国汽车市场的繁荣和汽车保有量的不断攀升，汽车盗窃犯罪也处于高发态势，未来汽车防盗系统将向多功能化、网络化、可视化和便捷化方向发展。汽车防盗的新技术和新产品不断出现，在打击盗窃汽车犯罪中起到越来越重要的作用。在享受这些新技术和新产品的同时，我们也要不断加强完善汽车防盗系统强制性认证规则，不让犯罪分子有可乘之机。

（三）第六批强制性认证产品目录

(1) 机动车灯具产品（前照灯、转向灯；汽车前位灯/后位灯/制动灯/示廓灯、前雾灯、后雾灯、倒车灯、驻车灯、侧标志灯和后牌照板照明装置；摩托车牌照灯、位置灯）。

(2) 机动车回复反射器。

(3) 汽车行驶记录仪。

(4) 车身反光标识。

(5) 汽车制动软管。

(6) 机动车后视镜。

(7) 机动车喇叭。

(8) 汽车油箱。

(9) 门锁及门铰链。

(10) 内饰材料。

(11) 座椅。

(12) 头枕。

【小阅读】

国内外汽车照明灯具三大质量差异详解

在市场上常见的灯具中，国产灯价位较低，进口灯则价高。国产灯具与进口灯具间的质量差异，主要表现在以下三个方面。

1. 光型的精确性

国产车灯的反射碗，多数不是采用计算机辅助设计得到的形状，而是采用翻模的模式，直接从成型产品上盗版，而对于更加细节的东西，很少有厂家真正地去深入研究。对于车灯灯具来说，一个最终的光型不仅取决于反射碗的设计，还包括透镜部分（车灯前部的透明玻璃或者聚酯罩）。将二者完全进行外观仿制是完全可以做到的，但就透镜的折射率和卤素灯丝提供的非点状光源，光型的精准性是很难被简单复制的。

我们知道，折射率影响光线穿过透镜的光线方向，而且透镜与反射碗之间的距离，也直接影响到了出射光线方向的精确性。后者容易被复制，但透镜的折射率取决于材料本身，没有精密仪器的分析，很难做到完全复制。

再者，对于我们现在常用的光源——卤素灯来说，它自身并不是一个理想的点光源。要想精确控制非点状光源最终的光型，必须依赖专业的辅助设计软件，由软件对灯丝逐点进行光路计算后，再看灯丝（不同位置）发射的光线在光线落点处的叠加，才能够得到最终的光型发散的原因（HID光源的发光点与卤素灯不能完全重合，通常它是一条弯曲的折线，类似闪电一样）。当使用一个按照非标准规格生产出来的灯泡时，最终出射光型与设计光型之间会有较大的偏差。一个好的灯具，会在其设计光型内获得绝大部分的光通量，而只有很少的光通量落在设计区域以外。

2. 反射碗镀膜的耐高温能力与抗氧化能力

反射碗的镀膜，在其优劣问题上，最直观的感受是反射率的大小。通常我们新购买的车灯都可以达到很好的反射效果，仅在部分镀膜质量极差的车灯反射碗表面能够发现大量气泡、杂质、凸起等直观上的质量问题。通常正常质量的产品上绝不会有这些缺陷，因为这种情况对于一般的质量控制体系而言属于残次品。但是，真正让我们分辨优劣产品的地方，却是反射膜的内在质量。

为了节约生产成本，提高反射效率，现代镀膜技术通常采用铝膜，而铝本身很容易因为长期暴露在空气中而被氧化，形成不反光的氧化铝层；同时为了使镀膜能够与反射碗金属基底贴合牢固，常都采用高分子材料来做基础。高分子材料受到紫外光的照射后，会迅速老化，从而产生反射碗白化现象。但是这并不代表着我们现有的反射碗会被太阳照射导致老化，真正使其迅速老化的紫外线照射源，恰恰就是我们让灯具提供照明的光源——灯泡。我们现在使用的光源并不是单一波长的，它的波长是连续的，只不过我们肉眼看不到红外和紫外区域的光而已，因此很多大厂生产的光源都特别注明：UVcut。

镀膜的另一个内在质量表现在其耐高温性能上（当然这也和灯具本身的散热设计相关）。卤素灯属于热致发光，灯丝的正常工作温度约在2000℃，在灯具的密闭空间内，这样的热源可以将灯具内空气加热到150℃以上，而连续光波中的红外部分，也需要通过镀膜进行反射（反射率是不可能达到100%的），热传导、对流、辐射三种热传递模式都在给镀膜进行加热。

3. 透镜的耐冲击性、透光度与耐温度骤变能力

所谓透镜,就是灯具前方的那个透明的蒙罩,通常使用玻璃和聚酯制造。聚酯产品最大的优势在于它的抗冲击性,砂石路面上被前车轮胎卷起的石子崩碎玻璃灯罩和风窗玻璃,恐怕是很多爱车人的心痛历程,而聚酯产品遇到此情况时,通常只会留下一个小小的白色麻点,或者出现几道极细的龟裂纹路,而不致影响整个车灯的使用。

此外,聚酯材料耐温度骤变的能力,也是玻璃材料无法企及的,毕竟玻璃的脆性要远远高于聚酯。如果玻璃质量不过关的话,简单地用湿纸巾对灯面进行擦拭,灯面也会炸裂为几块。在透光度方面,玻璃材料的持久稳定性则优于聚酯材料。聚酯材料如果质量不过关,会在很短的时间内老化(半年到一年不等),此时透镜颜色变黄并且伴有白化现象,而玻璃则不受紫外线等外界条件的影响,继续保持其初始的透明度。另外需要注意的是,玻璃透镜和聚酯透镜尺寸相同,花纹一致也不可以直接互换,因为两种材质的折射率不同,会引起光型的变化。

四、汽车产品强制认证的特性

目前,国外推行的汽车召回制度和整车产品强制认证已在国内实施,汽车安全件产品强制认证也在2005年年底开始扩大认证产品范围,国内整车和安全件产品都必须满足强制认证法律和法规要求。国内汽车企业推行产品强制认证制度已经完全与国际汽车行业管理模式接轨。汽车企业若要有效地实现产品强制认证,就必须满足以下基本特性:

1. 目的性

认证产品投产前必须考虑满足与安全有关的法律和法规要求,并通过规范实施产品强制认证,达到提高产品质量、降低生产成本和实现用户满意的目的。

2. 基础性

汽车产品强制认证必须建立在过程受控的基础上。汽车产品强制认证既是以企业(人、机、料、法、环境、检测)为对象的管理基础,又是以产品要素(品种、质量、成本)为对象的保证基础。

3. 整体性

实施汽车产品强制认证应是一个从投入到产出的系统整体,而系统整体是指目标、规划和管理的整体性。企业应从减少新产品投产风险的系统整体来实施产品强制认证。

4. 持续性

汽车企业只有不断通过强制认证的规范实施、持续改进,才能达到不断提高产品安全性的目标。

五、汽车产品强制认证的策划

1. 充分熟悉相关法律、法规要求

目前,日本、法国、美国和德国尽管对汽车安全件强制认证的方法不同,但其强制认证的思路和具体内容却都是根据相关产品强制认证法律和法规要求进行。与先进国家相比,我国汽车安全可靠性水平还比较低,目前国内整车产品强制认证实施时间不长。据分析,整车产品强制认证失败的主要原因是:认证企业不熟悉相关产品强制认证的法律

法规要求；未能按强制认证产品法律法规要求充分配置相应生产设备；未能按强制认证法律法规要求确定相应的检验设备和检验方法。综合以上分析，国内整车企业没有按照国际和国家法律法规要求规范实施强制认证。随着全球市场竞争日趋激烈，有关汽车安全的国际和国家法律法规的更新速度加快。国内汽车企业应不断研究国内外相关汽车强制认证标准，跟上世界步伐。

2. 有效整合企业生产资源

产品寿命周期是一个从开发、设计、制造到交付使用的全过程。一方面，设计决定了产品固有质量特性，如性能、寿命、安全性和可靠性等；另一方面，设计确定的质量特性又必须通过制造来保证。根据整车企业产品强制认证经验，有效整合企业生产资源是产品强制认证的基础。应该做到以下几点：

（1）对生产资源进行系统分析。这些系统分析应包括顾客所需的产品订单和质量要求、生产人员技术能力、外协产品配套能力和企业设备机械、生产节拍及生产场地等。

（2）以强制认证标准要求为关注点来整合生产组织。强制认证标准的关注点是产品安全性能，基础是产品制造过程质量和成品质量。

（3）随着强制认证标准要求的提高，汽车企业对生产组织进行不断改进。只有在改进中不断地应用先进技术和先进管理方法，汽车企业才能实现企业固有资源的有效整合。

3. 建立全面满足相关产品强制认证要求的实施计划

按照相关汽车产品国际和国家法律法规有关安全可靠方面的要求，制订汽车产品强制认证实施计划，应注意以下几点：

（1）处理好汽车产品强制认证与开拓市场的关系。随着经济发展和国民生活水平的提高，消费观念正在发生变化，顾客更重视汽车产品的安全性、可靠性、经济性和维修方便性。汽车企业只有充分识别企业相关产品强制认证法律法规的要点，并把这些要点纳入汽车产品强制认证实施计划，才能通过强制认证拓展汽车产品市场。

（2）处理好汽车产品强制认证与质量管理的关系。用户满意是企业质量管理的核心，汽车企业只有按用户要求，把用户关注的相关产品强制认证国际和国家法律法规要点，转化为产品强制认证实施计划，才能确保产品质量。

（3）处理好汽车产品强制认证与产品成本的关系。有些汽车企业在考虑新产品投入时过分考虑降低成本，造成新产品安全性不足。汽车企业只有正确处理产品强制认证与成本之间的关系，才能确保强制认证有效实现。

六、汽车产品强制认证的实施

汽车企业要实现产品强制认证，就必须在完成认证策划的基础上，再进行以下几方面的工作：

1. 认证产品生产组织

（1）认证产品生产组织设计。汽车企业必须进行有效的生产组织，生产组织诸要素是实现产品强制认证的基础，尤其是在当前社会化大生产程度日益提高的今天，更需要企业通过对生产组织中的工艺流程、工序成本、设备机械能力、工艺装备有效性、检测能力及试验能力进行分析，来实现生产组织的优化组合。

（2）认证产品小批试制。汽车企业小批试制就是诸要素在优化组合后，通过小批试制考核工艺文件和装备的合理性和适应性，以保证量产时质量稳定、成本低廉，符合安全和环保要求。企业必须按量产要求配备生产设备、检验手段和工艺文件，通过小批试制，识别认证产品图样，确保工艺文件的完整性和正确性，判断认证产品试制设备机械能力、试验设备精度和产品关键工序能力，从而评价认证产品质量特性是否符合法律法规的要求。

（3）认证产品小批鉴定。对试制产品按相关规定由国家认可指定的实验室进行产品性能试验和尺寸检测，判断产品是否达到法律法规要求。汽车企业只有按规定要求形成规范的鉴定报告，有效完成小批鉴定整改，才能进行产品强制认证的申报工作。

2. 认证产品委托和申报

汽车生产企业在进行认证委托和受理时应注意以下几点：

（1）认证产品的单元划分。强制产品认证首先应将认证产品的单元进行合理划分，与检测部门和受理部门及时沟通，凡系同一生产厂家，工作原理、总成外形和结构及相应产品性能等主要方面无差异的产品视为同一单元。

（2）认证产品的资料准备。产品认证委托和申报需提交的文件资料有产品描述报告（包含产品名称及型号、产品商标、产品总成外形、结构、产品主要性能指标、产品适用车辆类别等）、识别产品主要特征的产品照片、总装产品图纸，以及关键零部件、材料的名称、型号、规格、供货单位和进厂检验项目等内容的产品清单。还需要提供认证企业的工厂概况、产品的生产规模、生产能力及生产历史和关键的生产设备清单（包括名称、型号、规格、数量、精度、检定周期等内容的主要检测仪器设备）。同时，将与认证产品有关的质量管理体系文件目录及机构框架图和部门岗位职责等文件附上。

（3）认证产品的检测报告。在国家认可的检测实验室进行产品检测，将符合要求的检测报告上报。

（4）上报资料还包括委托人和工厂的注册证明材料以及其他文件。

3. 认证产品初始工厂检查

认证机构对汽车企业上报认证资料受理后，申报企业对初始工厂审查时应注意：

（1）初始工厂审查计划。审查时间是根据委托认证产品单元及覆盖产品型号数量确定的，并适当考虑工厂的生产规模，一般每个加工场所为每日2~4人。审查内容为工厂质量保证能力审查和产品一致性检查。

（2）工厂质量保证能力审查。基本要求是以《强制性认证工厂质量保证能力要求》来检查覆盖产品，必须注意：汽车零部件的《强制性认证工厂质量保证能力要求》比整车标准多了许多特殊要求，能力审查应覆盖申请认证产品的所有加工场所。

（3）产品一致性检查。审查时，还应对委托认证产品进行一致性检查，认证产品的标识（如名称、规格、型号和商标等）、结构和所用的关键件都要与抽样样品及提交资料一致，现场指定试验项目应与规定的例行检验或确认检验项目一致。产品一致性检查出现问题时，应视情况明确限期整改、重新试验、终止本次认证的处理。产品一致性检查应覆盖申请认证产品。

（4）认证结果评价与批准。认证机构负责对抽样检测、工厂审查结果进行综合评价，评价合格由认证机构对委托人颁发认证证书（每一个认证单元颁发一张认证证书）。认证证书的使用应符合《强制性产品认证管理规定》的要求。若产品抽样检测不合格，允许限期整改，但不得超过 3 个月；如期完成整改后，再对申请产品再次进行抽样检测复试。逾期不能完成整改或整改结果不合格，将终止本次认证。

4. 认证产品获证后工厂监督检查

监督检查应注意以下几点：

（1）监督频次。一般情况下，从获证后的第 12 个月起进行第一次监督，此后每年应至少进行一次，若发生下述情况之一可增加监督频次：获证产品出现严重质量问题；用户提出投诉并经查实为持证人责任；认证机构有足够理由对获证产品与本规则标准要求的符合性提出质疑时；有足够信息表明制造商、生产厂因变更组织机构、生产条件、质量管理体系等影响产品符合性或认证产品一致性时。

（2）监督的内容。工厂质量保证能力复查、认证产品一致性检查和产品抽样检测的结果也可以作为确认检验的结果，根据工厂质量保证能力要求，进行监督复查。

（3）产品抽样检测。在工厂生产的合格品中（包括生产线、仓库）随机抽取样品，抽样的数量和初始工厂审查规定的抽样数一致。对抽取样品的检测由指定的检测机构实施，抽样检测项目依据初始工厂审查规定。

（4）获证后监督结果的评价。监督复查时若发现产品本身存在不符合的情况，则视情况暂停或撤销认证，停止使用认证标志，并对外公告。对质量保证能力有不符合项的，应在 3 个月内完成纠正措施，逾期撤销认证证书，停止使用认证标志，并对外公告。

第三节 我国车辆企业及产品准入许可公告管理制度

一、概述

国家相关部门为了规范道路机动车辆生产企业及产品准入管理，维护社会公众利益和社会经济秩序，促进汽车产业与经济、社会和生态环境协调发展，根据《中华人民共和国行政许可法》《国务院对确需保留的行政审批项目设定行政许可的决定》和《汽车产业发展政策》，以及国家有关法律、法规的规定，由工业和信息化部（以下简称国家主管部门）负责道路机动车辆生产企业（以下简称车辆企业）及道路机动车辆产品（以下简称车辆产品）实施的生产和市场准入行政许可。凡在中国境内从事道路机动车辆生产的企业，必须具备相应条件并经过国家主管部门许可后，方能取得道路机动车辆生产资格；其车辆产品须经国家主管部门许可后，方可生产、销售。取得准入许可的车辆企业及产品由国家主管部门以《车辆生产企业及产品公告》（以下简称《公告》）的方式发布。

2018 年 11 月 27 日，工业和信息化部公布了《道路机动车辆生产企业及产品准入管理办法》（工业和信息化部令第 50 号，下称《办法》），自 2019 年 6 月 1 日起施行。

《办法》是规范和完善准入管理的需要。近年来，互联网技术、信息通信技术与传统汽车制造技术深度融合，催生了代工生产、授权制造等新生产方式，对现有管理制度带来了挑战，迫切需要通过制定《办法》，打通采用新技术、新工艺、新材料以及新生产方式的企业及产品准入通道，鼓励、促进技术创新和新型产业生态形成。

《办法》共七章四十七条，主要内容如下：

（1）简化了企业和产品类型。一是将原来过于细分的十九类生产企业和产品，简化为乘用车类、货车类、客车类、专用车类、摩托车类、挂车类六个大的类别，企业获得某一个类别的准入后，生产该类别之内的产品，无需再次申请企业准入，大幅减轻了企业负担。二是推行车辆产品系族管理，鼓励企业对同一系族的车型产品按照系族申请产品准入，大幅减少准入产品型号。

（2）优化了准入管理流程。一是减少准入申请要提交的材料。二是推行备案管理，对已经取得准入的企业变更法定代表人、注册地址等事项以及已经取得准入的车辆产品变更产品参数的，由原先的重新申请公告改为备案管理。

（3）建立了开放的检验检测制度。一是明确具备相应法定资质，即可承担车辆产品准入管理的检验工作。二是对已经实施3C认证的汽车零部件，直接采用认证结果，无需再提交检验报告。三是在企业集团中试点开展车辆产品自我检验。

（4）建立了针对新业态发展需要的新制度。一是建立新技术、新工艺、新材料评估制度，为智能网联汽车、无人驾驶汽车等创新技术产品进入《公告》做好铺垫。二是推行集团化管理改革，简化集团下属企业准入审查要求；允许具有相同生产资质的集团成员企业之间相互代工。三是针对汽车产业电动化、智能化、共享化等发展形势下产业链分工进一步细化的特点，允许符合规定条件的研发设计企业借用生产企业的生产能力申请准入。

（5）建立了货车委托生产管理制度。一是明确货车类道路机动车辆生产企业可以自行完成平板、仓栅、厢式、自卸车辆的上装生产作业，也可以委托其他上装生产企业生产。二是明确由委托企业（货车企业）统一进行道路机动车辆产品准入申请，承担产品质量和生产一致性责任。

（6）完善了监督检查措施。一是建立以随机抽查为重点的日常监督检查制度。二是建立特别公示制度，对已经取得车辆生产企业及产品准入，但不能维持正常生产经营的车辆生产企业，予以特别公示。三是建立信用记录制度，将道路机动车辆生产企业、检验检测机构失信行为记入信用档案。

（7）明确了法律责任。为了确保《办法》的各项制度落到实处，《办法》对未经准入擅自生产、销售、申请准入或备案时隐瞒有关情况、提供虚假材料、以出租、出借、买卖或者其他形式非法转让准入等行为，规定了相应的法律责任。

车辆的生产或改装企业在取得公告之后，就可以为这种车开具"准生证"——《车辆生产或改装合格证》。消费者从厂家买到车以后，必须同时拿着购车发票和合格证去当地的车管部门申请上牌。车管部门根据合格证，从网上查询该车公告的技术参数与车的实际参数相符以后，才会办理车辆行驶证。

车辆企业及产品的准入许可不得转让。省级主管部门按照国家主管部门委托，承担本行政区域内车辆企业及产品准入管理的有关工作。国务院国有资产监督和管理委员会管理的车辆企业及产品的准入管理工作由国家主管部门负责。

车辆企业需具备以下几方面的准入条件：

（1）符合国家法律、法规、有关规章和产业政策及国家宏观调控政策的规定。

（2）具备与所生产车辆产品相适应的生产能力和条件。

（3）具备相应车辆产品的设计开发能力。

（4）具备相应车辆产品的营销和售后服务能力。

（5）所生产的车辆产品符合有关国家标准及规定。

第五章 汽车认证法规

（6）具备相应车辆产品的生产一致性保证能力。

车辆企业生产的车辆产品应当符合国家有关安全、环保、节能、防盗等方面的要求，符合有关国家标准和国家主管部门的有关规定。对于有特定用途、质量参数和（或）尺寸参数不符合有关国家标准规定的车辆，在质量参数和（或）尺寸参数符合相关行业标准、其他项目符合有关国家标准和国家主管部门规定的情况下，可以按超限车进行管理。车辆企业分为汽车、专用汽车及挂车、低速货车及三轮汽车（原农用运输车）、摩托车四类企业。国家主管部门按照车辆产品类型及品种对车辆企业及产品准入进行分类管理。各产品类型及品种的准入管理规则由国家主管部门另行制定发布。国家主管部门委托具备条件的中介机构（以下称中介机构）承担准入管理的技术审查工作；授权有资格的检测机构（以下称检测机构）承担车辆产品的检测工作。中介机构和检测机构要具备第三方公正地位，不得与车辆企业存在资产、管理方面的利益关系。

车辆企业向国家主管部门申请企业准入时，应当提交以下申报资料：
（1）车辆企业基本情况。
（2）车辆产品的技术来源和特性说明。
（3）车辆企业具备的车辆产品设计、生产、销售和售后服务能力，以及相应车辆产品的生产一致性保证能力等说明。
（4）汽车产业发展政策符合性说明，包括按照《汽车产业发展政策》要求取得的核准或备案文件。
（5）车辆产品符合国家有关标准、规定的说明，试验数据材料等。
（6）企业所在地省级主管部门审核意见。

车辆企业向国家主管部门申报车辆产品时，应当提交以下申报资料：
（1）企业的产品申报材料，包括企业基本信息、产品情况简述、《公告》光盘参数、车辆主要技术参数及主要配置备案表、车辆产品强制性检验项目方案表以及其他证明文件。
（2）检测机构出具的车辆产品检测报告。
（3）申报新能源车辆的，还应当提供产品技术和结构原理说明、企业标准或技术规范、检验规范，新能源车辆的运行区域和范围、售后服务承诺、运行管理和使用说明等技术资料。

车辆企业应当通过国家主管部门指定的网络系统申报车辆产品。

国家主管部门应当在5日内决定是否受理车辆企业及产品的准入申请。若不予受理，应当将原因及时告知有关车辆企业。

国家主管部门受理准入申请后，应当在20日内（中介机构评审所需时间除外）完成审查，做出准入许可决定。审查包括资料审查和（或）现场审查。拟准予准入许可的车辆企业及产品应当进行公示，公示的内容由国家主管部门规定。经审查，准予准入许可的车辆企业及产品以《公告》的方式发布，并在国家主管部门网站向社会公布；不予准入许可的，国家主管部门应当将原因及时告知有关车辆企业。

车辆企业发生下列变化时，应当在得到国家主管部门许可后，及时办理准入许可变更手续。其中，按照国家有关规定需要办理项目备案或核准手续的，应当先行办理相关手续。
（1）企业的控股股东、企业法人代表、企业名称发生变化的。
（2）企业与外资合资合作的。
（3）企业注册地址、生产地址发生变化的。

(4) 企业增加或减少生产厂点的。
(5) 个别产品的生产地址发生变化的（指产品从一个生产地转到另一生产地生产）。
(6) 产品商标发生变化的。
(7) 企业发生其他重大变化的。

被兼并、重组的车辆企业所生产的车辆产品的售后服务应当由新组建的企业承担，且应当在兼并、重组时予以明确。依法破产或解散的企业，除由国家主管部门撤销其准入许可外，还须对规定年限内车辆产品的售后服务及备品、配件供应等做出安排。取得准入许可的车辆企业，应当按照车辆识别代号管理规定，申请和使用世界制造厂识别代号。车辆识别代号管理规定另行制定发布。车辆企业申报跨类型车辆产品时，应当按照国家有关规定取得项目核准或备案，并须符合有关车辆企业及产品的准入条件。车辆企业申报出口车辆产品的，应当具有在国内生产该类产品的准入许可。车辆企业应当建立产品生产一致性保证体系，以使实际生产的车辆产品参数、机动车出厂合格证及上传合格证的参数与被许可的车型参数、用于检测的车辆样品参数保持一致。对于准入许可规定了有效期的车辆产品，车辆企业应当在有效期内组织生产和销售，并有责任告知销售商和用户，保证用户能在有效期内正常完成该车辆产品的注册登记。对于准入许可规定了销售范围或使用范围（要求）的车辆产品，车辆企业应当告知销售商及用户，要求其按规定的范围（要求）销售及使用该车辆产品。车辆企业应当增强品牌意识，及时注册本企业自有商标。应当加强产品合格证管理，严格执行有关规定。

车辆企业可自行选择检测机构，进行车辆产品的检测。车辆企业送检的车辆样品应当是本企业制造的，符合有关国家标准和规定，其参数与申报资料相符合。检测机构应当遵守国家法律、法规和有关规定，行为规范，诚实守信，按照核准的实验能力和实验室认可范围，依法、公正地开展检测工作；遵循公平竞争的原则，不得从事不正当竞争；未经国家主管部门同意，不得以分包或转包的方式将检验任务转给非授权检测机构。

国家主管部门对车辆企业及产品的准入许可事项实施监督管理。省级主管部门按照国家主管部门委托，对本行政区域内车辆企业及产品的准入许可事项实施监督管理。车辆企业、中介机构和检测机构应当接受国家（及省级）主管部门的监督管理。车辆企业应当持续满足准入条件，组织被许可车辆产品的生产，保证持续生产合格产品。当发现已出厂车辆产品（包括被撤销准入许可的车辆产品）存在缺陷时，国家主管部门应当责令有关车辆企业实施召回。国家主管部门组织中介机构及检测机构，采取企业现场检查、销售市场抽查等方式，对许可的车辆企业及产品进行准入条件保持情况、生产一致性等方面的监督检查。

被许可的车辆产品有下列情况之一的，由国家主管部门撤销该产品的准入许可：
(1) 不符合国家标准和国家主管部门有关规定的变化，且在规定的期限内仍不能满足新要求的。
(2) 不能满足生产一致性要求的。
(3) 经法律程序确认侵犯他人合法知识产权的。
(4) 在安全、环保、节能或防盗等方面存在严重缺陷的。
(5) 检测机构违规检验的。
(6) 中介机构或工作人员滥用职权、玩忽职守，做出不当审查结论的。
(7) 其他违反车辆产品准入管理规定的。

被撤销准入许可的车辆产品，不得以同一车型型号再次申请准入许可。被许可的车辆企业有下列情况之一的，由国家主管部门视情节轻重，分别处以责令改正、通报批评、撤销产品、责令召回产品、暂停产品申报、暂停或撤销车辆企业准入许可等处罚：

（1）不能满足车辆企业准入条件的。

（2）假冒许可产品的名义，生产未经许可的车辆产品的。

（3）转让准入许可、买卖产品合格证的。

（4）擅自异地生产车辆产品的。

（5）擅自对外委托生产车辆产品的。

（6）在监督检查中隐瞒有关情况、提供虚假资料或者拒绝提供真实资料，或者拒绝国家（或省级）主管部门监督检查的。

（7）中介机构或工作人员滥用职权、玩忽职守，做出不当审查结论的。

（8）不执行国家主管部门要求其召回产品指令的。

（9）法律、法规、规章规定的其他违法行为。

被撤销准入许可的车辆企业，在一年内不得再次申请准入许可。车辆企业应当持续满足准入条件的要求，正常开展生产、销售等经营活动。对于停产或不能正常生产两年以上的车辆企业，国家主管部门应当对其特别公示，并对其重新进行准入条件审查。审查不合格的，国家主管部门应当暂停其准入许可，要求其限期整改。限期内仍不符合准入条件的，国家主管部门应当撤销其准入许可。车辆企业隐瞒有关情况或者提供虚假材料申请车辆企业或产品准入许可的，国家主管部门不予受理或者不予准入许可，并给予警告，且该车辆企业在一年内不得再次申请该准入许可。车辆企业以欺骗、贿赂等不正当手段取得车辆企业或产品准入许可的，国家主管部门应当撤销其准入许可，且该车辆企业在三年内不得再次申请该准入许可；构成犯罪的，移送司法机关依法追究刑事责任。

二、汽车产品定型试验要求

企业根据相关规定申报公告产品必须具有明确的费用来源，提报的需求应有明确的预算项目来源，且预计发生的费用不得超过预算额。企业申报公告产品必须提供完整的产品备案参数表，需求提报材料完整，符合《汽车产品公告管理办法》规定；并且提供与申报状态一致的公告样车；还要提供符合现行公告执行标准的零部件强制性检验报告（含发动机报告）。

汽车定型试验的目的是全面考核汽车结构、性能、制造质量是否符合设计任务书的技术要求。汽车定型试验因车辆类型和用途而有所不同。

（1）我国已实施的定型试验项目主要有整车主要技术参数方面（如尺寸参数、整车质量参数、机动性和通过性参数等）、整车基本性能（如动力性、经济性、制动性能等）、专项性能（如平顺性、操作稳定性、防御密封性等）。

（2）强制性项目检验。汽车和挂车产品强制性项目主要包括排放、灯光及其配光性能、主被动安全、制动性能、转向性能、噪声、电磁干扰、VIN审查、汽车和零部件结构及安全等82项强检项目，其中涉及M1类的有56项。

（3）性能（参数）试验。测量整车的动力性、经济性、平顺性、噪声等参数。

（4）可靠性试验。具体试验里程及路况分配，根据产品情况而定。

(5) 性能复试。可靠性试验结束后，对整车进行动力性、油耗等的检测。

三、汽车企业产品申报流程

（一）申请程序

1. 企业准入许可（包括变更事项）

申请人向所在地工业和信息化主管部门提出申请，提交符合规定的材料，再由省级工业和信息化主管部门向工业和信息化部报送申请材料。为方便申请人，国务院国有资产监督管理机构管理的企业（以下简称中央直属企业）申请准入许可的，可直接向工业和信息化部报送申请材料。

2. 产品准入许可（包括变更扩展事项）

申请人应当通过工业和信息化部指定的信息系统提交符合规定的申请表等相关材料。

（二）受理、审查、决定程序

1. 企业准入许可

(1) 工业和信息化部随时接受省级工业和信息化主管部门上报的准入许可申请。

(2) 对于申请材料齐全、符合法定形式的，工业和信息化部应当受理；申请材料不齐全或不符合法定形式的，通告省级工业和信息化部主管部门或申请人。

(3) 接受受理的，工业和信息化部授权承担《车辆生产企业及产品准入许可公告》技术性审查的中介机构，组织专家开展对申请人的生产条件、能力等的现场考核。专家评审所需时间依法不计算在审批期限内，但应当将所需时间告知申请人。

(4) 工业和信息化部应当自受理之日起20个工作日内完成审批工作。

2. 产品准入许可

(1) 工业和信息化部指定的信息系统随时接受申请人在线申报产品。企业产品设计开发完成后，可根据产品情况在中机车辆技术服务中心（以下简称中机中心）的网站上进行新产品公告申报。申报资料主要包括企业基本信息、产品情况简述、车辆主要技术参数及主要配置备案表（以下简称备案表）和车辆产品强制性检验项目检验方案表（以下简称检验方案表）以及其他规定的照片、图样等佐证材料。

(2) 企业提交资料后，中机中心判断提报的申报需求是否为政策规定禁止申报的产品，并从网上反馈受理/不受理通知。每一次受理期限为每月10日之前收到申请人上传的符合上述规定的申请表等相交材料。主要对申报资料的完整性进行审查，包括提交资料是否齐全、照片及图样是否符合要求、填写项目有无明显错误等。中机中心审核企业开发进展情况是否满足申报公告的要求，能否在当期完成样车、备案参数、零部件报告、重点强检试验报告的准备工作。不能完成的不进行申报。

(3) 中机中心受理企业申报后，一般在10个工作日内（沟通及补充材料的时间不计算在此期限内）完成VIN审查和检验方案审查工作。审查通过后，企业才能下载核准的试验方案。如果申报资料有问题，中机中心会及时与企业沟通。

(4) 企业下载试验方案后，应向工业和信息化部授权的检测机构下达试验委托任务单，送样（包括试验样车及相关样件）并联系检测机构相关科室安排试验事宜，一般需3～4个工作日。检测机构下载备案表、检验方案表等企业资料后，应按照备案表进行样品主要配置（或参数）的核定，并按照中机中心确定的检验方案表进行强制性检验项目的检验

（10 万 km耐久试验时间最长，约需 5 个月）并出具检验报告，最后上传强检统计表、统计表电子版和检验报告。

（5）企业可从网上随时查询已申报车型的工作进度，包括：是否受理、VIN 审查是否通过、检验方案是否批准、检测机构是否上传强检统计表和检验报告以及列入综合技术审查的日期等。

（6）中机中心根据各厂家申报的车型的数量拟定每月申报截止日期，一般情况每月截止日期为 10 日。之后中机中心将组织专家进行公告综合技术审查工作。每月 25 日后，企业可以从网上下载专家审查结果。如果企业对审查结果有异议，可在 15 日内提出申诉。申诉应以正式书面文件的形式报中机中心，并注明联系人及联系电话。

（7）中机中心一般将当月综合技术审查结果于次月初上报工业和信息化部审核，经工业和信息化部公示（在工业和信息化部网站 www.miit.gov.cn 上公示）发布（从审核到发布至少需一个月时间），并制作光盘公布（约需一周时间），企业可自行购买光盘查询申报车型参数。

企业公告备案及试验材料准备流程、要求见表5-5。

表5-5 公告车型参数备案及工作要求

序号	工作项目	工作内容	要 求
1	备案参数表审核	审核备案参数的完整性，包括备案图纸	
		审核参数与需求的一致性	
		审核主要技术参数的法规符合性	
		审核备案参数中零部件是否有符合现行标准的零部件报告（包括发动机参数）	1. 应列出缺少或不符合要求的零部件报告清单，在专业所无法提供报告的情况下，转报采购管理部解决 2. 零部件报告编码应为 13 位码
		审核备案参数中零部件相关参数与零部件报告的一致性（包括发动机参数）	3. 零部件报告应为完整报告，制定成 word 格式、excel 格式或 PDF 格式 4. 同一车型零部件报告应有汇总，并要求制作报告明细表
		审核备案照片与车型的符合性及照片的标准、法规符合性	1. 申报的车型照片应与申报车型一致，包括选装的状态 2. 根据标准应安装的装置，能够在照片中体现的必须体现（如侧/后防护、后视镜、反光标识、罐式车的特殊要求等）
		核对系列车型备案参数（零部件、底盘相关部件）的一致性，统一配置	同一系列、同一平台车型，备案参数应保持统一，以便于车型检测项目的视同使用
2	强检试验方案制定	根据同一型式判定原则，逐项根据车型参数情况，制定强检试验方案	1. 制定方案时必须仔细查对现车型参数与视同车型相关参数的视同符合性，要找到视同报告 2. 要明确实测项目及样车要求，将方案下发相关单位 3. 注意多套配置的组合

(续)

序号	工作项目	工作内容	要求
3	定型试验方案制定	根据定型试验规范，查找基础车型，制定定型试验方案	1. 应该仔细比对变型车与基础车型间的可见参数 2. 描述车型变化时要全面，在规范中涉及、并可见的项目中，变化了什么就要说明什么 3. 要明确样车组合情况及数量，将方案下发相关单位 4. 注意多套配置的组合 5. 找到基础车型报告
4	数据源制定	依据备案参数制作数据源	1. 数据源应与备案参数保持一致 2. 注意多套配置的组合 3. 收集样车信息，明确样车 VIN、发动机号、铭牌信息，明确对应关系
5	试验准备材料汇总	将车型所需的试验准备材料查对无误后，按车型建立文件夹并转试验人员	
6	试验准备材料审核	试验人员根据材料准备要求，审核材料准备情况，材料不全或不合格的，转回车型备案负责人员，原则上不转入试验报告出具程序	

四、汽车出厂合格证管理

为加强机动车生产企业及产品管理，进一步规范机动车产品合格证管理，加强生产一致性管理，打击倒卖、伪造、假冒合格证等违法行为，防范被盗抢、走私和非法拼装车辆办理注册登记，国家发改委、公安部将进一步加强机动车生产企业合格证的制作、使用和信息传送管理，并在机动车注册登记环节进行随车合格证信息与合格证上传信息数据库的核对工作。

1. 升级合格证信息管理系统程序

根据《车辆生产企业及产品公告》（以下简称《公告》）管理和机动车注册登记工作需要，国家发改委、公安部对现使用的机动车整车出厂合格证打印系统和机动车合格证信息上传系统软件进行了完善和升级。从 2008 年 4 月 1 日起，所有机动车在出厂时，均须使用新版机动车整车出厂合格证打印系统打印生成"机动车注册登记技术参数表"，并通过新版机动车合格证信息上传系统上传合格证信息。

国家发改委委托中国汽车技术研究中心，公安部委托公安部交通管理科学研究所作为合格证信息管理工作机构（以下简称工作机构），共同负责维护合格证信息管理系统。工作机构应当做好新版软件的开发、分发和培训工作。

2. 严格合格证的制作和配发

机动车生产企业在机动车制造完毕且检验合格后应当随车配发合格证，合格证的正面须印制合格证的纸张编号，合格证的填报内容应符合国家标准 GB/T 21085—2020《机动车出

第五章 汽车认证法规

厂合格证》规定,并与《公告》公布车型和对应的车辆产品技术参数一致。

机动车生产企业应当健全合格证管理工作制度,完善合格证管理档案及"机动车注册登记技术参数表"数据库,保证车辆在设计使用年限内可以查询相关信息。机动车生产企业要有固定的人员负责合格证制作、配发工作,确保出厂的车辆与合格证一一对应。

3. 规范合格证信息传送

机动车生产企业应当在配发机动车出厂合格证后的48h内通过机动车合格证信息上传系统向工作机构传送合格证信息,上传的合格证信息应与实际配发的合格证信息一致。为保证合格证信息的传送安全,各机动车生产企业用于信息传送的计算机设备应当向工作机构注册备案。

工作机构须对机动车生产企业上传的合格证信息进行核对,对使用未注册备案的计算机设备上传信息或上传的信息不符合规定要求的,应当拒收,并及时通知生产企业重新传送。

机动车生产企业应当指导其机动车产品经销商在销售机动车前,登录工作机构建立的网站查询合格证信息传送情况。对合格证信息尚未传送的机动车,不得销售。

4. 合格证信息的修改与撤销

机动车生产企业须对已上传的合格证信息进行修改或撤销的,应当通过机动车合格证信息上传系统提交申请并注明原因,经国家发改委批准后,方可修改或撤销。

工作机构应每月向国家发改委、公安部报送机动车出厂合格证信息上传、修改、撤销等有关情况。

5. 合格证信息核对工作的实施

国家发改委、公安部将分阶段实施合格证信息的核对工作。

各地公安机关交通管理部门在办理机动车注册登记时,除核对随车配发的合格证信息应当与实际车辆一致外,对合格证发证日期为实施核对之日以后的机动车,还应当与国产整车合格证信息核查数据库进行核对。凡合格证信息不存在或不一致的,公安机关交通管理部门不予注册登记,按后续快速处理程序进行处理。

6. 建立合格证信息核对后续处理工作机制

为及时解决合格证信息核对中出现的问题,工作机构、机动车生产企业、公安机关交通管理部门应当建立合格证信息核对的后续快速处理工作机制。工作机构建立车辆注册合格证核对信息反馈平台,及时汇总公安机关交通管理部门在车辆注册及合格证核对中出现的问题,并向机动车生产企业反馈,便于机动车生产企业迅速处理合格证核对中出现的问题。

机动车生产企业应当有固定的人员负责本企业合格证核对信息反馈情况的查询和接收工作,并在24h内处理完毕。负责此项工作的人员不应少于2人,人员名单及联系方式应报送工作机构备案。对信息漏报或者误报的,应在规定的时限内补传或更正;对因生产企业原因导致信息核对不一致,且无法在规定时限内补传或更正的,由机动车生产企业或其机动车产品销售商收回车辆,并承担相应的法律和经济责任;对发现合格证有伪造、假冒嫌疑的,生产企业应当协助公安机关交通管理部门甄别真伪。

7. 监督管理

国家发改委负责机动车生产企业合格证制作、使用和信息传送的监督管理工作,将合格证信息的生成、传送以及核对后续处理等情况作为车辆生产一致性的管理内容。对未按要求配发合格证、合格证的技术参数与《公告》产品不一致、不按规定传送合格证信息或传送虚假合格证信息、倒卖或转让合格证、合格证核对符合率低、核对后续处理不及时的生产企业，国家发改委将予以通报批评，限期整改，整改期间暂停产品申报《公告》；情节严重的，按照机动车生产企业及产品生产准入管理的有关规定撤销其有关产品，直至撤销车辆产品的生产许可。对涉嫌构成犯罪的，依法移送司法机关追究刑事责任。

各省、自治区、直辖市国家发改委（指机动车生产企业及产品主管部门）要加强生产企业合格证管理的监督，把企业合格证的制作、使用和信息传送等情况的监督检查作为生产一致性管理的重要内容来抓，要及时将本通知精神传送到各机动车生产企业，督促生产企业加强合格证管理工作，建立合格证核对后续快速处理的工作制度。

【小阅读】

《道路机动车辆生产企业及产品准入管理办法》根据当下的汽车行业发展新趋势，对"代工"生产这一模式表示了肯定和鼓励。而《汽车产业投资管理规定》这项政策，仍旧遵循了"严格控制新增传统燃油汽车产能，积极推动新能源汽车健康有序发展"这一导向。

这两项政策尤其对造车新势力企业带来了很多利好，目前代工模式已经在新造车势力中应用。蔚来汽车的代工厂是江淮蔚来工厂，蔚来旗下的汽车产品都是由代工厂生产制造出来的，目前蔚来已经成为代工厂生产产品中发展最出色的汽车品牌，在市场上占据了一定的销售份额。小鹏汽车目前在售车型为小鹏G3，而由于目前小鹏汽车科技有限公司尚未得到国家批准的生产资质，所以，采用代工的策略，即小鹏汽车选择了郑州海马汽车工厂的第三工厂作为代工方进行生产，而质量管控和行政运作属于小鹏自营团队成员管理。

第四节　我国其他汽车产品认证制度

一、国家环保认证

国家生态环境部主管，通过因特网和产品目录（印刷品）形式发布国家汽车环保目录。程序为：企业完成网上环保生产一致性保证计划书申报→生态环境部备案→企业网上申报→生态环境部审查→发布国家环保目录（图5-3）。

（1）企业在完成与排放相关的公告试验并出具强检报告后，可向检测机构下达国家环保试验任务单，检测机构引用公告强检报告数据出具国家环保试验报告。

（2）企业在国家生态环境部指定的网上申报系统里填写一致性保证计划书附录（即环保技术参数表），提交备案。新工厂首次申报时还需提交生产一致性保证计划书。国家生态环境部一般在3个工作日内受理。企业可登录网上申报系统查询计划书及附录是否备案，备案后通知检测机构上传环保试验报告。

（3）企业在系统里创建申报函并发送（一般每月有两批，2日、17日各截止一批）。国家生态环境部审核后下发型式核准证书核对稿，核对稿无误后下发型式核准证书，最后再发布国家环保公告（每月一批，在机动车环保网 www.vecc-mep.org.cn 上公布）。

二、北京环保认证

北京生态环境局主管，通过因特网和产品目录（印刷品）形式发布北京环保目录。程

第五章 汽车认证法规

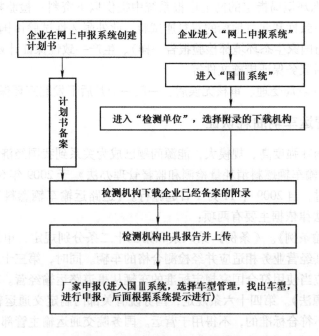

图5-3 国家环保目录申报流程

序为：企业寄送申报材料→北京生态环境局审查→发布北京环保目录。

汽车生产企业的产品若要在北京销售，还需申报北京环保认证。北京环保认证要求在工业和信息化部公告和生态环境部环保公告发布后申报，一般流程如下（图5-4）。

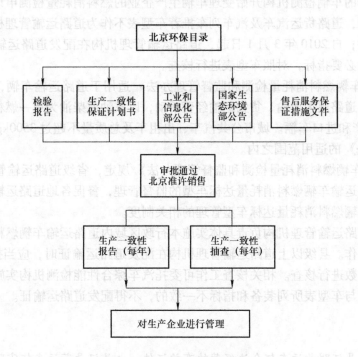

图5-4 北京环保目录申报流程

（1）在北京生态环境局指定的网上申报系统中提供以下资料：检验报告（目前与国环相比增加常温排放一致性和北京地标的双怠速试验，此外耐久性试验由国环的 8 万 km 增加到 10 万 km，其他与国家生态环境部检验报告一样）、生产一致性保证计划书、工信部公告、国家环保公告、售后服务保证措施文件等。

（2）北京生态环境局受理、审核无误后，一般一个月后下发北京环保公告。

三、交通部营运车辆油耗认证

当前我国能源消耗强度高、规模大，能源问题已成为关系到我国经济可持续发展的重大战略问题。《道路运输车辆燃料消耗量检测和监督管理办法》于 2009 年 6 月 22 日经交通部第 6 次部务会议通过，自 2009 年 11 月 1 日起施行。《道路运输车辆燃料消耗量检测和监督管理办法》制定的法律依据主要有两项：

一是《道路运输条例》。《条例》第八条和第二十二条分别规定，申请从事客运、货运经营的，应当有与其经营业务相适应并经检测合格的车辆。同时，第三十三条规定，客运经营者、货运经营者应当使用符合国家规定标准的车辆从事道路运输经营。

二是《节约能源法》。第四十六条规定，国务院有关部门制定交通运输营运车船的燃料消耗量限值标准；不符合标准的，不得用于营运。国务院交通运输主管部门应当加强对交通运输营运车船燃料消耗检测的监督管理。

《道路运输车辆燃料消耗量检测和监督管理办法》实施的技术依据是《营运客车燃料消耗量限值及测量方法》（JT/T 711）和《营运货车燃料消耗量限值及测量方法》（JT/T 719）两个交通行业标准。《办法》分两个步骤来实施。自 2009 年 11 月 1 日起，《办法》开始施行，交通部公布的车辆检测机构开始受理车辆生产企业的燃料消耗量检测申请，进入 4 个月的过渡期。期间，道路货运汽车及汽车列车推荐车型表不作为道路运输管理机构配发道路运输证的核查条件；自 2010 年 3 月 1 日起，道路运输管理机构在配发道路运输证时，开始将燃油消耗量作为必要指标，对照车型表进行核查。

《道路运输车辆燃料消耗量检测和监督管理办法》适用于道路运输车辆，包括拟进入道路运输市场从事道路旅客运输、货物运输经营活动，以汽油或柴油为单一燃料的、总质量超过 3500kg 的国产和进口车辆。城市公共汽车、出租车及总质量不超过 3500kg 的客运、货运车辆不在《办法》的适用范围之内。

《道路运输车辆燃料消耗量检测和监督管理办法》规定，省级道路运输管理机构负责本行政区域内道路运输车辆燃料消耗量达标车型的监督管理，督促各地道路运输管理机构严格执行道路运输车辆燃料消耗量达标车型管理的相关制度。

县级以上道路运输管理机构负责具体实施本行政区域内道路运输车辆燃料消耗量达标车型的监督管理工作。县级以上道路运输管理机构在配发道路运输证时，应当按照《车型表》对车辆配置及参数进行核查。相关核查工作可委托汽车综合性能检测机构实施。经核查，未列入车型表或者与车型表所列装备和指标不一致的，不得配发道路运输证。

【小阅读】

道路运输证是证明营运车辆合法经营的有效证件，也是记录营运车辆审验情况和对经营者奖惩的主要凭证，道路运输证必须随车携带，在有效期内全国通行。

第五章　汽车认证法规

（1）查验证件。如经营许可证、车辆行驶证、工商营业执照、车辆保险手续和身份证等。

（2）发放证件。运政人员将营运证和运管费缴讫证合并为道路运输证，发放给经营者。

（3）道路运输证未按道路运政管理机构的规定年审，或三年一次换发的，均视为无效道路运输证。

（4）公告年审事项。道路运输证每年度审验一次，由县级道路运政管理机构按省、地级道路运政管理机构的规定向有关单位发布具体时间和要求。

（5）乡级道路运政管理机构签注意见。道路运政管理机构发放道路运输证年审表，并签注意见。

（6）交验相关证件。审验人员审验时应收回道路运输证审验表，并检查经营许可证、道路运输证、车辆行驶证（单位车辆除外）、客货运线路标志牌。

（7）进行现场记录。道路运输证审验中，审验人员应对经营者交验的证据和其他有关情况进行现场记录，填写好道路运输证年度审验现场记录表。手续不符合规定要求的，应通知其补办或限期改正。

（8）签署审验结果。对审验合格者，审验人员应在道路运输证审验记录栏加盖"审验合格"印章和审验日期。审验期过后未予审验和审验不合格者，不准参加营业性道路运输。

复习思考题

1. 简述世界三大主流汽车认证制度。
2. 什么是强制性认证制度？具体包括哪几方面内容？
3. 试说明机动车强制性认证制度的适用范围及认证模式。
4. 简述汽车产品公告申报制度试验要求。
5. 工业和信息化部关于车辆企业及产品准入的主要条件有哪些？
6. 车辆企业产品申报流程是什么？
7. 简述国家生态环境部汽车环保认证流程。
8. 简述什么是交通部营运车辆燃油消耗量认证。

第六章 我国的汽车销售与金融管理法规

我国已成为世界上最大的汽车生产国和消费国。2020年，我国全年汽车销量2531.1万辆，自2009年以来连续11年蝉联全球第一。2020年全国汽车保有量2.81亿辆。

本章将通过对新车、二手车的销售、登记、消费信贷以及与汽车租赁等方面相关的管理法规进行详细的介绍，使读者充分了解我国汽车销售与金融管理方面的法规。

第一节 汽车销售法规

一、汽车销售管理办法

2017年2月20日，商务部第922次部务会议审议通过《汽车销售管理办法》，该办法共六章三十七条，自2017年7月1日起施行。经商务部、国家发展和改革委、工商总局同意，《汽车品牌销售管理实施办法》（商务部、国家发展和改革委、工商总局令2005年第10号）同时废止。

《汽车销售管理办法》是为促进汽车市场健康发展，维护公平公正的市场秩序，保护消费者合法权益，根据国家有关法律、行政法规制定的。《汽车销售管理办法》推进了打破品牌授权销售单一体制等的改革，是汽车流通领域具有里程碑意义的一件大事。

《汽车销售管理办法》对汽车销售方式、消费者权益、我国汽车消费市场带来巨大影响。

《汽车销售管理办法》的出台，可有效促进汽车市场健康发展，维护公平公正的市场秩序，保护消费者的合法权益。

一是打破了品牌授权销售单一体制。

实行汽车销售品牌授权单一体制已不能适应汽车市场发展的内在需求，垄断性经营问题日益凸显，市场竞争不充分、流通效率不高、零售供应关系失衡、汽车及零部件价格虚高、服务质量下降等问题越来越突出。销售汽车不再以获得品牌授权为前提，实行授权销售与非授权销售并行，推进多样化销售模式，国家鼓励发展共享型、节约型、社会化的汽车流通体系。这对于促进市场竞争、降低流通成本、提高流通效率、激发市场活力具有至关重要的意义。

二是突出加强消费者权益保护。

把供应商、经销商作为承担售后服务责任的双主体，充分尊重消费者的知情权和选择权，要求经销商明示服务内容和价格，善尽重要事项提醒义务，并要求建立健全消费者投诉制度，使消费者在购买汽车及售后服务中能够明白选择、自由消费、放心消费。

三是促进建立新型的市场主体关系。

着力引导规范汽车供应商与经销商的交易行为，比如，禁止供应商实施单方确定销售目标、搭售商品、限制多品牌经营及转售等行为，也禁止经销商冒用供应商授权开展经营活动。

四是加快转变政府管理方式。

取消了总经销商和品牌经销商备案管理制度，强化事中事后监管，采用"双随机"办法对汽车销售及相关服务活动实施日常监督检查。

《汽车销售管理办法》对我国汽车消费市场带来的影响如下：

影响一：汽车流通体系真正进入社会化发展阶段

一直以来，在品牌授权制度下，各汽车品牌企业在我国构建了以4S店为主体的汽车流通网络，自建自用是其主要特征。这曾经对提高汽车营销和服务水平，规范汽车市场秩序起到了积极作用。

但随着发展，这一制度也暴露出诸多问题，比如，汽车供应商凭借"品牌授权"处于强势地位，授权经销商只能"忍气吞声"，承担高额的4S店建设、经营等成本，最终将成本转嫁到消费者身上。

为改变这一现状，推进汽车流通领域的供给侧结构性改革，管理办法应运而生。新办法让市场发挥配置资源的决定性作用，将让汽车销售市场更加开放，也标志着我国汽车流通体系真正进入社会化发展阶段。

影响二：改变了汽车销售模式

品牌授权模式一直饱受诟病。管理办法从根本上打破了汽车销售品牌授权单一体制。管理办法不再强制性要求品牌授权，实行授权和非授权两种模式并行，这就为打破品牌垄断、促进市场竞争、创新流通模式创造了条件。也就是说，今后汽车超市、汽车卖场、汽车电商等也将会成为新的汽车销售形式。

管理办法将让汽车销售实现"三多模式"，即供应商可以通过多种方式、多种渠道进行销售，经销商可以同时经营多个品牌产品、为多个品牌汽车提供售后服务，消费者可以从多种渠道购买汽车、享受服务。

管理办法还有利于促进汽车流通全链条协同发展。管理办法鼓励销售和服务分离，有助于促进售后服务市场的竞争，提升售后服务的专业化、社会化水平。

影响三：消费者将享受多样化购车选择和售后服务

管理办法的另一大特点是体现了对消费者权益的保护，尤其是选择权和知情权的保护。

管理办法提出，国家鼓励发展共享型、节约型、社会化的汽车销售和售后服务网络，鼓励经销商开展多品牌经营，不同汽车品牌企业可以共建共享销售网络和售后服务体系。消费者将根据需要自由选择购买汽车方式、选择服务网点。不再需要凡事必去4S店，哪里方便、哪里实惠、哪里服务好就去哪里，这将从实质上使消费更加方便、更加实惠，消费者消费体验将获得大幅提升。

此外，管理办法把供应商、经销商作为承担售后服务责任的双主体，并要求经销商明示服务内容和价格，善尽重要事项提醒义务，并要求建立健全消费者投诉制度。这样一来，消费者的选择权、知情权将得到更大程度的保护，消费更加透明、便捷、实惠，对于促进汽车消费将产生积极的推动作用。

影响四：更多释放三四线城市汽车消费潜力

随着流通质量和效率的提升，产品和服务供给进一步优化。销售多元化趋势的发展，也会推动汽车流通网络向三四线城市和农村地区下沉，能够更好地满足城镇化发展需求，有效地释放这些地区的消费潜力。

二、汽车平行进口发展意见

2019年8月19日，商务部等七部门印发了《关于进一步促进汽车平行进口发展的意见》（以下简称《意见》）。

《意见》提出，允许探索设立平行进口汽车标准符合性整改场所。在风险可控、依法合规的前提下，允许已开展汽车平行进口工作的有关省市在海关特殊监管区域内设立标准符合性整改场所，明确了整改场所设立的基本程序、整改项目范围，便于企业开展整改业务，降低企业经营成本，并要求有关地区切实加强整改场所监管。

《意见》提出，推进汽车平行进口工作常态化、制度化。为落实国务院推进"放管服"改革要求，全面扩大试点成效，对经国务院批复的汽车整车进口口岸，汽车整车年进口数量达到1000辆的，可在报备相关工作方案后，执行汽车平行进口相关政策，汽车平行进口工作实现常态化、制度化。

同时，《意见》要求进一步提高汽车平行进口贸易便利化水平，加强平行进口汽车产品质量把控，规范平行进口汽车登记管理，强化试点企业监督管理，切实加强组织实施。

根据国务院有关部署要求，自2014年10月起，商务部会同相关部门在部分地区开展汽车平行进口试点。近几年来，试点范围逐步扩大，相关政策措施不断完善，试点工作取得了积极成效，形成了一批可复制推广经验，有效满足了多样化多层次的消费需求。截至2019年7月底，各地试点企业累计平行进口汽车41.8万辆，剔除降税因素，大部分中高端车型价格下降15%以上，部分超过30%，平行进口车型超过200款，有50多款是国内没有的车型。

《意见》对于平行进口汽车行业提出规范发展的更高要求，将促使平行进口汽车企业从实际经营出发，顺应国家政策导向，合法合规经营，做好进口汽车市场有益补充，承担起其满足消费者多样化、多层次消费需求和促进进口车型价格理性回归的作用。

第二节　二手车交易流通管理办法

二手车市场是汽车市场的重要组成部分，在中国极具发展潜力，培育和发展好这一市场，既可方便二手车交易，拉动消费，又能增加税源，是一项利国利民的大事。国际汽车产业发展经验表明，兴旺的新车市场，必须建立在坚实的二手车流通市场基础之上，渠道畅通、运作高效的车辆新陈代谢机制是汽车市场整体健康发展的前提和保证。随着我国汽车保有量不断增加，二手车市场也越来越有吸引力，客观上需要有一个健全、规范、通畅的二手车流通体系，需要有一个公平、公正、开放、有序的市场环境，也需要完善的二手车流通法律保障。根据2017年9月14日发布的《商务部关于废止和修改部分规章的决定》（商务部令2017年第3号），删去《二手车流通管理办法》（商务部、公安部、工商总局、税务总局令〔2005〕第2号）第九条、第十条、第十一条。全面取消二手车限迁成为一个趋势。

一、二手车流通管理办法

1. 二手车行业基本概况

伴随着我国汽车产业最近二十多年的发展，汽车保有量已从年均两位数的高速增长进入

第六章　我国的汽车销售与金融管理法规

个位数的放缓增长的阶段。汽车存量时代已来临，多数车逐步进入到置换期。汽车置换率的上升为二手车市场提供了广阔的发展空间。

我国的二手车交易量非常巨大，2015—2019 年，我国二手车交易量和交易额呈逐年稳步增长态势。受疫情影响，2020 年全国累计完成交易二手车 1434.14 万辆，同比下降 3.90%；交易金额为 8888.37 亿元，较 2019 年下降 5.0%（图 6-1）。

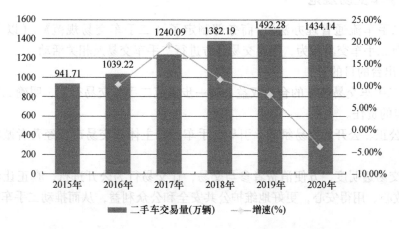

资料来源：中国汽车流通协会

图 6-1　2015—2020 年我国二手车交易量及增长趋势

我国二手车市场发展还相对滞后，和发达国家相比，我国二手车交易量占保有量比重相对偏低，占新车销量比重相当于发达国家的 1/3 左右。据测算，我国二手车交易量理论上应该接近 4000 万辆，发展空间巨大。

2. 最新二手车流通管理办法

根据 2017 年 9 月 14 日发布的《商务部关于废止和修改部分规章的决定》（商务部令 2017 年第 3 号），删去《二手车流通管理办法》（商务部、公安部、工商总局、税务总局令〔2005〕第 2 号）第九条、第十条、第十一条。总的原则是，突出市场配置资源作用，激发市场活力，加强消费者权益保护，强化监管服务，便利二手车交易。新的《二手车流通管理办法》正在修订过程中，商务部会同有关部门，多次开展调研座谈，目前修订稿已经完成，正向社会公开征求意见，争取早日出台。

3. 简化二手车交易程序

2021 年 2 月，《商务领域促进汽车消费工作指引》提出，要全面取消二手车限迁政策。除大气污染防治重点区域外，不得限制符合在用车排放标准的二手车迁入。

从 2021 年 6 月 1 日起，由商务部会同公安部、税务总局联合出台《关于推进二手车交易登记跨省通办　便利二手车异地交易的通知》已在天津、太原等 20 个城市试点推行。

新政策聚焦在推行二手车异地交易、便利二手车转移登记、规范二手车交易行为等便企利民方面。通知明确对交易车辆实行档案资料电子化网上传递，减少群众携带、保管、转交档案的种种不便。同时，还明确了二手车买方在转入地直接办理车辆查验、登记，无需再返回登记地验车、办理转出，减少两地往返。这些措施基本实现在转入地"一站式"办理二手车交易发票开具、转移登记等手续，大幅简化了二手车交易登记程序，有力解决了二手车异地交易时间长、环节多、成本高等诸多问题。

跨省通办新政策的出台从制度上解决了二手车异地交易周期长、成本高、不便捷等问题。随着互联网信息化、智能化的发展，从二手车异地交易、转移登记到交易档案管理电子化、无纸化的发展趋势，也让二手车在全国范围内流通更便利。

二、二手车交易规范

根据《二手车流通管理办法》，商务部制定了《二手车交易规范》（以下简称《规范》），以规范二手车交易行为，指导交易各方进行二手车交易及相关活动。

《规范》出台的目的：

① 维护二手车交易各方的合法权益，进一步规范二手车交易行为，明确二手车交易流程和各方相应的责任。

② 营造公正、公开的交易氛围，引导二手车经营主体和交易市场经营者诚实守信，合法经营。

③ 增加交易透明度，方便消费者参与交易，让交易行为公开进行，真正让消费者买得舒心、买得放心、用得安心，更好地维护公共安全和公众利益，从而推动二手车流通市场的繁荣。

《规范》将宏观政策进行了进一步明确和细化规范，对二手车经销企业、二手车经纪公司、二手车交易市场等市场主体的职责及二手车拍卖、二手车直接交易等流通形式的行为规范做出了进一步明确。因此，对于广大消费者而言，《规范》也是保障自身权益的一部法规。《规范》对二手车有关交易实体等进行了详细科学的界定，每一种服务形态都有明确的规定和要求，对于各自的权利责任划分得非常明确，有效地细分了行业服务和收费标准，促进了二手车行业发展更加透明、有序。

1. 增加交易透明度的措施

（1）加强信息的对称性。针对二手车交易信息不对称的弊端，《规范》要求二手车经销企业和二手车拍卖企业要对展卖或拍卖车辆进行技术检测，并将检测结果、车辆的有关信息和技术数据分别填入车辆信息表或拍卖车辆信息中。希望通过这些表格实现消费者与经营者信息对称，起到保护消费者权益的作用。

（2）签订买卖合同。由于二手车交易本身的特殊性，各国政府在制定二手车相关法律的过程中十分重视和强调经营者对最终消费者的告知义务，并且将此法制化、表格化，突出表现在有关二手车交易的合同纳入国家法律条文之中。比如澳大利亚，二手车经销商、拍卖行在展示、销售二手车时都须使用政府统一制定的表格，其内容基本上涵盖买卖双方在交易过程中的主要权利和义务。

借鉴国外的先进经验，《规范》规定在任何交易方式下都应签订交易合同，明确交易双方的权利义务，以便约束交易者行为，有利于政府部门对二手车交易过程实施监管。同时《规范》要求交易合同中都有车辆信息一栏，卖方应如实填写，以引导各交易主体在进行二手车交易中讲诚信、守法纪。

2. 二手车质保方面的规定

（1）提供质量保证。《规范》对二手车的售后服务做了严格的规定，二手车经销企业向最终用户销售使用年限在3年以内或行驶里程在6万km以内的车辆（以先到者为准，营运车除外）时，应向用户提供不少于 3 个月或 5000km（以先到者为准）的质量保证。质量保证范围为发动机系统、转向系统、传动系统、制动系统、悬架系统等。二手车经销企业向最终用户提供售后服务时，应向其提供售后服务清单；且在提供售后服务的过程中，不得擅自增加未经客户同意的服务项目。二手车经销企业还应建立包括车辆基本资料、维修保养记录等售后服务技术档案。

以前消费者只有从 4S 店买二手车时才有质保，但一般也仅限于 4S 店自营品牌二手车，其他品牌的二手车是不会有质保的。该规定表明，消费者从二手车经销企业买二手车也能享受质保，但对于从其他类型的二手车经营单位或个人那里购买的二手车，由于规范没有强制规定提供质保，也就不一定有质保期限。因此，消费者买二手车时如果想要有质保，还得找 4S 店和二手车经销商。

（2）建立售后服务技术档案。二手车经销企业应建立售后服务技术档案。售后服务技术档案包括以下内容：

① 车辆基本资料。主要包括车辆品牌型号、车牌号码、发动机号、车架号、出厂日期、使用性质、最近一次转移登记日期、销售时间、地点等。

② 客户基本资料。主要包括客户名称（姓名）、地址、职业、联系方式等。

③ 维修保养记录。主要包括维修保养的时间、里程、项目等。

此外，还规定售后服务技术档案保存时间不少于 3 年。

国家有关法规中首次提出建立二手车售后服务技术档案，随着二手车交易越来越频繁，不少车辆今后可能都会经过三四次转手，为了让后面的买车人了解车辆的基本状况，方便车辆交易，建立二手车售后服务技术档案显得尤为重要。

3. 加强对经纪机构的管理

《规范》第二十六条规定：二手车经纪人不得以个人名义从事二手车经纪活动；二手车经纪机构不得以任何方式从事二手车的收购、销售活动。第二十七条规定：二手车经纪机构不得采取非法手段促成交易，以及向委托人索取合同约定佣金以外的费用。

据业内人士介绍，目前的二手车经纪机构从事二手车收购、销售活动是比较普遍的现象，由于二手车经纪业务的利润比较小，因此经纪机构就利用自己了解市场行情的优势，从事二手车买卖活动，他们往往极力压低二手车的收购价，抬高二手车的销售价，两头赚钱，损害了二手车买卖两方的利益。在二手车交易规范的所有条款中，这一条应该是对二手车经纪机构最有"杀伤力"的。

4. 对拍卖严格监督

近几年来，二手车竞价拍卖以其直观、交易周期短、兑现快以及成交价最贴近市场真实价格等优势博得市场的青睐。地区差异、核心能力差异及专业化分工，使二手车在经营企业间通过拍卖方式实现流通；拍卖还是政府机关、大型团体、租赁公司等集团用户进行车辆更新换代的有效途径。二手车拍卖公司通过定期组织现场拍卖和网络竞价，会进一步提高二手车交易速度，降低交易成本，有效限制人为因素导致的不正常交易行为。因此，二手车拍卖市场潜力巨大。《规范》主要对拍卖的操作规程做了细化。同时，为鼓励网上拍卖健康发展，《规范》明确了网上拍卖的有关程序，并规定，从事网上拍卖必须具有拍卖人资质，严守《拍卖法》的各项规定，保证委托人和买受人的合法权益。

《规范》规定，从事二手车拍卖及相关中介服务活动，应按照《拍卖法》及《拍卖管理办法》的有关规定进行；进行网上拍卖，应在网上公布车辆的彩色照片和《拍卖车辆信息》，公布时间不得少于7天；网上拍卖过程及手续应与现场拍卖相同。网上拍卖组织者应根据《拍卖法》及《拍卖管理办法》有关条款制定网上拍卖规则，竞买人则需要办理网上拍卖竞买手续；任何个人及未取得二手车拍卖人资质的企业不得开展二手车网上拍卖活动。

权威统计显示，发达国家二手车交易量已经达到新车交易量的2~3倍。而在我国，新车交易量仍然远远超过二手车交易量。《二手车流通管理办法》和《二手车交易规范》的颁布和实施，规范了二手车流通行为，保障了二手车交易双方的合法权益，促进了二手车流通健康发展，对增强二手车流通行业服务意识、拓宽服务领域、提高经营和服务水平，加快二手车市场化进程，以及引导诚实守信、合法经营、维护公共安全和公众利益起到了积极和重要的作用。

【小阅读】

选购二手车需注意的问题

消费者选购二手车时为了避开在购车过程中可能出现的陷阱，应该注意以下几点：

(1) 私人之间的交易，应先到交管部门检验车辆来源是否合法；否则购买了盗抢和诈骗车辆，不仅车辆没收，本人还要承担"买赃"的法律责任。

(2) 在检验车辆合法性后，还要到各规费征收部门检验车辆手续的真实性，避免因假手续而带来的补交费用和巨额罚款。

(3) 应认真核对卖车人是否与行驶证的车主相符，或卖车人是否有卖车的权利，避免卖车人转卖不属于自己的车辆。

购买车辆应货比三家，避免花冤枉钱。同时，不要贪图便宜，购买廉价车，因为市面上有一批出租车、租赁公司租赁车、交通事故车和外地报废的淘汰车，它们的价值远低于市场价格。

因此，要对车辆进行严格的检查，应从下列几个方面入手：

(1) 从前往后仔细查看整车，检查车辆是否端正；若不正，则说明该车可能出过事故。

(2) 检查漆膜有无脱落、色差。可通过太阳的反射光看出涂膜是否均匀、平滑，判断是否"做过漆"，留意车身是否有明显磕碰的痕迹。

(3) 检查车身缝隙大小是否均匀或弯曲，装饰条是否不整或脱落。

(4) 把车开到地沟上检查底盘是否有创伤，转向器、传动器是否松动变形，汽油管是否漏油。

(5) 油箱和各储液罐的检查。查看新旧程度，识别漏油、漏水痕迹，检查机油量和油质情况。

(6) 起动发动机。检查在急速工况时发动机运转是否平稳，有无杂音，然后连续踩几下加速踏板，听有无"敲缸"和其他异响。再缓慢继续踩加速踏板，观察发动机是否敏感，动力是否强劲。

(7) 检查内装饰的新旧程度，内车顶、仪表板是否更换过；检查内饰是否齐全，空调、音响、喇叭、刮水器、各种灯光等的工作是否正常。

第六章 我国的汽车销售与金融管理法规

第三节 汽车登记法规制度

1896年德国研制成功第一辆内燃机汽车，标志着汽车时代的来临。进入20世纪以后，汽车及其他机动车得到了广泛的运用，逐渐成为人们日常生产、生活中不可或缺的工具。为加强对机动车的管理，保障道路交通的安全，各国逐步建立起机动车登记法规体系。对机动车进行登记是对机动车及道路交通进行管理的一种有效的行政措施。

目前，我国已建立起一整套由公安机关、交通管理部门主导的机动车登记体系，《中华人民共和国道路交通安全法》《中华人民共和国道路交通安全法实施条例》《机动车登记规定》等法律文件对机动车登记制度及其具体操作规程进行了相应的规范。

一、我国汽车登记法规

为进一步规范机动车登记工作，简化办事程序，提升服务水平，公安部对《机动车登记规定》（公安部令第72号）进行了修改。2008年5月27日，公安部发布了《机动车登记规定》（公安部令第102号），自2008年10月1日起施行。2012年9月12日，公安部对《机动车登记规定》（公安部令第102号）进行了修改，发布了《关于修改〈机动车登记规定〉的决定》（公安部令第124号）。《决定》自发布之日起实施，并且102号令并没有废止，还继续有效。

此次修改《机动车登记规定》的目的是贯彻实施《校车安全管理条例》（国务院令第617号），进一步加强校车登记管理，保障校车安全。

此次《机动车登记规定》的修改是对规章部分内容进行修改，采用修改决定的形式，修改后重新公布全文。

1. 机动车登记法规的分类

根据《道路交通安全法实施条例》第四条规定，我国现行的机动车登记包括注册登记、变更登记、转移登记、抵押登记和注销登记五种类型。

（1）注册登记是机动车所有人初次申领机动车号牌、行驶证时所办理的登记。不办理注册登记，该机动车就不得上路行驶。

（2）变更登记是机动车的车身颜色、发动机、车身、车架、所有人的住所等发生变更后所进行的登记。变更登记主要是针对机动车物理形态变化所做的记载。

（3）转移登记是机动车所有权发生转移后所办理的登记。根据《道路交通安全法实施条例》的规定，只是在机动车所有权发生转移之后，当事人才应当向登记机关申请办理转移登记。该登记仅仅是对机动车所有权发生转移的事实在事后所进行的一个记载或备案，并非机动车所有权发生转移的生效要件或对抗要件。

（4）抵押登记是机动车所有人将机动车作为抵押物抵押，机动车所有人应当向登记该机动车的公安机关交通管理部门申请抵押登记。

（5）注销登记主要是指已注册登记的机动车达到国家规定的强制报废标准时所办理的登记。机动车一旦达到国家规定的强制报废标准时，车主即应将车辆送至拆解厂拆解，拆解厂将车辆拆解后，向公安机关交通管理部门办理注销登记手续。倘若机动车所有人逾期不办理注销登记，公安机关交通管理部门将公告该机动车登记证书、号牌、行驶证作废。

2. 《机动车登记规定》在服务群众方面的举措

修改后的《机动车登记规定》最主要的特点就是突出"以人为本"的管理和服务理念，为群众办理机动车牌证提供更多便利。全篇幅都是围绕这一主线展开，主要有以下几个方面：

（1）简化办事流程。办理机动车注册登记的环节由 8 个减少为 3 个，对出具合法有效证明、凭证的，办理机动车注册登记的时限由 5 日缩短为 2 日。对申请补领机动车登记证书的，补发时限由 15 日缩短为 1 日，力争使群众在最短时间内办结业务。

（2）取消审批程序。比如，想给爱车变个颜色，您也可以"先斩后奏"。更换车身或车架的，机动车所有人不用再事先向车辆管理所申请，可以在变更后直接办理登记。

（3）延伸服务窗口。将车管服务窗口进一步向县级车管所、车辆销售单位、交易市场等地方延伸，方便群众就近办理机动车登记业务。同时，推行通过互联网预约、受理、办理机动车登记。简化异地报废机动车注销登记程序，对车辆损坏无法驶回登记地办理报废的，取消了机动车所有人"向报废地车辆管理所申请，再到登记地车管所申请注销登记"的程序，规定"由机动车报废回收企业向车辆报废地车管所申请注销登记，通过互联网登记系统将信息传递给车辆登记地车管所"。

（4）改进号牌号码选取方式。《机动车登记规定》第四十四条规定：确定机动车号牌号码采用计算机自动选取和由机动车所有人按照机动车号牌标准规定自行编排的方式。自 2008 年 10 月 1 日以后，在全国范围内实行由机动车所有人自编自选机动车号牌号码，将号牌号码的选择权交给群众，使群众能真正选到自己喜欢的号牌号码。同时，扩大了重新启用号牌号码的范围，由报废的机动车扩大到所有办结注销或转移登记的机动车，进一步满足了群众留用原号牌号码的需求。

3. 《机动车登记规定》在法律责任方面的举措

修改后的《机动车登记规定》设置了"法律责任"一章，对《道路交通安全法》未设定处罚但影响道路交通安全的常见交通违法行为设定了罚则。对不按规定检验机动车或安装安全防护装置、不按规定办理变更登记、擅自改变机动车外形或技术参数明确了相应的处罚。

（1）机动车所有人的法律责任。为确保机动车登记各项规定的实施，保障道路交通安全，《机动车登记规定》根据《立法法》和《道路交通安全法》的规定，对《道路交通安全法》未设定处罚但影响道路交通安全的常见交通违法行为设定了罚则，实施警告或不同数额罚款的处罚。主要有 7 种交通违法行为：

① 载货汽车及其挂车未按规定喷涂放大牌号的。
② 机动车车身标识或广告影响安全驾驶的。
③ 载货汽车、挂车未按规定安装侧面及后下部防护装置、粘贴车身反光标识的。
④ 机动车未按规定期限进行安全技术检验的。
⑤ 机动车未按规定时限办理变更、转移或转入登记的。
⑥ 擅自改变机动车外形和已登记的有关技术数据的。
⑦ 以欺骗、贿赂等不正当手段取得机动车登记的。

其中，载货汽车、挂车未按规定安装侧面及后下部防护装置、粘贴车身反光标识，主要是为了实施国家标准《机动车运行安全技术条件》（GB 7258—2017）做出的。

① 总质量不小于 12000kg 的货车和总质量大于 3500kg 的挂车应在后部设置车身反光标识，后部的车身反光标识应能体现机动车后部宽度。车长不小于 10m 的货车和总质量大于

第六章 我国的汽车销售与金融管理法规

3500kg 的挂车都应在侧面设置车身反光标识，车身反光标识的长度不应小于车长的 50%。

② 车身反光标识的粘贴技术规范及车身反光标识材料应符合相关规定。总质量大于 3500kg 的货车和挂车应提供防止人员卷入的侧面防护，其技术条件应符合《汽车及挂车侧面和后下部防护要求》（GB 11567—2017）的规定。

③ 货车列车的货车和挂车之间应提供防止人员卷入的侧面防护。

④ 除半挂牵引车和长货挂车（长货挂车是指为搬运无法分段的长货物而专门设计和制造的特殊用途车，如运输木材、钢材棒料等货物的车辆）以外的总质量大于 3500kg 的货车和挂车的后下部必须装备符合《汽车及挂车侧面和后下部防护要求》（GB 11567—2017）规定的后下部防护装置（下部防护装置通常是由横梁组成的安装或连接在车架边梁或车辆其他结构件上的装置），该装置对追尾碰撞的机动车必须具有足够的阻挡能力，以防止发生钻入碰撞。

（2）公职人员的法律责任。为规范公安交通管理部门办理机动车登记行为，强化监督制度，落实责任追究制度，《机动车登记规定》对公安交通管理部门的交通警察或者聘用人员违反规定办理机动车登记所应承担的法律责任，共列举了 10 种违法违纪的情形，包括：

① 违反规定为被盗抢、走私、非法拼（组）装、达到国家强制报废标准的机动车办理登记的。

② 不按照规定确认机动车和审查证明、凭证的。

③ 故意刁难、拖延或者拒绝办理机动车登记的。

④ 违反本规定增加机动车登记条件或者提交的证明、凭证的。

⑤ 违反本规定第四十四条的规定，采用其他方式确定机动车号牌号码的。

⑥ 违反规定跨行政辖区办理机动车登记和业务的。

⑦ 超越职权进入计算机登记系统办理机动车登记和业务，或者不按规定使用机动车登记系统办理登记和业务的。

⑧ 向他人泄漏、传播计算机登记系统密码，造成系统数据被篡改、丢失或者破坏的。

⑨ 利用职务上的便利索取、收受他人财物或者谋取其他利益的。

⑩ 强令车辆管理所违反本规定办理机动车登记的。

对上述违法违纪行为，将按规定视情况追究直接责任人员和直接负责的主管人员的行政或刑事责任。

4.《关于修改〈机动车登记规定〉的决定》（公安部令第 124 号）新增加的内容（表 6-1）

表 6-1 《关于修改〈机动车登记规定〉的决定》（公安部令第 124 号）新增内容

序号	新增（修改）条目位置	新增条目内容	条文主旨
①	在第六条增加一款，作为第三款	专用校车办理注册登记前，应当按照专用校车国家安全技术标准进行安全技术检验	本条是关于专用校车办理注册登记的规定
②	将第二十七条第一款修改为	已达到国家强制报废标准的机动车，机动车所有人向机动车回收企业交售机动车时，应当填写申请表，提交机动车登记证书、号牌和行驶证。机动车回收企业应当确认机动车并解体，向机动车所有人出具《报废机动车回收证明》。报废的校车、大型客货车及其他营运车辆应当在车辆管理所的监督下解体	关于机动车强制报废的具体要求

(续)

序号	新增（修改）条目位置	新增条目内容	条文主旨
③	在第二章第五节后增加一节，作为第六节	校车标牌核发	新增关于校车标牌核发相关规定
④	第五条之三十三款	学校或者校车服务提供者申请校车使用许可，应当按照《校车安全管理条例》向县级或者设区的市级人民政府教育行政部门提出申请。公安机关交通管理部门收到教育行政部门送来的征求意见材料后，应当在一日内通知申请人交验机动车	本条是关于校车使用许可申请受理的规定
⑤	《决定》第五条之三十四款	县级或者设区的市级公安机关交通管理部门应当自申请人交验机动车之日起二日内确认机动车，查验校车标志灯、停车指示标志、卫星定位装置以及逃生锤、干粉灭火器、急救箱等安全设备，审核行驶线路、开行时间和停靠站点。属于专用校车的，还应当查验校车外观标识。审查以下证明、凭证： （1）机动车所有人的身份证明。 （2）机动车行驶证。 （3）校车安全技术检验合格证明。 （4）包括行驶线路、开行时间和停靠站点的校车运行方案。 （5）校车驾驶人的机动车驾驶证。 公安机关交通管理部门应当自收到教育行政部门征求意见材料之日起三日内向教育行政部门回复意见，但申请人未按规定交验机动车的除外	本条是关于公安交管部门审查工作的规定
⑥	《决定》第五条之三十六款	校车标牌应当记载本车的号牌号码、机动车所有人、驾驶人、行驶线路、开行时间、停靠站点、发牌单位、有效期限等信息。校车标牌分前后两块，分别放置于前风窗玻璃右下角和后风窗玻璃适当位置。 校车标牌有效期的截止日期与校车安全技术检验有效期的截止日期一致，但不得超过校车使用许可有效期	本条是关于校车标牌式样和有效期的规定
⑦	在第七条第一款增加一项，作为第六项	车船税纳税或者免税证明	本条是关于为车船税把关的规定
⑧	将第四十条改为第四十九条，并将第二款修改为	申请前，机动车所有人应当将涉及该车的道路交通安全违法行为和交通事故处理完毕。申请时，机动车所有人应当填写申请表并提交行驶证、机动车交通事故责任强制保险凭证、车船税纳税或者免税证明、机动车安全技术检验合格证明	本条是关于申请检验合格标志的规定

以下是对新增条目的解读：

（1）专用校车是设计和制造上专门用于运送幼儿或学生的校车，包括幼儿专用校车、小学生专用校车、中小学生专用校车3类。

（2）办理注册登记前，专用校车都必须参加安全技术检验。检验的标准除了应符合普通

第六章 我国的汽车销售与金融管理法规

机动车的标准（主要是 GB 7258—2017《机动车运行安全技术条件》）外，还必须符合《专用校车安全技术条件》等标准。

（3）办理注册登记时，不得附加《机动车登记规定》以外的其他条件。凡是符合规定条件的，一律快速办理，不得增加校车审批文件等任何附加条件。需要强调的是，办理了注册以后，一是可以给车主发放及时办理许可的告知单；二是可以及时把相关的登记信息通报给政府、教育等部门。

（4）办理注册登记时，车辆使用性质直接签注为"校车"。达到报废标准的校车必须在车辆管理所的监督下解体，杜绝报废校车继续上路行驶。此处的校车既包括专用校车，也包括非专用校车。

（5）校车使用许可制度。《校车安全管理条例》（以下简称《条例》）第 14 条规定，"使用校车应当依照本条例的规定取得许可。"第一次以行政法规的形式建立了校车使用许可制度。需要注意的是，被许可的是一项特定的活动，即使用校车接送学生上下学的活动。

（6）校车使用许可程序。校车许可程序的问题是《条例》在制定过程中争议最大的一个问题。主要有 3 个不同的认识：一是认为应当由教育部门负责审批许可；二是认为应当由交通运输部门负责审批许可；三是认为应当由公安交管部门负责审批许可。最终《条例》确定了由教育部门受理、各部门分工审查、政府做出许可决定的模式。

① 提出校车使用许可申请的主体是学校和校车服务提供者。校车服务提供者包括：道路旅客运输经营企业、城市公共交通企业、校车运营单位、依法取得道路旅客运输经营许可的个体经营者。

② 受理校车使用许可申请的主体是县级或设区的市级教育行政部门。

③ 审查校车使用许可的主体是县级或设区的市级公安交通管理部门，由各地结合实际确定办理机构，也有的地方成立专门的机构办理校车业务。

④ 收到教育行政部门送来的征求意见材料后，应当在一日内通知申请人交验机动车。

（7）校车标志灯。校车配统一的校车标志灯，主要是为了使校车更加醒目，容易被识别。专用校车安装的校车标志灯应当符合专用校车国家标准的要求，在车外顶部前后各安装两个黄色专用校车标志灯。

（8）停车指示标志。校车配合统一的停车指示标志，主要是为了便于校车停靠上下学生时，提醒其他交通参与者注意等待和避让。

（9）校车外观制式。专用校车要按照国家标准《校车标识》（GB 24315—2009）喷涂专用校车外观标识，非专用校车没有做强制要求（图 6-2）。

（10）校车标牌式样（图 6-3）。

（11）校车标牌有效期。校车标牌有效期的截止日期与校车安全技术检验有效期的截止日期一致，但不得超过校车使用许可有效期。

（12）办理注册登记和定期检验时把关。根据《中华人民共和国道路交通安全法实施条例》的规定，在办理车辆相关登记和定期检验手续时，都要核查相关信息，对没有提供依法纳税或者免税证明的，不予办理相关手续。《公安部关于修改〈机动车登记规定〉的决定》（公安部令第 124 号）规定只在办理注册登记和定期检验时把关。

（13）车船税纳税或者免税证明。分为两种：一种是直接到税务部门缴纳的，由税务部门出具纳税或免税证明；另一种是由保险公司代收代缴的，由保险公司在出具的保险单上加

图 6-2 校车

图 6-3 校车标牌式样

盖缴纳车船税的章,有的是签注,也作为纳税或免税证明(与税务部门加强沟通机制)。实践中,第二种情况应该比较多见。

二、汽车登记法规的影响

1. 业务办理效率更高

修改后的规定实施后,到车管所办理车辆登记手续的车主明显增多,原因是车主可以在规定的字母和数字中自编自选号牌号码。这种方法使得选号的过程更加公开、公正和透明,同时简化了办事流程,取消了审批程序,减少了人们等候的时间。新规实施,极大缩短了业务办理时间,新车牌证原来 5 天才能办理完毕,现在只需 2 天,整个业务办理显得更加人性化、效率化。

2. 给改装"松绑"

《机动车登记规定》第十条规定已注册登记的机动车有下列情形之一的,机动车所有人应当向登记地车辆管理所申请变更登记:改变车身颜色;更换发动机(限同品牌、同型号);更换车身或者车架。改装变更手续也简单化,机动车所有人在改装后 10 日内向车辆管理所申请变更登记即可。

《机动车登记规定》第十一条规定申请变更登记的,机动车所有人应当填写申请表,交验机动车,并提交以下证明、凭证:

① 机动车所有人的身份证明。

② 机动车登记证书。

③ 机动车行驶证。

④ 属于更换发动机、车身或者车架的，还应当提交机动车安全技术检验合格证明。

⑤ 属于因质量问题更换整车的，还应当提交机动车安全技术检验合格证明，但经海关进口的机动车和国务院机动车产品主管部门认定免予安全技术检验的机动车除外。

车辆管理所应当自受理之日起一日内，确认机动车，审查提交的证明、凭证，在机动车登记证书上签注变更事项，收回行驶证，重新核发行驶证。新规在改装内容上有所放宽，且手续更为便捷。

三、机动车登记工作规范

为贯彻实施《警车管理规定》（公安部令第 89 号）、《临时入境机动车和驾驶人管理规定》（公安部令第 90 号）和《机动车登记规定》（公安部令第 102 号），规范办理机动车登记业务，公安部印发了《机动车登记工作规范》的通知，规范自 2008 年 10 月 1 日起施行。

（一）《机动车登记工作规范》的相关内容

《机动车登记工作规范》（以下简称《规范》）共 6 章 66 条，包括总则、登记程序（注册登记、变更登记、转移登记、抵押登记、注销登记）、其他规定（质押备案和解除质押备案，核发临时行驶车号牌和临时入境机动车牌证，申领和补、换领机动车牌证及登记事项更正，核发机动车检验合格标志）、机动车档案、嫌疑车辆调查和附则。机动车登记工作规范主要内容具体包括以下几个方面。

1. 简化业务岗位与业务流程

（1）简化工作岗位。将机动车登记工作岗位由 5 个（登记审核岗、牌证管理岗、业务领导岗、档案管理岗、嫌疑车辆调查岗）调整为 3 个（查验岗、登记审核岗、档案管理岗）。取消"业务领导岗"，其发挥的监督制约作用主要通过机动车登记系统、进口车核查系统、国产车合格证核查系统等技术手段解决；取消"牌证管理岗"，将其职责并入登记审核岗，其中大部分工作（如制作证件）职责可以交由聘用人员承担；增加"查验岗"，以明确车辆的查验职责，严把车辆确认关；取消"嫌疑车辆调查岗"，将其职能分别交登记审核岗和查验岗承担。

同时，对各岗位的工作人员也提出严格要求，必须严格按照新工作规范的要求设置机动车查验、登记审核、档案管理三个基本业务岗位，不得增设。各基本岗位具体人员权限的设置要在工作规范规定的岗位职责范围内。

（2）减少业务流程。首先，取消机动车行驶证照片上必须有号牌的强制性规定，将机动车照相由核发机动车号牌后调整到查验环节，登记审核岗审核相关证明、凭证后直接制发牌证，避免群众在领取号牌、照相、领取行驶证等环节多次往返。其次，整合内部管理资源，实现资料内部传递，使群众在一个窗口内可以办结所有业务，体现"一窗式"服务。调整前办理注册登记的环节为 8 个（登记审核岗审查资料；登记审核岗查验机动车；登记审核岗比对信息，出具受理凭证，确定号牌号码；牌证管理岗确定号牌号码，核发号牌；登记审核岗照相；牌证管理岗制作、核发行驶证；业务领导岗复核资料；档案管理岗归档），群众需往返业务大厅内外 3 次；调整后登记环节减少为 3 个（查验岗查验机动车，照相车比对车辆信息；登记审核岗审查资料核发牌证；档案管理岗归档），只需一趟即可办成；合并、减少了申请表格种类，将原有的 8 种申请表合并减少到 4 种，并删减了部分填写事项，方便群众认读、填写。

2. 简化进口车审批程序

《规范》增加了关于办理进口车的流程和要求。《规范》第五条规定，进口车材料的审核职责在登记审核岗，还是分两大类：属于进口车核查系统内的进口车（进口汽车和罚没车），要与核查系统比对后才能办理；不属于核查系统内的进口车（摩托车、挂车、监管车等），审查进口凭证即可办理。最大的变化：简化了进口车审批程序，对不属于核查系统内的进口车，取消交警总队对注册登记和进口车转出、转入的审批制度，由支队车管所直接办理，有效实现监督制约作用。

3. 禁止随意退档

(1) 明确了转入地车管所不得退档的五种情形，避免群众多次往返。

① 机动车转出后登记证书丢失、灭失的（办理转入时同时补发登记证书）。

② 机动车转出后因交通事故等原因更换发动机、车身或者车架、改变车身颜色的（办理转入时一并办理变更登记）。

③ 档案资料齐全但存在登记事项有误，档案资料填写、打印有误或者不规范、技术参数不全等情况的（办理转入时一并更正、补齐）。

④ 2004年4月30日以前注册的机动车档案资料不齐全，经核实不属于被盗抢、走私、非法拼（组）装等嫌疑车辆的。

⑤ 签注的转入地车辆管理所名称不准确，但属同一省、自治区管辖范围内的。

(2) 建立转出地和转入地车管所的协调机制。转入地车管所认为需要核实档案资料的，应当与转出地车管所协调。转出地应当自接到协查申请一日内以传真方式出具书面材料，转入地凭书面材料办理转入。转出地和转入地有不同意见的，报请省级公安机关交通管理部门协调。这些协调必须在车管所内部进行，不得要求当事人来回往返。

(3) 规定因环保问题无法转入时的处理。机动车因不符合转入地依据法律制定的地方性排放标准被退回的，转出地车辆管理所应当凭转入地车辆管理所的证明予以接收，恢复机动车登记内容，将转入地车辆管理所的证明原件存入机动车档案。

4. 对车辆号牌的规定

《规范》对车辆所有权的审查更严谨，对机动车号牌的安装和喷涂放大牌号等提出了更具体的要求。

针对擅自改装车牌形状或号码、加装比赛用车牌作装饰等情况，《规范》对机动车号牌的安装和喷涂放大牌号等提出了更具体的要求，如，前号牌安装在机动车前端的中间或者偏右位置，后号牌安装在机动车后端的中间或者偏左位置；临时通行牌证放置在机动车前风窗玻璃内侧，无驾驶室的机动车，应当随车携带等。

5. 过户要看清机动车的"面目"

《规范》规定，车辆管理所在办理机动车登记及相关业务过程中，有发现机动车档案被涂改或者有伪造嫌疑的，将进入嫌疑车辆调查程序。将登记的机动车所有人姓名变更为其他所有人姓名的，变更后机动车所有人的住所不在车辆管理所管辖区内的，需核对车辆识别代号（车架号码）拓印膜并查验有无被凿改嫌疑；与全国被盗抢机动车信息系统比对，符合规定的，车辆管理所才受理变更登记申请，收存相关资料，向机动车所有人出具受理凭证。

第六章　我国的汽车销售与金融管理法规

并且,《规范》规定,车辆管理所各业务岗位在办理机动车登记及相关业务过程中,有以下 5 种情形之一的,将进入嫌疑车辆调查程序:

① 机动车所有人身份证明、机动车来历证明、合格证、进口凭证、车辆购置税完税证明或者免税凭证、机动车交通事故责任强制保险凭证、号牌、行驶证、登记证书或者机动车档案被涂改或者有伪造嫌疑的。

② 车辆识别代号或者发动机号码与被盗抢机动车信息库的同类型机动车的记录完全相同,或者数字完全相同,或者有被盗抢记录的。

③ 车辆识别代号、发动机号码有凿改、挖补痕迹或者擅自另外打刻的。

④ 车辆识别代号、发动机号码与合格证、进口凭证、行驶证、登记证书或者机动车档案记载不一致的。

⑤ 与国产机动车整车出厂合格证核查系统、进口机动车核查系统比对,信息重复核对的。

《规范》明确,排除嫌疑的机动车,办案单位应当出具公函,车辆管理所应当以书面形式记载调查情况,将有关证据、询问记录和办案单位出具的公函存入机动车档案。

(二) 关于违反《机动车登记工作规范》的案例

窗口工作人员在提高效率、多办业务的同时,要认真贯彻执行《机动车登记工作规范》,立足本职工作,认真履行职责。

某运输公司为一辆重型半挂牵引车到大厅办理上牌手续。窗口工作人员在办理过程中,严格按照程序操作,仔细地查看了车辆的各项信息,发现车辆的发动机号拓印有明显的人为涂抹痕迹,并且相邻的字体之间有较为细微的差别。据前来办理上牌业务的该运输公司人员描述:此牵引车的发动机号打刻得非常浅,无法拓印,所以他只能用铅笔对着已拓好但不清晰的拓印进行了涂抹加深。窗口工作人员立即对该车进行查验,发现车辆银白色的发动机上,发动机号打刻的地方是一片铁锈的痕迹,用手一摸,底下有明显的凹凸感,确定是有人将该车原先的发动机号打磨平后重新打刻了新号。窗口工作人员对该运输公司的经办人员进行了询问,经办人员承认,该车属库存车,客户对选装的发动机质量不满意,经销商更换发动机后违规重新按原号打刻,想以此蒙混过关。随后,窗口工作人员按照《机动车登记工作规范》对此车辆进行了退办处理。

按照国家颁布的《机动车登记工作规范》规定,有打磨过发动机号、车架号的机动车,一律不能上牌;同时也要提醒广大消费者,在购买机动车的时候,一定要检查要购买的机动车手续是否齐全,车架号、发动机号是否和整车合格证明一致,以免带来不必要的麻烦。过户的要查清是否为被盗车。

四、机动车驾驶证申领和使用规定

为进一步完善机动车驾驶人考试和管理制度,优化机动车驾驶证考领程序,公安部关于修改《机动车驾驶证申领和使用规定》的决定,自 2016 年 4 月 1 日起施行。

(一) 报考条件

1. 年龄条件

1) 申请小型汽车、小型自动档汽车、残疾人专用小型自动档载客汽车、轻便摩托车准驾车型的,在 18 周岁以上、70 周岁以下。

2）申请低速载货汽车、三轮汽车、普通三轮摩托车、普通二轮摩托车或者轮式自行机械车准驾车型的，在18周岁以上，60周岁以下。

3）申请城市公交车、大型货车、无轨电车或者有轨电车准驾车型的，在20周岁以上，50周岁以下。

4）申请中型客车准驾车型的，在21周岁以上，50周岁以下。

5）申请牵引车准驾车型的，在24周岁以上，50周岁以下。

6）申请大型客车准驾车型的，在26周岁以上，50周岁以下。

7）接受全日制驾驶职业教育的学生，申请大型客车、牵引车准驾车型的，在20周岁以上，50周岁以下。

2. 身体条件

1）身高：申请大型客车、牵引车、城市公交车、大型货车、无轨电车准驾车型的，身高为155cm以上。申请中型客车准驾车型的，身高为150cm以上。

2）视力：申请大型客车、牵引车、城市公交车、中型客车、大型货车、无轨电车或者有轨电车准驾车型的，两眼裸视力或者矫正视力达到对数视力表5.0以上。申请其他准驾车型的，两眼裸视力或者矫正视力达到对数视力表4.9以上。单眼视力障碍，优眼裸视力或者矫正视力达到对数视力表5.0以上，且水平视野达到150°的，可以申请小型汽车、小型自动档汽车、低速载货汽车、三轮汽车、残疾人专用小型自动档载客汽车准驾车型的机动车驾驶证。

3）辨色力：无红绿色盲。

4）听力：两耳分别距音叉50cm能辨别声源方向。有听力障碍但佩戴助听设备能够达到以上条件的，可以申请小型汽车、小型自动档汽车准驾车型的机动车驾驶证。

5）上肢：双手拇指健全，每只手其他手指必须有三指健全，肢体和手指运动功能正常。但手指末节残缺或者左手有三指健全，且双手手掌完整的，可以申请小型汽车、小型自动档汽车、低速载货汽车、三轮汽车准驾车型的机动车驾驶证。

6）下肢：双下肢健全且运动功能正常，不等长度不得大于5cm。但左下肢缺失或者丧失运动功能的，可以申请小型自动档汽车准驾车型的机动车驾驶证。

7）躯干、颈部：无运动功能障碍。

8）右下肢、双下肢缺失或者丧失运动功能但能够自主坐立，且上肢符合本项第5目规定的，可以申请残疾人专用小型自动档载客汽车准驾车型的机动车驾驶证。一只手掌缺失，另一只手拇指健全，其他手指有两指健全，上肢和手指运动功能正常，且下肢符合本项第6目规定的，可以申请残疾人专用小型自动档载客汽车准驾车型的机动车驾驶证。

3. 禁止申请条件

1）有器质性心脏病、癫痫病、美尼尔氏症、眩晕症、癔病、震颤麻痹、精神病、痴呆以及影响肢体活动的神经系统疾病等妨碍安全驾驶疾病的。

2）3年内有吸食、注射毒品行为或者解除强制隔离戒毒措施未满3年，或者长期服用依赖性精神药品成瘾尚未戒除的。

3）造成交通事故后逃逸构成犯罪的。

4）饮酒后或者醉酒驾驶机动车发生重大交通事故构成犯罪的。

5）醉酒驾驶机动车或者饮酒后驾驶营运机动车依法被吊销机动车驾驶证未满5年的。

6）醉酒驾驶营运机动车依法被吊销机动车驾驶证未满10年的。

7)因其他情形依法被吊销机动车驾驶证未满2年的。
8)驾驶许可依法被撤销未满3年的。
9)法律、行政法规规定的其他情形。
未取得机动车驾驶证驾驶机动车,有本项第1款第5项至第7项行为之一的,在规定期限内不得申请机动车驾驶证。

4. 增驾条件

已持有机动车驾驶证,申请增加准驾车型的,应当在本记分周期和申请前最近1个记分周期内没有记满12分记录。申请增加中型客车、牵引车、大型客车准驾车型的,还应当符合下列规定:

1)申请增加中型客车准驾车型的,已取得驾驶城市公交车、大型货车、小型汽车、小型自动档汽车、低速载货汽车或者三轮汽车准驾车型资格3年以上,并在申请前最近连续3个记分周期内没有记满12分记录。

2)申请增加牵引车准驾车型的,已取得驾驶中型客车或者大型货车准驾车型资格3年以上,或者取得驾驶大型客车准驾车型资格1年以上,并在申请前最近连续3个记分周期内没有记满12分记录。

3)申请增加大型客车准驾车型的,已取得驾驶城市公交车、中型客车或者大型货车准驾车型资格5年以上,或者取得驾驶牵引车准驾车型资格2年以上,并在申请前最近连续5个记分周期内没有记满12分记录。

正在接受全日制驾驶职业教育的学生,已在校取得驾驶小型汽车准驾车型资格,并在本记分周期和申请前最近1个记分周期内没有记满12分记录的,可以申请增加大型客车、牵引车准驾车型。

有下列情形之一的,不得申请大型客车、牵引车、城市公交车、中型客车、大型货车准驾车型:

发生交通事故造成人员死亡,承担同等以上责任的;醉酒后驾驶机动车的;被吊销或者撤销机动车驾驶证未满10年的。

(二)报名人员所需证件与材料

初次申请机动车驾驶证,应当填写申请表,并提交以下证明:

1)申请人的身份证明。

2)县级或者部队团级以上医疗机构出具的有关身体条件的证明。属于申请残疾人专用小型自动档载客汽车的,应当提交经省级卫生主管部门指定的专门医疗机构出具的有关身体条件的证明。

(三)考试内容和合格标准

1)机动车驾驶人考试内容分为道路交通安全法律、法规和相关知识考试科目(以下简称"科目一")、场地驾驶技能考试科目(以下简称"科目二")、道路驾驶技能和安全文明驾驶常识考试科目(以下简称"科目三")。

2)各科目考试的合格标准为:

① 科目一考试满分为100分,成绩达到90分的为合格。

② 科目二考试满分为100分,考试大型客车、牵引车、城市公交车、中型客车、大型货车准驾车型的,成绩达到90分的为合格,其他准驾车型的成绩达到80分的为合格。

③ 科目三道路驾驶技能和安全文明驾驶常识考试满分分别为 100 分，成绩分别达到 90 分的为合格。

（四）《机动车驾驶证申领和使用规定》的相关处罚

《机动车驾驶证申领和使用规定》中对于道路交通安全违法行为记分分值规定见表 6-2。

表 6-2　《机动车驾驶证申领和使用规定》的相关处罚

扣分分值	扣分原因
一次记 12 分	（1）驾驶与准驾车型不符的机动车的 （2）饮酒后驾驶机动车的 （3）驾驶营运客车（不包括公共汽车）、校车载人超过核定人数 20% 以上的 （4）造成交通事故后逃逸，尚不构成犯罪的 （5）上道路行驶的机动车未悬挂机动车号牌的，或者故意遮挡、污损、不按规定安装机动车号牌的 （6）使用伪造、变造的机动车号牌、行驶证、驾驶证、校车标牌或者使用其他机动车号牌、行驶证的 （7）驾驶机动车在高速公路上倒车、逆行、穿越中央分隔带掉头的 （8）驾驶营运客车在高速公路车道内停车的 （9）驾驶中型以上载客载货汽车、校车、危险物品运输车辆在高速公路、城市快速路上行驶超过规定时速 20% 以上或者在高速公路、城市快速路以外的道路上行驶超过规定时速 50% 以上，以及驾驶其他机动车行驶超过规定时速 50% 以上的 （10）连续驾驶中型以上载客汽车、危险物品运输车辆超过 4h 未停车休息或者停车休息时间少于 20min 的 （11）未取得校车驾驶资格驾驶校车的
一次记 6 分	（1）机动车驾驶证被暂扣期间驾驶机动车的 （2）驾驶机动车违反道路交通信号灯通行的 （3）驾驶营运客车（不包括公共汽车）、校车载人超过核定人数未达 20% 的，或者驾驶其他载客汽车载人超过核定人数 20% 以上的 （4）驾驶中型以上载客载货汽车、校车、危险物品运输车辆在高速公路、城市快速路上行驶超过规定时速未达 20% 的 （5）驾驶中型以上载客载货汽车、校车、危险物品运输车辆在高速公路、城市快速路以外的道路上行驶或者驾驶其他机动车行驶超过规定时速 20% 以上未达到 50% 的 （6）驾驶货车载物超过核定载质量 30% 以上或者违反规定载客的 （7）驾驶营运客车以外的机动车在高速公路车道内停车的 （8）驾驶机动车在高速公路或者城市快速路上违法占用应急车道行驶的 （9）低能见度气象条件下，驾驶机动车在高速公路上不按规定行驶的 （10）驾驶机动车运载超限的不可解体的物品，未按指定的时间、路线、速度行驶或者未悬挂明显标志的 （11）驾驶机动车载运爆炸物品、易燃易爆化学物品以及剧毒、放射性等危险物品，未按指定的时间、路线、速度行驶或者未悬挂警示标志并采取必要的安全措施的 （12）以隐瞒、欺骗手段补领机动车驾驶证的 （13）连续驾驶中型以上载客汽车、危险物品运输车辆以外的机动车超过 4h 未停车休息或者停车休息时间少于 20min 的 （14）驾驶机动车不按照规定避让校车的

(续)

扣分分值	扣分原因
一次记3分	（1）驾驶营运客车（不包括公共汽车）、校车以外的载客汽车载人超过核定人数未达20%的 （2）驾驶中型以上载客载货汽车、危险物品运输车辆在高速公路、城市快速路以外的道路上行驶或者驾驶其他机动车行驶超过规定时速未达20%的 （3）驾驶货车载物超过核定载质量未达30%的 （4）驾驶机动车在高速公路上行驶低于规定最低时速的 （5）驾驶禁止驶入高速公路的机动车驶入高速公路的 （6）驾驶机动车在高速公路或者城市快速路上不按规定车道行驶的 （7）驾驶机动车行经人行横道，不按规定减速、停车、避让行人的 （8）驾驶机动车违反禁令标志、禁止标线指示的 （9）驾驶机动车不按规定超车、让行的，或者逆向行驶的 （10）驾驶机动车违反规定牵引挂车的 （11）在道路上车辆发生故障、事故停车后，不按规定使用灯光和设置警告标志的 （12）上道路行驶的机动车未按规定定期进行安全技术检验的
一次记2分	（1）驾驶机动车行经交叉路口不按规定行车或者停车的 （2）驾驶机动车有拨打、接听手持电话等妨碍安全驾驶行为的 （3）驾驶二轮摩托车，不戴安全头盔的 （4）驾驶机动车在高速公路或者城市快速路上行驶时，驾驶人未按规定系安全带的 （5）驾驶机动车遇前方机动车停车排队或者缓慢行驶时，借道超车或者占用对面车道、穿插等候车辆的 （6）不按照规定为校车配备安全设备，或者不按照规定对校车进行安全维护的 （7）驾驶校车运载学生，不按照规定放置校车标牌、开启校车标志灯，或者不按照经审核确定的线路行驶的 （8）校车上下学生，不按照规定在校车停靠站点停靠的 （9）校车未运载学生上道路行驶，使用校车标牌、校车标志灯和停车指示标志的 （10）驾驶校车上道路行驶前，未对校车车况是否符合安全技术要求进行检查，或者驾驶存在安全隐患的校车上道路行驶的 （11）在校车载有学生时给车辆加油，或者在校车发动机熄火前离开驾驶座位的
一次记1分	（1）驾驶机动车不按规定使用灯光的 （2）驾驶机动车不按规定会车的 （3）驾驶机动车载货长度、宽度、高度超过规定的 （4）上道路行驶的机动车未放置检验合格标志、保险标志，未随车携带行驶证、机动车驾驶证的

五、汽车牌照制度

（一）汽车牌照等级制度

1. 汽车牌照的定义

汽车牌照是国家车辆管理法规规定的具有统一格式、统一式样，由车辆管理机关对申领牌照的汽车进行审核、检验、登记后，核发的带有注册登记编码的硬质号码牌。一般为两面,分别按规定安装在汽车前后部指定位置上。

2. 汽车牌照的作用

汽车号牌是准许汽车上道路行驶的法定凭证,是道路交通管理部门、社会治安管理部门及广大人民群众监督汽车行驶情况,识别、记忆与查找的凭证。行驶证是车辆管理机关核发的,记载车辆初次登记的主要内容,由车主保存,随车携带,供记载变动情况及随时查验的统一格式的登记册。按照《道路交通管理条例》规定,汽车号牌与行驶证是准予汽车上道路行驶的法定证件,因此购买汽车后必须申领汽车牌证。

3. 汽车牌照等级分类

汽车种类繁多,根据使用场合的不同,用途也各不相同。为了区分各种汽车的不同用途,由此产生了汽车牌照等级制度,即用不同种类的汽车牌照来区分汽车的不同用途。部分机动车号牌的分类、颜色及样式见表6-3。

表6-3 部分机动车号牌的分类、颜色及样式

序号	分类	汽车牌照颜色	样式
1	小型汽车号牌	蓝底白字白框线	京A·F0236
2	大型汽车号牌	黄底黑字黑框线	京A·F0236 京·A F0236
3	挂车号牌		京·A F023挂
4	大使馆汽车号牌	黑底白字,红"使""领"字白框线	224·578使
5	领事馆汽车号牌		沪224·78领
6	港澳入出境车号牌	黑底白字,白"港""澳"字白框线	粤Z·F023港
7	教练汽车号牌	黄底黑字,黑"学"字黑框线	京A·F023学
8	警用汽车号牌	白底黑字,红"警"字黑框线	京·A0006警
9	应急救援汽车号牌	白底黑字(前号牌的"S""X"和前后号牌的"应急"为红字)黑框线	京·X2345应急 京·X2345应急
10	军车车牌	白底黑数字白框线,红色首字母	KA·20003 KA·20003

第六章　我国的汽车销售与金融管理法规

（续）

序号	分类	汽车牌照颜色	样式
11	武警车牌	白底黑数字，红色"WJ"字母及省市简称	
12	小型非纯电动汽车号牌	绿底黑字黑框线，小型新能源汽车号牌为渐变绿色，非纯电动车第三位为F，纯电动车第三位为D	
13	小型纯电动汽车号牌		
14	大型非纯电动汽车号牌	大型新能源汽车号牌为黄绿双拼色（地区代码部分为黄色，号码部分为绿色，非纯电动车最后一位为F，纯电动车最后一位为D)	
15	大型纯电动汽车号牌		

（二）牌照拍卖制度

1. 拍卖制度的起因

为解决上海市交通拥堵的状况，1994年开始，上海首度对新增的客车额度实行拍卖制度，开始对私车牌照实行有底价、不公开拍卖的政策，购车者凭着拍卖中标后获得的额度，可以去车管所为自己购买的车辆上牌，并拥有在上海中心城区（外环线以内区域）使用机动车辆的权利。由于每个月额度只有几千辆，致使原本车管所发放的价值人民币140元的两块印有车辆牌号的铁牌子变得异常紧俏，甚至一度超过了黄金价，上海牌照拍卖制度由此也备受争议，要求取消之声也不绝于耳。

2. 拍卖流程

（1）拍卖登记。竞买人必须符合竞买人资格并持相关证件。

流程：填写客车额度投标拍卖登记表；公证处审核盖章；办理投标拍卖登记后领取投标拍卖卡、密码、网上投标专用光盘。

（2）拍卖规则。

① 时间分为首次出价时段（10:00—11:00）和修改出价时段（11:00—11:30）。首次出价时段竞买人必须成功出价，修改出价时段允许竞买人在系统提示的修改出价范围内修改出价最多2次。

② 在网上、电话、现场即时公布相关投标拍卖信息（包括目前系统时间、目前投标拍卖人数、目前时间的最低可成交价及该出价时间）。

（3）注意事项。

① 参加投标拍卖会，拍卖成交并获得客车额度后，自拍卖成交之日起12个月内不得再次参加投标拍卖会。买受人通过本拍卖获得"额度证明"上牌的机动车，一年内不予办理车辆带牌过户转让手续。

② 避免集中上牌给中标者造成不便，确保车管所上牌工作的正常秩序，"额度证明"的启用期实行错时，有效期三个月不变。

③ 车型：私人限购生活性小型客车，特殊需要可另行向市交通局申请。

3. 车牌拍卖制度的影响

上海市政府发言人多次说过，拍牌只是一种阶段性的政策，不可能长期存在。上海的牌照拍卖总体而言还是一个公平的竞争方式，本质上并没有改善上海交通，但如果要取消拍卖制度，前提是找到一个更公平合理而又能解决拥堵的方式。

（三）出租车牌照制度

20世纪90年代初，出租车行业刚兴起时，基本上处于一种自由竞争状态，政府很少管制。个人筹集资金购买指定车型，到管理部门办理登记手续，即可进行营运。在个体户的带领下，出租车行业很快发展起来，成为重要的城市交通工具。受利润驱使，许多企业也进入出租车行业，购买汽车，租给个体驾驶人，收取租金。90年代后期，政府为了制止出租车行业的过度竞争，同时维护城市交通秩序，开始对出租车行业进行管制，限制出租车牌照数量，并实施牌照分配政策。

目前，我国出租车行业的经营模式主要有以下两种：

（1）公司经营模式。政府把一定数目的出租车牌照授权给若干家出租车公司使用；拥有牌照的各出租车公司再招募驾驶人负责实际运营，公司与驾驶人的关系是雇主和雇员的关系。这是我国绝大多数城市出租车的经营模式。

（2）个体经营模式。政府把出租车牌照直接授权给个人，一个人只能拥有一张牌照，拥有牌照的个人既可以同时负责实际运营，也可以雇用别的驾驶人。

这两种模式没有明显的优劣。如果一个城市的政府通过公开拍卖的方式把牌照授权出去，而既不限定只有公司才有资格竞购牌照，也不限定一人只能拥有一张牌照，那么公司经营和个人经营两种模式就会在这个城市并存，其中任何一种模式的生存并不会淘汰另一种模式。

【小阅读】

世界牌照趣闻

【法国】

法国是最早使用汽车牌照的国家之一，自从《巴黎警察条例》在1892年8月14日颁布之后，汽车牌照的发放变得更加正规和制度化。按照《条例》的规定，金属牌照上必须包括车主姓名、地址和登记的号码等内容，要求挂在汽车左侧随时都能看见的位置。

【德国】

德国慕尼黑警察1899年4月14日给巴伊斯巴尔特先生的"瓦尔特布克"汽车所发的牌照，是保存到现在最古老的汽车牌照，也是德国最早的汽车牌照。这个牌照是一块长方形金属牌，上面只写了一个"1"字。

【英国】

拉塞尔伯爵将自己的"纳维亚"牌汽车抢在1903年的圣诞节前登记，获得了挂上第一号"A"汽车牌照的殊荣。据说，这位心急的车主头天夜里激动不已，彻夜难眠，第二天一大早便驱车前往登记，以便让自己心爱的"铁骑"挂上全国第一号汽车牌照。他最后终于以 5s 之先如愿以偿。一个多世纪过去了，当年汽车牌照的编号方法一直被沿用下来。

根据许多汽车驾驶人的书面要求，英国警察部门决定逐步取消带有"666"这个被抱怨为不吉利的汽车牌照号码。不少人认为，这组数字在《圣经》中表示"魔鬼"，因此和车祸的发生有关。

【美国】

纽约州实施《纽约州汽车法规》始于1901年，其中对汽车牌照有具体明确的规定。当时的汽车牌照为一个铝制圆盘，大小和50美分的金币差不多，上面除了标有牌号之外，还注有"纽约州汽车法规"的字样。美国联邦政府在1956年对汽车牌照的标准尺寸做出统一的要求：长304.8cm，宽152.4cm。为了控制盗车犯罪案件的发生，美国近年来运用高科技在汽车上试用电子汽车牌照。当车辆在通过埋入公路的传感器的时候，传感器会把车上的电子汽车牌照的牌号"读出"，并且存入计算机里。这样一来，警察就能很快地找到被盗的汽车，有时还可以发现盗车者的藏匿之处。

1928年，美国爱达荷州首开先河，把当地盛产的土豆突出地印在该州的车牌上，并自豪地加注"闻名于世的土豆"。之后，美国其他各州也纷纷效仿。目前美国车牌的组成要素基本包含：州名、号码、图案以及蕴涵别名、口号，甚至是广告性语言的短句文字。

佛罗里达州又名"日光之州"（sunshine state），盛产橙子，所以该州车牌印上橙子图案。新泽西州的车牌，印着松叶松塔、蓝莓和青蛙的图案，下面写着 Pinelands，意思即是松原或松岭。北卡罗来纳州车牌，上写着"First in flight"（首次飞行），是为了纪念首次飞行活动以及飞机发明者莱特兄弟。康涅狄格州，1788年1月9日在此批准宪法，因此当地的车牌上写着"宪法之州"。

美国人也没有忘记用车牌来表达自己的不满：华盛顿特区因地缘关系，在国会中没有代表自己特区的议员，于是当地的车牌上就写了一条标语——没有代表的纳税人。美国人的车牌是美国人的第二张身份证，除了当地州政府的宣传推广规定外，上面还可以附有车主的个人信息等，这是一种文化多样性的表现。

第四节 汽车信贷管理法规

1998年，中国人民银行发布了《汽车消费贷款管理办法》，允许国有独资商业银行试点开办汽车消费贷款业务。1999年，中国人民银行发布《关于开展个人消费信贷的指导意见》，允许所有中资商业银行全面开展消费贷款业务。

近年来，汽车消费信贷业务快速发展，这对于推动中国汽车产业发展，活跃和扩大汽车消费，改善金融机构资产负债结构发挥了重要作用。但与此同时，受国内征信体系不完善、贷款市场竞争不规范、汽车价格波动等诸多因素的影响，汽车贷款的风险逐渐暴露，旧版《汽车消费贷款管理办法》和《汽车金融公司管理办法》中的许多条款明显不能适应新的市场变化，亟待修改。下文将对新《汽车贷款管理办法》和《汽车金融公司管理办法》进行解析。

一、汽车贷款管理办法

2017年10月13日，中国人民银行、中国银行业监督管理委员会令〔2017〕第2号发布修订后的《汽车贷款管理办法》。该《办法》分总则、个人汽车贷款、经销商汽车贷款、机构汽车贷款、风险管理、附则6章35条，由中国人民银行和中国银行业监督管理委员会共同负责解释，自2018年1月1日起施行。2004年8月16日中国人民银行、中国银行业监督管理委员会令〔2004〕第2号发布《汽车贷款管理办法》予以废止。

《汽车贷款管理办法》原颁布于2004年，随着时间的推移，该办法已不能满足现今贷款管理的需要。2016年3月24日，中国人民银行和银监会印发《关于加大对新消费领域金融支持的指导意见》，主旨在于"创新金融支持和服务方式，促进大力发展消费金融，更好地满足新消费重点领域的金融需求，发挥新消费引领作用，加快培育形成经济发展新供给新动力"。

本次修订主要对相关概念进一步明确，丰富了个人汽车贷款分类方式。此外，贷款最高发放比例不在办法中明确，而是根据宏观经济、行业发展等时机情况另行制定。

（一）汽车贷款相关概念得以明确

（1）汽车贷款的贷款人明确为在中华人民共和国境内依法设立的、经中国银行业监督管理委员会及其派出机构批准经营人民币贷款业务的商业银行、农村合作银行、农村信用社及获准经营汽车贷款业务的非银行金融机构。修订后的贷款人更符合现存金融机构分类标准。

（2）汽车贷款的借款人可分为法人和个人。法人包括汽车经销商和机构，《办法》中"机构"为除经销商以外的法人、其他经济组织。

（3）新增新能源汽车贷款。明确新能源汽车是指采用新型动力系统，完全或者主要依靠新型能源驱动的汽车，包括插电式混合动力（含增程式）汽车、纯电动汽车和燃料电池汽车等。其中，对于实施新能源汽车贷款政策的车型范围，各金融机构可在《汽车贷款管理办法》基础上，根据自愿、审慎和风险可控原则，参考工业和信息化部发布的《新能源汽车推广应用推荐车型目录》执行。

（二）汽车贷款分类方式得到丰富（图6-4）

（1）根据借款主体可分为经销商汽车贷款和购车贷款。

经销商汽车贷款是指贷款人向汽车经销商发放的用于采购车辆、零配件的贷款。

购车贷款则是向个人或机构（非经销商）发放的用于购买汽车的贷款。

（2）按贷款用途可分为自用车贷款和商用车贷款。

自用车是指借款人通过汽车贷款购买的、不以营利为目的的汽车。

商用车是指借款人通过汽车贷款购买的、以营利为目的的汽车。

（3）按交易手数可以分为一手车贷款和二手车贷款。

从汽车经销商直接购买的车为新车（一手车）。

办理完机动车注册登记手续到规定报废年限之前进行所有权变更并依法办理过户手续的汽车为二手车。

（4）按汽车是否为新能源车可以分为传统动力汽车和新能源汽车。

（三）新能源汽车贷款比例成数上升

根据《关于加大对新消费领域金融支持的指导意见》规定，"经银监会批准经营个人汽车贷款业务的金融机构办理新能源汽车和二手车贷款的首付款比例，可分别在15%和30%最低要求基础上，根据自愿、审慎和风险可控原则自主决定"。

第六章 我国的汽车销售与金融管理法规

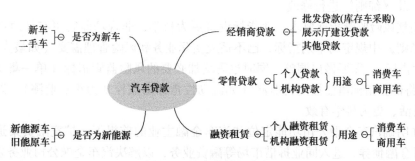

图6-4 汽车贷款的分类

本次修订后，汽车贷款发放实施贷款最高发放比例要求制度，贷款人发放的汽车贷款金额占借款人所购汽车价格的比例，不得超过贷款最高发放比例要求；贷款最高发放比例要求由中国人民银行、中国银行业监督管理委员会根据宏观经济、行业发展等实际情况另行规定。

《关于加大对新消费领域金融支持的指导意见》鼓励汽车金融公司业务产品创新。

允许汽车金融公司在向消费者提供购车贷款（或融资租赁）的同时，根据消费者意愿提供附属于所购车辆的附加产品（如导航设备、外观贴膜、充电桩等物理附属设备以及车辆延长质保、车辆保险等无形附加产品和服务）的融资。汽车金融公司开展购车附加产品融资业务时，执行与汽车贷款一致的管理制度。

二、汽车金融公司管理办法

《汽车金融公司管理办法》于2007年12月27日经中国银行业监督管理委员会第64次主席会议通过，自2008年1月24日起施行。

自2004年国内第一家汽车金融公司成立到目前，汽车金融公司在国内的发展已初具规模。为了进一步规范这一市场，中国银监会发布了新的《汽车金融公司管理办法》（以下简称新《办法》），新《办法》的颁布与实施，将为汽车金融公司全行业在有效控制风险的前提下实现又好又快的发展提供重要的法律保障。

（一）制定新《办法》的目的

（1）适应汽车金融公司现实和长远发展需要，拓宽公司融资渠道和增加业务品种，促进整体行业持续健康发展。2003年出台的《汽车金融公司管理办法》（以下简称原《办法》）和《汽车金融公司管理办法实施细则》（以下简称《细则》），是在履行入世承诺、对外开放汽车消费信贷市场的背景下制定的，出于审慎性考虑，原《办法》中规定的允许汽车金融公司开展的业务范围比较狭窄。从原《办法》多年的实施效果上看，行业整体运作比较规范，经营审慎，风险可控，发展前景广阔。同时，也逐渐暴露出公司正常业务发展需要与业务范围偏窄的矛盾，如融资渠道、业务品种单一等问题在一定程度上制约着业务的正常开展等。

（2）与近年新出台的有关法律法规保持一致性。近几年来相继颁布或修订了一系列相关法律法规，如《中华人民共和国银行业监督管理法》《中华人民共和国公司法》《中华人民共和国行政许可法》《中国银行业监督管理委员会非银行金融机构行政许可事项实施办法》等。为更好地与相关法律法规协调一致，增强法规执行的严肃性、有效性，有必要对原《办法》及《细则》进行修改。

(3) 调整风险监管指标要求,使指标设置更为科学,非现场监管更有针对性。原《办法》及《细则》中规定的个别指标,已不适应实际业务和风险管理需要(如最大10家客户授信集中度指标),需要做出调整,同时也需增加必要的风险监管指标(单一集团客户授信集中度),将部分指标由监控变为监测(如流动性指标由监控变为重点监测),以使非现场监管更为灵活、更为科学有效。

(4) 在明确汽车金融公司功能定位和汽车金融主业的前提下,扩宽融资渠道,新增加了允许发行金融债券、进入同业拆借市场等融资业务,以解决汽车金融公司业务发展的合理资金来源问题。

(二) 新《办法》主要内容

新《办法》对我国汽车金融公司的准入条件、业务范围和风险管理等做出了较大修改和调整。从有利于促进汽车金融行业发展和提高监管有效性的角度,从机构准入、业务界定及风险管理等方面对汽车金融公司做出一般性的原则规定,着重体现银监会新的监管理念和规制监管与原则性监管相结合的监管要求。

新《办法》在准入资质上,更强调汽车金融公司的专业性。同时,为突出以"促进汽车销售与购买"为核心的金融服务,新《办法》增加了汽车融资租赁业务,从而形成汽车金融公司的三大核心业务:零售贷款、批发贷款(特指对经销商的采购车辆贷款,有别于一般公司贷款)、融资租赁,并允许汽车金融公司发行金融债券,进入同业拆借市场等。

新《办法》着重对准入条件、业务范围、风险管理指标等方面做出较大修改和调整,突出体现了汽车金融的专业性、核心业务及功能定位。

1. 对出资人资质的规定

(1) 针对没有汽车金融业务经验的汽车生产厂商设立汽车金融公司提出审慎性要求,即新增加"汽车金融公司出资人中至少应有一名出资人具备5年以上丰富的汽车金融业务管理和风险控制经验。汽车金融公司的出资人如不具备前款规定的条件,至少应为汽车金融公司引进合格的专业管理团队"的规定。

(2) 提高对出资人综合经济指标量化标准,将非金融机构出资人的资产规模要求从原来的40亿元提高至80亿元,营业收入从20亿元提高至50亿元。

(3) 根据汽车产业格局和实际发展需要,取消了原《办法》"同一企业法人不得投资一个以上的汽车金融公司"的规定。

(4) 新增加了"最近1年年末净资产不低于资产总额的30%(合并会计报表口径)";"入股资金来源真实合法,不得以借贷资金入股,不得以他人委托资金入股";"承诺3年内不转让所持有的汽车金融公司股权(中国银监会依法责令转让的除外),并在拟设公司章程中载明"3项规定。

此外,为了与相关法规协调一致,对有关条件做出适当调整,如将"最近3年连续盈利"改为"最近2年连续盈利"、将"无违法违规记录"改为"近2年无重大违法违规行为"等。

2. 增加业务范围

为解决汽车金融公司业务发展中面临的融资渠道和业务范围狭窄的问题,同时兼顾长远发展需要,新《办法》在业务范围方面做出了重大调整,增加了6项新业务,即"接受汽车经销商采购车辆贷款保证金和承租人汽车租赁保证金;经批准,发行金融债券;从事同业拆借;提供汽车融资租赁业务(售后回租业务除外);办理租赁汽车残值变卖及处理业务;经批准,从事与汽车金融业务相关的金融机构股权投资业务"等业务。汽车金融公司可发行金融债券,相关做法可解决汽车金融公司业务发展中面临的融资渠道狭窄等问题。除可发行债券外,汽车金融公司还可从事同业拆借,提供汽车融资租赁等业务。

同时汽车金融公司吸收存款的范围也有所扩大。将吸收存款的范围由原来的"接受境内股东单位3个月以上期限的存款"调整为"接受境外股东及其所在集团在华全资子公司和境内股东3个月(含)以上定期存款"。新规还为汽车金融公司的兼并收购留下余地,允许其投资与汽车金融业务相关金融机构的股权。

相比2003年的《汽车金融公司管理办法》,新《办法》对汽车金融公司业务范围的扩大,拓宽了汽车金融公司的融资渠道,使其得以进入货币市场获取资金,但今后将不再允许汽车金融公司为贷款购车提供担保。

3. 风险管理

新《办法》明确规定,汽车金融公司应按照中国银监会有关金融机构内控指引和风险管理指引的要求,建立健全公司治理和内部控制制度,建立全面有效的风险管理体系。

要遵循规制监管与原则导向监管相结合的监管思路,新《办法》对汽车金融公司股东和高级管理人员提出新的审慎性监管要求,同时根据汽车业务和监管需要对监管指标进行了适当调整。将原《办法》及《细则》规定的7个监管指标调整为5个监控指标,即保留3个指标:单一客户授信比例、单一股东及其关联方授信比例和自用固定资产比例;增加1个指标:单一集团客户授信比例;修改1个指标:资本充足率由10%下调至8%;删除3个指标:最大10家客户授信比例、流动性比例和对外担保比例要求。

此外,还增加了对外包业务的监管要求,即规定"汽车金融公司如有业务外包需要,应制定与业务外包相关的政策和管理制度,包括业务外包的决策程序、对外包方的评价和管理、控制业务信息保密性和安全性的措施和应急计划等。汽车金融公司签署业务外包协议前应当向注册地中国银监会派出机构报告业务外包协议的主要风险及相应的风险规避措施等"。

(三)汽车金融服务的优点

汽车金融公司进入中国后,对于普通购车消费者而言,带给大家最直接的感受就是,个人购车时,银行贷款已不再是买车贷款的唯一方式,通过汽车金融公司同样可以贷款购车。

相较于从银行贷款,汽车金融公司在开展车贷业务时操作更加灵活。消费者若选择从汽车金融公司贷款,贷款的年限最长可以达到5年;在贷款资格的认定与手续的办理流程上,也会比银行更为便捷。汽车金融服务的优点:

(1)选择一些高品质、精挑细选的产品放在平台上。从客户的角度出发对金融机构进行筛选,把优秀的金融公司的优质产品呈现给客户,这已经在很大程度上形成了对客户利益的保护。

(2)它希望为客户提供的不仅仅是一些金融产品,而是完整的金融解决方案,根据客户不同的状况和偏好,从专业的角度对金融产品进行优化组合,真正做到"量体裁衣"。

(3) 一站式购物，可以把它理解为金融超市，这个超市包含多家金融公司的优质产品，突破了一家金融公司产品较单一的局面，因此，对于汽车消费的任何金融需求，在这里都能得到满足。

按照国际惯例，当激烈的市场竞争导致整车企业生产利润降低到3%~5%时，汽车金融业务的利润率仍可保持在30%左右。而中国汽车工业协会的预测数据显示，到2025年，中国汽车金融业将有5250亿元的市场容量。如此庞大的市场空间，自然会吸引国际汽车巨头将目光锁定在这块"蛋糕"上。

新《办法》的颁布与实施，有力地促进了汽车金融公司依法稳健经营，更好地发挥了依托大型汽车企业和专业化汽车金融服务的优势，促进了汽车消费信贷市场发展，为推动汽车产业乃至国民经济持续健康发展发挥了积极作用。

（四）汽车金融公司的作用

汽车金融公司提供的金融服务贯穿于汽车生产、流通和销售以及售后服务等整个过程中。

首先，从生产环节开始，汽车金融公司就开始为厂家提供生产流动资金。

其次，在流通环节，汽车金融公司对经销商必要的库存车辆提供周转融资；对经销商的服务设施，如展厅、配件仓库、维修厂的建立、改造、扩大提供必要的贷款；对经销商提供日常的流动资金贷款。在融资过程中，汽车经销商向汽车生产商订购汽车，汽车金融公司向生产商支付购车款，汽车经销商在其库存车辆及其他资产上设立抵押，为融资提供担保。汽车经销商售出汽车并向融资机构偿付所欠价款后，担保解除。

最后，汽车金融公司为消费者（最终用户）提供的消费信贷金融服务，主要包括分期付款方式和融资租赁方式等。

（五）汽车金融公司的发展前景

自2004年成立第一家汽车金融公司以来，截至2008年2月，跨国汽车巨头已在中国成立了9家合资汽车金融公司，包括通用汽车、大众汽车、福特汽车、丰田汽车、戴姆勒-克莱斯勒、标致雪铁龙、沃尔沃、日产汽车、菲亚特汽车等。截至2007年12月底，已开业的8家公司资产总额284.98亿元，当年累计实现盈利1647万元，不良贷款率为0.26%。虽然汽车金融公司进入中国的时间并不长，但经过这两年的市场导入与"适应"后，目前各大汽车金融公司在中国的业务均呈现出很好的上升趋势。

2009年3月20日，《汽车产业调整和振兴规划》发布。规划明确指出，"支持符合条件的国内骨干汽车生产企业建立汽车金融公司。促进汽车消费信贷模式的多元化，推动信贷资产证券化规范发展，支持汽车金融公司发行金融债券等。"2009年4月7日，商务部等八部委联合下发了《关于促进汽车消费的意见》。文件指出，加强汽车金融服务配套制度建设，稳步发展汽车消费贷款保证保险业务，推动保险机构与汽车消费信贷机构进一步加强合作，促进汽车消费市场平稳发展。

可以预见，随着我国汽车产业和汽车消费信贷市场的快速发展，汽车金融公司作为汽车金融服务的专业化机构将大有作为，业务发展前景广阔。

在银行看来，汽车消费信贷属于零售业务，客户数量多，额度小，成本高，效率低，违约车辆处置和变现都比较困难，是一项高投入低产出的业务。一旦客户违约，银行就比较被动。因此，银行更看重向汽车经销商贷款，将个人车贷市场让予汽车金融公司。不过，从与汽车经销商的关系来讲,作为整车厂商附属机构的汽车金融公司肯定要比银行更紧密,因此一旦汽车金融公司打破融资瓶颈,缩小与银行的利率差距,势必比银行更具优势。届时,无论是汽车经销商贷款还是个人车贷,都将是汽车金融公司的天下。

【小阅读】

国外汽车金融服务模式

随着汽车消费的兴起,汽车金融业的市场日渐形成。而在加入WTO后,国外汽车金融业作为服务贸易的一部分将进入我国。

1. 汽车融资机构主体比较

在国外,从事汽车金融服务的机构包括商业银行、信贷联盟、信托公司等金融机构,同时也包括汽车金融服务公司等非金融机构。

(1) 汽车金融服务公司。汽车金融服务公司是办理汽车金融业务的企业,通常隶属于汽车销售的母公司,向母公司经销商及其下属零售商的库存产品提供贷款服务,并允许其经销商向消费者提供多种选择的贷款或租赁服务。设立汽车金融服务公司是推动母公司汽车销售的一种手段。

20世纪初汽车金融业务首次出现。当时汽车还属于奢侈品,因而银行不愿意向汽车消费者发放贷款。这给汽车购买者和销售商设置了障碍,致使大多数消费者买不起汽车,汽车制造商也缺乏足够的发展资金。为解决这个问题,20年代初,美国的汽车公司组建了自己的融资公司,从而开始了汽车信贷消费的历史。随后,汽车金融的概念得到极大的拓展,包括顾客在银行贷款买车、经销商为营运筹措资金以及制造商为扩大规模而筹资建厂等。

(2) 信贷联盟。信贷联盟(credit union)最早起源于19世纪40年代的德国,它是由会员共同发起,旨在提高会员经济和社会地位而创立,并以公平合理的利率为其会员提供金融服务的一种非营利性信用合作组织。

在美国,信贷联盟会员准入资格的限制也已被逐步取消。根据1998年美国国会通过的《信贷联盟会员准入法》(the Credit Union Membership Access Act)的规定,经监管当局批准,经联邦政府核准设立的信贷联盟可以吸收不符合原属会员准入资格者加盟。

在资金来源方面,除了会员的存款或储蓄外,信贷联盟还可以向银行、其他信贷联盟等筹集资金,但各国一般都规定信贷联盟向外借款的最高限额。在信贷业务方面,信贷联盟可以发放生产信贷,也可以是包括汽车消费信贷在内的信贷。但是,信贷联盟对外发放贷款一般也有一些限制条件。

(3) 信托公司。信托公司有两种不同的职能,一是财产信托,即作为受托人代人管理财产和安排投资;二是作为真正的金融中介机构,吸收存款并发放贷款。从传统业务来看,信托公司主要是代为管理财产,如代人管理不动产和其他私人财产,安排和管理退休金、养老金,管理企业的偿债基金等。当然信托公司的受托投资活动必须符合法律权限。信托公司托管资产的投资去向主要集中在各种金融债券及企业股票投资上,另外也发放一定比例的长期抵押贷款业务。

近年来,信托公司的资产组合越来越趋于分散化,它们与商业银行的差别也越来越小,而且自20世纪70年代以来，这类非银行金融机构开始大力开拓新的业务领域，并采取许多措施提高其竞争力。为了绕过法律的限制，信托公司便大量持有或设立其他专业化的附属机构，如专门的汽车金融服务机构等。

2. 汽车消费信贷金融服务模式

（1）分期付款销售方式。分期付款是各国普遍采用的一种传统的融资方式。在分期付款销售的具体操作中，汽车零售商一般和消费者签订汽车分期付款零售合同（retail installment contract）。作为一般的汽车融资机构，商业银行、信托公司、信贷联盟以及专业化的汽车金融服务公司均可以分期付款的方式向汽车消费者发放贷款，但法律对它们的要求有一定的差别。根据美国许多州的法律规定，作为非金融机构的汽车金融服务公司，须向银行金融主管部门（Department of Banking and Finance）申请营业执照，否则不得从事汽车零售业务，也不得以分期付款的方式向消费者销售汽车。

（2）融资租赁方式。汽车融资租赁是一种买卖与租赁相结合的汽车融资方式。一般而言，汽车融资租赁须具备一定的条件，否则不属于汽车融资的范畴，而只是一般的汽车租赁。

美国一些州的法律将汽车融资租赁方式列入汽车分期付款零售的范畴，如佛罗里达州《汽车零售融资法》（Motor Vehicle Retail Sales Finance Act）520.02（12）条和加利福尼亚州《汽车销售与融资法》（Motor Vehicle Sales and Finance Act）2981条均作此规定。

（3）汽车销售融资公司的再融资方式。再融资（refinancing）是指合同持有人通过受让汽车分期付款零售合同的合同债权，与作为债务人的消费者重新安排分期付款协议的内容，从而实现对消费者提供融资。它是在汽车金融服务机构以分期付款方式为消费者提供金融服务之后的第二次融资。但是，如果汽车零售商为担保其债务而在其与消费者之间签订的合同债权上设质，并将有关合同转由第三人占有，该第三人也不属于合同债权的受让人，此种行为不属于再融资。

目前，可以从事此项再融资服务的机构包括汽车销售融资公司（sales finance company）以及其他持有汽车分期付款零售合同的人。前者是指向一个或多个汽车零售商购买或受让汽车零售商和消费者之间签订的汽车分期付款零售合同或者汽车融资租赁合同，专门为汽车零售商和消费者提供金融服务的组织，包括商业银行、投资银行、信托公司、信贷联盟；后者主要包括出让或者受让汽车分期付款零售合同的汽车零售商。两者在法律上统称为"汽车分期付款零售合同持有人"（holder of a retail installment contract）。

第五节　汽车租赁相关法规

中国汽车租赁业于1989年起源于北京，进入2001年前后，掀起了第三轮的汽车租赁企业发展高峰，从此，国内汽车租赁行业有了长足的发展，从原来仅限在北京、上海、广州等大型城市的汽车租赁业务，发展到了中小城市，乃至县镇。

2013年，我国汽车租赁的市场需求已经达到25万辆，全年市场规模达220亿元，相比2006年租赁汽车44864辆、营业额20亿元，汽车租赁业增长超十倍。随着中国信用体系的建立以及市场经济的进一步完善，中国汽车租赁业将会有更快的发展。未来几年，我国汽车租赁行业仍将保持高速增长，年增长率在20%~25%。

（一）汽车租赁的相关知识

汽车租赁于1918年诞生在美国，经过近百年的发展，目前已经成为全球营业额近千亿美元的一个重要行业，在世界经济中发挥着不可替代的作用。

汽车租赁在经济发达国家已成长为一项规模巨大、管理成熟、深受汽车制造厂商和政府关注的服务产业。在我国，随着经济的持续发展和人民生活水平的不断提高，人们对方便快捷的出行方式的需求越来越强烈，预示着我国汽车租赁业将有着巨大的市场潜力和美好前景。

1. 汽车租赁的定义

（1）汽车租赁为实物租赁，是以取得汽车产品使用权为目的，由出租方提供租赁期内包括汽车功能、税费、保险、维修及配件等服务的租赁形式。

（2）汽车租赁是指在约定时间内租赁经营人将租赁汽车交付承租人使用，收取租赁费用，不提供驾驶劳务的经营方式。汽车租赁的实质是在将汽车的产权与使用权分开的基础上，通过出租汽车的使用权而获取收益的一种经营行为。

2. 汽车租赁的分类

（1）按照租赁期长短分类。按照租赁期的长短可将汽车租赁划分为长期租赁和短期租赁，具体释义如下：

长期租赁，是指租赁企业与用户签订长期（一般以年计算）租赁合同，按长期租赁期间发生的费用（通常包括车辆价格、维修维护费、各种税费开支、保险费及利息等）扣除预计剩存价值后，按合同月数平均收取租赁费用，并提供汽车税费、保险、维修及配件等综合服务的租赁形式。

短期租赁，是指租赁企业根据用户要求签订合同，为用户提供短期（一般以小时、日、月计算）的用车服务，收取短期租赁费，解决用户在租赁期间的各项服务要求的租赁形式。在实际经营中，一般认为15天以下为短期租赁，15～90天为中期租赁，90天以上为长期租赁。

（2）按照经营目的分类。汽车租赁还可以按照经营目的划分为融资租赁和经营租赁，具体释义如下：

融资租赁是指承租人以取得汽车产品的所有权为目的，经营者则是以租赁的形式实现标的物所有权的转移，其实质是一种带有销售性质的长期租赁业务，在一定程度上带有金融服务的一些特点。

经营租赁则是指承租人以取得汽车产品的使用权为目的，经营者则是通过提供车辆功能、税费、保险、维修、配件等服务来实现投资收益。

3. 汽车租赁的经营模式

目前，我国汽车租赁企业由于经营时间短，规模和实力有限，大多采取分散独立经营的模式。随着我国经济的发展和租赁市场的成长，这种模式难以为顾客提供方便快捷的服务，难以为企业提供持续健康发展的空间，限制了企业的市场开拓和经营规模的扩大。汽车租赁企业在经历了最初的市场培育之后，其经营模式必将走上特许连锁经营和与生产厂商合作的道路。

（1）特许连锁经营。世界知名的汽车租赁企业无一不采用连锁经营的方式，其连锁经营网点遍布各地，大型租赁公司的连锁租赁站点都在1000以上，其中赫兹（Hertz）公司在

140个国家设有5600余个站点，另一家美国的汽车租赁公司阿维斯（AVIS）也在世界140个国家中设有5000余个站点。欧洲最大的汽车租赁公司"欧洲汽车（Europcar）"则设有8个分公司和1515个租赁站点。不仅如此，连锁经营的汽车租赁企业通过统一的管理标准和运营体系还在其车辆型号、车辆技术管理、服务质量管理等方面不断优化，从而赢得大量稳定的客户。欧洲汽车租赁公司就与464个跨国公司建立长期合作关系，这些跨国公司的资料均进入了其绿色通道预订系统的数据库中。

汽车租赁企业实行连锁经营，通过建立广泛的网络，统一管理，统一调配资源，能带来经营上的很多优势。首先，在构建连锁网络的同时，由于经营规模的扩大，使得企业统一采购的车辆和服务数量大大增加，提高了连锁企业与汽车厂商和相关服务企业的议价能力，从而易于获得优惠价格。其次，连锁经营的汽车租赁企业通过统一管理标准和统一调配资源，大大提高了客户在租车的时间、地点上的便利性和使用中出现故障时进行施救的及时性，简化了顾客租赁的手续，完善了顾客的信用管理体制，进而提高了企业整体的服务水准和顾客满意程度，同时，也能够在更高的层次上实现企业各项资源的优化配置，提高各种设备、设施的利用效率。对于全国性或区域性的汽车连锁租赁企业，可以统一运作各种形式的媒体工具，提高市场推广的效果和效率。

（2）与制造厂商的合作经营。从汽车租赁业的发展历史看，自20世纪初汽车租赁行业诞生以来，汽车租赁企业就一直与汽车生产厂商保持着密切的合作关系。各大汽车厂商以收购或入股的形式直接参与一些汽车租赁公司的经营。以世界第一家也是目前规模最大的汽车租赁公司赫兹（Hertz）公司为例，该公司自1918年创建之初，便专门使用福特汽车公司的T型汽车。1926年，赫兹（Hertz）公司被美国通用汽车公司购买，其后又由美国福特公司、瑞典沃尔沃汽车公司共同拥有，成为福特汽车公司的全资子公司。大众汽车则拥有欧洲最大的汽车租赁公司Europcar。

通过合作，厂商一方面为汽车租赁公司提供了融资上的支持，这样有利于汽车租赁公司扩大规模，获取规模经济效应，另一方面，租赁公司还可获得来自厂商直接的技术支持，为出租车辆提供专业维护和维修质量担保，提高了车辆整体技术状况，降低了出租车辆在整个使用寿命中的使用成本，从而在一定程度上保证了汽车租赁企业资产投资的有效性和收益能力。除了获得资金和技术上的支持以外，像AVIS与通用汽车公司的这种战略联盟式的合作，还直接增强了企业市场推广的力度，降低了企业的营销活动成本。由此可见，汽车租赁企业与汽车制造厂商的合作，是租赁企业发展到一定规模后必须做出的战略选择。

（二）我国的汽车租赁规范

国内首部汽车租赁行业管理类的标准，北京市地方标准《汽车租赁经营服务规范》（下面简称《规范》）于2007年9月1日起正式实施。同时，北京汽车租赁还有一个统一的租赁合同示范文本，租赁双方可以在文本基础上签订合同补增条款。《规范》从汽车的租赁服务、租赁车辆、计算机设备等方面，对北京汽车租赁的服务行为等进行了具体、统一的规范。

《规范》出台以前，主要矛盾表现为以下几点：

① 同车型、同租用条件，在不同公司的押金额度差别大，而不同档次车型的租金和押金没有一个最低限价。

② 在退还车辆时，租赁公司总会找各种理由扣留一部分押金，客户只能"吃哑巴亏"，也没法维护自己的合法权益。

第六章 我国的汽车销售与金融管理法规

③ 汽车租赁公司间的不正当竞争引起了租赁市场的恶意"低价战"等。客户抱怨、公司无奈,使得汽车租赁市场长期处于混乱的尴尬局面。

《规范》的出台统一了租赁企业的经营和服务标准,对汽车租赁双方的行为提出了以下几点要求:

(1) 出租方需2小时内提供救援。以前的《北京市汽车租赁合同条款》只规定了对本市行政区域内故障、事故的24小时救助服务,没有提出其他的时间要求。而《规范》要求,救援电话应该在租赁合同中注明,并保证24小时有人值守。汽车租赁经营者接到承租人的求救电话后,应该根据救援需求和预案进行救援。如事发地点在北京市内五环路之内或者单程20km之内的,应当在2小时内到达。

如果汽车在五环路之外出现故障,客户也可以给租赁公司打电话,这里要着重强调的是,遇到这种情况,救援人员应向客户预告到达现场的时间。客户和租赁公司按照责任承担相应的费用;如果客户是正常、正确地使用汽车时出现了故障,维修费由公司全部承担。此外,《规范》中还规定,故障车辆2小时内无法恢复正常行驶的,汽车租赁经营者应向租车人提供相应功能和租价的临时替换车辆。否则,租车者有权提出解除汽车租赁合同,出租方应退还租赁车辆停驶期间的租金并支付停驶期间租金的20%作为违约金。

(2) 租车交通违法须5日内认罚。截至2012年12月底,北京市汽车租赁行业备案企业635家,备案车辆38 199辆,营业收入17亿元,同比增长了44%、19%和30%。如此庞大的租车群体中,约有5%的违法属于"呆账",对于被拍下来的违章信息,车主往往不予承认或拒交罚款。

《规范》对此做出要求,违反交通安全法规时,租车者应在被告知5日内接受处罚,如拒不接受处罚,合同中登记的驾驶人将作为违法责任人被提交到交管部门进行处理。

同时,《规范》还对租车人做出了相应的责任规定:租车人逾期交纳租金的,每超过一天按应交租金总额的0.5%交纳滞纳金,过期没有归还车辆的,还应交租金的20%作为违约金。

(3) 租赁公司承担维护费用。汽车保养是《规范》中的一大亮点,其中规定:汽车到达保养里程或时限时,公司要对车辆进行召回并进行技术维护。在此期间,公司会给客户安排相应功能和租价的替换车辆,而且维护费用全部由公司承担,客户不用支付任何费用。

根据《规范》中的规定,租赁前,租赁经营者除了要保证车辆的发动机、仪表板等技术状况良好外,还需保证车辆随车物件配备齐全,车内应该备有随车工具、备胎、灭火器、防盗装置等;车辆应备有不低于10L的备用燃油;汽车租赁经营者应给租赁车办理机动车交通事故责任强制保险、第三方责任险等险种。此外,《规范》还指出,在发车交接时,应该允许租车人员进行车辆试操作。试操作中如果发现问题,租车人不满意,要求另作选择的,租赁经营者应当给予满足,这无疑让众多的汽车租赁客户吃了一颗定心丸。

(三) 汽车租赁企业的运营管理

《北京市汽车租赁管理办法》于2002年8月13日市人民政府第51次常务会议通过,予以公布,自2003年1月1日起施行。为规范汽车租赁行为,保护经营者和承租者的合法权益,促进汽车租赁业健康发展,《北京市汽车租赁管理办法》对以下方面进行了规范:

1. 对汽车租赁企业规模的规范

对汽车租赁企业规模的规范具体表现为,从事汽车租赁经营的应当具备下列条件:

（1）符合本市汽车租赁业发展规划确定的行业总规模和企业经营规模。
（2）有固定的营业场所。
（3）有不少于租赁车辆总价值3%的流动资金。
（4）停车场地的泊位数不少于租赁车辆数的30%。
（5）有保障网络化经营的计算机管理系统。
（6）车辆安全、车辆技术岗位上应当安排具有中、高级职称的专业技术人员。

同时《北京市汽车租赁管理办法》还规定，申请经营汽车租赁的，应当持相关材料向市交通行政主管部门的市区管理机构和远郊区县交通行政主管部门提出书面申请。市交通行政主管部门应当在受理申请之日起25个工作日内做出审查决定；对准予经营的应当颁发经营许可证件，对投入运营的车辆颁发租赁车辆证件。申请者持经营许可证件依法办理相关手续后，方可经营。

2. 对租赁车辆的规范

租赁车辆应符合下列要求：
（1）车辆技术状况等级为一级。
（2）行驶和运营的牌证齐全有效。
（3）按国家规定办理保险。
（4）符合本市规定的机动车污染物排放标准。
（5）属于客运车辆的，应当安装防盗设备。

3. 对汽车租赁经营者和承租者的规范

（1）汽车租赁双方应当签订租赁合同。合同内容应当包括车辆用途、使用期限、租赁费用及付费方式、车辆交接、担保方式、车辆维护和维修责任、风险承担、违约责任和争议的解决方式。
（2）汽车租赁经营者对承租者负有告知义务。告知内容应当包括车辆技术状况、车辆保险的投保情况、救援服务等内容。
（3）汽车租赁经营者应当建立健全车辆维护和维修管理制度，确保向承租者提供的车辆技术性能良好、符合安全行驶条件。对租赁期间发生故障的车辆，应当按照约定及时提供救援服务。
（4）承租者应当爱护车辆及其附属设施，按照操作规范驾驶车辆。
（5）承租者应当对租赁期间发生的交通违章、交通责任事故以及其他因承租者原因造成租赁车辆被扣押的行为承担责任。

4. 对交通行政主管部门的规范

交通行政主管部门不按照本办法规定核发经营许可证件和租赁车辆证件的，或核发经营许可证件和租赁车辆证件后不履行监督管理职责的，或者对违法行为不予查处的，对直接负责的主管人员和其他直接责任人员依法给予行政处分；构成犯罪的，依法追究刑事责任。

（四）网络预约出租汽车经营服务管理暂行办法

网约车是新时代人们出行的一个好的选择，网络约车因为价格便宜，信息快捷，受到乘客的青睐，国家也出台政策进行规范。

《网络预约出租汽车经营服务管理暂行办法》（以下简称《办法》）是为更好地满足社会公众多样化出行需求，促进出租汽车行业和互联网融合发展，规范网络预约出租汽车经营服务行为，保障运营安全和乘客合法权益，根据国家有关法律、行政法规制定的。《办法》由交通运输部、工信部等7部委于2016年7月27日联合发布，自2016年11月1日起施行。2019年12月28日，根据《中华人民共和国交通运输部令2019年第46号》修正。

网约车新规要点解读如下：

一是关于网约车车辆登记性质问题。明确将网约车车辆登记为"预约出租客运"，既体现其出租汽车的性质，又反映其新兴业态的特征。

二是关于劳动合同问题。《办法》提到，从事网约车的驾驶人需与网约车经营者签订劳动合同。

考虑到网约车平台公司与驾驶人签订劳动合同可能影响一些兼职驾驶人从事网约车运营，《办法》明确要求签订劳动合同或协议，以适应网约车专兼职从业的要求。

三是关于优化许可程序问题。对平台公司经营许可实行"两级工作、一级许可"，既满足了网约车本地化服务的要求，也适应了互联网跨区域服务的特点。

四是关于信息安全保护问题。从多个方面规定了信息安全保护，如规定了网约车乘客对于网约车平台公司信息采集目的、方式和范围的知情权等。

网约车新规目的是规范发展网约车，确保乘客的权益、乘车安全、服务质量得到有效保障，有利于其长期可持续健康发展。

交通部正发布了网络约租车经营服务管理办法。一是明确责任主体，提供网络约租车服务平台企业是网络约租车的责任主体，要承担相应主体责任。二是要保障乘客安全，加强网络约租车平台、车辆和驾驶人管理，禁止非营运车辆接入经营。三是要维护乘客合法权益，网络约租车平台企业对服务过程中发生的服务质量纠纷、安全责任事故等要承担主体责任。四是要维护公平规范的市场秩序，网络约租车平台企业要遵守运输市场规则，公平规范地参与市场竞争。五是加强政府监管，将网络约租车服务纳入政府管理部门监管，因势利导，建章立制，促进网络约租车规范发展。

（五）小微型客车租赁经营服务管理办法

为规范小微型客车租赁经营服务行为，保护经营者和承租人合法权益，交通运输部制定了《小微型客车租赁经营服务管理办法》（交通运输部令2020年第22号，以下简称《管理办法》），并于2021年4月1日起正式实施。《管理办法》共五章二十八条，分别为总则、经营服务、监督管理、法律责任、附则。主要内容包括：

（1）明确小微型客车租赁管理职责。除根据"三定"方案明确交通运输部指导全国小微型客车租赁管理工作外，结合各地承担汽车租赁管理职责的部门不尽相同的客观实际，明确县级以上地方人民政府负责小微型客车租赁管理的行政主管部门负责本行政区域内小微型客车租赁管理工作。

（2）建立小微型客车租赁经营备案管理制度。按照深化"放管服"改革要求，明确小微型客车租赁经营实施备案管理。既对从事小微型客车租赁经营提出了需取得企业法人资格等管理要求，也规定租赁经营者在办理企业登记手续或者新设服务机构开展经营活动后60日内就近向小微型客车租赁行政主管部门办理备案，并明确了备案应提供的材料、备案程序、变更备案等情形。

（3）规范小微型客车租赁经营服务活动。一是规范了小微型客车租赁经营者、接受委托提供小微型客车租赁服务的电子商务平台经营者的经营行为，主要从依法收集和保护个人信息、提供优质安全服务质量、维护车辆安全状况、建立管理档案、落实安全生产责任、鼓励办理保险等方面提出了要求。二是规定了承租人的相关义务，包括持机动车驾驶证租赁小微型客车，随车携带机动车行驶证，按操作规范驾驶车辆，妥善保管车辆，依法接受交通违法处理等。三是明确了身份查验的相关要求。四是与《中华人民共和国道路运输条例》《机动车强制报废标准规定》等规定进行衔接，对租赁小微型客车使用性质和报废年限进行了规定。

（4）强化对小微型客车租赁经营活动的监管。一是规定利用信息化手段实现信息共享和社会监督。二是建立了服务质量信誉考核和投诉举报制度。三是强化行业自律。四是规定了相关的法律责任。

（5）对租赁车辆使用性质予以规范。《管理办法》明确投入经营的小微型客车应当经检验合格且车辆行驶证登记的使用性质为租赁，为了将租赁小微型客车与道路运输经营车辆区别开来，《管理办法》进一步规定，车辆行驶证登记为租赁的小微型客车不得擅自用于道路运输经营。利用租赁小微型客车从事道路运输经营的，应当先按照道路运输经营相关管理规定办理行政许可和机动车使用性质变更手续。

（6）明确不得随车提供驾驶劳务。小微型客车租赁经营者随车提供驾驶劳务，其经营边界将与出租汽车、包车客运等实行许可制的道路运输方式高度混淆，不仅会冲击出租汽车、包车客运市场，而且可能成为租赁经营者开展非法营运的制度漏洞，《管理办法》明确小微型客车租赁经营者不得随车提供驾驶劳务，并对违法随车提供驾驶劳务的行为规定了相应的法律责任。

（7）合理规范平台公司的活动。为发挥自身技术优势和避免重资产化经营，部分平台公司通过建立小微型客车租赁信息平台，为小微型客车租赁经营者和承租人提供网络经营场所、交易撮合、信息发布等服务。平台公司虽然参与小微型客车租赁经营服务活动，但并非租赁合同的权利义务当事人，所以《管理办法》未将平台公司作为小微型客车租赁经营单独的一类主体进行特别规范。《管理办法》对小微型客车租赁经营者委托电子商务平台经营者的行为进行了规定，要求平台公司应当遵守国家网络安全、数据安全、电子商务、个人信息保护等方面的法律法规，依法收集相关信息和数据，严格保护个人信息和重要数据，维护网络数据安全，支持配合有关部门开展相关监管工作。

复习思考题

1. 汽车品牌销售的定义是什么？
2. 二手车流通管理办法与原办法相比有哪些变化？
3. 简述机动车登记规范的主要内容。

第七章 汽车税费管理法规

2019年，全国一般公共预算收入190382亿元，其中车船税、船舶吨税、车辆购置税分别收入881亿元、50亿元、3498亿元。2020年，全国税务部门组织的税收收入（已扣除出口退税）完成136780亿元。"十三五"时期，全国税收收入完成65.7万亿元，比"十二五"时期增加18.5万亿元，为经济社会发展提供了坚实财力保障。

消费者在购买车辆时，必须缴纳相应税费，同时，依法纳税也是每个公民应该履行的义务。本章首先对税法进行统一阐释，然后对汽车所要征收的车船税、购置税、消费税、增值税以及燃油税进行详细的讲解。

第一节 汽车税法概论

税收是人类社会发展到一定历史阶段的产物，是随着国家的产生而产生的，我国的税收有着几千年的历史。税收是作为国家取得财政收入的手段而产生的，这既是税收产生的原因，也体现了税收最初的职能作用。

一、税收的概念

税收是国家为了实现其职能，凭借政治权力，按照法律规定标准，对一部分社会产品进行无偿分配，以取得财政收入的一种形式。其本质是一种分配关系，征税的目的是满足社会公共需要。

税收具有无偿性、强制性、固定性的特征，这三个特征是一个完整的统一体，它们相辅相成、缺一不可。其中，无偿性是核心，强制性是保障，固定性是对强制性和无偿性的一种规范和约束。

二、税法的概念

税法是国家制定的用以调整国家与纳税人之间在征纳税方面的权利及义务关系的法律规范的总称，其内容主要包括各税种的法律法规以及为了保证这些税法得以实施的税收征管制度和税收管理体制，其目的是保障国家利益和纳税人的合法权益，维护正常的税收秩序，保证国家的财政收入，税法是税收制度的核心内容。

税法与税收制度是密不可分的，税法是税收制度的法律表现形式；而税法所确定的具体内容则是税收制度。

三、税收法律关系的构成

税收法律关系在总体上与其他法律关系一样，由权利主体、客体和内容三方面构成。

1. 权利主体

权利主体即税收法律关系中享有权利和承担义务的当事人。在我国税收法律关系中，权利主体一方是代表国家行使征税职责的国家税务机关,另一方是履行纳税义务的人。

2. 权利客体

权利客体是指税收法律关系主体双方的权利和义务所指向的对象,也就是征税对象。征税对象是区分不同税种的主要标志,我国现行税收法律、法规都有自己特定的征税对象。

3. 税收法律关系的内容

税收法律关系的内容就是权利主体所享有的权利和所应承担的义务。

(1) 税务机关的权利主要表现在依法进行征税、税务检查以及对违章者进行处罚;其义务主要是向纳税人宣传、辅导、解读税法,及时把征收的税款解缴国库,依法受理纳税人对税收争议的申诉等。

(2) 纳税义务人的权利主要有多缴税款申请退还权、延期纳税权、依法申请减免税权、申请复议和提起诉讼权等。其义务主要是按税法规定办理税务登记、进行纳税申报、接受税务检查、依法缴纳税款等。

四、税法的构成要素

1. 纳税义务人

纳税义务人即纳税主体,是税法规定的直接负有纳税义务的单位和个人,包括自然人和法人。对纳税人的规定解决了对谁征税,即谁应该纳税的问题。自然人包括本国公民,也包括外国人和无国籍人。法人包括机关法人、事业法人、企业法人和社团法人。

2. 代扣代缴义务人

代扣代缴义务人是指虽不承担纳税义务,但依照有关规定,在向纳税人支付收入、结算货款、收取费用时有义务代扣代缴其应纳税款的单位和个人。

3. 代收代缴义务人

代收代缴义务人是指虽不承担纳税义务,但依照有关规定,在向纳税人收取商品或劳务收入时,有义务代收代缴其应纳税款的单位和个人。如消费税条例规定,委托加工的应税消费品,由受托方在向委托方交货时代收代缴委托方应该缴纳的消费税。

4. 税基

税基又称计税依据,是据以计算征税对象应纳税款的直接数量依据,它解决对征税对象课税的计算问题,是对课税对象的量的规定。

5. 税目

税目是在税法中对征税对象分类规定的具体的征税项目,反映具体的征税范围,是对课税对象质的界定,代表征税的广度。

6. 计税单位

计税单位亦称计税标准、课税单位。它是课税对象的计量单位和缴纳标准,是课税对象的量化。计税单位分为从价计税、从量计税和混合计税三种。

7. 税率

税率是对征税对象的征收比例或征收额度。税率是计算税额的尺度,反映征税的深度,对税率的规定解决了征多少税的问题。税率也是影响并决定政府税收和纳税人税负的最重要因素,是国家税收政策的具体体现,是税收实体法的核心要素。

我国目前税率形式有比例税率、累进税率和定额税率三种。

(1) 比例税率：对同一征税对象，不分数额大小，规定相同的征收比例。我国的增值税、营业税、城市维护建设税、企业所得税等采用的是比例税率。

(2) 累进税率：征税对象按数额（或相对率）大小分成若干等级，每一等级规定一个税率，税率依次提高；每一纳税人的征税对象则依所属等级同时适用几个税率分别计算，将计算结果相加后得出应纳税额。

(3) 定额税率：即按征税对象确定的计算单位，直接规定一个固定的税额。

五、税收立法与税法实施

1. 税收立法程序

税收立法程序是指有权的机关，在制定、认可、修改、补充、废止等税收立法活动中，必须遵循的法定步骤和方法。

目前，我国税收立法程序主要包括以下几个阶段：提议阶段、审议阶段及通过和公布阶段。

2. 税法实施

税法实施即税法的执行，它包括税收执法和守法两个方面：一方面要求税务机关和税务人员正确运用税收法律，并对违法者实施制裁；另一方面要求税务机关、税务人员、公民、法人、社会团体及其他组织严格遵守税收法律。

由于税法具有多层次的特点，因此，在税收执法过程中，对其适用性或法律效力的判断上，一般按以下原则掌握：

① 层次高的法律优于层次低的法律。
② 同一层次的法律中，特别法优于普通法。
③ 国际法优于国内法。
④ 实体法从旧，程序法从新。

第二节 车 船 税

2018年8月1日，财政部、税务总局、工业和信息化部、交通运输部下发《关于节能新能源车船享受车船税优惠政策的通知》，要求对符合标准的新能源车船免征车船税，对符合标准的节能汽车减半征收车船税。财政政策将促进消费回暖，新能源汽车推广应用财政补贴政策实施期限延长至2022年年底，平缓补贴退坡力度和节奏，加快城市公共交通等领域汽车电动化。

根据2019年4月23日第十三届全国人民代表大会常务委员会第十次会议修正通过的《中华人民共和国车船税法》（2019修正）已颁布实行。

一、车船税的相关概念

1. 车船税的含义

车船税是指对在我国境内应依法到公安、交通、农业、渔业、军事等管理部门办理登记的车辆、船舶，根据其种类，按照规定的计税依据和年税额标准计算征收的一种财产税。

2. 车船税的纳税人

在中华人民共和国境内，车辆、船舶（以下简称车船）的所有人或者管理人为车船税的纳税人。由于租赁关系，致使拥有人与使用人不一致时，车船的所有人或者管理人未缴纳车船税的，由使用人代为缴纳。此外，外商投资企业、外国企业、华侨、外籍人员和港澳台同胞，也属于车船税的纳税人。

3. 车船税的税基

（1）车辆。汽车、摩托车的税基为车辆的辆数。载货汽车、三轮汽车、低速货车、专项作业车和轮式专用机械车的税基为自重吨数。载货汽车和专项作业车的"自重"是指机动车的整备质量。

（2）船舶。船舶的税基为净吨位数，拖船按照发动机功率每2hp折合净吨位1t。

4. 车船税的税率

为平衡不同种类、等级车辆与船舶的税收负担，考虑各地的经济发展水平，车船税采用分类分级幅度定额税率。车船税具体的税率水平依据车船税税目税额表确定，具体见表7-1。

表7-1 车船税税目税额表

税目	标准		计税单位（年基准税额）	备注
乘用车 [按发动机 气缸容量 （排气量）分档]	1.0L（含）以下的	60～360元	每辆	核定载客人数9人 （含）以下
	1.0～1.6L（含）	300～540元		
	1.6～2.0L（含）	360～660元		
	2.0～2.5L（含）	660～1200元		
	2.5～3.0L（含）	1200～2400元		
	3.0～4.0L（含）	2400～3600元		
	4.0L以上的	3600～5400元		
商用车客车		480～1440元		核定载客人数9人 以上，包括电车
商用车货车		16～120元	整备质量每吨	
挂车		按照货车税额的 50%计算		
其他车辆 专用作业车		16～120元		不包括拖拉机
其他车辆轮 式专用机械车		16～120元		不包括拖拉机
摩托车		36～180元	辆	
船舶、机动船舶		3～6元	净吨位每吨	拖船、非机动船 舶分别按照机动 船舶税额的50%计算
船舶游艇		600～2000元	艇身长度 每米	

5. 纳税义务发生时间

纳税义务发生时间是指应税行为发生的时间。车船税纳税义务的发生时间具体分为以下三种情况：

① 车船税纳税义务发生时间为取得车船所有权或者管理权的当月。车船税按年申报缴纳，具体申报纳税期限由省、自治区、直辖市人民政府规定。

② 纳税人未按照规定到车船管理部门办理应税车船登记手续的，以车船购置发票所开具时间的当月作为车船税的纳税义务发生时间。

③ 对未办理车船登记手续且无法提供车船购置发票的，由主管地方税务机关核定纳税义务发生时间。

6. 车船税的计税依据

（1）纳税人在购买机动车交通事故强制保险时，应当向扣缴义务人提供地方税务机关出具的本年度车船税的完税凭证或者减免税证明。不能提供相应凭证或证明的，应当在购买保险时按照当地税务机关核定的车船税税额标准计算、缴纳车船税。

（2）车船税计税依据涉及的载客人数、自重吨位、注册净吨位或功率等计税标准，以车船管理部门核发的车船登记证书或者行驶证书相应项目所载数额为准；纳税人未按照规定到车船管理部门办理登记手续的，计税标准以车船出厂时的合格证书或进口时相应凭证上的所载数额为准；不能提供出厂时的合格证书或进口凭证的，由主管税务机关根据车船自身的状况并参照同类车船核定。

（3）车辆自重尾数在 0.5t 以下（含 0.5t）的，按照 0.5t 计算；超过 0.5t 的，按照 1t 计算。船舶净吨位尾数在 0.5t 以下（含 0.5t）的，不予计算；超过 0.5t 的，按照 1t 计算。1t 以下的小型车船，一律按 1t 计算。

（4）对于无法准确获得自重数值或自重数值明显不合理的载货汽车、低速货车、三轮车、专项作业车和轮式专用机械车，由主管税务机关根据车辆自身状况并参照同类车辆核定计税依据。对能够获得总质量和核定载质量的，可按照总质量和核定载质量的差额作为车辆自重；无法获得核定载质量的专项作业车和轮式专用机械车，可按照车辆总质量确定自重。

二、车船税的纳税额计算

1. 购置的新车船的纳税额计算

购置的新车船，购置当年应纳税额自发生纳税义务的当月起按月计算。计算公式为

$$应纳税额 = 年应纳税额 \div 12 \times 应纳税月数$$

【例1】 2011 年 1 月 1 日某物流公司购买自重 5t 载货汽车 30 辆，6.8t 挂车 20 辆，7.5t 客货两用车 10 辆。该公司所在地载货汽车年税额 50 元/t，载客汽车的年税额为 800 元/辆。2011 年该公司应缴纳车船税多少元？

解：载货汽车应纳税额 = 5 × 30 × 50 元 = 7500 元

挂车应纳税额 = 7 × 20 × 50 元 = 7000 元

客货两用车应纳税额 = 7.5 × 10 × 50 元 = 3750 元

所以，该公司应纳车船税额为 7500 + 7000 + 3750 元 = 18250 元

注：客货两用汽车按照载货汽车的计税单位和税额标准计征车船税。

2. 特殊情况下车船税应纳税额的计算

特殊情况下的车船税主要包括短期交强险、已税减免、欠缴补税和滞纳金四种情况。

(1) 购买短期交强险的车辆。《中华人民共和国车船税法》规定，对于境外机动车临时入境、机动车临时上道路行驶、机动车距规定的报废期限不足一年而购买短期交强险的车辆，应缴纳车船税的税额计算公式为

$$当年应缴税额 = 计税单位 \times 年单位税额 \times 应纳税月份数 \div 12$$

式中，应纳税月份数为交强险有效期起始日期的当月至截止日期当月的月份数。

(2) 已向税务机关缴税的车辆或税务机关已批准减免税的车辆。《中华人民共和国车船税法》规定，对于已向税务机关缴税或税务机关已经批准免税的车辆，保单中"当年应缴"项目应为0；对于税务机关已批准减税的机动车，保单中"当年应缴"项目应据减税前的应纳税额扣除依据减税证明中注明的减税幅度计算的减税额确定，计算公式为

$$减税车辆应纳税额 = 减税前应纳税额 \times (1 - 减税幅度)$$

(3) 欠缴车船税的车辆补缴税款的计算。从2008年7月1日起，保险机构在代收代缴车船税时，应根据纳税义务人提供的前次保险单，查验纳税义务人以前年度的完税情况。对于以前年度有欠缴车船税的，保险机构应代收代缴以前年度应纳税款。具体可分为以下两种情况：

① 对于2007年1月1日前购置的车辆或者曾经缴纳过车船税的车辆，保单中"往年补缴"项目的计算公式为

$$往年补缴税额 = 计税单位 \times 年单位税额 \times (本次缴税年度 - 前次缴税年度 - 1)$$

式中，对于2007年1月1日前购置的车辆，纳税义务人从未缴纳车船税的，前次缴税年度设定为2006。

② 对于2007年1月1日以后购置的车辆，纳税义务人从购置时起一直未缴纳车船税的，保单中"往年补缴"项目的计算公式为

$$往年补缴税额 = 购置当年欠缴税额 + 购置年度以后欠缴税额$$

其中，购置当年欠缴税额 = 计税单位 × 年单位税额 × 应纳税月份数 ÷ 12；购置年度以后欠缴税额 = 计税单位 × 年单位税额 × (本次缴税年度 - 车辆登记年度 - 1)。

应纳税月份数为车辆登记日期的当月起至该年度终了的月份数。若车辆尚未到车船管理部门登记，则应纳税月份数为购置日期的当月起至该年度终了的月份数。

【例2】 王某2007年1月1日购买了一辆迈腾汽车，未缴纳车船税，此车税额为400元/年，问2009年王某须补交的车船税为多少元？

解： 往年补缴税额 = 购置当年欠缴的税额 + 购置年度以后欠缴税额

购置当年欠缴的税额 = 400元，购置年度以后欠缴的税额 = 计税单位 × 年单位税额 × (本次缴税年度 - 车辆登记年度 - 1) = 400 × (2009 - 2007 - 1) = 400元，所以往年总共补缴400 + 400 = 800元。

(4) 滞纳金计算。对于纳税义务人在应购买交强险截止日期以后购买交强险的，或以前年度没有缴纳车船税的，保险机构在代收代缴税款的同时，还应代收代缴欠缴税款的滞纳金。

保单中滞纳金项目为各年度欠税应加收滞纳金之和。即：

$$每一年度欠税应加收的滞纳金 = 欠税金额 \times 滞纳天数 \times 0.05\%$$

滞纳天数的计算自应购买交强险截止日期的次日起到纳税义务人购买交强险当日止。纳

税义务人连续两年以上欠缴车船税的，应分别计算每一年度欠税应加收的滞纳金。

为了增强本书的实用性和读者的实践理解能力，下面对含有代收车船税税额的保险业务发票（图 7-1）进行介绍。

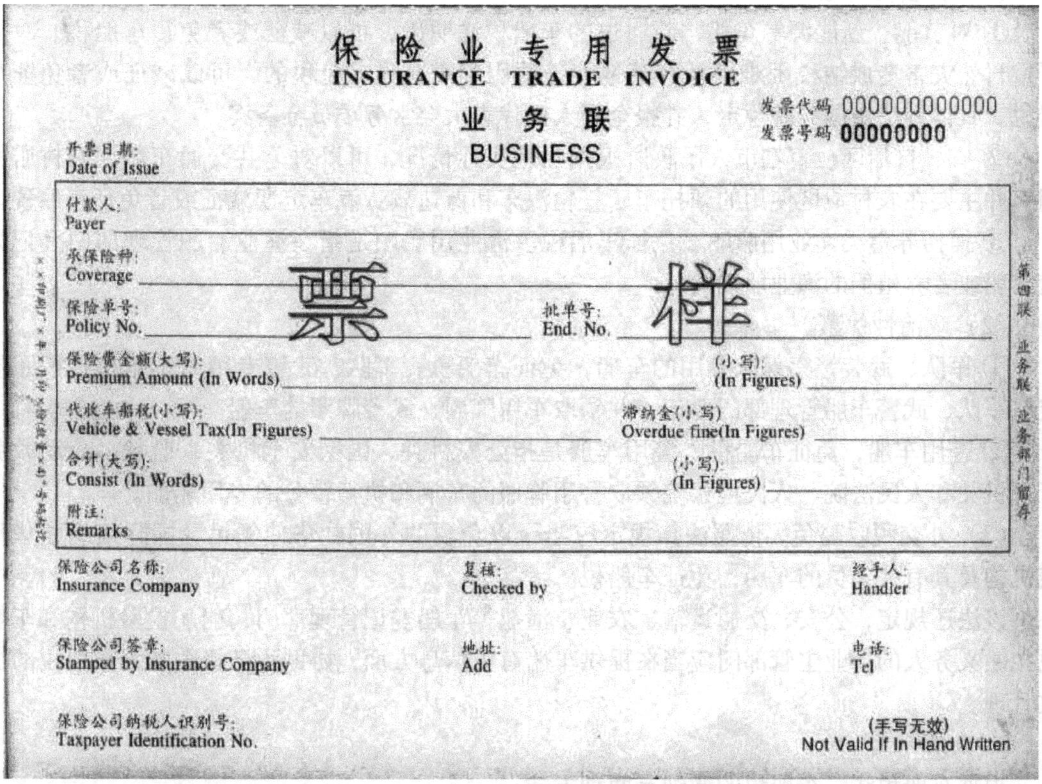

保险业专用发票
INSURANCE TRADE INVOICE
业务联
BUSINESS
发票代码 000000000000
发票号码 00000000
开票日期:
Date of Issue
付款人:
Payer
承保险种:
Coverage
保险单号:
Policy No.
批单号:
End. No.
保险费金额(大写):
Premium Amount (In Words)
(小写):
(In Figures)
代收车船税(小写):
Vehicle & Vessel Tax(In Figures)
滞纳金(小写):
Overdue fine(In Figures)
合计(大写):
Consist (In Words)
(小写):
(In Figures)
附注:
Remarks
保险公司名称:
Insurance Company
复核:
Checked by
经手人:
Handler
保险公司签章:
Stamped by Insurance Company
地址:
Add
电话:
Tel
保险公司纳税人识别号:
Taxpayer Identification No.
(手写无效)
Not Valid If In Hand Written
第四联　业务联　业务部门留存
票　样

图 7-1　保险业专用发票

为了贯彻落实新修订的《中华人民共和国车船税法》，做好车船税的征收管理工作，新版“保险业专用发票”上注明了代收车船税。有关问题明确如下：

（1）为了适应各保险公司履行代收代缴车船税义务的需要，2008 年 1 月 1 日起启用的新版保险业专用发票分为计算机票和手工票。

计算机票规格为 241mm × 152mm。填开内容包括：开票日期、付款人、承保险种、保险单号、批单号、保险费金额（大写、小写）、代收车船税（小写）、滞纳金（小写）、合计（大写、小写）、附注、保险公司名称、保险公司签章、保险公司纳税人识别号、复核、地址、经手人、电话，并标注“手写无效”字样。

（2）手工票联次、内容（除不标注“手写无效”字样外）与计算机票相同，规格为 250mm × 152mm。

（3）没有代收代缴车船税业务的单位，不填写“代收车船税（小写）”“滞纳金（小写）”内容。

（4）各保险公司现存旧版保险业专用发票可继续使用，用完为止。在办理代收代缴车船税时，可以在开具旧版保险业专用发票时，在“附注”栏中注明代收车船税税额（小写）；需要缴纳滞纳金的，同时注明滞纳金金额。

三、车船税的优惠形式与申报缴纳方式

1. 优惠形式

(1) 社会性优惠。

① 对节能、新能源等车船，新通过的车船税法明确，可以减征或者免征车船税。对受严重自然灾害造成纳税困难以及有其他特殊原因确需减税、免税的，可以减征或者免征车船税。具体方法由国务院规定，并报全国人民代表大会常务委员会备案。

② 省、自治区、直辖市人民政府根据当地实际情况，可以对公共交通车船，农村居民拥有并主要在农村地区使用的摩托车、三轮汽车和低速载货汽车定期减征或者免征车船税。

③ 捕捞养殖类渔业用船舶，免征车船税。渔业用船舶是指在渔业船舶管理部门登记为捕捞船或者养殖船的渔业船舶。

(2) 政治性优惠。

① 军队、武装警察部队专用的车船，免征车船税。军队、武警专用的车船是指按照规定在军队、武警车船管理部门登记，并领取军用牌照、武警牌照的车船。

② 警用车船，免征车船税。警用车船是指公安机关、国家安全机关、监狱、劳动教养管理机关和人民法院、人民检察院领取警用牌照的车辆和执行警务的专用船舶。

(3) 外交税收豁免。依照法律规定应当予以免税的外国驻华使领馆、国际组织驻华代表机构及其有关人员的车船，免征车船税。

该法还规定，公安、交通运输、农业、渔业等车船登记管理部门，船舶检验机构和车船税扣缴义务人的行业主管部门应当在提供车船有关信息方面，协助税务机关加强车船税的征收管理。

2. 缴纳方式

根据车船税法，车船税的缴纳有两种方式：

(1) 从事机动车第三者责任强制保险业务的保险机构为机动车车船税的扣缴义务人，并且应当在收取保险费时依法代收车船税，出具代收税款凭证。纳税人购买交强险时已缴纳车船税的，不再向地税机关申报纳税。扣缴义务人代收的税款，应于每月终了后10日内向所在地主管地税机关解缴，同时报送车船税代收代缴报告表、车船税代收代缴明细表以及主管地税机关要求报送的其他资料。

(2) 由纳税人自行缴纳，即纳税人根据税务机关规定的时间，自己到税务机关缴纳车船税。

同时，车辆所有人或者管理人在申请办理车辆相关登记、定期检验手续时，应当向公安机关交通管理部门提交依法纳税或者免征证明。公安机关交通管理部门核查后办理相关手续。

车船税的纳税地点，由省、自治区、直辖市人民政府根据当地实际情况确定。

3. 缴纳车船税时的注意事项

(1) 车船税纳税申报资料。在缴纳车船税时，纳税人应持有以下资料去保险机构和税务机关缴纳车船税，具体资料如下：

① 含有纳税人信息和机动车辆信息的投保单。

② 机动车行驶证原件及复印件。

③ 办理税务登记证的单位应提供税务登记证副本及复印件。

④ 新购置机动车尚未登记的,提供机动车购置发票复印件、出厂合格证明或进口凭证。

⑤ 前次车辆完税证明资料。

⑥ 已完税的机动车,提供纳税人主管地税机关出具的完税凭证及车船税纳税申报表附表。

⑦ 主管地税机关要求的其他资料。

(2) 开单。车船税纳税人在开单时应注意以下两点问题:

① 扣缴义务人代收车船税,应向纳税人开具含有完税信息的保险单,并在开具"交强险"发票时在相应栏目开具车船税税款,作为纳税人缴纳车船税的证明。

② 纳税人缴纳车船税获取保险单及发票后原则上不再开具完税凭证,如有特殊情况确需开具完税凭证的,纳税人可于次月15日以后,凭含有完税信息的保险单、发票和身份证到车船税主管地税机关开具。

(3) 扣缴义务人审核查验。

① 扣缴义务人应对纳税人提供的车辆证明资料进行严格审核。确认无误后,将纳税人名称、纳税人识别号(或居民身份证号)、车牌号码、机动车类型、核定载客人数、自重吨位等资料录入计算机系统。新购车辆尚未挂牌的,应录入发动机号码和车架号码。系统会自动计算纳税人应纳的车船税税额,并打印在保险单对应栏。

② 购买交强险前已申报缴纳车船税的机动车,扣缴义务人不再代收代缴车船税,但应将完税凭证号和出具该凭证的主管地税机关名称等信息录入计算机系统,并将完税凭证的复印件附在保险单业务留存联后面,留存备查。

四、车船税的退税

车船税的退税有以下几种情况:

(1) 在一个纳税年度内,已完税的车船被盗抢、报废、灭失的,纳税人可以凭有关管理机关出具的证明和完税证明,向纳税所在地的主管地方税务机关申请退还自被盗抢、报废、灭失月份起至该纳税年度终了期间的税款。

(2) 已办理退税的被盗抢车船又找回的,纳税人应从公安机关出具相关证明的当月起计算、缴纳车船税。

(3) 对新购置车辆,若购买交强险的日期与纳税义务发生时间不在同一月份,纳税人申请车船税退税的,应由保险机构主管地方税务机关退还多缴的税款。

(4) 纳税人在保单起保前退保或重复投保,且扣缴义务人已解缴税款的,纳税人可凭有关资料申请退还税款。

(5) 若在当年发生符合车船税退税条件的情况,可向车船税主管地税机关提出退税申请。

第三节 车辆购置税

车辆购置税是对在我国境内购置规定车辆的单位和个人征收的一种税,它由车辆购置附加费演变而来,专用于国道、省道干线公路建设和支持地方道路建设。我国现行的车辆购置税法是从2001年1月1日起实施的《中华人民共和国车辆购置税暂行条例》。

2018年12月29日，第十三届全国人民代表大会常务委员会第七次会议通过《中华人民共和国车辆购置税法》，自2019年7月1日起施行。2000年10月22日国务院公布的《中华人民共和国车辆购置税暂行条例》同时废止。

此次立法，采取税制平移的方式将《中华人民共和国车辆购置税暂行条例》上升为法律，并对部分征税事项进行了合理调整。依据《车辆购置税法》第一条的规定，单位和个人在我国境内购置应税车辆要缴纳车辆购置税。应税车辆包括汽车、有轨电车、汽车挂车、排气量超过150mL的摩托车。与原条例相比，应税车辆范围变化有三点：

一是将电车、挂车明确为有轨电车、汽车挂车。

二是排气量超过150mL的摩托车才属于应税车辆。

三是将农用运输车、电车中的无轨电车并入汽车，并不再附《车辆购置税征收范围表》。

另外，《财政部税务总局关于车辆购置税有关具体政策的公告》（财政部税务总局公告2019年第71号，以下简称"财税公告2019年第71号"）第一条明确，地铁、轻轨等城市轨道交通车辆，装载机、平地机、挖掘机、推土机等轮式专用机械车，以及起重机（吊车）、叉车、电动摩托车，不属于应税车辆。

车辆购置税的征收方法和适用税率与原来相比没有变化，即车辆购置税实行一次性征收。

车辆购置税的税率为10%。购置已征车辆购置税的车辆，不再征收车辆购置税。

车辆购置税应纳税额依然是按照应税车辆的计税价格乘以税率计算。但为防止纳税人虚假申报计税价格、偷逃税款，《车辆购置税法》第七条增加了核定应纳税额的规定，即纳税人申报的应税车辆计税价格明显偏低，又无正当理由的，由税务机关依照《中华人民共和国税收征收管理法》的规定核定其应纳税额。

关于应税车辆计税价格的确定，与原条例相比较，购买自用和进口自用没有实质变化，但自产自用和受赠、获奖或者其他方式取得自用的情况有变化，取消了应税车辆最低计税价格的规定，具体内容如下：

纳税人自产自用应税车辆的计税价格，按照同类应税车辆（即车辆配置序列号相同的车辆）的销售价格确定，不包括增值税税款；没有同类应税车辆销售价格的，按照组成计税价格确定。组成计税价格计算公式如下：组成计税价格 = 成本 × (1 + 成本利润率)。属于应征消费税的应税车辆，其组成计税价格中应加计消费税税额。上述公式中的成本利润率，由国家税务总局各省、自治区、直辖市和计划单列市税务局确定。

【例1】 某汽车制造公司2019年9月将一辆自产货车转作本公司自用，该公司生产的该货车对外销售价格为28万元（不含增值税）；将一辆自产乘用车转作本公司管理部门使用，该公司生产的该乘用车无同类应税车辆销售价格，该乘用车生产成本为20万元，消费税税率为9%，假定该公司所在省税务局确定的成本利润率为8%。则该汽车制造公司应纳车辆购置税 = 280000 × 10% + 200000 × (1 + 8%) ÷ (1 − 9%) × 10% ≈ 28000 + 23736.26 = 51736.26元。

纳税人以受赠、获奖或者其他方式取得自用应税车辆的计税价格，按照购置应税车辆时相关凭证载明的价格确定，不包括增值税税款。《国家税务总局关于车辆购置税征收管理有关事项的公告》（国家税务总局公告2019年第26号）明确，购置应税车辆时相关凭证，是指原车辆所有人购置或者以其他方式取得应税车辆时载明价格的凭证。无法提供相关凭证的，参照同类应税车辆市场平均交易价格确定其计税价格。原车辆所有人为车辆生产或者销售企业，未开具机动车销售统一发票的，按照车辆生产或者销售同类应税车辆的销售价格确定应税车辆的计税价格。无同类应税车辆销售价格的，按照组成计税价格确定应税车辆的计税价格。

另外，纳税人以外汇结算应税车辆价款的，折合人民币的汇率也有变化。由原按照申报纳税之日中国人民银行公布的人民币基准汇价折算，改为按照申报纳税之日的人民币汇率中间价折算。

依据《车辆购置税法》第九条的规定，下列车辆免征车辆购置税：

（1）依照法律规定应当予以免税的外国驻华使馆、领事馆和国际组织驻华机构及其有关人员自用的车辆。

（2）中国人民解放军和中国人民武装警察部队列入装备订货计划的车辆。

（3）悬挂应急救援专用号牌的国家综合性消防救援车辆。

（4）设有固定装置的非运输专用作业车辆（是指列入国家税务总局下发的《设有固定装置的非运输专用作业车辆免税图册》的车辆）。

（5）城市公交企业购置的公共汽电车辆。根据国民经济和社会发展的需要，国务院可以规定减征或者其他免征车辆购置税的情形，报全国人民代表大会常务委员会备案。

上述免税项目中，（3）为新增免税项目，（4）中添加了"专用作业"，（5）为将《财政部国家税务总局关于城市公交企业购置公共汽电车辆免征车辆购置税的通知》（财税〔2016〕84号）的政策性免税法定为免税项目。

财税公告2019年第71号第五条对城市公交企业和公共汽电车辆进行了解释，城市公交企业是指由县级以上（含县级）人民政府交通运输主管部门认定的，依法取得城市公交经营资格，为公众提供公交出行服务，并纳入《城市公共交通管理部门与城市公交企业名录》的企业；公共汽电车辆是指按规定的线路、站点、票价营运，用于公共交通服务，为运输乘客设计和制造的车辆，包括公共汽车、无轨电车和有轨电车。

依据《财政部税务总局关于继续执行的车辆购置税优惠政策的公告》（财政部税务总局公告2019年第75号）的规定：

（1）回国服务的在外留学人员用现汇购买1辆个人自用国产小汽车。

（2）长期来华定居专家进口1辆自用小汽车。

（3）防汛部门和森林消防部门用于指挥、检查、调度、报汛（警）、联络的由指定厂家生产的设有固定装置的指定型号的车辆。

（4）中国妇女发展基金会"母亲健康快车"项目的流动医疗车。

（5）北京2022年冬奥会和冬残奥会组织委员会新购置车辆。

（6）原公安现役部队和原武警黄金、森林、水电部队改制后换发地方机动车牌证的车辆（公安消防、武警森林部队执行灭火救援任务的车辆除外）。

财政部、税务总局、工信部联合印发《关于新能源汽车免征车辆购置税有关政策的公告》。自2021年1月1日至2022年12月31日，对购置的新能源汽车免征车辆购置税。新能源汽车是指纯电动汽车、插电式混合动力（含增程式）汽车、燃料电池汽车。

根据（财政部税务总局公告2019年第75号，自2018年7月1日至2021年6月30日，对购置挂车减半征收车辆购置税。具体操作按照《财政部税务总局工业和信息化部关于对挂车减征车辆购置税的公告》（财政部税务总局工业和信息化部公告2018年第69号）有关规定执行。

国家税务总局公告2019年第26号规定，纳税人在办理车辆购置税免税、减税时，除如实填报《车辆购置税纳税申报表》、提供车辆合格证明和车辆相关价格凭证外，还应当根据不同的免税、减税情形，分别提供相关资料的原件、复印件。

（1）外国驻华使馆、领事馆和国际组织驻华机构及其有关人员自用车辆，提供机构证明和外交部门出具的身份证明。

（2）城市公交企业购置的公共汽电车辆，提供所在地县级以上（含县级）交通运输主管部门出具的公共汽电车辆认定表。

（3）悬挂应急救援专用号牌的国家综合性消防救援车辆，提供中华人民共和国应急管理部批准的相关文件。

（4）回国服务的在外留学人员购买的自用国产小汽车，提供海关核发的《中华人民共和国海关回国人员购买国产汽车准购单》。

（5）长期来华定居专家进口自用小汽车，提供国家外国专家局或者其授权单位核发的专家证或者A类和B类《外国人工作许可证》。

（6）纳税人在办理设有固定装置的非运输专用作业车辆免税申报时，应当提供车辆内、外观彩色5寸照片，主管税务机关依据免税图册办理免税手续。

依据《车辆购置税法》第十四条的规定，免税、减税车辆因转让、改变用途等原因不再属于免税、减税范围的，纳税人应当在办理车辆转移登记或者变更登记前缴纳车辆购置税。计税价格以免税、减税车辆初次办理纳税申报时确定的计税价格为基准，每满一年扣减10%。相关纳税人、纳税义务发生时间、应纳税额按以下规定执行：

（1）发生转让行为的，受让人为车辆购置税纳税人；未发生转让行为的，车辆所有人为车辆购置税纳税人。

（2）纳税义务发生时间为车辆转让或者用途改变等情形发生之日。

（3）应纳税额计算公式如下：应纳税额 = 初次办理纳税申报时确定的计税价格 × （1 - 使用年限 × 10%） × 10% - 已纳税额。公式中，应纳税额不得为负数。使用年限的计算方法是，自纳税人初次办理纳税申报之日起，至不再属于免税、减税范围的情形发生之日止。使用年限取整计算，不满一年的不计算在内。

国家税务总局公告2019年第26号规定，免税、减税车辆因转让、改变用途等原因不再属于免税、减税范围的，纳税人在办理纳税申报时，应当如实填报《车辆购置税纳税申报表》。发生二手车交易行为的，提供二手车销售统一发票；属于其他情形的，按照相关规定提供申报材料。

【例2】 孙某是回国服务的留学人员，2018年1月回国，3月用现汇购买1辆个人自用国产小汽车，支付价款折合人民币24万元（不含增值税），孙某申报享受了免征车辆购置税优惠。2019年7月，孙某将该小汽车转卖给了刚从国内高校毕业参加工作的李某，收取价款23万元（含增值税）。则李某应纳车辆购置税 = 240000 × （1 - 1 × 10%） × 10% - 0 = 21600元。

车辆购置税纳税义务发生时间、申报纳税期限、纳税地点和缴税方式如下：

（1）纳税义务发生时间为纳税人购置应税车辆的当日，以纳税人购置应税车辆所取得的车辆相关凭证上注明的时间为准。

① 购买自用应税车辆的为购买之日,即车辆相关价格凭证的开具日期。

② 进口自用应税车辆的为进口之日,即《海关进口增值税专用缴款书》或者其他有效凭证的开具日期。

③ 自产、受赠、获奖或者以其他方式取得并自用应税车辆的为取得之日,即合同、法律文书或者其他有效凭证的生效或者开具日期。

(2) 申报纳税期限是纳税人纳税义务发生之日起60日内。

(3) 纳税人购置应税车辆,应当向车辆登记地的主管税务机关申报缴纳车辆购置税;购置不需要办理车辆登记的应税车辆的,单位纳税人向其机构所在地的主管税务机关申报纳税,个人纳税人向其户籍所在地或者经常居住地的主管税务机关申报纳税。

(4) 车辆购置税实行一车一申报制度。纳税人办理纳税申报时应如实填写《车辆购置税纳税申报表》,同时提供车辆合格证明和车辆相关价格凭证。

(5) 关于缴税方式,《国家税务总局公安部关于应用车辆购置税电子完税信息办理车辆注册登记业务的公告》(国家税务总局公安部公告2019年第18号)提到了三种方式,分别是:纳税人到银行办理车辆购置税税款缴纳(转账或者现金);纳税人通过横向联网电子缴税系统等电子方式缴纳税款;纳税人在办税服务厅以现金方式缴纳税款。

依据《车辆购置税法》第十五条的规定,纳税人将已征车辆购置税的车辆退回车辆生产企业或者销售企业的,可以向主管税务机关申请退还车辆购置税。退税额以已缴税款为基准,自缴纳税款之日至申请退税之日,每满一年扣减10%。财税公告2019年第71号第八条明确了纳税人申请退还车辆购置税的应退税额计算公式:应退税额=已纳税额×(1-使用年限×10%)。公式中,应退税额不得为负数。

国家税务总局公告2019年第26号明确,已经缴纳车辆购置税的,纳税人向原征收机关申请退税时,应当如实填报《车辆购置税退税申请表》,提供纳税人身份证明,并区别不同情形提供相关资料。

(1) 车辆退回生产企业或者销售企业的,提供生产企业或者销售企业开具的退车证明和退车发票。

(2) 其他依据法律法规规定应当退税的,根据具体情形提供相关资料。

【例3】 赵某2019年7月向某汽车4S店购买一辆轿车自用,支付价款16.95万元,取得4S店开具的机动车销售统一发票,另向该4S店支付工具件和配件价款2.26万元,车辆装饰费9040元,取得4S店开具的增值税普通发票。以上价款均含增值税。赵某于2019年7月18日缴纳车辆购置税1.78万元。购车后,该车屡次发生故障,2020年8月该4S店同意赵某退车,但仅向赵某退购车款16.5万元。退车后,赵某向主管税务机关申请退还车辆购置税。则赵某申请退还车辆购置税的应退税额=17800×(1-1×10%)=16020元。

车辆购置税与车辆注册登记有关。一是先税后登。依据《车辆购置税法》第十三条和国家税务总局公安部公告2019年第18号第二条规定,纳税人应当在向公安机关交通管理部门办理车辆注册登记前缴纳车辆购置税。公安机关交通管理部门办理车辆注册登记,应当根据税务机关提供的应税车辆完税或者免税电子信息对纳税人申请登记的车辆信息进行核对,核对无误后依法办理车辆注册登记。纳税人申请注册登记的车辆识别代号信息与完税或者免税电子信息不符的,公安机关交通管理部门不予办理车辆注册登记。二是信息共享。依据

《车辆购置税法》第十六条规定，税务机关和公安、商务、海关、工业和信息化等部门应当建立应税车辆信息共享和工作配合机制，及时交换应税车辆和纳税信息资料。

2019年6月1日起，车辆购置税信息实行"联网核查"。全面推行与税务部门信息联网，实现车辆购置税信息网上传递、网上核查，群众办理机动车登记无需提交纸质完税证明。

第四节 汽车消费税

中华人民共和国国务院令第539号《中华人民共和国消费税暂行条例》已经于2008年11月5日国务院第34次常务会议修订通过，修订后的《中华人民共和国消费税暂行条例》自2009年1月1日起施行。

一、汽车消费税的概念

消费税是流转税之一，是以特定的消费品为课税对象所征收的税种。是针对在我国境内从事生产、委托加工和进口应税消费品的单位和个人，就其销售额或销售数量征收的一种税。汽车消费税是1994年国家税制改革中新设置的一个税种，被列入1994年1月1日起实施的《中华人民共和国消费税暂行条例》。它是在对货物普遍征收增值税的基础上，选择少数消费品再征收一道消费税，一般体现在生产端，目的在于调节产品结构，引导消费方向。

二、汽车消费税的特征与作用

1. 特征

汽车消费税明确体现出国家的奖限政策，宏观调控功能较强；具有较强的财政功能，能提供稳步增长的税收收入；实行单一环节一次课征，税收征管效率较高；一般没有减免税的规定；汽车消费税是价内税。

2. 作用

调节汽车消费结构，缓解供求矛盾；限制汽车消费规模，引导汽车消费方向；保证财政收入；缩小贫富差距，缓解社会分配不公。

三、汽车消费税的构成要素

1. 纳税义务人

在中华人民共和国境内生产、委托加工或进口应税消费品（征税范围）的单位和个人，以及国务院确定的销售应税消费品的其他单位和个人，都是我国汽车消费税的纳税人。受托加工应税消费品的企业（不含个体经营者）为消费税的代收代缴义务人。

2. 税目及税率

从2008年9月1日起调整只针对厂家征收的汽车消费税政策，具体包括：

（1）提高大排量乘用车的消费税税率，排气量在3.0~4.0L（含4.0L）的乘用车，税率由15%上调至25%，排气量在4.0L以上的乘用车，税率由20%上调至40%。

（2）降低小排量乘用车的消费税税率，排气量在1.0L（含1.0L）以下的乘用车，税率由3%下调至1%。从对应税消费品实施课税的具体环节看，现行消费税对主要应税消费品都是在其生产经营的起始环节（包括生产环节、进口环节）征收。

具体的税目税率见表7-2。

表7-2 具体的税目税率

税　　目	备　　注	税率（%）
乘用车 （比例税率）	① 气缸容量（排气量，下同）在1.0L（含1.0L）以下的	1
	② 气缸容量在1.0~1.5L（含1.5L）的	3
	③ 气缸容量在1.5~2.0L（含2.0L）的	5
	④ 气缸容量在2.0~2.5L（含2.5L）的	9
	⑤ 气缸容量在2.5~3.0L（含3.0L）的	12
	⑥ 气缸容量在3.0~4.0L（含4.0L）的	25
	⑦ 气缸容量在4.0L以上的	40
中轻型商用客车（比例税率）		5
摩托（比例税率）	① 排量在250mL（含）以下的	3
	② 排量在250mL以上的	10
汽车轮胎（定额税率）	将汽车轮胎10%的税率下调到3%	3
成品油（定额税率）	① 汽油、石脑油、溶剂油、润滑油	1.0元/L
	② 柴油	0.8元/L

四、汽车消费税的税额计算

1. 从价定率

$$应纳税额 = 应税消费品的销售额 \times 适用税率$$

应税消费品的销售额是指纳税人销售应税消费品向购买方收取的全部价款和价外费用。
进口车辆的计算公式：

$$组成计税价格 = (关税完税价格 + 关税) \div (1 - 消费税税率)$$

$$应纳税额 = 组成计税价格 \times 消费税税率$$

注意："销售额"包含消费税税额，但不包含向购买方收取的增值税税额。

由于征收消费税的范围也属于征收增值税的范围，所以，对从价定率征收消费税的应税消费品，确定消费税的销售额与确定增值税销项税额的销售额是一致的。价外费用的内容与增值税规定相同。

【例1】 一位客户向某汽车制造厂（增值税一般纳税人）订购自用汽车一辆，支付货款（含税）250800元，另付设计、改装费30000元。问该辆汽车计征消费税的销售额是多少？

解析：

计征消费税的销售额为纳税人销售应税消费品向购买方收取的全部价款和价外费用，但不包括收取的增值税，价外费用视为含税收入，需换算为不含税收入。

所以，计征消费税的销售额 = (250800 + 30000)元 ÷ (1 + 17%) = 240000元。

2. 从量定额征收

$$应纳税额 = 销售数量 \times 单位税额$$

销售数量是指纳税人实际销售、使用、收回或进口的汽车的数量。

3. 从价定率和从量定额混合征收

$$应纳税额 = 销售数量 \times 单位税额 + 销售额 \times 适用税率$$

进口车辆的计算公式:

$$组成计税价格 = (关税完税价格 + 关税 + 定额税) \div (1 - 消费税税率)$$

$$应纳税额 = 组成计税价格 \times 消费税税率 + 进口数量 \times 单位税额$$

4. 特殊规定

自产自用的应税车辆用于连续生产时不计税;用于其他方面时要纳税。计税依据按下列顺序确定:

① 按当月同类消费品的平均销售价格计税。

② 按组成计税价格。

$$组成计税价格 = (成本 + 利润) \div (1 - 消费税税率)$$

$$组成计税价格 = (成本 + 利润 + 定额税) \div (1 - 消费税税率)$$

【例2】 某汽车制造企业2009年6月购进原材料生产越野车,当月销售越野车取得销售额8000万元(含增值税)。将价值50万元(含增值税)的越野车赞助某汽车拉力赛,又将两辆改造的汽车交由厂部自用,成本为30万元。该企业当月应缴纳的消费税额是多少(消费税率为5%,成本利润率为6%)?

销售汽车的消费税 = 8000万元 $\div (1 + 17\%) \times 5\% = 341.88$ 万元

赞助汽车的消费税 = 50万元 $\div (1 + 17\%) \times 5\% = 2.14$ 万元

自用汽车的消费税 = 30万元 $\times (1 + 6\%) \div (1 - 5\%) \times 5\% = 1.67$ 万元

五、汽车消费税的纳税义务发生时间

根据应税车辆的生产、销售的方式不同,《中华人民共和国消费税暂行条例》分别规定了不同的纳税义务发生时间,分列如下:

(1) 纳税人销售应税消费品的,按不同的销售结算方式,分别为:

① 采取赊销和分期收款结算方式的,为书面合同约定的收款日期的当天,书面合同没有约定收款日期或者无书面合同的,为发出应税消费品的当天。

② 采取预收货款结算方式的,为发出应税消费品的当天。

③ 采取托收承付和委托银行收款方式的,为发出应税消费品并办妥托收手续的当天。

④ 采取其他结算方式的,为收讫销售款或者取得索取销售款凭据的当天。

(2) 纳税人自产自用应税消费品的,为移送使用的当天。

(3) 纳税人委托加工应税消费品的,为纳税人提货的当天。

(4) 纳税人进口应税消费品的,为报关进口的当天。

六、汽车消费税的纳税地点

消费税的纳税地点遵循属地主义原则,《中华人民共和国消费税暂行条例》对消费税纳税地点分以下几种情况作了具体规定:

① 纳税人销售的应税消费品及自产自用的应税消费品,除国务院财政、税务主管部门另有规定外(原条例为"国家另有规定",明确有特殊情况规定权的部门为国务院财政、税务主管部门),应当向纳税人机构所在地或者居住地的主管税务机关申报纳税。

② 纳税人总机构和分支机构不在同一县（市）的，应当分别向各自机构所在地的主管税务机关申报纳税；经国务院财政、国家税务总局或者其授权的财政、税务机关批准，可以由总机构汇总向总机构所在地的主管税务机关申报纳税。

③ 纳税人到外县（市）销售或委托外县（市）代销自产应税消费品后，于应税消费品销售后，回机构所在地或者居住地主管税务机关申报纳税。

④ 委托加工的应税消费品，除受托方为个人外，由受托方向机构所在地或者居住地的主管税务机关解缴消费税税款。

⑤ 进口的应税消费品，由进口人或者其代理人向报关地海关申报纳税。

七、纳税期限及纳税申报

1. 纳税期限

消费税的纳税期限分别为1日、3日、5日、10日、15日、1个月或者1个季度。纳税人的具体纳税期限，由主管税务机关根据纳税人应纳税额的大小分别核定；不能按照固定期限纳税的，可以按次纳税。

纳税人进口应税消费品，自海关填发海关进口消费税专用缴款书之日15日内缴纳税款。

2. 纳税申报

（1）纳税人以1个月或者1个季度为1个纳税期的，自期满之日起15日内申报纳税；以1日、3日、5日、10日或者15日为1个纳税期的，自期满之日起5日内预缴税款，于次月1日起15日内申报纳税并结清上月应纳税款。

（2）纳税人进口应税消费品，应当自海关填发海关进口消费税专用缴款书之日起15日内缴纳税款。

（3）出口的应税消费品办理退税后，发生退关或者国外退货进口时予以免税的，报关出口者必须及时向其主管税务机关申报补缴已退的消费税税款。

（4）纳税人直接出口的应税消费品办理免税后，发生退关或国外退货，进口时已予以免税的，经主管税务机关批准，可暂不办理补税，待其转为国内销售时，再向其主管税务机关申报补缴消费税。

八、征收汽车消费税的影响

由于国内大排量乘用车的产销量很小，此次消费税税率调整对国产乘用车影响有限，但对进口乘用车影响较大，有利于改善进口汽车结构。

目前，国产乘用车中，大排量车型不多，产销量也很少。据统计，2012年，1.6L及以下小排量乘用车销量略有增长，共销售762.66万辆，同比增长6.47%，占乘用车销售总量的70.98%，占有率继续保持较高水平。而排量大于2.5L的车型，共销售6.87万辆，仅占乘用车销售总量的5.2%。所以，降低小排量车消费税税率，将减少汽车厂家的成本，有利于扩大对小排量车的消费。

大排量汽车消费税的提高，虽然对国产汽车市场影响不大，但对于进口车市，则带来巨大冲击，目前进口汽车中，3.0L以上大排量车占了40%以上。

大排量汽车属于小众消费，在我国汽车消费中所占比例并不高。但是在国际油价屡创新高、国内能源形势日趋紧张的形势下，国内汽车消费却逆势而行，大排量、高油耗车受到热捧，特别是SUV进口数量连年大幅增长。

提高大排量汽车消费税后，3.0～4.0L乘用车的进口成本将增加13%左右，4.0L以上乘用车的进口成本将增加33%。这些增加的成本势必要转嫁给消费者。车价大幅提高，将会抑制一部分人的消费意愿，有助于改变现在的进口汽车结构。

要抑制大排量汽车的生产和消费，鼓励小排量汽车消费，仅靠提高消费税税率还不够，还应规范汽车燃油效率的标准和法规，在税收、停车费、过路费等方面对小排量汽车实行优惠措施。同时，还要在全社会树立绿色汽车消费理念，改变在汽车消费中不符合节约型社会建设的社会风气、价值取向和生活方式。

第五节 汽车增值税

2008年11月5日，国务院第34次常务会议决定自2009年1月1日起在全国范围内实施增值税转型改革。为配合增值税转型改革，同时对增值税暂行条例进行了修订，并自2009年1月1日起执行。根据2017年11月19日《国务院关于废止〈中华人民共和国营业税暂行条例〉和修改〈中华人民共和国增值税暂行条例〉的决定》第二次修订颁布执行。自2009年1月1日起，在维持现行增值税税率不变的前提下，允许全国范围内的所有增值税一般纳税人抵扣其新购进设备所含的进项税额，未抵扣完的进项税额结转下期继续抵扣。为预防出现税收漏洞，将与企业技术更新无关且容易混为个人消费的应征消费税的小汽车、摩托车和游艇排除在上述设备范围之外。

一、增值税与相关税务的区分

1. 增值税的概念

增值税是对在我国境内销售货物或者提供加工、修理修配劳务，以及进口货物的单位和个人，就其取得的货物或应税劳务的销售额，以及进口货物的金额计算税款，并实行税款抵扣制的一种流转税。汽车增值税实行价外税。

2. 增值税与消费税的关系（表7-3）

表7-3 增值税与消费税的关系

税种	定义	相同点	不同点
增值税	增值税的征税范围包括了消费税的征税范围，是在对货物普遍征收的基础上，选择少数消费品再征收一道消费税	① 都属于流转税，都是对货物征收 ② 对于从价定率征收消费税的商品，征收消费税的同时需要征收增值税，两者的计税依据是一致的 ③ 都具有转嫁性 ④ 消费税纳税人同时是增值税纳税人	① 范围不同：增值税对货物普遍征收，消费税对特定货物征收 ② 两者与价格的关系不同：增值税是价外税，消费税是价内税 ③ 两者的纳税环节不同：消费税是单一环节征收，增值税是在货物所有的流转环节征收 ④ 两者的计税方法不同：增值税是按照两类纳税人来计算的，消费税的计算方法是根据应税消费品来划分计算的
消费税	征收范围具有选择性。它只是针对一部分消费品和消费行为征税，而不是对所有的消费品和消费行为征税		

第七章 汽车税费管理法规

3. 增值税与购置税的关系（表7-4）

表7-4 增值税与购置税的关系

税 种	定 义	计算公式	不 同 点
增值税	增值税是普遍征收的流转税。汽车在销售时计征。每有一次销售都会征收一次	增值税＝计税依据×17%	【例】某小规模纳税人购买一辆车，含增值税价格是20万元，其中包含的增值税和所要缴纳的购置税分别为多少？ 汽车增值税＝20万元÷（1＋17%）×17%＝2.9万元 汽车购置税＝20万元÷（1＋17%）×10%＝1.7万元
购置税	车辆购置税是对特定车辆征收的财产税。汽车在公安机关办理登记注册手续时计征。只征收一次	购置税＝计税依据×10%	

二、汽车增值税的构成要素

1. 一般纳税人

一般纳税人是指年应征增值税销售额（以下简称年应税销售额，包括一个公历年度内的全部应税销售额）超过财政部规定的小规模纳税人标准的企业和企业性单位。

2. 小规模纳税人

年销售额达不到前述标准的为小规模纳税人。此外，个人、非企业性单位以及不经常发生增值税应税行为的企业也被认定为小规模纳税人。小规模纳税人在达到标准后经申请被批准后可以成为一般纳税人。

3. 应税劳务

应税劳务就是其收入依法应该纳税的劳务，个人或团体向其他个人或机构提供劳务，其收入应该依法纳税，就是提供应税劳务。而在家庭内部或其他依法不需要纳税的场合，个人或集体向他人提供的劳务就不是应税劳务。

4. 销售额

销售额是指纳税人销售货物或者应税劳务向购买方收取的全部价款和价外费用，但是不包括收取的销项税额。销售额以人民币计算。纳税人以人民币以外的货币结算销售额的，应当折合成人民币计算。价外费用是指价款外向购买方收取的手续费等各种性质的价外收费。

5. 进项税额

进项税额是指纳税人购进货物或应税劳务所支付或者承担的增值税额。购进货物或应税劳务包括外购（含进口）货物或应税劳务、以物易物换入货物、抵偿债务收入货物、接受投资转入的货物、接受捐赠转入的货物以及在购销货物过程当中支付的运费。在确定进项税额抵扣时，必须按税法规定严格审核。

进项税额是指当期购进货物或应税劳务缴纳的增值减税额。在企业计算时，销项税额扣减进项税额后的数字，才是应缴纳的增值税。因此进项税额的大小直接关系到纳税额的多少。购买方取得的增值税专用发票上注明的税额即为其进项税额。

6. 销项税额

增值税纳税人销售货物和应税劳务，按照销售额和适用税率计算并向购买方收取的增值税税额，此谓销项税额。

7. 价内税与价外税

根据税收和价格的关系，税收可分为价内税和价外税。

（1）凡税金构成价格组成部分的，称为价内税。价内税是由销售方承担税款，销售方取得的货款就是其销售款，而税款由销售款来承担并从中扣除。因此，税款＝销售款×税率。

（2）凡税金作为价格之外附加的，称为价外税。价外税是由购买方承担税款，销售方取得的货款包括销售款和税款两部分。由于税款等于销售款乘以税率，而这里的销售款等于货款（即含税价格）减去税款，即不含税价格，因此，税款计算公式为

$$税款 = [含税价格/(1+税率)] \times 税率 = 不含税价格 \times 税率$$

价内税形式较为隐蔽，不易为人察觉，所以给人的税负压力较小。由于价税一体，税收的增加必然影响到商品的价格，并可能对生产和消费产生连锁反应，最终还有可能危及税基的稳定增长。由于征收价内税的商品的特殊定价机制，随着商品的流转还会出现"税上加税"的重复征税问题，且流通环节越多，问题越发严重。

价外税的税款是独立于商品的价格的，且形式公开，数额固定，很容易在人们的心理上产生较大的税负压力。但是价外税对价格的影响较小，是一种中性的税收，加之转嫁渠道安全流畅，不存在重复征税等问题，所以具有广阔的发展空间，必将成为越来越多国家流转税的主要形式。不管是价内税还是价外税，税款都可随商品交换价值的实现而收回。

8. 固定资产

从增值税抵扣进项税额的购进固定资产的角度讲，固定资产是指：

（1）使用期限超过一个会计年度的机器、机械、运输工具，以及其他与生产有关的设备、工具、器具。

（2）单位价值在 2000 元以上，并且使用年限超过 2 年的不属于生产经营主要设备的物品。

三、汽车增值税税率

1. 基本税率

对于增值税一般纳税人从事应税行为，除低税、免税等相关规定以外，一律适用 17% 的基本税率。按下列公式确定销售额和应纳销项税额：

$$不含税销售额 = \frac{含税销售额}{(1+17\%)}$$

$$应纳销项税额 = 不含税销售额 \times 税率$$

2. 税率、征收率

增值税一般纳税人适用基本税率、低税率。小规模纳税人适用征收率，一般纳税人销售旧货等也适用征收率。

3. 低税率

财政部《国家税务总局关于部分货物适用增值税低税率和简易办法征收增值税政策的通知》（财税［2009］9 号）中规定：汽车和相关零部件不符合上述规定的低税率范围，即

不适用13%的增值税税率。

4. 征收率

从2009年1月1日起,小规模纳税人无论工业还是商业,税率均调整为3%。按下列公式确定销售额和应纳销项税额:

$$不含销售额 = \frac{含税销售额}{(1+3\%)}$$

应纳销项税额 = 不含税销售额 × 税率

四、汽车增值税关于抵扣凭证的解释

企业在购入汽车时无论做何使用,都应该取得相应的发票。根据《增值税暂行条例》规定:纳税人购进货物或者应税劳务,取得的增值税扣税凭证不符合法律、行政法规或者国务院税务主管部门有关规定的,其进项税额不得从销项税额中抵扣。

按照规定,自2009年1月1日起,增值税一般纳税人购买机动车取得的税控系统开具的机动车销售统一发票,属于扣税范围的,应自该发票开具之日起180日内到税务机关认证,认证通过的可作为增值税进项税额的扣税凭证。按照上述规定,企业在购入新汽车时取得税控系统开具的机动车销售统一发票也属于扣税凭证。但如果企业购入的是旧汽车,无论是从一般的单位处购买还是从旧机动车经销单位购买,也不管这些单位是否为增值税一般纳税人,只能取得普通发票,无法抵扣进项税。纳税人销售货物或者应税劳务,应当向索取增值税专用发票的购买方开具增值税专用发票,并在增值税专用发票上分别注明销售额和销项税额。属于下列情形之一的,不得开具增值税专用发票:

① 向消费者个人销售货物或者应税劳务的。
② 销售货物或者应税劳务适用免税规定的。
③ 小规模纳税人销售货物或者应税劳务的。

五、机动车发票使用办法

2020年12月28日,为规范机动车行业发票使用行为,营造公平、公正、有序的营商环境,国家税务总局、工业和信息化部、公安部联合制定了《机动车发票使用办法》,办法自2021年5月1日起试行,2021年7月1日起正式施行。

(一)《机动车发票使用办法》的出台背景

机动车发票低开虚开的问题由来已久,特别是机动车销售统一发票纳入增值税抵扣凭证以来,虚开机动车销售统一发票的案件时有发生,扰乱了机动车行业管理秩序,严重侵害守法纳税人和消费者的合法权益。为进一步规范机动车生产、批发、零售全流程的发票使用行为,为纳税人提供便利化的开票服务,方便消费者使用机动车发票,营造公平、公正、有序的营商环境,税务总局、工业和信息化部、公安部共同制定了《机动车发票使用办法》(以下简称《办法》)。

(二)《办法》适用情形及机动车发票包含种类

《办法》适用于单位和个人销售机动车(不包括二手车,下同)开具增值税专用发票或者机动车销售统一发票的情形。

机动车发票是指单位和个人销售机动车时通过增值税发票管理系统开票软件中机动车发

票开具模块所开具的增值税专用发票和机动车销售统一发票。销售不属于机动车的其他商品不应开具机动车发票，不适用本办法规定。

（三）机动车销售方类型及区别

考虑到机动车销售方式和渠道的各自特点，税务机关根据企业实际生产经营情况将机动车的销售方分为三种类型，即机动车生产企业、机动车授权经销企业、其他机动车贸易商，实行分类分级管理。

机动车生产企业包括国内机动车生产企业及进口机动车生产企业驻我国办事机构或总授权代理机构，如在国内从事汽车整车制造的企业属于国内机动车生产企业，某国外品牌（中国）汽车销售有限公司属于进口机动车生产企业驻我国办事机构或总授权代理机构；机动车授权经销企业是指经机动车生产企业授权，且同时具备整车销售、零配件销售、售后维修服务等经营业务的机动车经销企业，如某品牌汽车4S店等；其他机动车贸易商，是指除上述两类企业以外的机动车销售单位和个人，如摩托车个体经销处。

（四）在机动车发票使用方面的便民措施

一是，为了最大限度为企业服务，税务机关在发票领用方面实施动态管理。主管税务机关结合销售方生产经营情况和取得机动车的相关凭据判断其经营规模，动态调整机动车发票领用数量，满足企业经营中对发票的需求。

二是，企业在销售机动车时，能够读取到增值税发票管理系统中已购进机动车的车辆电子信息并开具发票，可以提升机动车发票开具的便捷性和准确性。

（五）日常开具和使用机动车发票注意事项

为了切实维护机动车购销双方的合法权益，在发票开具和使用方面要遵循以下几点要求：

第一，机动车销售方按照"一车一票"原则开具机动车销售统一发票。例如，销售方向消费者销售单价为200万元的机动车时，销售一辆机动车开具发票时仅能开具一张总价款为200万元的机动车销售统一发票，而不能分拆价款开具两张及两张以上机动车销售统一发票。

第二，销售方应当按照销售符合国家机动车管理部门车辆参数、安全等技术指标规定的车辆所取得的全部价款如实开具机动车发票。这里所说的国家机动车管理部门车辆参数、安全等技术指标通常是指工信部门发布的《道路机动车辆生产企业及产品公告》中列明的符合出厂技术条件的车辆参数、安全等指标。

第三，销售方根据不同情形，使用不同种类的机动车发票。购买方购进机动车自用的，销售方应当开具机动车销售统一发票；购买方购进机动车用于销售的，销售方应当开具增值税专用发票。例如：某汽车4S店将库存车辆销售给消费者，应当开具机动车销售统一发票，而该4S店将库存车辆调配至集团公司下属的其他4S店用于其对外销售的，则应当开具增值税专用发票。

（六）《办法》实施后，增值税发票管理系统机动车发票开具模块操作方面的变化

（1）国内机动车生产企业、进口机动车生产企业驻我国办事机构或总授权代理机构和从事机动车进口的其他机动车贸易商生产或进口机动车后，应按照现行规定向工信部门上传国产机动车合格证信息或进口车辆电子信息（统称车辆电子信息）。上述企业销售本企业生产或者进口的机动车，应通过增值税发票管理系统和机动车合格证管理系统，依据车辆识别代号/车架号将机动车发票开具信息与车辆电子信息进行关联匹配。若上述企业开具的发票信息未关联车辆电子信息，会影响受票方继续开具对应的机动车发票。

（2）进口机动车生产企业驻我国办事机构或总授权代理机构和从事机动车进口的其他机动车贸易商录入并上传进口车辆电子信息；销售方销售本企业进口的机动车，应直接调用车辆电子信息开具机动车发票，实现进口机动车销售价格等信息与车辆电子信息关联。

（3）机动车授权经销企业和其他机动车贸易商销售机动车开具发票时，直接录入车辆识别代号/车架号或者扫描合格证二维码，读取增值税发票系统中已购进机动车的车辆电子信息并开具发票。若读取不到已购进机动车的车辆电子信息，将无法正常开具发票。

（七）机动车销售统一发票开票有误或者发生销售退回情形规定

销售方开具红字发票时，应当收回消费者所持有的纸质机动车销售统一发票。如消费者已办理车辆购置税纳税申报的，不需退回报税联；如消费者已办理机动车注册登记的，不需退回注册登记联；如消费者为增值税一般纳税人且已抵扣增值税的，不需退回抵扣联。

【例1】 5月31日，张先生在某汽车4S店购买一台新车，取得4S店开具的机动车销售统一发票。由于工作人员的疏忽将张先生的身份证号码录入错误，如果在缴纳车辆购置税前发现发票开具错误，张先生应将其所持机动车销售统一发票全部联次退回4S店，4S店应按原蓝字发票信息开具红字发票后，再重新开具正确的蓝字发票。如果张先生已缴纳车辆购置税，在办理车辆注册登记时发现开票有误，应将其所持的机动车销售统一发票的发票联、注册登记联退回4S店，4S店应先开具红字发票，再重新开具正确的蓝字发票。

【例2】 某增值税一般纳税人购买车辆，在申报缴纳车辆购置税前发现发票开具错误，如该纳税人已抵扣增值税，在申请开具红字发票时，应将其所持的机动车销售统一发票的发票联、报税联、注册登记联退还给4S店。4S店先开具红字发票，再重新开具正确的蓝字发票。

（八）销售机动车开具增值税专用发票注意事项

使用增值税发票管理系统机动车发票开具模块开具增值税专用发票，要注意以下几点：

第一，正确选择机动车类商品和服务税收分类编码。销售材料、配件、维修、保养、装饰等非机动车整车销售业务，均不通过该模块开具发票。

第二，增值税专用发票"规格型号"栏应填写机动车车辆识别代号/车架号，"单位"栏应选择"辆"。若汇总开具增值税专用发票，则应通过增值税发票系统开票软件开具《销售货物或应税劳务、服务清单》。

第三，销售机动车需开具红字增值税专用发票的，如果仅涉及销售折扣、销售折让的，《开具红字增值税专用发票信息表》中"规格型号"栏不填写车辆识别代号/车架号。

（九）国内机动车生产企业关于增值税专用发票"规格型号"栏的规定

国内机动车生产企业若不能在"规格型号"栏逐行填写车辆识别代号/车架号的，"规格型号"栏可以为空，但应在增值税专用发票（包括《销售货物或应税劳务、服务清单》）上，将相同车辆配置序列号、相同单价的机动车，按照同一行次汇总填列的规则开具发票。

因为国内机动车生产企业在销售机动车开具增值税专用发票后需按照《办法》第七条的规定将发票开具信息与对应的国产机动车合格证电子信息进行关联匹配，已经能够确保下游企业正常读取购进机动车信息并开具机动车发票，所以，国内机动车生产企业在开具增值税专用发票时可以不逐行填写车辆识别代号/车架号。

税务部门和工信部门鼓励具备条件的国内机动车生产企业在开具增值税专用发票时逐行填写车辆识别代号/车架号，提升下游企业获取购进机动车信息的效率。

（十）《办法》实施后，对制造日期为 2021 年 5 月 1 日之前没有取得车辆信息的机动车销售办法

《办法》于 2021 年 5 月 1 日起试行。对于企业所销售机动车制造日期在 2021 年 5 月 1 日之前的，销售方可按《办法》实施前的规定开具机动车发票。例如，2021 年 6 月 1 日销售 2021 年 4 月生产的机动车，按照《办法》实施前的规定开具机动车发票。

机动车销售统一发票票样如图 7-2 所示。

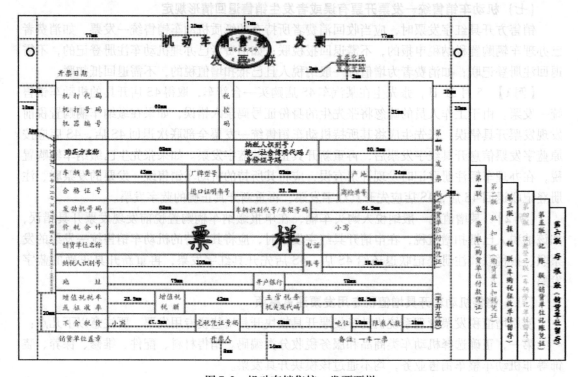

图 7-2　机动车销售统一发票票样

第六节　汽车燃油税

2008 年 12 月 18 日国务院印发了《关于实施成品油价格和税费改革的通知》，决定自 2009 年 1 月 1 日起实施成品油税费改革。

《通知》明确表明取消原在成品油价外征收的公路养路费、航道养护费、公路运输管理费、公路客货运附加费、水路运输管理费、水运客货运附加费 6 项收费，逐步有序取消政府还贷二级公路收费。

同时，将价内征收的汽油消费税单位税额每升提高 0.8 元，即由每升 0.2 元提高到 1 元；柴油消费税单位税额每升提高 0.7 元，即由每升 0.1 元提高到 0.8 元；其他成品油消费税单位税额相应提高。

一、燃油税的概念

燃油税是指对在我国境内行驶的汽车购用的汽油、柴油所征收的税。它是费改税的产物，是取代养路费而开征的。

其基本原理是：车辆类型、行驶里程长短及载货量大小是与耗油量的多少紧密相连的，耗油越多，说明该车辆享有使用公路的权力越多，因此，包含在油价内的燃油税就随之增多，对公路养护所尽的义务也就越多。

开征此税不是我国的首创，当今世界许多国家都已开征燃油税。开征燃油税，不仅更公开、公平、公正，而且更节能、降耗、环保，从而也顺应了"节能减排"这一时代主流。

二、征收燃油税的影响

（一）征收燃油税对私家车主的影响

私家车主最为关心的是实施燃油税后其用车成本是否会增加。养路费的取消及燃油税的征收，这一减一增对私家车主来说，也产生了一个用车的"盈亏临界点"，即汽车使用量在此临界点以下的车主，将比先前减少了用车费用，而超过该临界点的车主则是增加了费用。这时受益最大的就是上下班以车代步且跑的里程不多的私家车车主。而如果油耗再高一些或是再多跑一些里程的话，费用将超过以前所缴纳的养路费，这样使车主有了自主选择权，符合多用多缴税的原则。

（二）对成品油供应商的影响

1. 积极影响

（1）燃油税的出台将加快国内成品油价格改革步伐，成品油价格改革的启动，将大大改善公司炼油业务盈利状况，在维持5%~6%稳定炼油毛利的情况下，炼油事业对公司的利润贡献将大大提升，其占公司利润比重将上升至20%左右。

（2）将增加公司日常流转资金。因为燃油税采取代扣代缴方式，所以像中国石化这样拥有庞大的加油站网络的公司，将在燃油税征收过程中起到重要作用。代扣代缴的燃油税款项将增加公司日常流转资金。

2. 消极影响

（1）成品油用量将下降。由于航空、水运、电力等非公路部门和商业部门不需要使用道路，对于这些用油户来说，增收燃油税毫无疑问将要付出更多的代价，从长远看，这将使成品油用量下降。

（2）国内成品油零售价未与国际全面接轨之前，走私现象极为严重。成品油走私之后，较低油价为批发和零售商带来丰厚的利润，而使中石化成品油零售端产生利空。

（3）政府对中石化的补贴将很可能大量减少。

从上面的分析可以看到，征收燃油税将进一步促进完善国内成品油价格形成机制，理顺国内成品油价格，有利于保持石油行业持续健康发展，并且由于我国石油消费进口比重逐年递增，征收燃油税将促进石油资源节约使用，突出资源的稀缺性。

（三）对收费公路行业的影响

燃油税改革的实施对收费公路行业带来利好。主要有以下几点原因：

① 由上市高速路企业运营的收费公路并不在将要取消收费的范围之列。

② 新的"免费公路"对上市公司拥有的高速路/一级公路的潜在车流量分流影响十分有限，因为现有高速路的主要竞争者是与之平行的高速路和一级公路（反之亦然）。

③ 取消公路养路费、管理费和维持成品油价格不变能在短期内降低交通运输成本，从而有利于公路运输需求。从长远看，政府将会利用燃油税来控制国内燃油消费。高速路由于在长期运输中的燃油使用效率更高，因而能从等级较低的公路获取市场份额。

（四）对地方政府部门的影响

推行燃油税，交通部门会失掉一大部分收入，最重要的是失掉了上路稽查的权力。燃油税的开征显然要涉及养路费等，开征燃油税还涉及全国交通系统27万养路费征稽人员的安置问题。

总之，通过征收燃油税达到用油者交税、用油越多者交税越多的目的，理顺汽油、柴油价格关系，利用税收杠杆引导燃油消费者节能减排，促使人们提高节约意识，提升能源的使用效率，从而保护环境，拉动内需的同时又缓解了城市交通压力。

中国是一个发展中人口大国，城市化与工业化正在中国高速推进着。对于中国这样一个发展中大国来说，石油需求呈刚性放大已是不可小觑的战略问题。在国际高油价的侵蚀下，中国有必要同时动用价格杠杆与税收政策，适度放缓高能耗、高污染行业的增长速度，用高科技去武装企业的核心竞争力，用节能环保产业抵御高油价的掠夺性侵袭，从而让中国的产业结构早日升级换代，让数量扩张型的传统经济增长模式转到以高科技为依托的集约化发展模式上来。

【小阅读】

国外开征燃油税的动机与做法

交通燃油税一直被看作是降低污染、防止全球变暖、节约能源的一种方式。在有的国家，燃油税还是降低对国外原油进口依赖的一种政策。提高燃油税，已使一些替代能源，如天然气、生物柴油、电池变得更有吸引力。高油价也使得制造商和消费者正在选择更节能、更环保的产品及工艺。

在美国，燃油税的资金主要用于交通及道路方面的支出，因此，美国的燃油税被看作是"燃油使用者付费"。而在其他国家，燃油税则是财政收入的一个来源。

许多欧洲国家，如英国、法国、意大利，采用高燃油税来降低对燃油的依赖，从而减少交通流量和污染。因为高燃油税不仅有利于节油、降耗，推动新技术与替代能源的研发与生产，而且还有利于引导人们选购经济节能型轿车，选择公交出行，并能鼓励人们合伙用车（拼车）、短途旅游。此外，税收资金还可以用来有效地改善交通条件，大力发展公交设施。

世界各国税制存在差异，例如，该国是否开征燃油税以及税率是高还是低，这些直接导致了"跨境加油"现象的频繁发生。尤其是在欧洲，由于欧盟各国的燃油税存在较大差异，再加上欧盟成员国之间的市场"无国界限制"，这在一定程度上刺激了驾驶人跨境加油。事实上，在有些较小的国家或地区，如卢森堡、安道尔、直布罗陀等，它们有意识采用降低燃油税的策略，希望能吸引更多的跨境加油者，这样就可以增加这些小国的税收。

大多数国家的海关允许加满油的交通工具入境时免征（油箱中燃油的）燃油税，因此，为了防止从马来西亚进口低燃油税的油品，新加坡海关要求国内交通工具出境时必须将油至少加至油箱的3/4。

位于巴西边界的阿根廷的加油站曾同时挂出两种油价：一种油价是用于持阿根廷牌照的小汽车的；另一类油价则是用于持外国牌照的小汽车的。这样做是为了限制巴西车辆驾驶人在阿根廷购买低价燃油，以免加油站排长队，防止哄抬油价。

下面简单介绍一些发达国家开征燃油税的基本情况：

(1) 德国燃油税。截至2007年9月，德国的燃油税标准：柴油每升0.4704欧元，无铅汽油每升0.6545欧元。此外，所有燃油及燃油税还需要缴付19%的增值税。也就是说，每升柴油含税价格为1.19欧元，每升无铅汽油含税价格为1.37欧元，若折合为美加仑，则每美加仑无铅汽油的含税价格为7.615美元。

(2) 荷兰燃油税。荷兰的燃油税是以消费税名义征收的。1995年，荷兰提高燃油消费税，每升汽油消费税调高0.25荷兰盾（相当于0.11欧元），税收主要用于道路新修及维护、公交保养。2007年，荷兰燃油税为每升0.684欧元，折合每（美）加仑征税3.5美元。

(3) 挪威燃油税。尽管挪威是世界上第三大石油出口国，但是它对燃油仍实行重税。2007年，挪威燃油税是燃油价的63%，95号无铅汽油的燃油税相当于每升1.42美元。政府将该税看作对燃油征收的环境税。由于挪威农村人口众多、农村公交短缺，因此，燃油税一直在挪威存在较大争议。2008年，挪威政府进一步提高了汽油和柴油的燃油税税率，但航空用油使用较低税率，农业使用的柴油则被染成红色，而且免税。

在挪威，公共交通与私家车一样需要缴付燃油税。2006—2008年全球范围的油价猛涨，再加上燃油税同时提高，威胁了挪威农村地区的公共交通。

(4) 英国燃油税。从2007年10月1日开始，英国燃油税（包括汽油和柴油）税率为每英加仑2.2890英镑，或者每美加仑1.9059英镑；生物柴油和生物乙醇每升0.3035英镑，或者每英加仑1.3797英镑，或者每美加仑1.1489英镑。此外，英国燃油还必须缴付增值税，现行税率为油价的17.5%。

例如，2008年5月，英国柴油每升价格为1.288英镑，则燃油税与增值税合计为每升0.6953英镑，约合每美加仑5.20美元。实际上，不含税的燃油零售价为每升0.5926英镑，而燃油综合税率则为117%。此外，农民及施工车辆使用的柴油则被染成红色，税率较低。国际航空用燃油既不缴付燃油税，也不缴付增值税。

(5) 加拿大燃油税。加拿大燃油税大约是总油价的1/3。联邦政府与省政府同时都要对汽油和柴油征缴消费税，除此之外，还有一些城市（如蒙特利尔市、维多利亚市等）也要再次征缴燃油消费税。全国各地的燃油消费税率不等，既有低至每升0.162加元（相当于每英加仑0.736加元，或每美加仑0.612加元），也有高至每升0.305加元（相当于每英加仑1.386加元，或每美加仑1.153加元）。此外，加拿大联邦政府与一些省政府（如纽芬兰、魁北克等）还要对零售油价及消费税征收营业税。

(6) 美国燃油税。美国燃油税是由各州来征收的。2008年第一季度，各州汽油的燃油税平均税率为每美加仑0.286美元，再加上每美加仑0.184美元的联邦税，合计起来，每美加仑汽油总税率为0.47美元，折合为每英加仑0.56美元，或者每升0.124美元。此外，各州柴油的燃油税平均为每美加仑0.292美元，再加上每美加仑0.244美元的联邦附加税，合计起来，柴油合计税率为每美加仑0.536美元，折合为每英加仑0.643美元，或每升0.142美元。

(7) 澳大利亚燃油税。澳大利亚的燃油税在形式上十分类似于加拿大，双重征收，但它有税收扣减的豁免规定。澳大利亚的燃油税由联邦政府和州政府双重征收，包括消费税和商品与服务税。该税收主要用于为国道基础工程建设及维修提供融资，同时也提供额外的财政收入。

(8) 新西兰的燃油税。新西兰的燃油税被看作一种消费税。2007年7月1日调整后的汽油消费税合计为每升0.42524新西兰元，折合每英加仑1.933新西兰元，或每美加仑1.607新西兰元。生物乙醇免征燃油消费税。此外，柴油也免征燃油消费税，然而，载重超过1t的交通工具及没有动力装置的任何交通设施都必须缴纳养路费。同时，还要对所有商品（包括燃油）价值及各种税的合计额征收12.5%的商品与服务税。

注：1UKgal（英加仑）=4.546L；1USgal（美加仑）=3.785L

复习思考题

1. 车船税的含义是什么？
2. 车辆购置税的特点有哪些？
3. 汽车消费税的概念是什么？

第八章 汽车维修的标准和法规

随着国民经济水平的提高，国内的汽车保有量不断攀升。汽车维修和保养企业也如雨后春笋般不断涌出。对国内汽车维修企业的监管力度亟待提高，因此，制定和实施汽车维修的标准和法规迫在眉睫。目前，国内的汽车维修法规还不太健全，离发达国家还有一定的差距。为了使汽车维修行业更好地健康发展，提高广大车主的维权意识，本章将从不同方面阐述汽车维修的法律法规知识。

在计划经济时代，车辆主要集中在运输企业中，因此汽车维修主要附属于运输企业。改革开放以后，中国的车辆分布发生了本质的变化，车辆的社会化和私家车的迅速发展，使汽车维修业走向社会化，并促使汽车维修业从产品型行业向服务型行业过渡，按照市场化的要求，形成了一个社会化的、资金和技术密集型的、相对独立的行业。

汽车维修业是由汽车维护和修理厂点组成的、为汽车运输服务的、相对独立的行业。汽车维修业通过维护和修理来维持和恢复汽车技术状况，延长汽车使用寿命，是汽车流通领域的重要组成部分。随着国民经济的发展，我国汽车保有量将会以更快的速度增长，与之配套的汽车维修市场更是蕴藏着无限商机。同时，由于技术的进步，社会生产水平和人民生活水平的提高，公路条件的改善，尤其是高速公路的出现和发展，对汽车安全、环保、可靠、快速、舒适和经济等方面提出了更高的要求，促使汽车在品种、结构及性能方面越来越多样化，为适应这些变化，汽车的维修也必须相应地有一个较大的发展，以最大限度地满足社会发展的需要。

汽车经使用一定的里程和时间后，根据汽车维护技术标准，按规定的工艺流程、作业范围、作业项目和技术要求所进行的预防性作业即为汽车维护。汽车维护的目的就是保持车辆技术状况良好，确保行车安全，充分发挥汽车的使用效能和降低运行消耗，以取得良好的经济效益、社会效益和环境效益。汽车保养旨在保持和恢复汽车的技术性能，保证汽车具有良好的使用性和可靠性。我国目前汽车维护保养分为一级保养、二级保养以及日常维护、走合维护、季节性维护。

第一节 汽车维修标准和维修企业

一、国外汽车维修标准一览

1. 美国维修标准的主要组成和简要分析

美国的汽车维修检测标准和法规主要包括：美国联邦机动车安全标准（运输篇）的第396部分（检查、修理和维护）、各州汽车维修检测标准和法规、美国第107次国会会议H. R. 2735法案、相关的SAE标准。美国联邦机动车安全标准（运输篇）中除第396部分外的其他标准及不相关的SAE标准，主要与汽车及相关零部件的生产、制造有关，对汽车维修检测标准的制定有技术指标上的参考作用。汽车维修检测和售后服务不在美国消费者产品安全委员会（独立的联邦机构）的管辖之内。

美国联邦机动车安全标准（运输篇）的第 396 部分——检查、修理和维护，主要包括"适用范围""检查、修理和维护""润滑""严禁不安全操作""机动车操作检查""驾驶人车辆检查报告""驾驶人检查""厂方驾驶——牵引车操作、检查"几个方面，但标准的内容比较简洁，都是原则性规定，不涉及具体的维修检测项目过程和技术参数。美国各州的维修检测标准中的适用范围和技术参数有很大不同，主要原因是各州的经济、人口、地域面积、汽车保有量等社会环境不同，对经济发展、环境保护要求的追求程度不一致。

为保护美国消费者在本国享有对车辆诊断、服务及维修的权利及其他目的，根据美国第 107 次国会会议 H. R. 2735 法案，制定了"汽车所有者享有的车辆维修权利"法案。制定该法案的主要目的是：

① 要求联邦贸易委员会制定和执行法规，来确保消费者在车辆诊断、维修中享有知情权。

② 为了确保汽车消费者的安全，要求维修者提供所有对车辆及时、可信赖的和消费者能够承受的诊断、服务与维修行为的相关信息。

③ 促进维修业在汽车诊断、维修服务中的良性竞争。

2. 德国汽车检测和维修标准体系

在德国，汽车检测和维修的最高层次是 StVZO。它是其他标准如汽车维修和汽车检测标准以及规则、规范、细则和条例的基础，其作用类似中国的 GB 7258—2017《机动车安全运行技术条件》。第二层次主要是等效引用 ISO 标准，对汽车维修的有关概念、内容和工时定额等有关维修基础进行规范。第三层次的标准主要涉及较为具体的规定、细则，包括车辆和安全方面，如车辆结构与设计、事故预防、修理方法、修理作业安全、修理厂规则、汽车清洗设备、修理工作中的安全与健康保护、焊接作业规则以及安全防护、汽车评估方法与专家评估、汽车损坏评估规则、汽车前照灯检测、轿车腐蚀损坏与修理、维修场所规范、人员资格要求等。第四层次是汽车检测和维修行业标准，是对德国国家标准的细化。

二、国际汽车维修标准

当前世界上汽车工业发达的国家，如美国、日本、德国等已经在汽车修理、检测方面形成了各自的体系。它们对汽车修理、检测标准的制定主要侧重于以下几个方面。

① 涉及新技术领域，如微电子技术、计算机技术以及通信技术在汽车检测维修领域中的应用。

② 汽车安全设施与技术方面，如乘员安全、维修人员安全、环境影响，这两个方面与汽车标准的整个体系融为一体。

③ 环境保护如汽车排放、噪声、电磁干扰、清洗等，其中大部分作为国家标准或国际标准。

④ 汽车检测与维修技术要求的细化，如汽车维修的焊接技术要求、人员安全、环境保护；检测与维修人员的划分、培训、继续教育以及资质要求；普通层次的标准如计算机、通信、电子技术、焊接技术、安全技术、环境保护在汽车维修与检测领域的细化，特别是针对计算机、电子传感器、汽车车载或专用诊断监视器类的标准中，都详细规定了如关键字、关键字格式化、ECU 等的电子规范，力求实现检测诊断仪器设备关键技术参数

的统一。

有的国家如日本、美国将涉及汽车安全、环境以及注册的有关要求以国家法规的形式予以颁布,如日本的《道路运送车辆法》及《指定自动车整备事业规则》,美国的第107次国会会议 H. R. 2735 法案,其他细节由标准化组织、行业、企业和协会具体制定。

有的国家标准由标准化协会直接规划、组织、协调制定、修订和出版,国家或标准化协会仅负责带有普遍性的根本性法规。例如,列入德国标准化协会(DIN)标准汇编的 StVZO(Straßenverkehrs Zulassungs Ordnung),就是以国家法规的形式颁布的,按照标准实施的机动车安全运行的基础性法规。在德国,其他较为具体的技术要求由行业、企业或协会以标准、规范、细则去规范,或者直接引用 ISO 标准以及欧洲标准(EN)。值得注意的是,在德国,由行业、企业或协会以标准、规范、细则规定的技术要求也视为德国标准,统一列入德国标准化协会(DIN)的国家标准汇编内。

国际标准化机构(ISO)国际道路车辆标准化专业委员会 ISO/TC22 制定的有关道路车辆互换性和安全性的标准是制定汽车维修检测标准的基础,各国的其他相关标准以其作为基础,进行细化和补充。

目前国外标准中针对具体的某一类汽车检测设备的技术标准、测试标准和维修设备技术标准还很少,可以说这些恰好是我国制定相关标准的重要领域,但也不要片面追求制定标准的大而全,而应力争做到基本标准层次、领域和下一层次具体技术、仪器设备标准之间的合理匹配。同时,在我国提出和制定这些标准,对国内的汽车检测和维修标准化有相当重要的意义,我国应在制定检测、维修设备的技术标准和测试规范方面有所建树。

【小阅读】

新车保修期内汽车保养标准该听谁的

【车主:不按规定保养麻烦多多】

2011 年 4 月,李先生刚买半年的新车坏了,但售后服务店称,按照购车协议上的规定,他的车没有按总公司的要求定期做保养,因此不能享受保修。随后,他又拨通了该品牌车总公司的售后服务热线,得到的答复是:如果顾客不按照说明书上的规定进行保养,等于自动放弃了质量担保服务。李先生对此很是不解,在保修期内对所售车辆保养是厂家的义务。强制保养期限却是厂家单方面制定的条款,我是车主,选择什么时候进行保养是我的权利,为什么非得按照厂家单方面的规定去做呢?他认为,就算这种规定是合理的,那也应该先查一查毛病出在哪里,看看是否与没有按时做保养有关系,不要动辄就摆出"没商量"的架势。不少品牌汽车的《使用手册》和《质量保证书》都有诸多"不属质量担保范围"的条款,其中就包括"因未按规定进行定期保养的车辆"。按照目前的惯例,一般车辆每 6 万 km 需要 10~12 次保养,需要花费 5000 元左右的保养费。新车在两年的保修期内每 5000km 就要保养一次,这么频繁果真有必要吗?"但为了能让厂家兑现他们应尽的保修义务,这笔钱就非花不可了",刚刚买了车的王先生无奈地表示,"反正买了车就必须保养,一保养就要让厂家牵着鼻子走了。"

【厂家:强制保养为降低损失】

经销商为此也比较苦恼。某品牌汽车售后服务部门负责人说:"厂家最初制定保养手册是为了保证车辆在正常使用期限内,通过定期的有效保养保持车辆的正常性能。在保修期内,车辆出现质量问题要厂家负责。因此强制保养周期一方面是为了查出隐患及时排除,另一方面也是为厂家在保修期内最大限度地降低损失。所以,车主如果不按时保养,其实也是在损害厂商的利益。"

【专家:保养应形成良性循环】

据了解,此规定并非"国际惯例",在国外并不存在这样的规定。为什么同样的品牌会有如此不同的规定呢?某省汽车工业协会专家认为,国外不存在强制保养周期的规定,主要跟国外汽车消费者的成熟程度有关。国外的车主都有去做保养的意识,是因为他们明白定期保养对车辆使用和安全的重要性。而在我国,目前还有不少人从省钱的角度考虑不重视汽车保养。可车辆出了质量问题却要由厂家来负责,所以厂家规定了强制保养,以保证自己的利益。但如果厂家一味采取"不保养就不保修"的强制措施,消费者难免会产生抵触。希望厂家能切实从消费者角度出发,积极宣传保养方面的知识,让汽车保养成为消费者自觉自愿的行为,同时也树立起消费者对厂家的信任。

三、国内汽车维修企业现状

汽车维修是汽车服务的一个重要环节,可细分为汽车的维护和修理,它属于汽车服务领域的售后服务体系,是汽车服务业的后市场。汽车维修企业根据国家行业主管部门对其设备、设施、人员、质量管理、安全生产、环境保护以及流动资金等条件进行考核界定后,可按资格类别分为一类、二类、三类维修企业。

目前,我国的汽车维修企业在资格分类的基础上分别以汽车4S店、特约维修服务站、综合维修厂、快修连锁店、专项维修店等多样化的经营方式呈现,它们各展所长,各尽其能。据不完全统计,截至2020年6月底,我国共有接近61.6万家经营范围含"汽车保养、汽车售后、汽车维修"的汽车维修企业。其中个体工商户占比54.50%,有限责任公司占比41.84%。同时我们注意到,汽车维修行业在如此快速的发展和市场急剧膨胀过程中,越来越多地暴露出了一些问题和弊端,这些问题既制约了企业自身的发展,也影响了行业水平的提高。现阶段,我国的汽车服务业除了汽车4S店的服务和管理水平得到了一定程度的提升外,其他汽车维修企业普遍存在管理不规范、服务质量差、经营效率低、人才短缺以及信息化不足等问题。21世纪是知识经济的时代,随着经济的全球化以及中国经济体制改革的逐渐深化,企业必将面临越来越激烈的竞争,企业管理者必须运用科学的管理手段进行企业经营,改善企业内部以及整个供应链各个环节的管理、调度及资源配置,迅速适应客户的新需求,迎接市场的新机遇,方能在激烈的竞争中获胜。引进先进的管理模式,企业不单需要对自身的经营状况有充分的了解,并通过有效管理不断提高效率,而且在很大程度上需要借助计算机和计算机网络才能完成,因此,加快企业的管理信息化进程是提高企业生产经营效率的一个重要途径。面对国内汽车维修行业的发展态势和现状,国家和地方行业主管部门纷纷出台相关政策和措施,对行业的整体发展以及汽修企业的经营管理给予引导和规范。

四、汽车维修企业的管理

汽车整车维修企业是指有能力对所维修车型的整车、各个总成及主要零部件进行各级维护、修理及更换,使汽车的技术状况和运行性能完全(或接近完全)恢复到原车的技术要求，并符合相应国家标准和行业标准规定的汽车维修企业。按规模大小分为一类汽车整车维修企业和二类汽车整车维修企业。汽车综合小修业户是指从事汽车故障诊断和通过修理或更换个别零件，消除车辆在运行过程或维护过程中发生或发现的故障或隐患，恢复汽车工作能力的维修业户（三类）。汽车专项维修业户是指从事汽车发动机维修、车身维修、电气系统维修、自动变速器维修、轮胎动平衡及修补、四轮定位检测调整、汽车润滑与养护、喷油泵和喷油器维修、曲轴修磨、气缸镗磨、散热器维修、空调维修、汽车美容装潢、汽车玻璃安装及修复等专项维修作业的业户（三类）。

为贯彻落实国务院关于依法行政、深化改革的工作部署精神以及交通运输部、国家发改委等十部委《关于促进汽车维修业转型升级提升服务质量的指导意见》（交运发〔2014〕186号）有关要求，进一步推动汽车维修业转型升级、健康可持续发展，交通运输部组织修订了国家标准《汽车维修业开业条件》（包括GB/T 16739.1《汽车维修业开业条件第1部分：汽车整车维修企业》和GB/T 16739.2《汽车维修业开业条件第2部分：汽车综合小修及专项维修业户》，并由国家质检总局、国家标准化管理委员会颁布，于2015年1月1日起实施。

GB/T 16739.1规定了汽车整车维修企业应具备的人员、组织管理、安全生产、环境保护、设施和设备等条件，适用于汽车整车维修企业（一类、二类），是道路运输管理机构对汽车整车维修企业实施行政许可和管理的依据。

GB/T 16739.2规定了汽车汽车综合小修及专项维修业户应具备的通用条件及其经营范围、人员、设施、设备等条件。

标准对从业人员资格条件的具体要求、组织管理条件、安全生产条件、环境保护条件、设施条件、设备条件做出了明确的要求。

第二节　机动车维修管理规定

一、修改内容

《机动车维修管理规定》于2005年6月24日由交通部发布。根据2015年8月8日交通运输部《关于修改〈机动车维修管理规定〉的决定》第一次修正，根据2016年4月19日交通运输部《关于修改〈机动车维修管理规定〉的决定》第二次修正，根据2019年6月21日交通运输部《关于修改〈机动车维修管理规定〉的决定》第三次修正。

2018年7月28日，国务院发布《国务院关于取消一批行政许可等事项的决定》（国发〔2018〕28号），明确取消机动车维修经营许可，要求取消审批后，交通运输部要制定完善并公布维修业务标准，督促地方交通运输主管部门通过以下措施加强事中事后监管：一是建立健全机动车维修经营备案制度，及时公布相关信息。二是要求机动车维修企业严格按照标准开展维修业务，维修服务完成后应提供明细单，作为车主追责依据。三是加强对机动车维修行为的监管，对维修企业出现违法违规行为，依法予以处罚。四是建立黑名单制度，深入推进维修诚信体系建设。2019年3月2日，国务院公布了《国务院关于修改部分行政法规的决定》（国务院第709号令），将作为《机动车维修管理规定》（以下简称《规定》）直接上位法的《道路运输条例》中关于机动车维修经营许可的条款修改为备案制管理。

为贯彻落实国务院决定,推进机动车维修经营许可改为备案制管理,并具体规定、细化和规范有关机动车维修经营备案管理的具体程序、做法、要求,交通运输部在国务院第709号令公布后抓紧开展对《规定》进行修订。同时,根据行业立法需要,将《大气污染防治法》等法律法规对于机动车维修经营者维修经营作业等有关要求,也应一并体现在《规定》修改中。

《规定》修改的内容,紧紧围绕国务院第709号令对《道路运输条例》中关于机动车维修经营许可改备案的事项开展,《规定》修正案共计34条。

(1) 删除了关于机动车维修经营许可的全部内容。

按照国务院第709号令要求,在《规定》全文中删除了关于机动车维修经营许可条件、许可程序、申请手续、许可证件、许可监督处罚及相关事项的全部条款内容。

(2) 建立了关于机动车维修经营备案的制度体系。

按照国务院第709号令要求,在《规定》中明确了关于机动车维修经营备案的备案程序、备案材料、备案受理、备案变更、备案事项事后监督检查、备案不得收取费用、备案结果公布等规定,以及国务院规定的机动车维修经营者应符合国务院交通主管部门规定的机动车维修经营业务标准等内容,形成了完整的维修经营备案管理体系、流程,建立了机动车维修经营备案管理体系。

(3) 依法调整优化了有关事中事后监管措施。

按照国务院第709号令和国发28号文件要求,一是保持强化了维修经营业务标准。明确要求机动车维修经营者应当符合交通运输部制定的机动车维修经营业务标准要求,并按照标准开展维修业务。二是明确了维修费用明细单制度。维修经营者完成维修后,应提供维修费用明细单,作为车主追责依据。三是明确建立维修经营者和从业人员黑名单制度要求,强化维修行业信用建设。四是强化对维修经营者的事中事后监管手段和违法处置措施。对于维修经营者有关违法违规情形严重的,可依据行政法规予以罚款直至责令停业整顿的处罚。

二、机动车维修质量管理

道路运输管理机构应当加强对机动车维修专业技术人员的管理,严格执行专业技术人员考试和管理制度。机动车维修经营者应当按照国家、行业或者地方的维修标准和规范进行维修。尚无标准或规范的,可参照机动车生产企业提供的维修手册、使用说明书和有关技术资料进行维修。机动车维修经营者不得使用假冒伪劣配件维修机动车。机动车维修经营者还应当建立采购配件登记制度,记录购买日期、供应商名称、地址、产品名称及规格型号等,并查验产品合格证等相关证明。机动车维修时换下的配件、总成,应当交托修方自行处理。机动车维修经营者对机动车进行二级维护、总成修理、整车修理的,应当实行维修前诊断检验、维修过程检验和竣工质量检验制度,并建立机动车维修档案。机动车维修档案主要内容包括:维修合同、维修项目、具体维修人员及质量检验人员、检验单、竣工出厂合格证(副本)及结算清单等。机动车维修档案保存期为两年。

承担机动车维修竣工质量检验的机动车维修企业或机动车综合性能检测机构应当使用符合有关标准并在检定有效期内的设备,按照有关标准进行检测,如实提供检测结果证明,并对检测结果承担法律责任。机动车维修竣工质量检验合格的,维修质量检验人员应当签发机动车维修竣工出厂合格证（由省级道路运输管理机构统一印制和编号，县级道路运输管理机构按照规定发放和管理）；未签发机动车维修竣工出厂合格证的机动车，不得交付使用，车主可以拒绝交费或接车。道路运输管理机构应当加强对机动车维修经营的质量监督和管理工作，可委托具有法定资格的机动车维修质量监督检验中心对机动车维修质量进行监督检验。

机动车维修实行竣工出厂质量保证期制度。

汽车和危险货物运输车辆整车修理或总成修理质量保证期为车辆行驶 20000km 或者 100 日；二级维护质量保证期为车辆行驶 5000km 或者 30 日；一级维护、小修及专项修理质量保证期为车辆行驶 2000km 或者 10 日。其他机动车整车修理或者总成修理质量保证期为机动车行驶 6000km 或者 60 日；维护、小修及专项修理质量保证期为机动车行驶 700km 或者 7 日。质量保证期（从维修竣工出厂之日起计算）中行驶里程和日期指标，以先达到者为准。在质量保证期和承诺的质量保证期内，因维修质量原因造成机动车无法正常使用，且承修方在 3 日内不能或者无法提供因非维修原因而造成机动车无法使用的相关证据的，机动车维修经营者应当及时无偿返修，不得故意拖延或者无理拒绝。在质量保证期内，机动车因同一故障或维修项目经两次修理仍不能正常使用的，机动车维修经营者应当负责联系其他机动车维修经营者，并承担相应修理费用。

道路运输管理机构应当受理机动车维修质量投诉，积极按照维修合同约定和相关规定调解维修质量纠纷。机动车维修质量纠纷双方当事人均有保护当事车辆原始状态的义务。必要时可拆检车辆有关部位，但双方当事人应同时在场，共同认可拆检情况。对机动车维修质量的责任认定需要进行技术分析和鉴定，且承修方和托修方共同要求道路运输管理机构出面协调的，道路运输管理机构应当组织专家组或委托具有法定检测资格的检测机构做出技术分析和鉴定。鉴定费用由责任方承担。

三、机动车维修监督检查和法律责任

1. 监督检查

道路运输管理机构应当积极运用信息化技术手段，科学、高效地开展机动车维修管理工作，并且严格按照职责权限和程序进行监督检查，不得滥用职权、徇私舞弊，不得乱收费、乱罚款。道路运输管理机构的执法人员在机动车维修经营场所实施监督检查时，应当有两名以上人员参加，并向当事人出示交通部监制的交通行政执法证件。从事机动车维修经营活动的单位和个人，应当自觉接受道路运输管理机构及其工作人员的检查，如实反映情况，提供有关资料。

道路运输管理机构实施监督检查时，可以采取下列措施：

① 询问当事人或者有关人员，并要求其提供有关资料。

② 查询、复制与违法行为有关的维修台账、票据、凭证、文件及其他资料，核对与违法行为有关的技术资料。

③ 在违法行为发现场所进行摄影、摄像取证。

④ 检查与违法行为有关的维修设备及相关机具的有关情况。

检查的情况和处理结果应当记录下来，并按照规定归档。当事人有权查阅监督检查记录。

2. 法律责任

有下列行为之一，擅自从事机动车维修相关经营活动的，由县级以上道路运输管理机构责令其停止经营；有违法所得的，没收违法所得，处违法所得2倍以上10倍以下的罚款；没有违法所得或者违法所得不足1万元的，处2万元以上5万元以下的罚款；构成犯罪的，依法追究刑事责任。

（1）未取得机动车维修经营许可，非法从事机动车维修经营的。

（2）使用无效、伪造、变造机动车维修经营许可证件，非法从事机动车维修经营的。

（3）超越许可事项，非法从事机动车维修经营的。

机动车维修经营者非法转让、出租机动车维修经营许可证件的，由县级以上道路运输管理机构责令停止违法行为，收缴转让、出租的有关证件，处以2000元以上1万元以下的罚款；有违法所得的，没收违法所得。机动车维修经营者使用假冒伪劣配件维修机动车，承修已报废的机动车或者擅自改装机动车的，由县级以上道路运输管理机构责令改正，并没收假冒伪劣配件及报废车辆；有违法所得的，没收违法所得，处违法所得2倍以上10倍以下的罚款；没有违法所得或者违法所得不足1万元的，处2万元以上5万元以下的罚款，没收假冒伪劣配件及报废车辆；情节严重的，由原许可机关吊销其经营许可；构成犯罪的，依法追究刑事责任。机动车维修经营者签发虚假或者不签发机动车维修竣工出厂合格证的，由县级以上道路运输管理机构责令改正；有违法所得的，没收违法所得，处以违法所得2倍以上10倍以下的罚款；没有违法所得或者违法所得不足3000元的，处以5000元以上2万元以下的罚款；情节严重的，由许可机关吊销其经营许可；构成犯罪的，依法追究刑事责任。

有下列行为之一的，由县级以上道路运输管理机构责令其限期整改；限期整改不合格的，予以通报。

① 机动车维修经营者未按照规定执行机动车维修质量保证期制度的。

② 机动车维修经营者未按照有关技术规范进行维修作业的。

③ 伪造、转借、倒卖机动车维修竣工出厂合格证的。

④ 机动车维修经营者只收费不维修或者虚列维修作业项目的。

⑤ 机动车维修经营者未在经营场所醒目位置悬挂机动车维修经营许可证件和机动车维修标志牌的。

⑥ 机动车维修经营者未在经营场所公布收费项目、工时定额和工时单价的。

⑦ 机动车维修经营者超出公布的结算工时定额、结算工时单价向托修方收费的。

⑧ 机动车维修经营者不按照规定建立维修档案和报送统计资料的。

⑨ 违反本规定其他有关规定的。

道路运输管理机构的工作人员有下列情形之一的，由同级地方人民政府交通主管部门依法给予行政处分；构成犯罪的，依法追究刑事责任。

① 不按照规定的条件、程序和期限实施行政许可的。

② 参与或者变相参与机动车维修经营业务的。

③ 发现违法行为不及时查处的。

④ 索取、收受他人财物或谋取其他利益的。

⑤ 其他违法违纪行为。

第八章 汽车维修的标准和法规

第三节 汽车改装相关法律规定

汽车改装起源于赛车运动，最早的汽车改装只是针对赛车的技术性能，但随着汽车的普及和汽车文化的发展，汽车改装成为普通车迷生活的一部分，并渐渐成为一种时尚。在欧洲、美国、日本、澳大利亚及我国香港等地，汽车改装是合法的，而且是汽车消费市场链条中的一个重要环节。有人把汽车厂工业流水线上刚刚出厂的新车看成是裸车，即没有任何个性的车。因此，现在无论是新车还是二手车，车主买后几乎都会对其进行一番装修打扮，称为汽车美容。至于车迷、汽车发烧友，就不单满足于简单的美容了，他们通过改装来进一步提升汽车某一方面的性能，提高自己的品位，以显示与众不同的风格。

一、中国的汽车改装法规

按照原来我国道路交通安全法的规定，任何单位或者个人不得拼装机动车或者擅自改变机动车已登记的结构、构造或者特征。已注册登记的机动车有下列情形之一的，机动车所有人应当向登记该机动车的公安局车管所申请变更登记：改变机动车车身颜色的；更换发动机的；更换车身或者车架的。

2008年公安部发布了修订后的《机动车登记规定》，其中放宽了一些对机动车改装方面的限制，包括更换发动机和车身车架在内的改装都可以在改装后再行登记。

1. 新政策的亮点

合法改装内容放宽：修订后的《机动车登记规定》（后简称"新规"）第十条明确规定，改装内容可涉及"改变车身颜色、更换发动机、更换车身或者车架"。新规无形中推动了汽车改装的发展。

（1）手续明显简化：自2008年10月1日起，车主如需改变车身颜色、更换发动机、更换车身或车架，可于变更后10日内直接向车辆管理所办理变更登记。车管所须在受理当日为车主办理相关手续，包括在机动车登记证书上签注变更事项，收回行驶证，核发新行驶证。

（2）改装需提交安全证明：虽然内容放宽，手续简化，但对改装车的规范仍有严格要求，新规第十一条规定，"申请变更登记的，机动车所有人应当填写申请表，交验机动车，并提交机动车所有人的身份证明、机动车登记证书、机动车行驶证。"特别对于改装车辆发动机、车身或者车架的，还应当提交机动车安全技术检验合格证明。

（3）监管不放松：改装程序的简化并不意味着对改装监管的放松，比如对乱改车身颜色和图案新规仍有严格限制。尽管改变车身颜色可以在改装后10天内再去车管所办理变更登记，但同时新规第四十七条第二项强调，"机动车喷涂、粘贴标识或者车身广告，影响安全驾驶的将处警告或200元以下罚款"，再次明确了合法改装应该在保证安全的大前提下进行。

2019年9月1日起，公安部发布的新版《机动车查验工作规程》（GA 801—2019）正式实施，在新版规程中放宽了对于车辆改装的要求。

新的查验规程中首次明确了车顶行李架、出入口踏步件、换装散热器面罩和/或保险杠、更换轮毂等在规定条件下属于合法改装，而且可以在车辆登记注册时就进行改装。

规程要求改装后的行李架导致的车辆高度增加应小于300mm，此外车主在完成改装后，也需尽快前往车管所申请换领新的行驶证，以免出现车、证不符的情况。

规程内涉及改装的具体表述如下：

注册登记查验时，对实行《公告》管理的国产机动车，实车外观形状应与《公告》的机动车照片一致，但装有《公告》允许选装部件的以及乘用车在不改变车辆长度、宽度和车身主体结构且保证安全的情况下加装车顶行李架、出入口踏步件、换装散热器面罩和/或保险杠、更换轮毂等情形的除外。

其他情况下，实车外观形状应与《机动车行驶证》上机动车标准照片记载的车辆外观形状一致（目视不应有明显区别），但装有允许自行加装部件的以及乘用车对车身外部进行了加装/改装但未改变车辆长度、宽度和车身主体结构的除外。

乘用车出厂后对车身外部进行上述加装/改装但未改变车辆长度、宽度和车身主体结构，加装车顶行李架后车辆高度增加值小于或等于300mm且未发现因加装/改装导致不符合GB 7258国家标准情形的，告知机动车所有人或申请人（或被委托的经办人）应定期对车辆按外观形状规定进行检查及维护保养、保证加装/改装后车辆的使用安全，车辆外观形状发生变化的还应申请换发行驶证，记录相关情况后视为合格。

乘用车加装车顶行李架后，车辆高度增加值应小于或等于300mm。测量车辆长度、宽度时，按照GB 1589—2016国家标准规定不应计入测量范围的装置、部件应除外。

2. 中国汽车改装法规的未来

根据发达国家的经验，结合市场客观发展规律，个性化、细分化、多元化的市场现象必然会走上经济前台，并成为未来成熟市场的重要特征。因此，结合市场主流趋势与中国国情、文化、经济等特点对我国汽车改装市场进行研究，是十分必要且很重要的。以下6个方面的要素将成为我们探索的关键。

（1）品牌许可：奔驰、宝马、福特、奥迪、大众等整车厂为满足用户多元化的需求，专门授权专业改装厂从事汽车精装业务。它使用的产品配件、装配技术与精装范围、实施方案、服务标准均获得了整车制造厂的认证及授权使用，改装后的汽车仍可使用原品牌标识，也可以同时使用改装企业的品牌标识，实行双品牌。因此这类改装企业也被称为"御用改装厂"。它们有厂家的血缘支持，可谓根正苗红，在一定意义上可以视为原厂品牌个性化、精细化的一个再造流程，是批量制造平台的补充环节。因为有厂家的技术背景与品质认证，原厂品牌授权的改装项目在法规管理上相对容易获得通过。

（2）知识产权：汽车改装涉及造型设计、品牌商标、部品配件研发、技术改进、计算机数据调整等多个方面，因此，和其他领域一样，知识产权的应用与保护将是汽车改装行业的一个十分突出的问题。

（3）产品标准：我国对许多种汽车零部件的管理实行的是强制认证，凡列入目录内的零部件产品，未获得强制性产品认证证书，以及未加施中国强制性产品认证标志的汽车零部件，不得出厂、销售、进口或在其他经营活动中使用。国家发改委对9种零部件的强制认证，进一步扩大了零部件的认证范围。目前我国汽车改装市场的部品配件大多系国外产品，也有一部分由国内企业研发制造。许多产品、配件、应用技术并未列入原厂车型的标配体系中，因此，建立起针对汽车改装产品的备案注册系统，有利于在产品品质及配套标准上解决或改善换装部件所带来的安全隐患与质量纠纷。

（4）技术服务标准：汽车改装包括加装与配装、换装与调校、强化与升级三个方面，

第八章 汽车维修的标准和法规

具有很强的技术性、服务性,需要专用设备、工具、施工环境及相应的工艺,一些改装项目的技术及工艺要求甚至要高于汽车修理厂,因此,对改装项目的技术等级及服务标准进行确定与规范是十分必要的,从业企业要制定明确的服务项目、服务标准及服务品质保证,进行明码标价并对外公示,以保证服务透明度、明确责任、减少经营纠纷。

(5) 安全认证:汽车是具有公众安全关联性的社会类商品,其安全监管涉及整车制造、配件、运行、旧车交易、养护、维修、报废等全程环节。汽车的改装可分成新车改装与在用车改装。新车改装是在汽车上牌前由厂家或其指定的改装厂完成的,可称为原厂品牌改装车,这类汽车有原厂的技术支持、质量把控及品牌许可,因此,有些项目可以纳入视同或免除的范畴。而在用车辆的改装尚缺乏行业标准与安全认证体系,有待进行进一步的研究。

(6) 经营资质:我国目前的法律法规对汽车产业链中的关键环节实行的是准入管理,如整车制造、旧车交易、汽车报废拆解、汽车修理等环节的经营资格采取的是审批制。汽车改装作为一种新兴的市场业态,是否属于特殊行业还没有明确的定论,其难点在于我国的行业代码中并未列入"汽车改装",也就是说"汽车改装"在中国还不能被称为具有法定意义的行业。但从实际市场情况来看,汽车改装既涉及装饰项目,也包含着加装设备、换装配件等修理业务的内容,同时,汽车改装所使用的零部件、技术、研发等又自成体系,具有相对独立性。因此,从我国对公众产品的管理角度来看,汽车改装市场实行分级管理是最有可能的政策思路,涉及法规中对整车强制性标准进行改动的项目必须取得安全认证;涉及部件换装的部分应符合法规中针对零部件的技术标准;而对于不涉及强制认证范围的精装项目则由行业组织以自律方式进行市场化约束。另外,汽车改装领域的从业人员也应加强培训、认证及资格管理。

(7) 售后服务:汽车改装关联着产品品质及技术服务品质一软一硬两项指标,因此,明确售后服务的主体非常重要。本着谁销售、谁负责的服务原则,应尽快建立行业售后服务公约,并细化售后服务的具体内容及责任界定标准,这不但有利于减少经营纠纷,同时也有助于提高市场认可度及树立行业公信力。因而,汽车改装具有提高社会效益与经济效益的双重地位。但应该注意的是,完全照搬国外的经验、观念与做法并非完全适合我国的国情,在借鉴、学习的基础上求得创新与发展也许才是我们需要树立的科学观念。

二、汽车改装的注意事项

(1) 改装之前相关法规要弄清。进行汽车改装时,如果违背了相关法律法规,不仅验车时过不了关,还可能造成安全隐患,甚至受到法律的制裁。新的《道路交通安全法》明确规定,任何单位或者个人不得拼装机动车,不得擅自改变机动车已登记的结构、构造或者特征。车辆的结构包括车身颜色、长、宽、高4个硬性的标准和发动机的相关技术参数。车辆改装是否合法,关键要看车辆是否与行驶证上的照片相符,是否与车辆出厂技术参数相符,不相符的就不能通过年检。

(2) 欲换宽胎要细思量。首先应该肯定的是,改装的首要目的是为了更加安全。其实,原厂在生产车辆时,基于成本、油耗、价格等诸多方面的考虑,在许多零件与用料方面都有所保留。如果依照原厂提供的安全数据驾驶,如转速、限速等,在安全性方面当然不会产生太大的问题,可是一旦超出原厂的限制,那就难以保证了。其次是为了美观,将轮胎及轮圈做二级甚至三级的提升,这样的改变在外观上增加了视觉效果,但同时也增加了车辆的油耗和机件的损耗。

（3）改装车身当心伤车。对于车身刚性不佳及底盘结构不良的车辆，通常会加装平衡杆，以弥补车身刚性的不足；有时还会改装防倾杆或更换减振器，用以加强底盘结构。加装防倾杆的确能有效地抑制车身的侧倾，但过于粗壮的防倾杆，在高速行车时容易撕裂车身板件。如何选择合适的防倾杆，除了自己要有认知外，还要选择有改装经验的店家。有些车辆原厂悬架过于软弱，于是有些车主喜欢更换硬的减振器，并且将车身降得非常低，好像整辆车趴在地上似的。要知道，过低的车身不仅在落差较大的地面上无法行驶，并且很容易对底盘机件造成伤害。更换过硬的减振器，会使车身弹跳相当严重，导致车身板件产生扭曲变形。因此，要选择软硬适中的减振器。

（4）动力改装要因车而异。动力改装最常见的就是更换高压导线、火花塞以及排气管。更换放电性强的高压导线与火花塞，在点火方面的确能加强许多，但是过强的点火对于活塞会造成一定程度的伤害，况且效果因车而异，关键是要懂得搭配。时下最流行的动力改装部件非排气管莫属，似乎加装一支大口径且声量惊人的排气管后，车辆便会跑得更快，其实这是一种误解。排气管的更换对于发动机功率的提升作用可以说是微乎其微，特别是对于一些小排量的自然进气式发动机来说，想要明显感受到发动机功率的提升是相当困难的。此外，比较通行的动力改装是对汽车计算机的改装。改装计算机可将原厂所限定的转速与时速加以解除，从而提高汽车速度，但也会降低发动机的使用寿命。至于解除原厂对于安全极速的限制，从安全角度看也不应提倡。想要提升动力性能，最有效的方式是从发动机内部着手，如加大缸径与行程、气缸内部抛光、节气门抛光、更换锻造的活塞与连杆等。

复习思考题

1. 我国现行的维修保养制度是什么？
2. 国外汽车维修企业的标准是什么？
3. 我国汽车维修标准与国外的区别与联系有哪些？
4. 机动车维修管理规定的制定原则是什么？目的是什么？
5. 汽车改装的注意事项有哪些？

第九章　汽车道路交通法规

从人类发明汽车开始，道路安全因素一直没被忽视过。道路交通安全是一个全球性问题，道路交通事故已成为国际社会的一大公害。为了避免交通事故，政府出台了道路相关法律和规定。我国道路方面的法律主要包括《中华人民共和国公路法》《中华人民共和国道路交通安全法》《中华人民共和国保险法》。除此之外，还有《中华人民共和国道路交通安全法实施条例》《交通事故处理程序规定》《道路交通安全违法行为处理程序规定》《机动车登记规范》《中华人民共和国道路运输条例》《中华人民共和国报废汽车回收管理办法细则》《机动车辆保险条款及解释》《汽车产品外部标识管理办法》《机动车驾驶证申领和使用规定》《机动车交通事故责任强制保险条款》《机动车交通事故责任强制保险条例》《机动车登记规定》《高速公路交通管理办法》等多项道路交通行政法规。本章主要讲解道路、道路交通安全与汽车保险方面的法律法规。

第一节　道路的基本知识

一、我国公路总体形势

道路是供各种车辆（无轨）和行人通行的工程设施。按其使用特点分为城市道路、公路、厂矿道路、林区道路及乡村道路等。公路是指连接城市、乡村和工矿基地之间，主要供汽车行驶并具备一定技术标准和设施的道路。截止到2019年末，全国公路总里程501.25万km，其中，四级及以上等级公路里程469.87万km，二级及以上等级公路里程67.20万km。我国公路交通事业在国民经济中的地位和作用日益突出。在公路建设方面主要表现在：公路等级提高；公路里程增加；公路科学技术取得巨大进步；公路养护管理有了新的进展。公路主要由隧道、绿化、通信、路基、路面、桥梁、涵洞、渡口码头、照明等设备及其他沿线设施组成。

二、我国公路的分类

1. 按行政等级划分

公路按行政等级可分为：国家公路、省公路、县公路、乡公路（简称为国、省、县、乡道）和专用公路五个等级。一般把国道和省道称为干线，把县道和乡道称为支线。

国道：指具有全国性政治、经济意义的主要干线公路，包括重要的国际公路，国防公路，连接首都与各省、自治区、直辖市首府的公路，连接各大经济中心、港站枢纽、商品生产基地和战略要地的公路。国道中跨省的高速公路由交通部批准的专门机构负责修建、养护和管理。

省道：指具有全省（自治区、直辖市）政治、经济意义，并由省（自治区、直辖市）公路主管部门负责修建、养护和管理的公路干线。

县道：指具有全县（县级市）政治、经济意义，连接县城和县内主要乡（镇）、主要商品生产地和集散地的公路，以及不属于国道、省道的县际间公路。县道由县、市公路主管部门负责修建、养护和管理。

乡道：指主要为乡（镇）村经济、文化、行政服务的公路，以及不属于县道以上公路的乡与乡之间及乡与外部联络的公路。乡道由乡（镇）人民政府负责修建、养护和管理。

专用公路：指专供或主要供林区、农场、油田、厂矿、旅游区、军事要地等与外部联系的公路。专用公路由专用单位负责修建、养护和管理，也可委托当地公路部门修建、养护和管理。

2. 按使用任务、功能和适应的交通量划分

根据我国现行的《公路工程技术标准》（JTG B01），公路按使用任务、功能和适应的交通量分为高速公路、一级公路、二级公路、三级公路、四级公路五个等级。

（1）高速公路为专供汽车分向分车道行驶并全部控制出入的多车道公路。

四车道高速公路应能适应将各种汽车折合成小客车的年平均日交通量25000~55000辆。

六车道高速公路应能适应将各种汽车折合成小客车的年平均日交通量45000~80000辆。

八车道高速公路应能适应将各种汽车折合成小客车的年平均日交通量60000~100000辆。

（2）一级公路为供汽车分向分车道行驶并可根据需要控制出入的多车道公路。

四车道一级公路应能适应将各种汽车折合成小客车的年平均日交通量15000~30000辆。

六车道一级公路应能适应将各种汽车折合成小客车的年平均日交通量25000~55000辆。

（3）二级公路为供汽车行驶的双车道公路。

双车道二级公路应能适应各种汽车折合成小客车的年平均日交通量5000~15000辆。

（4）三级公路为主要供汽车行驶的双车道公路。

双车道三级公路应能适应各种汽车折合成小客车的年平均日交通量2000~6000辆。

（5）四级公路为主要供汽车行驶的双车道公路或单车道公路。

双车道四级公路应能适应各种汽车折合成小客车的年平均日交通量2000辆以下。

单车道四级公路应能适应各种汽车折合成小客车的年平均日交通量400辆以下。

三、具体公路种类和特点

《中华人民共和国公路法》规定：公路按其在公路路网中的地位分为国道、省道、县道和乡道，并按技术等级分为高速公路、一级公路、二级公路、三级公路和四级公路。高速公路可以是国道、省道、县道，甚至是乡道。而国道也可以是高速公路、一级公路、二级公路、三级公路，甚至是四级公路。但目前规定，国道一般需达到二级以上公路标准。而实际生活中，一般高速公路都为省道以上道路。

在中国国道采用数字编号，分为四类编号方式，第一类是放射状的，以北京为中心放射公路排序是"1"字开头；第二类是南北向的，以"2"字开头；第三类是东西向的，以"3"字开头，第四类是"五纵七横"主干线，以"0"字开头。

1. 部分主要的国道及长度

101国道：北京—沈阳，全线长879km。

第九章 汽车道路交通法规

102 国道：北京—哈尔滨，全线长 1250km。

203 国道：明水—沈阳，全线长 641km。

320 国道：上海—瑞丽，全线长 3625km。

321 国道：广州—成都，全线长 2013km。

2. 首都放射线

国道采用三位数编号，其首位数是布局的分类号。其中首都放射线 12 条，编号 101～112。如 G101 北京—承德—沈阳线，通过地区有北京、河北、辽宁，共计 869km；G102 北京—山海关—沈阳—长春—哈尔滨线，通过地区有北京、河北、天津、辽宁、吉林、黑龙江，共计 1317km。

3. 南北纵线

南北纵线有 27 条，编号为 201～228（无 226）。

对于 37 条联络线，则采用 4 位数，由"主线编号＋1＋联络线顺序号"组成。联络线的顺序号按照主线的前进方向由起点向终点顺序排列。例如，G201 鹤岗—牡丹江—大连线，通过地区有黑龙江、吉林、辽宁，共计 1762km；G202 黑河—哈尔滨—吉林—沈阳—大连—旅顺线，通过地区有黑龙江、吉林、辽宁，共计 1726km；G204 烟台—连云港—上海线，通过地区有山东、江苏、上海，共计 967km。

4. 东西横线

东西横线有 29 条，编号为 301～330（无 313）。例如，G301 绥芬河—哈尔滨—满洲里线，通过地区有黑龙江、内蒙古，共计 1303km；G303 集安—四平—通辽—锡林浩特线，通过地区有吉林、辽宁、内蒙古，共计 1215km。

【小阅读】

人类建造道路的历史至少有几千年了，几乎可以追溯到原始社会。没有人能够真正说出世界上第一条道路是在何时或在何处建成的。远古时代，人们经常沿着动物的足迹或是最省力的路径即别人走过的路来行走，结果经常被踩踏的地方就成为小径，日复一日，年复一年，小径逐渐发展成为一般的道路。

18 世纪，拿破仑时代的法国工程师特雷萨盖发明了碎石铺装路面的方法，并主张建立道路养护系统。在他的影响下，著名的法国道路网建成了，为此特雷被尊称为法国现代道路建设之父。18 世纪末至 19 世纪初，英国出现了特尔福特和马卡丹等热心研究道路的专家。特尔福特认为：鱼脊形路面不宜过高，尽量避免修建陡坡道路，并采用一层式大石块基础路面结构，中间铺砌大石块，两边用较小的石块以形成路拱。马卡丹认为：不需要最下一层片石，在路面上铺一层碎砾石，就可平坦而坚固。实践证明：马卡丹式公路很适合当时的马车行驶。此后，欧洲各国相继修建了这种公路。

20 世纪初，汽车获得了飞跃式发展，马卡丹式公路路基已不适应汽车行驶要求，人们又开始大量修建沥青和混凝土铺装的公路。第二次世界大战前，德国建立了高速公路，从此各国都有相应发展，高速公路已经成为现代化公路的标志。

现代城市的发展，人口密集程度与交通量成正比，高速公路的出现为人们长途、大量、迅速地运输和避免交通事故提供了条件，更为城市道路的规划平添了一份姿采。

第二节　道路法律法规解读

一、公路法律法规体系

(一)《中华人民共和国公路法》

1. 制定《中华人民共和国公路法》的目的及其基本内容

为了加强公路的建设和管理，促进公路事业的发展，适应社会主义现代化建设和人民生活的需要，制定了《中华人民共和国公路法》（以下简称《公路法》），1997年7月3日第八届全国人民代表大会常务委员会第二十六次会议通过；《公路法》自1998年1月1日起施行，1999年10月31日第九届全国人民代表大会常务委员会第十二次会议《关于修改〈中华人民共和国公路法〉的决定》第一次修正；2004年8月28日第十届全国人民代表大会常务委员会第十一次会议《关于修改〈中华人民共和国公路法〉的决定》第二次修正。对第五十条第一款修改为："超过公路、公路桥梁、公路隧道或者汽车渡船的限载、限高、限宽、限长标准的车辆，不得在有限定标准的公路、公路桥梁上或者公路隧道内行驶，不得使用汽车渡船。超过公路或者公路桥梁限载标准确需行驶的，必须经县级以上地方人民政府交通主管部门批准，并按要求采取有效的防护措施；运载不可解体的超限物品的，应当按照指定的时间、路线、时速行驶，并悬挂明显标志。"

2017年11月4日，第十二届全国人民代表大会常务委员会第三十次会议决定通过对《中华人民共和国公路法》做出的修改，修改后的《公路法》自2017年11月5日起施行。

这是《公路法》第五次修改。《公路法》颁布实施于1998年，此前先后于1999年、2004年、2009年和2016年经过了四次修改。本次修改共涉及两处内容：

将第六十条第二款修改为："有偿转让公路收费权的公路，收费权转让后，由受让方收费经营。收费权的转让期限由出让、受让双方约定，最长不得超过国务院规定的年限。"

将第六十一条第一款修改为："本法第五十九条第一款第一项规定的公路中的国道收费权的转让，应当在转让协议签订之日起三十个工作日内报国务院交通主管部门备案；国道以外的其他公路收费权的转让，应当在转让协议签订之日起三十个工作日内报省、自治区、直辖市人民政府备案。"

《公路法》对公路规划、公路建设、公路养护、路政管理、收费公路、监督检查、法律责任七个方面的基本原则及制度做了全面规定。

2. 《公路法》的作用

《公路法》的颁布施行，有利于"引导、规范、促进、保障"公路事业健康快速发展，具体表现在：

① 有利于拓宽公路建设资金渠道。
② 有利于维护公路建设秩序，强化对公路建设的管理，提高公路工程质量。
③ 有利于保障公民和组织合法使用公路的权利，有力地治理公路"三乱"。
④ 有利于依法保护公路产权。
⑤ 有利于加强公路行业社会主义精神文明建设。
⑥ 有利于完善公路法制，实行依法治路。

第九章 汽车道路交通法规

(二)《公路安全保护条例》

2011年3月7日,国务院第593号令颁布了《公路安全保护条例》(以下简称《条例》),2011年7月1日起施行。《条例》的颁布施行,在我国公路发展史上具有里程碑意义,标志着我国公路安全保护工作迈上规范化、制度化、法制化的新台阶。

《条例》共6章77条,各章分别是总则、公路线路、公路通行、公路养护、法律责任、附则。总体内容贯穿了公路安全保护这一主线,通过对公路进行静态保护和动态保护相结合,通过加强养护管理和提升公路应急处置能力,全面保障公路的完好、安全和畅通。具体来讲,就是以《公路法》为主要依据,以保护公路设施、保障人民群众生命财产安全、规范执法行为、改善公路服务水平为出发点,进一步明确有关部门、单位、个人等在公路安全保护工作中的职责和义务;适应实际工作需求,细化《公路法》部分条款的内容,对非法占用、挖掘、穿跨越、损坏、破坏公路设施的行为和处罚措施做出具体规定;总结集中治超的经验,着力健全治超长效机制,加强车辆生产、销售、注册以及货运场站装载等环节的源头监管;加大公路保护力度,强化执法手段和措施,对各种违法行为应承担的法律责任进行明确;强化公共服务职能,加强公路交通网络公共服务能力建设等。

《条例》旨在加强公路保护,保障公路完好、安全和畅通。《条例》强调,任何单位和个人不得破坏、损坏、非法占用或者非法利用公路、公路用地和公路附属设施;对1年内违法超限运输超过3次的货运车辆,由道路运输管理机构吊销车辆运营证;对1年内违法超限运输超过3次的货运车辆驾驶人,由道路运输管理机构责令其停止从事营业性运输;道路运输企业1年内违法超限运输的货运车辆超过本单位货运车辆总数的10%的,由道路运输管理机构责令该企业停业整顿;情节严重的,吊销其道路运输经营许可证,并向社会公告。

1. 制定《条例》的基本原则

(1) 立足全面保护。从保护主体看,《条例》不仅明确了交通运输主管部门和公路管理机构的保护职责,而且还动员各级政府、各相关职能部门以及社会公众等各方力量广泛参与公路安全保护工作。从保护对象看,既明确了对公路、桥梁、隧道、渡口、公路附属设施等公路主体线路的保护,又加强了对公路用地、建筑控制区、集镇规划控制区、桥梁采砂区、桥隧爆破区等立体空间的管理。

(2) 重点强化治超。违法超限运输危害极大,是最为严重的公路"杀手"。为此,《条例》将建立超限治理长效机制作为重中之重,从管理手段上强化超限治理措施,在管理环节和管理力量上突出了综合治理,从车辆的生产、改装、注册登记、货运装载、站点检测、责任追究等环节入手,对超限治理作了详细规定。

(3) 坚持依法行政。坚持依法行政是依法治国的必然要求,是建设法治政府的核心所在。《条例》严格遵循国务院关于全面推进依法行政实施纲要确定的基本原则和要求,不仅明确了公路管理机构的执法主体资格,赋予了必要的执法手段,还规定了应当承担的法律责任,实现公路执法的权责统一,有利于建立"层次清晰、事权明确、权责一致、运转高效"的地方公路管理体制,进一步促进公路管理机构的职能转变。

(4) 突出服务便民。维护公路的完好、安全、畅通是政府交通运输主管部门及其公路管理机构的职责,做好公路安全保护工作的出发点和最终目的是为广大人民群众提供方便、快捷、安全的出行条件。因此,《条例》始终坚持以执政为民、服务群众为指导思想,不断强化公共服务职能,充分体现了以人为本的思想和宗旨。例如,明确了公路管理机构和有关部门对公路养护工程的及时公告和保障义务，防止施工区域路段堵塞；建立了跨省大件运输联合审批机制，提高了行政许可效率；加强路网运行监测，通过多种形式向社会发布公路出行信息等。

2.《条例》的主要制度

（1）关于车辆超限治理制度。作为车辆超限治理的一项重要措施，《条例》首次以行政法规的形式在源头治理方面加强了监管，包括强化车辆生产、销售、登记以及货运场站装载等环节的源头管理，明确了相关主体的责任或义务，确保了源头治理的效果。同时，加强了路面监控网络的建设，对固定超限检测站点建设和管理等做了进一步的明确，并加大了对车辆超限的责任追究力度。总的来说，《条例》通过一系列规定，为进一步开展车辆超限治理提供了可靠的法律依据，奠定了牢固的法制基础。

（2）关于行政许可制度。行政许可是行政机关依法对社会、经济事务实行事前监督管理的一种有效手段，在行政管理中发挥了重要作用。《条例》针对影响公路完好、安全和畅通的情况并结合《公路法》的相关规定，对修建铁路、机场、供电、通信、水利等建设工程需要占用、挖掘、跨越、穿越公路设施的涉路施工活动，不可解体的超限物品运输活动，护路林更新采伐等方面规定了行政许可制度。同时结合实际情况，创新了行政许可的方式。比如，加强了涉路行为行政许可的"前、中、后"三个环节管理，一是要求建设单位在提交涉路施工许可申请前对涉路施工行为进行安全评价，二是要求涉路工程设施必须经过许可机关验收方可投入使用，三是明确了涉路工程设施建成后的维护和管理责任。再如，为解决近年来各地反映跨省大件运输中存在的不便民的问题，《条例》建立了跨省大件运输联合审批机制，即由起运地省级公路管理机构受理并协调沿线各省级公路管理机构联合审批跨省超限运输许可，实行"一站式审批"，极大地便利了申请人。

（3）关于保障公路安全的区域范围。《条例》在《公路法》的基础上，对保障公路安全的区域范围做出了细化规定，明确了对相关区域的保护义务。具体包括：一是公路建筑控制区制度，明确了建筑控制区的划定标准，并规定了一系列的保护性制度；二是集镇规划控制区制度，《条例》规定，新建村镇、货物集散地、农贸市场等公共场所应当与公路保持一定距离，并尽可能在公路一侧建设，通过对规划、建设等源头环节实行有效管控，防止造成公路街道化，降低公路通行能力和服务标准；三是其他保护区域，如桥梁周边一定范围内禁止采砂，严格限制抽取地下水、架设浮桥等危害性活动，公路周边一定区域严格监管采石、取土、爆破等活动。

（4）关于公路养护管理模式。近年来，公路养护管理工作取得了很大进展。养护工作正在从粗放型向集约化、专业化方向转变，管理工作正在从经验型向科学化、法制化方向转变，通行保障工作正在从被动应对型向主动化、人性化方向转变。《条例》在总结各地探索公路养护运行机制改革经验的基础上，明确了公路养护单位的资质条件，提出了公路养护的专业化、社会化发展方向，强调了公路养护的作业标准和操作规程。这些规定将进一步促进公路养护的规范化和科学化，提高公路养护的质量和效率，缓解养护施工与通行保障的矛盾，为人民群众提供更加良好的出行条件。

（5）关于农村公路保护。近年来，我国乡道和村级公路里程迅速增加，特别是中央提出建设社会主义新农村政策后，农村公路得到快速发展。到2010年年底，全国农村公路总里程达345万km。为了进一步加强农村公路保护工作，《条例》一方面在行政法规层面首

第九章 汽车道路交通法规

次引入了村道的概念，明确了村道的管理和养护工作，由乡级人民政府参照本条例的规定执行，对《公路法》作了补充；另一方面，为了防止超限运输车辆损坏农村公路，《条例》规定县级人民政府交通运输主管部门或者乡级人民政府可以根据保护乡道、村道的需要，在乡道、村道的出入口设置必要的限高、限宽设施。通过调研发现，在实践中，农村群众对这一规定非常支持，对"家门口的路"很有感情，责任心很强，保护热情很高。

（6）关于公路安全保护的措施和手段。公路具有开放性，承载着高速运行的车流，公路执法具有较高危险性，为保障《条例》规定的公路安全保护制度落实到位，《条例》从两个方面明确了公路安全保护的措施和手段。一是细化了行政处罚规定，主要是根据不同类型的违法行为及其违法情节规定了幅度不同或者性质不同的处罚，增强了行政处罚的规范性和操作性。二是完善了行政强制规定，主要是对扰乱超限检测秩序、损害公路且拒不接受调查处理等危害较大的行为规定了责令改正、扣留工具或车辆等行政强制措施。当然，公路管理机构采取行政强制措施，要严格按照规定的程序进行，避免侵害相关人的合法权益。

（7）关于公路突发事件应对制度。《条例》总结了近年来应对雨雪冰冻灾害、地震、泥石流等公路突发事件的成功经验，并做了相应规定。一是要求建立国家公路突发事件应急物资储备保障制度，确保关键时刻能够迅速调集物资，抢通修复公路。二是明确了公路管理机构、公路经营企业在出现公路突发事件时应当及时修复公路、恢复通行，并要求设区的市级以上人民政府交通运输主管部门应当根据修复公路、恢复通行的需要，及时调集抢修力量，统筹安排有关作业计划，下达路网调度指令，配合有关部门组织绕行、分流。三是规定中国人民武装警察交通部队按照国家有关要求承担公路、公路桥梁、公路隧道等设施的抢修任务，将武警部队力量纳入公路突发事件应急体系。四是为了便于社会公众及时知晓公路状况，提前安排出行计划，妥善应对公路突发事件，尽量减少由于公路突发事件给出行带来的不便，《条例》还规定设区的市级以上公路管理机构应当按照国务院交通运输主管部门的规定收集、汇总公路损毁、公路交通流量等信息，开展公路突发事件的监测、预报和预警工作，并利用多种方式及时向社会发布公路出行信息。

二、道路交通安全法的体系

《中华人民共和国道路交通安全法》《中华人民共和国道路交通安全法实施条例》及公安部《机动车驾驶证申领和使用规定》《机动车登记规定》《交通事故处理程序规定》《道路交通安全违法行为处理程序规定》四项行政规章，共同构成了道路交通安全法的新体系。

（一）《中华人民共和国道路交通安全法》

《中华人民共和国道路交通安全法》（以下简称《道路交通安全法》）由中华人民共和国第十届全国人民代表大会常务委员会第五次会议于2003年10月28日通过，自2004年5月1日起施行。

2007年12月29日第十届全国人民代表大会常务委员会第三十一次会议《关于修改〈中华人民共和国道路交通安全法〉的决定》第一次修正，2011年4月22日第十一届全国人民代表大会常务委员会第二十次会议《关于修改〈中华人民共和国道路交通安全法〉的决定》第二次修正。

1. 《道路交通安全法》的基本特点

《道路交通安全法》从我国道路交通的实际出发，在总结历史经验和借鉴国外一些发达国家的成功做法的基础上，对道路交通活动中交通参与人的权利义务关系进行了全面规范，具有以下特点：

（1）以保护交通参与人的合法权益为核心，突出保障交通安全，追求提高通行效率。从立法的指导思想、立法目的以及内容上都体现了本法的这一精髓：一是，坚持以人为本，预防和减少交通事故，保护交通参与人的合法权益；二是，提高通行效率，保障道路交通的有序、畅通。

（2）坚持道路交通统一管理，明确政府及其相关部门在道路交通中的管理职责。明确提出政府应当保障道路交通安全管理工作与经济建设和社会发展相适应；同时又具体规定了政府应当制定道路交通安全管理规划，并组织实施。

（3）将交通安全宣传教育上升为法律规定，明确规定了政府以及公安机关交通管理部门、机关、部队、企事业单位、社会团体等单位，教育行政部门，学校，新闻、出版、广播、电视等媒体的交通安全教育义务。这符合我国道路交通事业发展的内在要求，符合现代交通管理工作的特点。

（4）倡导科学管理道路交通。改革开放以来，道路交通发生了深刻变化，随着社会的发展进步，尤其是随着高科技手段在社会各个领域的广泛应用，强化科技意识，运用科学技术，不断提高交通管理工作的科学化、现代化水平，已经成为未来道路交通发展的方向。因此，本法中明确规定提倡加强科学研究，推广、使用先进的管理方法、技术和设备。

（5）通过设立机动车登记制度、检验制度、报废制度、保险制度、交通事故社会救助制度、机动车驾驶证许可制度、累积记分制度等来进一步规范交通管理行为，从法律制度上保障道路交通安全、畅通的实现。

（6）按照以人为本的精神，在通行规范中重点规定了有助于培养规则意识、保护行人的通行规定；在交通事故处理方面对快速处理、自行协商解决、重点保护行人、非机动车驾驶人权益等内容做了重大改革。

（7）明确规定了规范执法的监督保障体系。从组织建设、职权、执法程序、禁止性条款、监督、处罚和处分等方面做了系统规定，以解决社会和群众普遍关心的乱扣、乱罚问题。强化执法监督，将司法监督、社会公众监督、舆论监督等融入对交通管理执法的监督之中。

（8）强化职能转变，推出一些事务性、收费性、审批性的工作事项。严禁公安机关交通管理部门及其交通警察举办或者参与举办驾驶学校或者驾驶培训班、机动车修理厂或者停车场等经营活动。

（9）体现过罚相当的法律责任追究原则。统一规定了处罚的种类、强制措施的适用范围，对酒后驾车、超载、超速等严重影响交通安全的交通违法行为，规定了较为严厉的处罚。

2.《中华人民共和国道路交通安全法》的新举措

《道路交通安全法》否定了所谓"撞了白撞"的说法。根据《道路交通安全法》规定，如果机动车与行人、非机动车发生交通事故，机动车一方应负责任。

《道路交通安全法》对无证驾驶、无牌驾驶、严重超速、饮酒醉酒驾驶等一些情节比较严重的违章行为进行了更严厉的惩罚。

根据新的《道路交通安全法》，如果机动车发生交通意外，且肇事者逃跑，将吊销其驾

第九章　汽车道路交通法规

驶执照，且终生不得领取新的驾驶证。

此外，《道路交通安全法》取消了关于实习驾驶人不准进入高速公路的规定。全国高速公路最高限速从以前的 110km/h 提高到了 120km/h，罚款额也出现了明显的提高。

备受关注的《刑法修正案（八）》和修改后的《道路交通安全法》实施后，加大了对酒后驾驶等违法行为的处罚力度。其中，醉酒驾驶、情节恶劣的追逐竞驶等行为构成危险驾驶罪，将受到法律的严惩。

据公安交管部门统计，酒后驾驶违法行为具有明显的时段特征，节假日前后是酒后驾驶违法行为的相对高发期，查获的酒后驾驶行为同比工作日期间明显增加。机动车驾驶人将为自己酒后驾驶机动车行为付出更多代价。饮酒后驾驶机动车的，处暂扣 6 个月机动车驾驶证，并处 1000 元以上 2000 元以下罚款。因饮酒后驾驶机动车被处罚，再次饮酒后驾驶机动车的，处 10 日以下拘留，并处 1000 元以上 2000 元以下罚款，吊销机动车驾驶证。

对情节更为恶劣的醉酒驾驶机动车和饮酒后驾驶营运机动车的危险行为，除处罚金外，还将吊销机动车驾驶证，追究刑事责任。其中：醉酒驾驶机动车的，由公安机关交通管理部门约束至酒醒，吊销机动车驾驶证，依法追究刑事责任；5 年内不得重新取得机动车驾驶证。

特别需要强调的是，饮酒后驾驶营运机动车的，处 15 日拘留，并处 5000 元罚款，吊销机动车驾驶证，5 年内不得重新取得机动车驾驶证；醉酒驾驶营运机动车的，由公安机关交通管理部门约束至酒醒，吊销机动车驾驶证，依法追究刑事责任；10 年内不得重新取得机动车驾驶证，重新取得驾驶证后不得驾驶营运机动车。

按照法律规定，饮酒后或者醉酒驾驶机动车发生重大交通事故，构成犯罪的，依法追究其刑事责任，并由公安机关交通管理部门吊销机动车驾驶证，终生不得取得机动车驾驶证。

3. 关于交通事故处理

（1）尊重人的生命，规定了交通事故当事人、交通警察、医院的救治义务，尽可能地保护事故伤者的生命安全。一是规定事故车辆驾驶人应当立即抢救伤者，乘车人、过往车辆驾驶人、过往行人应当予以协助；二是规定交通警察赶赴事故现场处理，应当先组织抢救受伤人员；三是规定医院应当及时抢救伤者，不得因抢救费用问题拖延救治。

（2）实行事故现场的快速处理。一是，在道路上发生交通事故，未造成人员伤亡，当事人对事实及成因无争议的，可以即行撤离现场，恢复交通，自行协商处理损害赔偿事宜。不即行撤离现场的，应当迅速报告执勤的交通警察或者公安交通管理部门；二是，在道路上发生交通事故，仅造成轻微财产损失，并且基本事实清楚的，当事人应当先行撤离现场，再进行协商。

（3）取消责任认定，注重证据收集。公安机关交通管理部门应当根据交通事故现场勘验、检查、调查情况和有关的检验、鉴定结论，及时制作交通事故认定书，作为处理交通事故的证据。交通事故认定书应当载明交通事故的基本事实、形成原因和当事人的责任，并送达当事人。

（4）改革交通事故赔偿的救济途径。除自行协商、向保险公司索赔外，不再把公安机关交通管理部门的调解作为民事诉讼的前置程序，而是规定对交通事故损害赔偿的争议，当事人可以请求公安机关交通管理部门调解，也可以直接向人民法院提起民事诉讼。

（5）路外事故，有法可循。规定车辆在道路以外通行时发生的事故，公安机关交通管理部门接到报案后,也要参照交通事故处理的规定予以办理。

(6) 重新定义了交通事故的概念,扩大了道路交通事故的范围。交通事故是指车辆在道路上因过错或意外造成人身伤亡或者财产损失的事件。与过去的《道路交通事故处理办法》中的道路交通事故定义相比,新定义有了明显变化。第一,交通事故不仅是由特定的人员违反交通管理法规造成的,也可以是由于地震、台风、山洪、雷击等不可抗拒的自然灾害造成的;第二,交通事故的定义和含义基本与国际接轨。

4. 关于交通事故快速处理

目前造成城市道路交通拥堵的重要原因之一是,现行道路交通事故处理模式已不适应城市道路交通发展的需要。大量轻微交通事故得不到快速处理,造成交通堵塞。据统计,70%以上的交通事故是仅造成车辆及少量物品损失的轻微交通事故,这些交通事故发生后,当事人坚持等候交通警察到现场来处理,故造成道路堵塞。因此,《道路交通安全法》第70条做出了当事人可以自行撤离现场和必须撤离现场的规定。交通事故快速处理既符合民法中的自愿原则,为当事人自行协调解决提供了法律保障,又借助社会保障机制解决了损害赔偿问题,符合现代社会的生活节奏和时间效率至上的观念;从公安机关交通管理部门执法实践来看,实施交通事故快速处理,对于提高事故处理工作效率,解决警力不足的矛盾,提高办案质量,更好地保障群众合法权益有着重要意义。

(二)《中华人民共和国道路交通安全法实施条例》

《中华人民共和国道路交通安全法实施条例》(以下简称《实施条例》)是国务院根据《中华人民共和国道路交通安全法》制定的,于2004年4月28日国务院第49次常务会议通过的国家法规,2004年4月30日公布,自2004年5月1日起施行。共计8章115条。

2017年10月7日,国务院总理李克强签署第687号国务院令,对《中华人民共和国道路交通安全法实施条例》进行了修改。

实施条例体现了安全法保障道路交通有序、安全、畅通的指导思想和依法管理、方便群众的基本原则;在内容上重点对安全法规定要在配套法规中明确的,予以明确规定;对安全法的原则规定予以细化,增强可操作性;对安全法规定已经比较明确的,不再做出重复规定;在框架结构上与安全法相一致。

《实施条例》主要从四个方面体现出与《道路交通安全法》的配套:一是《道路交通安全法》对道路交通基本法律制度作了概括性规定的,如车辆登记制度、检验制度、机动车驾驶人累积记分制度、驾驶证定期审验制度,这些制度的实施需要有具体的配套规定;二是《道路交通安全法》授权国务院对有关内容制定具体办法的,如道路通行规则、机动车安全技术检验社会化等做出具体的配套规定;三是将《道路交通安全法》有关道路交通事故处理的内容进行细化,增强操作性;四是《道路交通安全法》已将行人、乘车人、非机动车、机动车的道路通行违法行为作了授权性处罚规定,《实施条例》的法律责任部分不再区分具体的违法行为并规定处罚,而是对《道路交通安全法》规定的处罚以及强制措施的实施作了程序性规定。

(三)公安部四项行政规章

1.《机动车登记规定》

公安部第124号令《公安部关于修改<机动车登记规定>的决定》(以下简称新《规定》)已经在2012年8月21日由公安部部长办公会议通过并于发布之日起施行。新《规

第九章　汽车道路交通法规

定》中对机动车注册登记、变更登记、转移登记、抵押登记、注销登记和校车标牌核发登记等环节做了明确的规定。

(1)《校车安全管理条例》(以下简称《校车条例》)已于 2012 年 4 月 5 日公布施行，为加强校车安全管理、保护中小学生上下学交通安全提供了法律保障，同时也明确了公安机关工作职责。124 号令按照《校车条例》的规定，进一步细化了公安机关在校车标牌核发工作中的职责。一是专用校车注册登记管理。专用校车要首先在公安机关办理机动车注册登记手续，申领机动车号牌、行驶证和登记证书，取得合法上路行驶的凭证。二是参与校车使用许可审查。按照《校车条例》规定，学校或者校车服务提供者申请校车使用许可，应当向县级或者设区的市级人民政府教育行政部门提出申请，教育行政部门在征求公安机关交通管理部门和交通运输部门意见后，提出审查意见，报人民政府决定是否发放许可。为做好校车使用许可审查工作，《机动车登记规定》规定，在教育行政部门征求公安机关交通管理部门意见时，公安机关交通管理部门应当严格查验车辆安全状况，严格审核相关申请材料。三是核发校车标牌。按照《校车条例》规定，对人民政府批准决定发放校车使用许可的，公安机关交通管理部门发给校车标牌。为此，《机动车登记规定》规定，对政府批准校车使用许可的，公安机关交通管理部门应当在收到申请人提交的领取表之日起三日内核发校车标牌，并在行驶证上签注校车类型和核载人数。四是加强校车使用的日常安全监管。《机动车登记规定》对校车使用监管及校车标牌的管理做出了明确规定，要求公安交通管理部门每月将辖区内校车标牌的核发、变更和收回信息报本级人民政府备案，并通报教育行政部门；将校车交通违法和事故等情况通知学校或者校车服务提供者，督促及时接受处理，并通报教育行政部门。

《规定》进一步规范了机动车登记需要明确的内容和事项，增加了因机动车质量问题退车、不在我国境内道路行驶、依法撤销等原因办理注销登记的条件和程序；增加了机动车质押备案业务，与《物权法》《担保法》《典当管理办法》等法律规定相衔接；明确了临时行驶车号牌的适用范围，规定因科研和定型试验、车辆参数限值超出国家标准等机动车需要临时上道路行驶的，可办理临时行驶车号牌。

此外，新《规定》增加了"法律责任"一章，对《道路交通安全法》未设定处罚但影响道路交通安全的常见交通违法行为设定了罚则。对不按规定检验机动车或安装安全防护装置、不按规定办理变更登记、擅自改变机动车外形或技术参数明确了相应的处罚。同时，对交管部门及交警违规办理机动车登记的法律责任也做出了规定。

(2) 2014 年 10 月 1 日起，修订后的《机动车登记规定》(以下简称新规)已经施行，其中引人注意的是机动车改装方面限制的"松动"，包括更换发动机和车身车架在内的改装都明文规定可以在改装后再行登记。

"已注册登记的机动车有下列情形之一的，机动车所有人应当向登记地车辆管理所申请变更登记：改变车身颜色；更换发动机(限同品牌、同型号)；更换车身或者车架。"新规除了对一些机动车的改动放宽了，改装变更手续也简单多了，机动车所有人在改装后 10 日内向车辆管理所申请变更登记即可。

在旧规定中，汽车改装前需要填写机动车变更登记申请表，向所在地车管所递交机动车所有人和代理人的身份证明及复印件、机动车登记证书、机动车行驶证等一系列证件。车管所应当自受理之日起三日内，查验并收存机动车档案，确认机动车，核发号牌、行驶证和检验合格标志，审批通过后方可进行改装。而改装后还需去车管所重新登记相关改动信息。改装造成车体外观变化的，还需要重新拍照、打印新行驶证。而此次实施的新规对机动车改装政策做了一些修改，汽车改装内容涉及"改变车身颜色、更换发动机、更换车身或者车架、因质量问题更换整车的"，在改装后10日内向车辆管理部门申请登记即可。且车管所须在受理当日为车主办理相关手续，包括在机动车登记证书上签注变更事项，收回行驶证，重新核发新行驶证等。

(3) 私家车免年检新规定。公安部、国家质检总局两部门发布了《关于加强和改进机动车检验工作的意见》，自2020年11月20日起，试行6年以内的在用私家小汽车免予上线检验。私家车免年检条件：

① 包括6年内的7座至9座非营运小微型客车。
② 每2年按规定提供交强险、车船税证明，将交通安全违法和交通事故处理完毕后，直接领取检验标志。
③ 发生过伤人事故或非法改装被依法处罚的不在此列。
④ 面包车暂不纳入免检范围。

新规还规定，机动车可以直接在车辆所在地进行检验，领取检验合格标志，取消事先在登记地车管所办理委托检验的环节。大型客车、校车除外。机动车跨省（区、市）异地检验也将试行。

⑤ 私家车报废年限新规定。2013年5月1日起，国家新的《机动车强制报废标准规定》正式开始执行。2020年7月18日，商务部《报废机动车回收管理办法实施细则》公布，自2020年9月1日起施行。明确根据机动车使用和安全技术、排放检验状况，国家对达到报废标准的机动车实施强制报废。这就意味着连续三个周期内未年审合格车辆将被强制报废。根据新规，小型私家车将再无使用年限限制，行驶里程60万km后引导报废。新规对车辆的环保方面提出了新要求，消费者购车时将更看重节能环保。

私家车报废年限的取消对车辆的安全技术检验提出了更高要求。新规中私家车自注册登记后的第15年起车辆需要一年进行两次年检，超过20年的从第21年起每年定期检验4次。年检中对高龄车辆进行了严格规定：私家车在进行功率检验时，底盘输出功率不得低于发动机额定功率的60%或最大净功率的65%。同时，新标准提出，在一个机检周期内的车辆，安全不合格、环保不达标将强制报废。机动车年检有大变化。自2021年1月1日起，国家标准GB 38900—2020《机动车安全技术检验项目和方法》正式实施。新国标下，机动车检验主要表现在车检项目的增减（图9-1）。

总的来说，取消了多项检验项目成功为车主减负，而新增的项目检测难度不大，且目的是为了保护车主安全，这点值得肯定。

2. 《机动车驾驶证申领和使用规定》

2012年9月12日，中华人民共和国公安部令第123号公布修订后的《机动车驾驶证申领和使用规定》。该《规定》包括总则，机动车驾驶证申请，机动车驾驶人考试，发证、换证、补证，机动车驾驶人管理，法律责任，附则7章89条，自2013年1月1日起施行，第五章第四节自发布之日起施行。

2016年4月1日公安部公布了最新修订的《机动车驾驶证申领和使用规定》，新规则严格了对驾驶人的管理。

第九章 汽车道路交通法规

序号	新增项目	取消项目
1	自2018年1月1日起出厂的汽车(无驾驶室的三轮汽车除外)应配备1件汽车乘员反光背心检验	"动力性"检验,意味着告别了加速踏板踩到底的"地板油"动力性暴力检测,取而代之的是去年增加的OBD检测
2	制动间隙自动调整装置检验	燃油经济性检验
3	驾驶区隔离设施检验	挂车驻车制动检验
4	前下部防护检验	前照灯远/近光垂直偏移检验
5		车速表示值误差检验
6		在用车轴距检验

图 9-1 机动车年检项目变化

最新交通法规扣分细则也更为严格,如闯红灯交通违法记分将由3分提高到6分,不挂号牌或遮挡号牌的一次就将扣光12分。

新规定改进了驾驶人考试制度,提高了针对性和实用性,对小型汽车、大中型客货车的考试项目进行了调整,更加注重路面驾驶实践。新规定明确民警违规考试发证的法律责任,并规定对3年以下驾龄的驾驶人发生交通死亡事故的,倒查考试发证民警的责任。大中型客货车驾驶人和实习期驾驶人被列入重点管理。新规定明确将大中型客货车驾驶人和实习期驾驶人作为重点管理对象,进一步完善驾驶证审验和实习期管理制度,提高大中型客货车驾照申请门槛,对毒驾"零容忍"。对校车、大中型客货车、危险品运输车等重点车型驾驶人的严重交通违法行为提高了记分分值,记分项由38项增至52项。新规定提高了闯红灯、遮挡号牌等交通违法行为的处罚力度,在一定程度上加大了违法成本。

新规定的主要目的有以下三点:

(1) 进一步严格驾驶人考试、发证和日常管理,解决驾驶人特别是大中型客货车驾驶人安全驾驶意识不强、素质不高等问题。

对发生死亡交通事故负同等以上责任、有记满12分记录或连续3年不审验的,注销最高准驾车型驾驶资格,逐级降低其驾驶资格,最终只保留其小型汽车驾驶资格。

(2) 进一步简化程序、方便群众办理业务。

① 将驾驶证补换领、审验和小型汽车驾驶证考试等业务向县级车辆管理所下放。

② 将核发和补换领驾驶证的时限由3日缩短为1日。

③ 将申领大型货车驾驶证的年龄条件由21岁放宽至20岁。

④ 将驾驶准考证明有效期由2年延长至3年。

⑤ 推行互联网、电话等远程自助预约驾驶人考试服务。

⑥ 规定异地从事营运的驾驶人和货车,在备案登记一年后,可直接在营运地参加驾驶证审验或车辆年检。

(3) 与新制定、修改的法律法规相协调。2011年5月施行的《道路交通安全法》修正案,对饮酒和醉酒后驾驶机动车、使用假牌假证等违法行为规定了更严厉的处罚;2012年4月施行的《校车安全管理条例》,明确了公安交管部门校车标牌核发、校车驾驶人许可等职责。

附件1：准驾车型及代号

准驾车型	代号	准驾的车辆	准予驾驶的其他准驾车型
大型客车	A1	大型载客汽车	A3、B1、B2、C1、C2、C3、C4、M
牵引车	A2	重型、中型全挂、半挂汽车列车	B1、B2、C1、C2、C3、C4、M
城市公交车	A3	核载10人以上的城市公共汽车	C1、C2、C3、C4
中型客车	B1	中型载客汽车（含核载10人以上、19人以下的城市公共汽车）	C1、C2、C3、C4、M
大型货车	B2	重型、中型载货汽车；大、重、中型专项作业车	C1、C2、C3、C4、M
小型汽车	C1	小型、微型载客汽车以及轻型、微型载货汽车；轻、小、微型专项作业车	C2、C3、C4
小型自动档汽车	C2	小型、微型自动档载客汽车以及轻型、微型自动档载货汽车	
低速载货汽车	C3	低速载货汽车（原四轮农用运输车）	C4
三轮汽车	C4	三轮汽车（原三轮农用运输车）	
残疾人专用小型自动档载客汽车	C5	残疾人专用小型、微型自动档载客汽车（只允许右下肢或者双下肢残疾人驾驶）	
普通三轮摩托车	D	发动机排量大于50mL或者最大设计车速大于50km/h的三轮摩托车	E、F
普通二轮摩托车	E	发动机排量大于50mL或者最大设计车速大于50km/h的二轮摩托车	F
轻便摩托车	F	发动机排量小于等于50mL，最大设计车速小于等于50km/h的摩托车	
轮式自行机械车	M	轮式自行机械车	
无轨电车	N	无轨电车	
有轨电车	P	有轨电车	

附件2：机动车驾照考试科目

第二十四条 科目一考试内容包括：道路通行、交通信号、交通安全违法行为和交通事故处理、机动车驾驶证申领和使用、机动车登记等规定以及其他道路交通安全法律、法规和规章。

第二十五条 科目二考试内容包括：

（一）大型客车、牵引车、城市公交车、中型客车、大型货车考试桩考、坡道定点停车和起步、侧方停车、通过单边桥、曲线行驶、直角转弯、通过限宽门、通过连续障碍、起伏路行驶、窄路掉头，以及模拟高速公路、连续急弯山区路、隧道、雨（雾）天、湿滑路、紧急情况处置。

（二）小型汽车、小型自动档汽车、残疾人专用小型自动档载客汽车和低速载货汽车考试倒车入库、坡道定点停车和起步、侧方停车、曲线行驶、直角转弯。

（三）三轮汽车、普通三轮摩托车、普通二轮摩托车和轻便摩托车考试桩考、坡道定点停车和起步、通过单边桥。

（四）轮式自行机械车、无轨电车、有轨电车的考试内容由省级公安机关交通管理部门确定。

第二十六条 科目三道路驾驶技能考试内容包括：大型客车、牵引车、城市公交车、中型客车、大型货车、小型汽车、小型自动档汽车、低速载货汽车和残疾人专用小型自动档载客汽车考试上车准备、起步、直线行驶、加减档位操作、变更车道、靠边停车、直行通过路口、路口左转弯、路口右转弯、通过人行横道线、通过学校区域、通过公共汽车站、会车、超车、掉头、夜间行驶；其他准驾车型的考试内容，由省级公安机关交通管理部门确定。

大型客车、中型客车考试里程不少于20km，其中白天考试里程不少于10km，夜间考试里程不少于5km。牵引车、城市公交车、大型货车考试里程不少于10km，其中白天考试里程不少于5km，夜间考试里程不少于3km。小型汽车、小型自动档汽车、低速载货汽车、残疾人专用小型自动档载客汽车考试里程不少于3km，并抽取不少于20%进行夜间考试；不进行夜间考试的，应当进行模拟夜间灯光使用考试。

对大型客车、牵引车、城市公交车、中型客车、大型货车，省级公安机关交通管理部门应当根据实际增加山区、隧道、陡坡等复杂道路驾驶考试内容。对其他汽车准驾车型，省级公安机关交通管理部门可以根据实际增加考试内容。

第二十七条 科目三安全文明驾驶常识考试内容包括：安全文明驾驶操作要求、恶劣气象和复杂道路条件下的安全驾驶知识、爆胎等紧急情况下的临危处置方法以及发生交通事故后的处置知识等。

3.《道路交通安全违法行为处理程序规定》

《道路交通安全违法行为处理程序规定》（公安部第105号令），经公安部修订后，从2009年4月1日起施行。其要点如下：

（1）轻微违法行为（违章行为），采取口头警告教育。《道路交通安全违法行为处理程序规定》第40条："交通警察对于当场发现的违法行为，认为情节轻微、未影响道路通行和安全的，口头告知其违法行为的基本事实、依据，向违法行为人提出口头警告，纠正违法行为后放行。"

《道路交通安全违法行为处理程序规定》所指的"轻微违法行为"（交通违章行为），并不是指某几种违法行为（交通违章行为）是"轻微的"，而是指某几种违法行为（交通违章行为）在特定的情节下，可以认定为"轻微"。例如，"闯禁行道路"一般情况下是属于较为严重的违法行为（交通违章行为），但如果是非本地车辆初次闯禁行道路，则可以认定为轻微违法行为（交通违章行为）。

（2）查处违法停车（违章停车），应在规定位置粘贴告知单。违法停放机动车行为（违章停车）是指驾驶人离开车辆，在停车场或者准许车辆停放的地点以外，较长时间停车的情形。目前，执勤交警粘贴违法停车处理告知单，并使用照相机、摄像机进行摄录取证，已经成为查处违法停车行为（违章停车）的一种主要手段。新修订的《道路交通安全违法行为处理程序规定》主要明确了违法停车告知单的送达方式。一是粘贴的位置，要求粘贴于侧门玻璃或者摩托车座位上，同时应当清晰、醒目，不妨碍驾驶人视线。二是粘贴的材料，建议使用不干胶，防止脱落。

(3) 交通技术监控（电子警察），向社会公布。《道路交通安全违法行为处理程序规定》第 15 条："公安机关交通管理部门可以利用交通技术监控设备收集、固定违法行为证据。"第 16 条："交通技术监控设备的设置应当遵循科学、规范、合理的原则，设置的地点应当有明确规范相应交通行为的交通信号。固定式交通技术监控设备设置地点应当向社会公布。"第 17 条："使用固定式交通技术监控设备测速的路段，应当设置测速警告标志。使用移动测速设备测速的，应当由交通警察操作。使用车载移动测速设备的，还应当使用制式警车。"

(4) 违法信息（违章信息）的管理和转递，体现执法服务。

(5) 杜绝了高额"滞纳金"（交通违章滞纳金）。《道路交通安全违法行为处理程序规定》第 52 条："当事人逾期不履行行政处罚决定的，做出行政处罚决定的公安机关交通管理部门可以采取下列措施：一是到期不缴纳罚款的，每日按罚款数额的 3% 加处罚款，加处罚款总额不得超出罚款数额；二是申请人民法院强制执行。对该项规定实施前产生的高额滞纳金，都将按照从旧兼从轻的原则，重新计算。"

(6) 调整抽血检验程序，提高执法效率。《道路交通安全违法行为处理程序规定》第 33 条："车辆驾驶人有下列情形之一的，应当对其检验体内酒精、国家管制的精神药品、麻醉药品含量：一是对酒精呼气测试等方法测试的酒精含量结果有异议的；二是涉嫌饮酒、醉酒驾驶车辆发生交通事故的；三是涉嫌服用国家管制的精神药品、麻醉药品后驾驶车辆的；四是拒绝配合酒精呼气测试等方法测试的。对酒后行为失控或者拒绝配合检验的，可以使用约束带或者警绳等约束性警械。"第 34 条："检验车辆驾驶人体内酒精、国家管制的精神药品、麻醉药品含量，应当按照下列程序实施：一是由交通警察将当事人带到医疗机构进行抽血或者提取尿样；二是公安机关交通管理部门应当将抽取的血液或者提取的尿样及时送交有检验资格的机构进行检验，并将检验结果书面告知当事人。检验车辆驾驶人体内酒精、国家管制的精神药品、麻醉药品含量的，应当通知其家属，但无法通知的除外。"

(7) 规范执法行为和语言，提升文明执法形象。《道路交通安全违法行为处理程序规定》第 55 条："交通警察执勤执法时，应当按照规定着装，佩戴人民警察标志，随身携带人民警察证件，保持警容严整，举止端庄，指挥规范。交通警察查处违法行为时应当使用规范、文明的执法用语。"

(8) 健全执法监督制度，提升执法质量。《道路交通安全违法行为处理程序规定》增设了"执法监督"一章，进一步强化对交通警察执勤执法的监督考核。在加强执法监督和科学考核评价交通警察执勤执法工作方面，提出了制度性规定。

(9) 交警执勤执法应注意自身安全防护。《道路交通安全违法行为处理程序规定》第 7 条："交通警察调查违法行为时，应当表明执法身份。交通警察执勤执法应当严格执行安全防护规定，注意自身安全，在公路上执勤执法不得少于两人。"

为贯彻落实严格规范公正文明执法要求，进一步规范道路交通安全违法行为处理程序，公安部发布了新修订的《道路交通安全违法行为处理程序规定》，于 2020 年 5 月 1 日起实施。

此次修订重点对以下内容作了修订：

一是交通违法行为人可以跨省异地处理非现场交通违法行为。当事人明确接受异地处理

第九章　汽车道路交通法规

的，处理地公安交管部门可以协助发生地公安交管部门调查交通违法行为事实、代为送达法律文书、代为履行处罚告知程序，由交通违法行为发生地公安交管部门按照发生地标准做出处罚决定。

二是明确了交通违法信息通知的要求。规定公安交管部门应当通过手机短信、移动互联网程序等方式通知机动车所有人或者管理人。增加了交通警察在执勤执法时发现机动车有交通违法行为逾期未处理的，当场告知当事人的规定。同时，借鉴民事诉讼案件办理程序，增加了法律文书电子送达和公告送达程序。

三是完善了交通违法行为处理程序。当事人经告知未主动接受处理的，通过邮寄送达、电子送达、公告送达等方式告知后，当事人未提出异议、未进行陈述申辩的，公安交管部门可以依法做出行政处罚决定后送达被处罚人。

四是增加了举报交通违法行为的规定。为进一步提升道路交通管理水平，提升公众参与，《程序规定》明确对单位或者个人提供的违法行为照片或者视频等资料，经查证属实的，可以作为处罚的证据。

此外，本次修订还规范了检验酒驾醉驾违法犯罪嫌疑人体内酒精含量以及重新检验的程序要求，增加了与保险监管机构建立交通违法行为与机动车交通事故责任强制保险联系浮动制度等内容。

4.《道路交通事故处理程序规定》

公安部修订发布了《道路交通事故处理程序规定》（公安部令第146号），于2018年5月1日起施行。

对比修订前的《道路交通事故处理程序规定》，新规定对交通事故处理的多项制度进行调整完善，出台了四个方面15项新措施。

在完善事故复核程序、畅通法定救济渠道方面，出台了四项制度措施。

一是放宽了当事人对事故认定不服申请复核的范围，将交通事故证明、适用简易程序事故认定以及路外事故认定三类情形均纳入复核申请范围，实现事故办案监督和群众依法申诉渠道的全覆盖。

二是为了给当事人申请复核提供更大便利，在原有规定向上级公安交管部门提出复核申请的基础上，新增可以直接向原办案单位提出复核申请的规定，让群众少跑腿。

三是在事故责任复核环节，新增可以设立复核委员会的规定，广泛吸收行业代表、社会专家学者等人员参与，提高事故认定的公众参与度和公开透明度，促进公正公平办案。

四是取消交通事故进入司法程序不予复核的规定，并要求公安交管部门受理复核申请后，要将受理情况和复核结论告知人民法院、人民检察院，减少司法成本，更好地保障当事人合法权益。

在规范事故处理收费、减轻群众负担方面，出台了四项制度措施。

一是对因扣留事故车辆产生的停车费用，明确由做出扣留决定的公安交管部门承担，不得向当事人收取；但公安交管部门通知当事人领取，当事人逾期未领取产生的费用除外。

二是对需要进行事故检验、鉴定的，规定检验、鉴定费用由公安机关交通管理部门承担，不得向群众收取。

三是严禁公安交管部门指定停车场停放扣留的事故车辆，防止违规收费和勾连牟利等问题。

四是除依法扣留车辆的情形外，赋予事故当事人自行联系施救单位拖移车辆的选择权，只有在当事人无法及时移动车辆且影响通行和安全的情况下，交通警察方可通知具有资质的施救单位将车辆移至不妨碍交通的地点。

在简化办案程序、提高处理效率方面，出台了四项制度措施。

一是对于未造成人员伤亡的财产损失事故，规定当事人在现场拍照或者标划事故车辆位置后，先撤离现场再协商处理，进一步提高轻微事故现场撤离效率，防范由此导致的二次事故和交通拥堵。

二是对于未造成人员伤亡的财产损失事故，当事人可以通过"交管12123"手机APP等快捷方式自行协商处理，减少事故处理和理赔时间。

三是对于当事人报警的未造成人员伤亡的财产损失事故，交通警察、警务辅助人员可以通过电话、微信、短信等方式为当事人自行协商处理提供指导。

四是对事实成因清楚、当事人无异议的伤人事故，按照平等自愿原则，经当事人各方申请可以快速处理，缩短事故处理的周期。

在强化公开透明、推动公正执法方面，出台了三项措施。

一是按照警务公开的要求，推行在互联网公布事故认定书措施，使执法办案行为更加透明。

二是在原有死亡事故做出事故认定前公开证据的基础上，进一步将公开证据的范围扩大到复杂、疑难的伤人事故。

三是明确交通警察处理事故应当按照规定使用执法记录设备，强化执法过程监控。

此外，修订后的《道路交通事故处理程序规定》还在依法严厉打击交通肇事逃逸行为、对群死群伤事故开展深度调查以溯本追源、预防事故等方面也作了明确规定，将有利于打击震慑违法犯罪、科学有效预防事故。

交通事故处理程序

1. 交通事故先序处理流程

第一步，现场勘查。公安交通管理部门接到交通事故报案后，须做好报案记录。属于重大、特大事故的，应当立即向上级公安交通管理部门或者有关部门报告。不属于自己管辖的，移送主管部门，并通知当事人。经现场勘查，属于交通事故的，填写《交通事故立案登记表》。不属于交通事故的，由事故处理部门负责人批准，书面通知当事人。以上事故现场勘查，人数一般不得少于两人。发生重大、特大事故，省、自治区、直辖市公安交通管理部门认为必要时，应当派员到现场指导勘查。发生重大、特大事故、涉外交通事故，地区（市）公安交通管理部门应当派员到现场指导勘查。必要时应当商请人民检察院派员到现场。管辖地公安交通管理部门必须派员维护现场秩序。勘查人员到达现场后应当立即进行下列工作：

（1）组织抢救伤者和财物。

（2）制作勘查材料，寻找证人，收集物证。

（3）清点现场遗留物品，消除障碍，恢复交通。

第二步，调查取证。公安交通管理部门暂扣交通事故车辆、嫌疑车辆、车辆牌证和当事人的驾驶证时，应当开具暂扣凭证。因检验、鉴定的需要，暂扣交通事故车辆、嫌疑车辆、车辆牌证和驾驶证的期限为 20 日；需要延期的，经上一级公安交通管理部门批准可以延长 20 日。暂扣的车辆一律存放在公安交通管理部门指定的地点，妥善保管。在对当事人的其他证件查验登记后，应当当场发还。询（讯）问当事人、证人和有关人员；按照《中华人民共和国治安管理处罚法》的规定进行；有责任的当事人无故不到的，可以依法传唤。采集、提取交通事故现场的痕迹、物证，按照处理交通事故的有关规定、标准进行。交通事故现场和当事人体内如有可能因时间、地点、气象原因灭失的痕迹或者证据，应当及时提取。饮酒或者使用毒品的当事人如拒绝提取血液，并有反抗行为的，可以使用约束带或者警绳强制提取，提取完毕后必须立即解除。

第三步，检验、鉴定和重新评定。检验交通事故死者尸体不得在公众场合进行。剖验交通事故死者尸体，应当征得其亲属或者代理人的同意。但是公安交通管理部门认为必要时，经事故处理部门负责人批准，可以直接解剖尸体。境外来华人员的尸体经法医检验的，由法医出具"死亡鉴定书"。需要解剖尸体的，应当取得死者家属或者所属国驻华使、领馆同意解剖的书面证明。交通事故受伤人员伤残评定工作应当由法医进行；无法医的，由处理交通事故的办案人员进行；伤情复杂的，可以聘请有专门知识的人员或者委托其他专业伤残鉴定机构进行。在有条件的地方，公安交通管理部门应当设立交通事故伤残评定委员会。

交通事故当事人对伤残评定不服的，按照《道路交通事故处理办法》规定可以向上一级公安交通管理部门申请重新评定。重新评定的结论为最终结论。上一级公安交通管理部门认为必要时，可以委托其他专业伤残鉴定机构或者聘请有专门知识的人员进行重新评定。

2. 交通事故后序处理流程

第一步，责任认定。交通事故责任认定，自交通事故发生之日起按下列时限做出：轻微事故 5 日内；一般事故 15 日内；重大、特大事故 20 日内。因交通事故情节复杂不能按期做出认定的，须报上一级公安交通管理部门批准，按上述规定分别延长 5 日、15 日、20 日。

交通事故责任认定做出后，应当制作《道路交通事故责任认定书》。

公安交通管理部门公布交通事故责任时，应当召集各方当事人同时到场，出具有关证据，说明认定责任的依据和理由，并将《道路交通事故责任认定书》送交有关当事人。县以上公安交通管理部门应当有专人负责交通事故责任重新认定工作。交通事故责任重新认定的决定做出后，应当制作《道路交通事故责任重新认定决定书》，分别送交申请人和原责任认定部门，原责任认定部门接到《道路交通事故责任重新认定决定书》后，应当在 5 日内向各方当事人或者代理人公布重新认定决定。

交通事故责任的重新认定决定为最终决定。

第二步，处罚。对交通事故责任者的处罚应当在损害赔偿调解前进行。对需要追究刑事责任的机动车驾驶人，应当在案件移送人民检察院前吊销其驾驶证。处罚交通事故责任者，应当根据其违章行为、事故责任和事故后果，分别裁决，合并执行。吊扣驾驶证合并执行不得超过 18 个月。对机动车驾驶人给予吊销驾驶证处罚的，由裁决的公安交通管理部门将裁决书和驾驶证转送驾驶人现籍车辆管理部门执行。

需对现役军人拘留处罚的，由县以上公安机关提出建议，移送军队保卫部门处理。

被处以吊扣、吊销驾驶证的期限，从处罚裁决之日起计算。吊扣驾驶证处罚期满，交通事故处理未结案的，应当发还其驾驶证。对交通事故责任者进行处罚时，其他当事人超过三名的，处罚裁决书可口头告知其他当事人，并做好记录。其他当事人有复议要求的，应当向其送交裁决书复制件。

第三步，赔偿调解。交通事故损害赔偿调解须在交通事故办案人员主持下进行。调解的时间、地点、方式由公安交通管理部门指定。

调解未达成协议的，在《道路交通事故处理办法》规定期限内，只调解两次。调解时须制作调解记录。交通事故办案人员通知当事人或者代理人参加调解时，一般使用书面通知，需要口头通知的须记入调解记录。当事人或者代理人因故不能按期参加调解的，须事先通知交通事故办案人员，请求变更调解时间；无正当理由不到或者调解中途退离的，计为调解一次。

调解参加人包括：
1）交通事故当事人。
2）交通事故伤亡者的近亲属或者监护人。
3）交通事故车辆所有权人。
4）法定代理人和委托代理人。
5）公安交通管理部门认为有必要参加的人员。

上述人员经公安交通管理部门同意后方准参加调解，一方人数不得超过三人。

委托代理人参加调解的，须向交通事故办案人员提交由委托人签名或者盖章的授权委托书，授权委托书须载明委托事项和权限。调解中，当事方需更换调解参加人的，连续计算调解次数和时间。当事人或者代理人因不可抗力或者特殊情况不能按时参加调解的，调解时限中断。调解重大、复杂交通事故需要延长调解期限，须经上一级公安交通管理部门负责人批准。调解中，调解参加人提出《道路交通事故处理办法》未规定的赔偿项目和要求的，不予调解。确定扶养人时，其当事人或者有关人员应当提供有扶养关系的证明。公安交通管理部门认为必要时，应当要求其公证。

交通事故损害赔偿达成协议的，公安交通管理部门在制作调解书时应当写明下列事项：
1）事故简要案情和损失情况。
2）责任认定。
3）损害赔偿的项目和数额。
4）赔偿费给付方式和结案日期。

交通事故办案人员不予转接赔偿款项，但是涉外事故除外。

【小阅读】

交通事故处理按下"快捷键"

近年来，随着经济的快速发展，机动车保有量、机动车驾驶人数量都在快速增长。道路交通事故也在高位运行，因交通事故引发的拥堵问题日益严重，有的甚至引发了二次事故。

为了快速撤除交通事故现场，简化事故处理环节，提高办案效率，加快保险理赔速度，化解事故损害赔偿纠纷，减少社会矛盾，减少交通拥堵，防止二次事故发生，努力构建和谐社会，全国各地实施的《事故快速处理办法》的三大核心内容如下所述。

第九章　汽车道路交通法规

一是快速撤除现场。《事故快速处理办法》规定：机动车发生仅造成财产损失的道路交通事故，车辆能够自行移动的，当事人应在确保安全的原则下，对现场拍照或者标划停车位置后，迅速将车辆移至不妨碍交通的地点再进行协商或报警等候处理。对应当自行撤离现场而未撤离，造成交通堵塞的，将依法予以处罚。

二是快速处理事故。所有机动车财损交通事故均可适用快速处理方式处理。快速处理方式包括当事人自行协商快速处理和交通警察适用简易程序快速处理两种。财损交通事故能够适用简易程序当场处理的，由路面执勤交通警察当场处理。

三是快速保险赔付。对事故各方承担共同责任的财损交通事故，保险公司根据"互碰自赔"方式进行快速理赔；对一方当事人负事故全部责任的财损交通事故，保险公司根据《交强险财产损失无责赔付简化处理机制》有关规定进行快速理赔。

《事故快速处理办法》规定了发生财损交通事故且车辆能够自行移动的，当事人自行协商处理时的步骤：第一步，对现场拍照或者标划停车位置；第二步，将车辆移至不妨碍交通的地点；第三步，各自向保险公司设立的理赔电话报案；第四步，填写当事人自行协商处理交通事故协议书。

第三节　汽车保险理赔政策法规解读

由于各汽车工业发达国的汽车保有量急剧膨胀，道路交通事故也随之猛增。据统计，现在全球机动车保有量已超过9亿辆，道路交通事故带来严重的人员伤亡和财产损失，因此道路交通事故中保险与理赔就显得尤为重要。本节主要讲解我国有关汽车保险理赔的政策法规。

汽车保险与理赔政策法规体系是以《中华人民共和国保险法》为基石的，包括汽车强制保险以及汽车商业车险两方面的政策法规。

一、《中华人民共和国保险法》

（一）《中华人民共和国保险法》的颁布与修正

《中华人民共和国保险法》是中国第一部保险基本法，颁布于1995年，在立法模式上采用"保险业法"与"保险合同法"合一的模式，既调整保险市场主体与保险监管机构之间的监管关系，也调整保险人与被保险人之间的保险合同关系。

第十一届全国人大常委会第七次会议2009年2月28日表决通过修订后的《中华人民共和国保险法》（以下简称《保险法》）。2015年4月24日第十二届全国人民代表大会常务委员会第十四次会议对《中华人民共和国保险法》第三次修正。

（二）《保险法》修订的重点

这次对《保险法》的修改，是一次比较全面的修改，既涉及保险业法，也涉及保险合同法，而且对于法律文本的结构也做了调整。例如，"保险合同"这一章中把人身保险合同放到前面，体现了以人为本的精神；同时，又把第五章与第六章的次序作了调整，使得这部法律的结构更加符合逻辑。在具体内容方面，这次修改主要有以下几个方面。

1. 保险合同法律规范

《保险法》在实施过程中，有关保险合同部分的规则存在不少争议。例如，关于保险合同的成立和生效，实践中有大量的争议；与最大诚信原则有关的告知义务，其中包括投保人的告知义务、保险人及其代理人的说明义务、弃权与禁止反言等，实践中存在许多不规范的做法，引出了许多保险纠纷；关于保险价值问题，尤其是在机动车辆保险中，过去曾经在同一险种中采用不同的保险价值标准；关于保险合同条款争议解释问题，关于保单现金价值问题，过去的法律规定有缺陷；还有不可抗辩条款，过去缺乏清晰规定。这些都是困扰保险业发展的问题，不仅影响保险业务发展，而且可能引发保险纠纷，严重的甚至还引起了群体性事件，影响社会稳定与和谐，违背保险的初衷。这次修改，在这些方面都有了明显的改进。

2. 市场主体管理制度

随着保险业的发展，我国保险界出现了许多新生事物，但现行保险法中没有其合法地位。这次修改保险法，根据近年来已经出现的新兴市场主体，比如保险资产管理公司、保险公估机构以及探索试点中的相互制保险企业等，分别从保险公司组织形式、市场准入和退出、保险中介等方面进行了修改和补充，进一步充实了现有保险主体部分的管理规则，增加了规范新型市场主体的条款。这就完善了保险市场主体的管理制度，并使得保险监管有了法律依据。

3. 保险经营规则

受当时条件的限制，《保险法》对保险公司业务范围的规定较窄。随着保险业的创新与发展，保险公司业务范围拓展，需要给予相应的法律地位，例如，保险业与金融业渗透、合作趋势逐渐加强，保险集团内产寿险公司相互代理、保险公司企业年金信托管理、第三方管理型健康保险等。这次修改，在保险公司业务范围、资金运用、市场行为准则等方面都有相应的改变，为拓宽保险公司业务范围留有空间。例如，关于保险资金运用，考虑到保险资金运用既要满足行业和经济发展的需要，又要兼顾安全稳健的原则，修正案规定：保险资金运用范围由买卖政府债券、金融债券扩大到可以买卖所有有价证券，可以投资不动产（指房产、土地和基础设施），且取消了对各投资渠道的比例限制。此外，进一步明确由保险监督管理机构制定保险资金运用管理办法，明确资产管理公司的法律地位，并授权保险监督管理机构对其进行管理。

4. 保险监管制度

保险市场竞争激烈，引发大量无序行为，严重破坏了市场秩序，以前由于《保险法》缺乏对保险监管机构职责的系统规定，而且对某些市场行为缺乏明确的处罚手段，监管机构缺乏必要的调查手段，致使监管措施难以落实。这次修改后的《保险法》，对保监会及其工作人员的履职行为制定了基本规范，明确规定监管机构应当建立健全保险公司偿付能力监管体系，对保险公司的偿付能力实施监控，在这一原则基础上，还有许多具体的规定。例如，把原《保险法》的"保险公司应当具有与其业务规模相适应的最低偿付能力"修改为"保险公司应当具有与其业务规模和风险程度相适应的最低偿付能力"；把原"规定保险公司的实际资产减去实际负债的差额不得低于保险监督管理机构规定的数额"修改为"认可资产减去认可负债的差额不得低于国务院保险监督管理机构规定的数额"。同时，修正案还第一次明确规定，对偿付能力不足的保险公司，监管机构应当将其列为重点监管对象，并可以根据具体情况采取责令增加资本金，办理再保险，限制业务范围，限制固定资产购置或者经营费用规模，限制资金运用的形式或者比例，限制增设分支机构，限制董事、监事、高级管理人员的薪酬水平，责令拍卖不良资产，转让保险业务等监管措施。对于偿付能力严重不足的保险公司，监管机构可以依法对该保险公司实行接管。

5. 法律责任

新修订的《保险法》进一步明确了保险违法行为的法律责任，增加了处罚方式，加大了处罚力度，尤其是增加了关于违法聘任保险从业人员的法律后果的规定，和对于保险违法的双重处罚，即对于单位和从业人员的双重处罚。

(三)《保险法》修订的意义

《保险法》的修订，对于完善我国保险法制、改善保险业经营环境、促进保险业持续健康发展具有重要意义。

① 进一步明确了保险双方权利义务关系和行为规范，有利于保险事业的健康发展。
② 进一步加强了对被保险方合法利益的保护。
③ 扩大了保险业的经营范围，为保险业发展创造条件。
④ 提高了保险经营的规范性要求，有利于保险经营管理水平的提高。
⑤ 加强了保险监管职能，有利于提高监管水平。

(四) 新修订的《保险法》和汽车保险与理赔密切相关的焦点内容

1. 理赔有了"时间表"

"投保时，千好万好；理赔时，千拖万拖"——车险理赔拖沓是保险业内的一大积弊。新《保险法》以"车主"为本，首次对车险理赔"计时"，车主向保险公司索赔驶上"快车道"。

新《保险法》第23条规定，保险事故发生后，投保人、被保险人或受益人提出索赔时，保险公司如果认为需补交有关证明和资料，应当及时一次性通知对方；材料齐全后，保险公司应当及时做出核定，情形复杂的，应当在30天内做出核定，并将核定结果书面通知对方；对属于保险责任的，保险公司在赔付协议达成后10天内支付赔款；对不属于保险责任的，应当自做出核定之日起3天内发出拒赔通知书并说明理由。

2. 二手车过户保险照赔

不少车主购买二手车后，没有及时将原来的车险过户到自己的名下，保险公司往往以被保险人不是新车主为由拒绝理赔。新《保险法》第49条规定，保险标的转让的受让人直接承继被保险人的权利义务。也就是说，在购得二手车后可直接承继原车主的权利义务，无需前往保险公司办理过户手续。

不过值得注意的是，新《保险法》在此条款中还有如下规定，即因保险标的转让导致危险程度显著增加的，被保险人应及时通知保险人办理过户变更手续，保险公司可依据危险程度增加情况来增收保费或解除合同，否则，因转让导致保险标的危险程度增加而发生保险事故，保险公司不承担赔偿保险金责任。

3. 改写"高保低赔"

按照新车的价格投保却只能根据现车的价格理赔，这种"高投低赔"现象是车险业由来已久的"潜规则"。新《保险法》将成为"高保低赔"的终结者。

新《保险法》第55条规定，投保人和保险人约定保险标的的保险价值并在合同中载明的，保险标的的发生损失时，以约定的保险价值为赔偿计算标准。投保人和保险人未约定保险标的的保险价值的，保险标的的发生损失时，以保险事故发生时保险标的的实际价值为赔偿计

205

算标准。

新《保险法》规定，投保金额不得高于标的物的价值，也就是说给旧车投保时不再按照新车价，而是按照旧车目前的价值，否则就是违法的。新条款的修订，意味着车主在首年投保之后，今后所缴的保费将根据车辆的折旧价格而确定。

4. 可直接向保险公司索赔

新《保险法》第 65 条规定，被保险人给第三者造成损害，被保险人对第三者应负的赔偿责任确定的，根据被保险人的请求，保险人应当直接向该第三者赔偿保险金。被保险人怠于请求的，第三者有权就其应获赔偿部分直接向保险人请求赔偿保险金。

主要有三种情况。一是车主直接赔付第三者，然后拿到相关的票据找保险公司报销；二是车主没有赔付第三者，那么，作为受害方的第三者，有权利向车主所购保险的保险公司请求赔偿；三是车主请求保险公司直接赔付第三者。

综上所述，新《保险法》在规范理赔时间、避免二手车交易风险、赋予受害人直接请求权、按车辆的实际价值来确定车损险的定价、完善投保车主的知情权这五个方面对车辆保险提出了更加人性化的要求。这样做，一方面加大了对投保车主的利益保护，另一方面加快了车辆保险行业的人性化运作模式。

二、《机动车交通事故责任强制保险条例》及《机动车交通事故责任强制保险条款》

（一）《机动车交通事故责任强制保险条例》

根据《中华人民共和国保险法》《中华人民共和国道路交通安全法》，2006 年 3 月 1 日国务院第 127 次常务会议通过了《机动车交通事故责任强制保险条例》，并自 2006 年 7 月 1 日起施行。《机动车交通事故责任强制保险条例》弥补了机动车强制保险的法律空白，起到了保障机动车道路交通事故受害人依法得到赔偿、促进道路交通安全的作用。

2012 年 12 月 17 日，国务院发布第 630 号国务院令，公布了国务院关于修改《机动车交通事故责任强制保险条例》的决定，国务院决定对《机动车交通事故责任强制保险条例》作如下修改：

增加一条，作为第四十三条："挂车不投保机动车交通事故责任强制保险。发生道路交通事故造成人身伤亡、财产损失的，由牵引车投保的保险公司在机动车交通事故责任强制保险责任限额范围内予以赔偿；不足的部分，由牵引车方和挂车方依照法律规定承担赔偿责任。"本决定自 2013 年 3 月 1 日起施行。《机动车交通事故责任强制保险条例》根据本决定作相应的修改并对条文顺序作相应调整，重新公布。2019 年 3 月 18 日国务院颁布修改后的《机动车交通事故责任强制保险条例》。

1. 《机动车交通事故责任强制保险条例》出台的目的和意义

《机动车交通事故责任强制保险条例》的出台是落实《道路交通安全法》中关于建立机动车交通事故责任强制保险制度和道路交通事故社会救助基金制度的具体要求，是保护广大人民群众利益、促进道路交通安全的有效举措。

《机动车交通事故责任强制保险条例》（以下简称《条例》）明确了机动车交通事故责任强制保险制度的适用范围、各项原则、保险各方当事人权利义务以及监督管理机构的职责，对于机动车交通事故责任强制保险制度的顺利运行具有十分重要的作用。

建立机动车交通事故责任强制保险制度有利于道路交通事故受害人获得及时有效的经济保障和医疗救治，有利于减轻交通事故肇事方的经济负担，有利于促进道路交通安全，通过"奖优罚劣"的费率经济杠杆手段促使驾驶人增强安全意识，有利于充分发挥保险的社会保障功能、维护社会稳定。

2. 《条例》的主要特点

《条例》立足现实，着眼长远，既考虑了中国当前经济社会发展水平和能力，又充分借鉴了国外先进经验，具有较强的针对性和鲜明的特点。

(1) 突出"以人为本"。将保障受害人得到及时有效的赔偿作为首要目标。《条例》规定，被保险机动车发生道路交通事故造成本车人员、被保险人以外的受害人人身伤亡、财产损失的，由保险公司依法在机动车交通事故责任强制保险责任限额范围内予以赔偿。

(2) 体现"奖优罚劣"。通过经济手段提高驾驶人的守法意识，促进道路交通安全。《条例》要求有关部门逐步建立机动车交通事故责任强制保险与道路交通安全违法行为和道路交通事故的信息共享机制，被保险人缴纳的保险费与是否有交通违章挂钩。安全驾驶人将享有优惠的费率，经常肇事者将负担高额保费。

(3) 坚持社会效益原则。《条例》要求保险公司经营机动车交通事故责任强制保险不以营利为目的，且机动车交通事故责任强制保险业务必须与其他业务分开管理，实行单独核算。保监会将定期核查保险公司经营机动车交通事故责任强制保险业务的盈亏情况，以保护广大投保人的利益。

(4) 实行商业化运作。机动车交通事故责任强制保险条款费率由保险公司制定，保监会按照机动车交通事故责任强制保险业务总体上不盈利不亏损原则进行审批。《条例》主要从机动车交通事故责任强制保险的投保、赔偿以及监督管理等方面进行了规定，明确了机动车交通事故责任强制保险制度的各项原则、保险双方当事人的权利义务以及监督管理机构的职责。

3. 我国机动车交通事故责任强制保险的确切定义

我国的强制汽车责任保险是以《条例》的形式制定的，机动车是指汽车、电车、电池车、摩托车、拖拉机及各种专用机械车、特种车，因此，我国的强制汽车责任保险应遵从《条例》的有关规定。

机动车交通事故责任强制保险，是指由保险公司对被保险机动车发生道路交通事故造成本车人员、被保险人以外的受害人的人身伤亡、财产损失，在责任限额内予以赔偿的强制性责任保险。

4. 我国机动车交通事故责任强制保险适用的对象

《机动车交通事故责任强制保险条款》明确要求，在中华人民共和国境内道路上行驶的机动车的所有人或者管理人应当投保机动车交通事故责任强制保险。这一规定明确了我国机动车交通事故责任强制保险的适用对象是在中国境内道路上行驶的机动车的所有人或者管理人。

5. 机动车交通事故责任强制保险运作主体

《条例》规定，中资保险公司经保监会批准，可以从事机动车交通事故责任强制保险业务。未经保监会批准，任何单位或者个人不得从事交强险业务。由于我国加入世贸组织时未承诺允许外资保险公司经营强制保险业务，因此，目前机动车交通事故责任强制保险暂时不对外资开放。

6. 机动车交通事故责任强制保险保障对象

机动车交通事故责任强制保险涉及全国数亿辆机动车,保障全国十几亿道路和非道路通行者的生命财产安全。机动车交通事故责任强制保险保障的对象是被保险机动车致害的交通事故受害人,但不包括被保险机动车本车人员和被保险人。

7. 机动车交通事故责任强制保险保障内容

机动车交通事故责任强制保险保障内容包括受害人的人身伤亡和财产损失。

8. 机动车交通事故责任强制保险的保单及统一标志(图9-2)

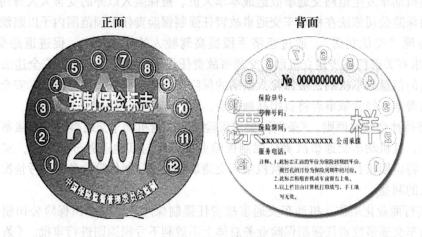

图9-2　交强险标志

中国保监会于2007年12月14日14时30分举行机动车交通事故责任强制保险费率调整听证会,就中国保险行业协会提出的《关于上报交强险费率方案的请示》,听取各方面意见。此次费率调整遵循了三个原则:一是最大限度地减轻车主负担;二是对责任限额、费率水平进行"双调整";三是基础费率"调低不调高"。随后,对交强险条款进行修改,新版本的交强险条款于2008年2月1日开始实施。新旧版交强险方案对比见表9-1。

表9-1　新旧版交强险方案对比

	旧版交强险	交强险听证方案	新版交强险
责任限额	6万元	12万元	12.2万元
机动车在道路交通事故中有责任的赔偿限额	死亡伤残赔偿限额:50000元	死亡伤残赔偿限额:110000元	死亡伤残赔偿限额:110000元
	医疗费用赔偿限额:8000元	医疗费用赔偿限额:8000元	医疗费用赔偿限额:10000元
	财产损失赔偿限额:2000元	财产损失赔偿限额:2000元	财产损失赔偿限额:2000元
机动车在道路交通事故中无责任的赔偿限额	死亡伤残赔偿限额:10000元	死亡伤残赔偿限额:11000元	死亡伤残赔偿限额:11000元
	医疗费用赔偿限额:1600元	医疗费用赔偿限额:800元	医疗费用赔偿限额:1000元
	财产损失赔偿限额:400元	财产损失赔偿限额:200元	财产损失赔偿限额:100元

第九章 汽车道路交通法规

（二）《机动车交通事故责任强制保险条款》

1. 《机动车交通事故责任强制保险条款》的颁布

中国保监会公布了《机动车交通事故责任强制保险条款》（以下简称《交强险条款》）。作为交强险合同的重要组成部分，《交强险条款》是消费者在投保前需仔细阅读的。

2. 《机动车交通事故责任强制保险条款》的主要内容

作为《机动车交通事故责任强制保险条例》的细化，《交强险条款》规定了机动车交通事故责任强制保险的责任限额和基础费率。交强险条款包括总则、定义、保险责任、垫付与追偿、责任免除、保险期间、投保人和被保险人义务、赔偿处理、合同变更与终止、附则10项内容，共27条。

（1）交通事故责任强制保险的责任限额。机动车交通事故责任强制保险在全国范围内实行统一的责任限额。责任限额分为四项：死亡伤残赔偿限额、医疗费用赔偿限额、财产损失赔偿限额以及被保险人在道路交通事故中无责任的赔偿限额。

前三项责任限额是被保险人在交通事故中有过错的情况下，对受害人死亡伤残、医疗费用以及财产损失等不同类型的赔付项目分别设置的最高赔偿金额。实行分项限额有利于结合人身伤亡和财产损失的风险特点进行有针对性的保障，有利于减低赔付的不确定性，从而有效控制风险，降低费率水平。

第四项责任限额是对于被保险机动车在交通事故中无过错的情况下，对受害人设置的赔偿限额。这一方面体现了对受害人的保护，无论交通事故受害人在交通事故中是否有过错，均能获得一定的经济补偿。另一方面也兼顾投保人以及社会公众的利益，体现公平性原则。

实行分项责任限额是国际上普遍采用的做法，如日本、韩国、美国等国家均在强制保险中采用分项责任限额。

（2）机动车交通事故责任强制保险的费率。机动车交通事故责任强制保险实行统一的保险条款和基础保险费率（表9-2）。保监会按照总体上不盈利不亏损的原则审批保险费率。保险公司经营此项业务应当与其他业务分开管理、单独核算。条例要求逐步实现保险费率与交通违章挂钩。安全驾驶者可以享有优惠的费率，经常肇事者将负担高额保费。

表9-2 机动车交通事故责任强制保险基础费率表（2008版）

车辆大类	序号	车辆明细分类	保费/元
一、家庭自用车	1	家庭自用汽车6座以下	950
	2	家庭自用汽车6座及以上	1100
二、非营业客车	3	企业非营业汽车6座以下	1000
	4	企业非营业汽车6~10座	1130
	5	企业非营业汽车10~20座	1220
	6	企业非营业汽车20座以上	1270
	7	机关非营业汽车6座以下	950
	8	机关非营业汽车6~10座	1070
	9	机关非营业汽车10~20座	1140
	10	机关非营业汽车20座以上	1320

（续）

车辆大类	序号	车辆明细分类	保费/元
三、营业客车	11	营业出租租赁6座以下	1800
	12	营业出租租赁6~10座	2360
	13	营业出租租赁10~20座	2400
	14	营业出租租赁20~36座	2560
	15	营业出租租赁36座以上	3530
	16	营业城市公交6~10座	2250
	17	营业城市公交10~20座	2520
	18	营业城市公交20~36座	3020
	19	营业城市公交36座以上	3140
	20	营业公路客运6~10座	2350
	21	营业公路客运10~20座	2620
	22	营业公路客运20~36座	3420
	23	营业公路客运36座以上	4690
四、非营业货车	24	非营业货车2t以下	1200
	25	非营业货车2~5t	1470
	26	非营业货车5~10t	1650
	27	非营业货车10t以上	2220
五、营业货车	28	营业货车2t以下	1850
	29	营业货车2~5t	3070
	30	营业货车5~10t	3450
	31	营业货车10t以上	4480
六、特种车	32	特种车一	3710
	33	特种车二	2430
	34	特种车三	1080
	35	特种车四	3980
七、摩托车	36	摩托车50mL及以下	80
	37	摩托车50~250mL（含）	120
	38	摩托车250mL以上及侧三轮	400
八、拖拉机	39	农用型拖拉机14.7kW及以下	按保监产险[2007] 53号实行地区差别费率
	40	农用型拖拉机14.7kW以上	
	41	运输型拖拉机14.7kW以下	
	42	运输型拖拉机14.7kW以上	

注：1. 座位和吨位都按照"含起点不含终点"的原则来解释。
2. 特种车一：油罐车、气罐车、液罐车、冷藏车。
特种车二：用于牵引、清障、清扫、清洁、起重、装卸、升降、搅拌、挖掘、推土等的各种专用机动车。
特种车三：装有固定专用仪器设备从事专业工作的监测、消防、医疗、电视转播等的各种专业机动车。
特种车四：集装箱拖头。
3. 挂车根据实际的使用性质并按照对应吨位货车的50%计算。

第九章 汽车道路交通法规

2020年9月2日，为更好维护消费者权益，推动车险高质量发展，中国银保监会制定了《关于实施车险综合改革的指导意见》，自2020年9月19日起开始施行。

2020年9月11日，根据《机动车交通事故责任强制保险条例》的有关规定，在广泛征求意见的基础上，银保监会会同公安部、卫生健康委、农业农村部确定了机动车交通事故责任强制保险责任限额的调整方案，会同公安部确定了交强险费率浮动系数的调整方案。

1. 新交强险责任限额方案

在中华人民共和国境内（不含港、澳、台地区），被保险人在使用被保险机动车过程中发生交通事故，致使受害人遭受人身伤亡或者财产损失，依法应当由被保险人承担的损害赔偿责任，每次事故责任限额为：死亡伤残赔偿限额18万元，医疗费用赔偿限额1.8万元，财产损失赔偿限额0.2万元。被保险人无责任时，死亡伤残赔偿限额1.8万元，医疗费用赔偿限额1800元，财产损失赔偿限额100元。

2. 新交强险费率浮动系数方案

（1）将《机动车交通事故责任强制保险费率浮动暂行办法》（以下简称《暂行办法》）第三条修改如下：

① 内蒙古、海南、青海、西藏4个地区实行以下费率调整方案A（表9-3）：

表9-3 费率调整方案A

	浮动因素	浮动比率
与道路交通事故相联系的浮动方案A	A1，上一个年度未发生有责任道路交通事故	-30%
	A2，上两个年度未发生有责任道路交通事故	-40%
	A3，上三个及以上年度未发生有责任道路交通事故	-50%
	A4，上一个年度发生一次有责任不涉及死亡的道路交通事故	0%
	A5，上一个年度发生两次及两次以上有责任道路交通事故	10%
	A6，上一个年度发生有责任道路交通死亡事故	30%

② 陕西、云南、广西3个地区实行以下费率调整方案B（表9-4）：

表9-4 费率调整方案B

	浮动因素	浮动比率
与道路交通事故相联系的浮动方案B	B1，上一个年度未发生有责任道路交通事故	-25%
	B2，上两个年度未发生有责任道路交通事故	-35%
	B3，上三个及以上年度未发生有责任道路交通事故	-45%
	B4，上一个年度发生一次有责任不涉及死亡的道路交通事故	0%
	B5，上一个年度发生两次及两次以上有责任道路交通事故	10%
	B6，上一个年度发生有责任道路交通死亡事故	30%

③ 甘肃、吉林、山西、黑龙江、新疆5个地区实行以下费率调整方案C（表9-5）：

表 9-5 费率调整方案 C

	浮动因素	浮动比率
与道路交通事故相联系的浮动方案 C	C1，上一个年度未发生有责任道路交通事故	-20%
	C2，上两个年度未发生有责任道路交通事故	-30%
	C3，上三个及以上年度未发生有责任道路交通事故	-40%
	C4，上一个年度发生一次有责任不涉及死亡的道路交通事故	0%
	C5，上一个年度发生两次及两次以上有责任道路交通事故	10%
	C6，上一个年度发生有责任道路交通死亡事故	30%

④ 北京、天津、河北、宁夏 4 个地区实行以下费率调整方案 D（表 9-6）：

表 9-6 费率调整方案 D

	浮动因素	浮动比率
与道路交通事故相联系的浮动方案 D	D1，上一个年度未发生有责任道路交通事故	-15%
	D2，上两个年度未发生有责任道路交通事故	-25%
	D3，上三个及以上年度未发生有责任道路交通事故	-35%
	D4，上一个年度发生一次有责任不涉及死亡的道路交通事故	0%
	D5，上一个年度发生两次及两次以上有责任道路交通事故	10%
	D6，上一个年度发生有责任道路交通死亡事故	30%

⑤ 江苏、浙江、安徽、上海、湖南、湖北、江西、辽宁、河南、福建、重庆、山东、广东、深圳、厦门、四川、贵州、大连、青岛、宁波 20 个地区实行以下费率调整方案 E（表 9-7）：

表 9-7 费率调整方案 E

	浮动因素	浮动比率
与道路交通事故相联系的浮动方案 E	E1，上一个年度未发生有责任道路交通事故	-10%
	E2，上两个年度未发生有责任道路交通事故	-20%
	E3，上三个及以上年度未发生有责任道路交通事故	-30%
	E4，上一个年度发生一次有责任不涉及死亡的道路交通事故	0%
	E5，上一个年度发生两次及两次以上有责任道路交通事故	10%
	E6，上一个年度发生有责任道路交通死亡事故	30%

(2) 将《暂行办法》第四条修改为："交强险最终保险费计算方法是：交强险最终保险费 = 交强险基础保险费 ×（1 + 与道路交通事故相联系的浮动比率 X，X 取 ABCDE 方案其中之一对应的值）。"

(3) 将《暂行办法》第七条修改为："与道路交通事故相联系的浮动比率 X 为 X1 至 X6 其中之一，不累加。同时满足多个浮动因素的，按照向上浮动或者向下浮动比率的高者计算。"

第九章　汽车道路交通法规

复习思考题

1. 目前我国制定的道路方面的法律法规有哪些？
2. 我国公路根据现行的《公路工程技术标准》（JTG B01）的规定分为哪几类？
3. 简述制定《公路法》的目的及其基本内容。
4. 简述我国道路交通安全法的体系组成。
5. 我国道路交通事故是如何处理的？其中涉及哪些法律法规？
6. 目前我国汽车保险政策法规主要有哪些？

第十章　汽车专利法规

中国近代专利法始于民国时期 1912 年的《奖励工艺品暂行章程》。1944 年国民党政府公布了《专利法》。中华人民共和国建立后，1950 年政务院颁布了《保障发明权与专利权暂行条例》。后来，该条例被 1963 年颁布的《发明奖励条例》所取代。1980 年 1 月，中国政府正式筹建专利制度，后又成立了中国专利局。1984 年 3 月，全国人民代表大会常务委员会通过并颁布了《中华人民共和国专利法》。1992 年 9 月 4 日第七届全国人民代表大会常务委员会第二十七次会议《关于修改〈中华人民共和国专利法〉的决定》第一次修正；2000 年 8 月 25 日第九届全国人民代表大会常务委员会第十七次会议《关于修改〈中华人民共和国专利法〉的决定》第二次修正；2008 年 12 月 27 日第十一届全国人民代表大会常务委员会第六次会议《关于修改〈中华人民共和国专利法〉的决定》第三次修正；2020 年 10 月 17 日第十三届全国人民代表大会常务委员会第二十二次会议《关于修改〈中华人民共和国专利法〉的决定》第四次修正。

此次专利法修改主要包括三方面的重点内容。一是加强对专利权人合法权益的保护，包括加大对侵犯专利权的赔偿力度，对故意侵权行为规定一到五倍的惩罚性赔偿，将法定赔偿额上限提高到五百万元，完善举证责任，完善专利行政保护，新增诚实信用原则，新增专利权期限补偿制度和药品专利纠纷早期解决程序有关条款等。二是促进专利实施和运用，包括完善职务发明制度，新增专利开放许可制度，加强专利转化服务等。三是完善专利授权制度，包括进一步完善外观设计保护相关制度，增加新颖性宽限期的适用情形，完善专利权评价报告制度等。

《中华人民共和国专利法》对汽车专利方面有着明确的规定，本章将对汽车专利方面知识、我国汽车专利概况以及海外并购知识进行详细的介绍。

第一节　汽车专利知识要点

一、汽车专利相关概念诠释

（一）汽车知识产权

1. 汽车知识产权的定义

汽车知识产权是指对智力劳动成果所享有的占有、使用、处分和收益的权利。它是依照各国法律赋予符合条件的发明者或成果拥有者在一定期限内享有的独占权利，汽车知识产权是一种无形财产权，它与房屋、汽车等有形资产一样，都受到国家法律的保护，都具有价值和使用价值。

汽车知识产权有两类：一类是汽车著作版权，另一类是汽车工业产权。

（1）汽车著作版权是指汽车著作权人对其作品享有的署名、发表、使用以及许可他人使用和获得报酬等的权利。

(2) 汽车工业产权则是包括汽车发明专利、汽车实用新型专利、汽车外观设计专利、汽车商标、汽车厂商名等的独占权利。

2. 汽车知识产权的特点

(1) 汽车知识产权是一种无形财产。

(2) 知识产权具备专有性的特点。专有性即指独占性或垄断性，除汽车权利人同意或法律规定外，汽车权利人以外的任何人不得享有或使用该项权利。这表明汽车权利人独占或垄断的专有权利受严格保护，不受他人侵犯。只有通过强制许可、征用等法律程序，才能变更汽车权利人的专有权。

(3) 汽车知识产权具备时间性的特点。时间性即指汽车知识产权只在规定期限受保护。法律对各项权利的保护都有一定的有效期，各国法律对保护期限的长短可能一致，也可能不完全相同，只有参加国际协定或进行国际申请时，才对某项权利有统一的保护期限。

(4) 汽车知识产权具备地域性的特点。地域性即指汽车知识产权只在所确认和保护的地域内有效；除签有国际公约或双边互惠协定外，经一国法律所保护的某项权利只在该国范围内发生法律效力。所以汽车知识产权既具有地域性，在一定条件下又具有国际性。

(5) 汽车知识产权的获得需要履行严格的法定程序。

(二) 汽车自主知识产权

2019 年 11 月 25 日，中共中央办公厅、国务院办公厅印发了《关于强化知识产权保护的意见》。汽车自主产权（自主知识产权）是指通过自主开发、联合开发或委托开发获得的产品，企业拥有产品工业产权、产品改进和认可权以及产品技术转让权。

广义的汽车自主知识产权是与控制力紧密联系的，只有拥有汽车产品的核心技术，才真正拥有自主知识产权。

目前，汽车产业先进国家的汽车制造中心都是以拥有自主知识产权的核心技术为支撑，以产品设计为龙头，通过全球采购进行集合成套，获取高附加值。因此我国汽车产业自主创新成功的标志应该是拥有核心技术，形成具有控制力的自主知识产权。

【关键知识点1】 汽车所有零部件的生产是否都必须拥有自主知识产权？

解析：是否拥有自主知识产权关键在于生产该产品的核心技术是否掌握在自己手中，汽车专利权的最大特点是具有时间性、地域性和垄断性，对汽车产品来说，其中包含许多专利技术，但是由于专利权的有效期一般为 15～20 年，而汽车的出现已经有 100 多年了，很明显，汽车的结构、关键零部件以及生产工艺方面的专利大部分都已经超过了保护期限，成为公用技术。如果用传统的 4 个车轮、车梁、发动机、车身和通用仪表来装配成一部简易汽车，是不会被认为侵权的。为什么吉利汽车公司、奇瑞汽车公司敢称拥有自主知识产权，就在于它们在车身结构、外观和舒适度等方面做了创新，并采用了许多汽车方面的通用技术。可以说，它们的汽车 80% 以上的基本零部件并没有专利，也没有购买其他人的专利，但是使用已经过期的专利或购买经过授权生产的产品并不影响其拥有自主知识产权。

(三) 汽车自主品牌

汽车自主品牌是汽车企业在长期经营某个商标产品的过程中形成的，汽车自主品牌的认定必须有知名商标，而且品牌产品必须有技术含量和专利支撑，并且汽车品牌产品具有资本价值，有较高的市场占有率、产值和利润。

(四）汽车专利

汽车专利是汽车专利权的简称，它是国家按《中华人民共和国专利法》授予申请人在一定时间内对其发明创造成果所享有的独占、使用和处分的权利。它是一种财产权，是运用法律保护手段"跑马圈地"、独占现有市场、抢占潜在市场的有力武器。汽车专利具有专有性、时间性和地域性等特点。专利一旦过期就可以被任何人使用。

1. 我国汽车专利的分类

我国汽车专利的分类见表 10-1。

表 10-1　我国汽车专利的分类

汽车专利的分类	汽车发明	汽车实用新型	汽车外观设计
具体定义	对产品、方法或者其改进所提出的新的技术方案	产品的形状、构造或者其结合所提出的适于实用的新的技术方案	对产品的形状、图案、色彩或者其结合所做出的富有美感并适于工业上应用的新设计
汽车专利的授权时间	需要经过实质审查程序，授权时间较长，一般 3～5 年，授权后的专利权稳定性很高	无需经过实质审查程序，授权较快，实用新型一般自申请日起 6～12 个月可获得授权	无需经过实质审查程序，外观设计一般从申请日起 6 个月左右即可授权。授权 3 个月后可拿到专利证书
汽车专利的授予	专利申请经初步审查没有发现驳回理由的，由国务院专利行政部门做出授予汽车发明专利权、实用新型专利权或外观设计专利权的决定，发给相应的专利证书，同时予以登记和公告。三种专利的专利权自公告之日起生效		
汽车专利侵权	据《专利法》第 57 条的规定，专利侵权指未经专利权人许可，以经营为目的制造、使用、销售、许诺销售、进口其专利产品或依照其专利方法直接获得产品的行为		专利侵权指以经营为目的制造、销售、进口其外观设计专利产品
汽车专利优先权时间	巴黎公约（Paris Convention）规定的优先权是 1 年		巴黎公约（Paris Convention）规定的优先权是 6 个月
汽车专利优先权项	优先权分为外国优先权和本国优先权。同一发明或实用新型在一个国家申请，只要时间间隔不超过一定期限，则后来向其他国家就相同主题提出申请，申请日期按最早的那次算		

2. 汽车发明

（1）汽车发明是一项新的技术方案。一般而言，技术方案是指运用自然规律解决人类生产、生活中某一特定技术问题的具体构思，是利用自然规律、自然力使之产生一定效果的方案。

技术方案一般由若干技术特征组成。例如产品技术方案的技术特征可以是零件、部件、材料、器具、设备、装置的形状、结构、成分、尺寸等；方法技术方案的技术特征可以是工艺、步骤、过程，所涉及的时间、温度、压力以及所采用的设备和工具等。各个技术特征之间的相互关系也是技术特征。

科学发现和科学理论只是人们对自然界中客观存在的未知物质、现象或变化过程的认识和对其规律的总结，不是利用自然规律去能动地改造世界，因而不属于专利法所称的发明创造，不是《专利法》保护的对象。

（2）发明分为产品发明和方法发明两大类型。产品发明是发明专利的一种类型，产品发明可以分为制造产品发明和新用途的产品发明，可以是一项独立产品的技术方案，也可以是产品某一部件的技术方案。产品发明是专利权的客体，即《专利法》保护的对象，是指依法应授予专利权的发明创造。

产品发明的特点是：产品发明的产品或物质是自然界从未有过的，是智力劳动的成果，即人利用自然规律作用于特定事物的结果。如果某物品完全处于自然状态下，没有经过任何人的加工或改造而存在，就不是我国《专利法》所规定的产品发明，不能取得专利权。产品发明范围包括有关生产物品、装置、机械设备的新的技术解决方案。产品发明是用物品来表现其技术方案的，诸如汽车、飞机等发明均属于产品发明。

方法发明包括所有利用自然规律的方法，又可以分为制造方法和操作使用方法两种类型，例如对加工方法、制造工艺、测试方法或产品使用方法等所做出的发明。

《专利法》保护的发明可以是对现有产品或方法的改进。绝大多数发明都是对现有技术的改进，只要这种组合或选择产生了新的技术效果，就是可以获得专利保护的发明。

3. 汽车实用新型

汽车实用新型与汽车发明的相同之处在于，汽车实用新型也必须是一种技术方案，而不能是抽象的概念或者理论表述。汽车实用新型与汽车发明的不同之处在于：第一，汽车实用新型只限于具有一定形状的产品，不能是一种方法，例如生产方法、试验方法、处理方法和应用方法等，也不能是没有固定形状的产品，如药品、化学物质、水泥等；第二，对汽车实用新型的创造性要求不太高，而对实用性的要求较强。针对后一特点，人们一般将其称为汽车小发明。

汽车产品的形状是指产品具有可以从外部观察到的确定的空间形状；产品的构造是指产品的内部构造，即汽车产品的组成部分及其结构，它们具有确定的空间位置关系，以某种方式相互联系而构成一个整体。

4. 汽车外观设计

汽车外观设计是指对汽车产品的形状、图案或者其结合以及色彩与形状、图案相结合所做出的富有美感并适于工业上应用的新设计。单纯的色彩不能受到外观设计专利保护。

汽车外观设计与汽车实用新型都可以涉及产品的形状，但不同的是，汽车实用新型是一种技术方案，它所涉及的形状是从产品的技术效果和功能的角度出发的；而汽车外观设计是一种设计方案，它所涉及的形状是从产品美感的角度出发的。

从上述定义出发，汽车外观设计是关于汽车产品外表的装饰性或艺术性的设计。这种设计可以是平面图案，也可以是立体造型，或者是二者的结合。一般而言，它具有下述特点：

① 只有与汽车产品相结合的汽车外观设计才是我国专利法意义上的外观设计。

② 必须能够在汽车产业中应用，即为汽车生产经营目的而制造，如果产品的形状或图案不能用工业的方法复制出来，或者不能达到批量生产的要求，就不是我国专利法意义上的外观设计。

③ 能给人以美的享受，即"富有美感"。

5. 汽车优先权

《专利法》规定：汽车专利申请人自汽车发明或者汽车实用新型在外国第一次提出专利申请之日起 12 个月内，或者自汽车外观设计在外国第一次提出专利申请之日起 6 个月内，又在中国就相同主题提出专利申请的，依照该国同中国签订的协议或者共同参加的国际条约，或者依照相互承认优先权的原则，可以享有优先权。

汽车专利的申请人自发明或者实用新型在中国第一次提出专利申请之日起 12 个月内，又向国务院专利行政部门就相同主题提出专利申请的，可以享有优先权。

（1）外国优先权。享有优先权的先决条件：在判断外国优先权请求的先决条件时，只要汽车专利申请人是巴黎公约缔约国的国民或者居民，并且在巴黎公约的某个缔约国提出首次汽车专利申请，其向我国提出的汽车专利申请就可以享受其首次申请的优先权。

按照巴黎公约规定，汽车优先权的效力主要表现在以下两个方面：

① 使他人在优先权期限内就相同主题提出的汽车专利申请不具备专利性。在优先权期限内第三人就同一汽车发明创造提出的另外一项汽车专利申请，不能抵触申请人在其后提出的要求优先权的专利申请。如果两份申请发生冲突，第三人提出的汽车专利申请应当予以驳回或被宣告无效。

② 在优先权日后，与第一次申请主题相同的发明、实用新型或外观设计的公开发表或者公开使用，不论是申请人自己所为，还是第三人所为，都不损害后来提出并享有优先权的专利申请的新颖性和创造性，并且也不会给第三人带来任何权利。

（2）本国优先权。本国优先权的适用范围限于汽车发明或者实用新型专利申请。外观设计专利申请不能产生本国优先权。

先申请的主题有下列情形之一的，不得作为要求本国优先权的基础：

① 已经享受过外国或者本国优先权的，不得作为要求本国优先权的基础，这是因为作为优先权基础的申请应当是第一次申请，而已经享受过外国或者本国优先权的申请不符合这一要求。

② 已经被批准授予专利权的，不得作为要求本国优先权的基础，其目的是为了避免重复授权。

③ 属于按照规定提出的分案申请的，不得作为要求本国优先权的基础，因为分案申请是从原申请分出来的申请，原申请是第一次申请，而分案申请不是第一次申请，所以不能作为要求本国优先权的基础。

本国优先权在优先权期限、申请人要求优先权的资格、优先权要求成立的条件等方面与外国优先权相同。

本国优先权与外国优先权一样可以转让，但只能连同专利申请权一并转让。

6. 专利申请号（表 10-2）

表 10-2 专利申请号

世界知识产权组织规定专利申请号的标准是：采用 12 位阿拉伯数字表示	申请年号（1～4 位）	申请种类号（第 5 位）	申请流水号（第 6～12 位）	
我国的专利申请号由 13 位数字（包括字符）组成	申请年号（1～4 位）	申请种类号（第 5 位）	申请流水号（第 6～12 位）	计算机校验位（第 13 位）
代表的含义（这里以 200921234567.2 为例）	"2009" 表示 2009 年提出的申请	"2" 表示实用新型（"1" 表示发明，"3" 表示外观设计）	"1234567" 表示当年第 "1234567" 件申请	它可以是 0～9 的任一数字或者是字符 X

第十章 汽车专利法规

二、《专利法》相关规定

(一) 禁止重复授权原则、先申请原则

汽车《专利法》规定：同样的汽车发明创造只能授予一项专利权。但是，同一申请人同日对同样的发明创造既申请实用新型专利又申请发明专利，先获得的实用新型专利权尚未终止，且申请人声明放弃该实用新型专利权的，可以授予发明专利权。

两个以上的申请人分别就同样的发明创造申请专利的，专利权授予最先申请的人。

1. 禁止重复授权的原则

汽车专利权的基本含义是权利人有禁止他人未经其许可实施其发明创造的权利。因此，对于同样的发明创造，即使有两个以上的申请人分别提出了专利申请，并且都符合授予专利权的条件，也不能都授予专利权，否则在多项专利权之间就会发生冲突。这就是"禁止重复授权的原则"。禁止重复授权是专利制度的基本原则。

2. 先申请原则和先发明原则

禁止重复授权是专利制度的基本原则。但是，如何实现这一原则，可以采用不同的方式。这些方式所要解决的一个重要问题，就是在不同人针对相同的发明创造先后提出两份以上专利申请，并且都符合授予专利权条件的情况下，将专利权应当授予哪一个申请人。目前，包括我国在内的绝大多数国家都实行先申请原则，只有美国实行先发明原则。

(二) 外观设计专利的专利性条件

《专利法》规定授予汽车专利权的外观设计应当不属于现有设计；也没有任何单位或者个人就同样的外观设计在申请日以前向国务院专利行政部门提出过申请，并记载在申请日以后公告的专利文件中。

授予汽车专利权的外观设计与现有设计或者现有设计特征的组合相比，应当具有明显区别；授予汽车专利权的外观设计不得与他人在申请日以前已经取得的合法权利相冲突。

本法所称现有设计，是指申请日以前在国内外被公众所知的设计。

外观设计相同，是指涉案专利与对比设计是相同种类产品的外观设计，并且涉案专利的全部外观设计要素与对比设计的相应设计要素相同，或者仅存在下述区别：

① 尺寸的变化仅仅导致产品整体比例被放大或者缩小。
② 材料的替换未导致产品的外观设计的变化或者仅属于常用材料的选择。
③ 外观设计产品仅其产品功能、内部结构或者技术性能不同。
④ 仅存在施以一般注意力不能察觉到的局部的细微差异。
⑤ 涉案专利与对比设计镜像对称。

1. 汽车外观设计判断方式

判断汽车外观设计是否相同的方法有以下几点：

(1) 按一般消费者水平判断：从一般消费者的角度进行判断，而不是从专业设计人员或者专家等的角度进行判断。

(2) 单独对比：一般应当用一项对比设计与涉案专利进行单独对比，而不能将两项或者两项以上对比设计结合起来与涉案专利进行对比。

(3) 直接观察：应当通过视觉进行直接观察，不能借助放大镜、显微镜、化学分析等其他工具或者手段进行比较，不能由视觉直接分辨的部分或者要素不能作为判断的依据。

（4）应当仅以产品的外观作为判断的对象：考虑产品的形状、图案、色彩这三个要素产生的视觉效果。

（5）整体观察、综合判断：是指由涉案专利与对比设计的整体来确定，而不从外观设计的部分或者局部出发得出判断结论。

2. 显著影响的判断仅限于相同或者相近种类的产品外观设计

对于产品种类不相同也不相近的外观设计而言，二者的区别对产品外观设计的整体视觉效果具有显著影响。如果涉案专利与对比设计实质相同，则二者的区别对于整体视觉效果当然不具有显著影响。

3. 在确定是否具有显著影响时还应考虑的因素

（1）使用时容易看到部位的设计变化相对于不容易看到或者看不到部位的设计变化，通常对整体视觉效果更具有显著影响。

（2）当产品上某些设计被证明是该类产品的惯常设计（如易拉罐产品的圆柱形状设计）时，其余设计的变化通常对整体视觉效果更具有显著影响。

（3）外观设计简要说明中设计要点所指设计并非必然对外观设计整体视觉效果具有显著影响。例如，对于汽车的外观设计，简要说明中指出其设计要点在于汽车底面，但汽车底面的设计对汽车的整体视觉效果并不具有显著影响。若区别点仅在于局部细微变化，则其对整体视觉效果不足以产生显著影响。

（三）专利权的效力

《专利法》规定汽车发明和实用新型专利权被授予后，除本法另有规定的以外，任何单位或者个人未经专利权人许可，都不得实施其专利，即不得以生产经营为目的制造、使用、许诺销售、销售、进口其专利产品，或者使用其专利方法以及使用、许诺销售、销售、进口依照该专利方法直接获得的产品。

汽车外观设计专利权被授予后，任何单位或者个人未经专利权人许可，都不得实施其专利，即不得以生产经营为目的制造、许诺销售、销售、进口其外观设计专利产品。

本条规定专利权的效力，也就是确定专利权人的利益与公共利益之间的界限，是《专利法》中最重要的条款之一。

（四）专利实施许可合同

《专利法》规定：任何单位或者个人实施他人专利的，应当与专利权人订立实施许可合同，向专利权人支付专利使用费。被许可人无权允许合同规定以外的任何单位或者个人实施该专利。

【关键知识点2】 在专利申请日以后至专利申请公开（公告）前制造相同的汽车产品是否属于侵权？

解析：在汽车产品专利申请日以后至专利申请公开（公告）前，他人制造与专利申请相同的产品不属于侵权。因为在这个阶段，专利申请人仅仅是提出了专利申请，申请尚未公开（公告），是否可以得到专利权还要经过专利局一系列的审查后才能确定。这时，专利申请人不具有专利权人的属性，所以无权禁止他人生产与其专利申请相同的产品，也无权对他人的行为提出侵权诉讼。同时，在这段时间内，专利申请是处于保密阶段的，他人亦不知道该产品已申请了专利，所以在该专利申请公开（公告）之前，他人生产了相同的产品，也不负有任何侵权责任。

（五）汽车专利申请条件和保护期限（表10-3）

表10-3 汽车专利申请条件和保护期限

申请专利特点	新 颖 性	创 造 性	实 用 性
申请专利条件	申请日以前没有相同的发明或实用新型以各种方式为公众所知（市场、媒体、申请文件）	与现有技术相比有实质性特点和显著进步（首创、解决技术难题、克服偏见）	能够制造和使用并产生积极效果（可实施性、再现性和有益性）
不能申请专利的情况	科学发现，如发现新星、牛顿万有引力定律；智力活动的规则和方法，如新棋种的玩法；疾病的诊断和治疗方法；动物和植物品种，但产品的生产方法可以授予专利权；用原子核变换方法获得的物质		
专利保护的期限	我国汽车专利法规定发明专利权的保护期限为20年，实用新型专利权和外观设计专利权的保护期限为10年，均自申请日起计算		

（六）专利申请权和专利权转让

中国单位或者个人向外国人、外国企业或者外国其他组织转让专利申请权或者专利权的，应当依照有关法律和行政法规的规定办理手续。

转让专利申请权或者专利权的，当事人应当订立书面合同，并向国务院专利行政部门登记，由国务院专利行政部门予以公告。专利申请权或者专利权的转让自登记之日起生效。

1. **专利申请权的含义**

专利申请权是指申请人在向专利局提出申请以后，对该"专利申请"享有的权利，即对该专利申请的所有权。

2. **专利申请权和专利权的转让**

专利申请权和专利权的转让是指权利主体的变更，这种主体的变更可以因为法律事件的发生而依照法律规定直接发生。

三、汽车专利纠纷

1. **汽车专利权人的义务**

《专利法》规定：专利权人应当自被授予专利权的当年开始缴纳年费。但是缴纳年费的数额，应当根据授予专利权的"当年"是整个专利权期限的第几年来确定。

2. **专利权的终止**

《专利法》规定：有下列情形之一的，专利权在期限届满前终止：

① 没有按照规定缴纳年费的，专利权自应当缴纳年费的期限届满之日起终止。

② 专利权人以书面声明放弃其专利权的，专利权自国家知识产权局收到该声明之日起终止。

专利权在期限届满前终止的，由国务院专利行政部门登记和公告。

3. **专利的复审**

《专利法》规定：国务院专利行政部门设立专利复审委员会。汽车专利申请人对国务院专利行政部门驳回申请的决定不服的，可以自收到通知之日起3个月内，向专利复审委员会请求复审。专利复审委员会复审后做出决定，并通知专利申请人。

如果汽车专利申请人对专利复审委员会的复审决定不服，可以自收到通知之日起 3 个月内向人民法院起诉。

4. 专利权的无效宣告请求

《专利法》规定：自国务院专利行政部门公告授予专利权之日起，任何单位或者个人认为该专利权的授予不符合本法有关规定的，可以请求专利复审委员会宣告该专利权无效。根据本条规定，任何单位或者个人均可以提出无效宣告请求。

5. 宣告专利权无效请求的审查和决定以及随后的司法程序

汽车专利复审委员会对宣告专利权无效的请求应当及时审查和做出决定，并通知请求人和专利权人。宣告汽车专利权无效的决定，由国务院专利行政部门登记和公告。

对专利复审委员会宣告专利权无效或者维持专利权的决定不服的，可以自收到通知之日起 3 个月内向人民法院起诉。人民法院应当通知无效宣告请求程序的对方当事人作为第三人参加诉讼。

专利复审委员会受理无效宣告请求后，首先对其进行形式审查。不符合规定格式的，专利复审委员会通知请求人在指定的期限内补正。期满未补正或者经补正仍然不符合规定格式的，该无效宣告请求视为未提出。

无效宣告请求被受理，并符合格式要求之后，专利复审委员会将无效请求人提交的有关文件转交给专利权人，要求专利权人在指定期限内答复。专利权人期满未答复的，不影响专利复审委员会进行审理。

在无效宣告请求的审查过程中，专利权人仍有可能对其专利文件进行修改。

审理专利侵权纠纷案件的专利管理机关或者人民法院在被告提出无效宣告请求时，有时会中止案件的审理，等候专利复审委员会做出审查决定。如果无效宣告请求的审查决定是维持专利权有效，则专利管理机关或者人民法院继续进行侵权纠纷案件的审理；如果审查决定维持专利权部分有效，则专利管理机关或者人民法院在经过修改的权利要求书的基础上继续进行侵权纠纷案件的审理；如果决定宣告专利权无效，则专利管理机关或者人民法院无须继续进行侵权纠纷案件的审理。

6. 宣告专利权无效

《专利法》规定：宣告无效的专利权视为自始即不存在。

宣告专利权无效的决定，对在宣告专利权无效前人民法院做出并已执行的专利侵权的判决、调解书，已经履行或者强制执行的专利侵权纠纷处理决定，以及已经履行的专利实施许可合同和专利权转让合同，不具有追溯力。但是因专利权人的恶意给他人造成的损失，应当给予赔偿。

依照前款规定不返还专利侵权赔偿金、专利使用费、专利权转让费，明显违反公平原则的，应当全部或者部分返还。

7. 处理专利侵权纠纷的临时措施

《专利法》规定：专利权人或者利害关系人有证据证明他人正在实施或者即将实施侵犯专利权的行为，如不及时制止将会使其合法权益受到难以弥补的损害的，可以在起诉前向人民法院申请采取责令停止有关行为的措施。

申请人提出申请时，应当提供担保；不提供担保的，驳回申请。

人民法院应当自接受申请之时起 48 小时内做出裁定；有特殊情况需要延长的，可以延

第十章　汽车专利法规

长 48 小时。裁定责令停止有关行为的，应当立即执行。当事人对裁定不服的，可以申请复议一次；复议期间不停止裁定的执行。

申请人自人民法院采取责令停止有关行为的措施之日起 15 日内不起诉的，人民法院应当解除该措施。

申请有错误的，申请人应当赔偿被申请人因停止有关行为所遭受的损失。

8. 专利侵权纠纷以及专利临时保护纠纷的诉讼时效

《专利法》规定：侵犯专利权的诉讼时效为两年，自专利权人或者利害关系人得知或者应当得知侵权行为之日起计算。

发明专利申请公布后至专利权授予前使用该发明未支付适当使用费的，汽车专利权人要求支付使用费的诉讼时效为两年，自专利权人得知或者应当得知他人使用其发明之日起计算，但是，专利权人于专利权授予之日前即已得知或者应当得知的，自专利权授予之日起计算。

（1）专利侵权纠纷的诉讼时效。本条第一款规定的诉讼时效的适用范围包括所有因专利权被侵犯，请求法院给予保护提起的诉讼。条文中"侵犯专利权"应作广义理解，指违反专利法的规定，侵犯专利权人依照该法享有的权利的行为。诉讼时效的期间为两年，计算方法是从专利权人或者利害关系人得知或者应当得知侵权行为之日起计算。

最高人民法院在《关于全国部分法院知识产权审判工作座谈会纪要》中明确指出："对于连续实施的工业产权侵权行为，从权利人知道或者应当知道侵权行为发生之日起至权利人向人民法院提起诉讼之日止已超过两年的，人民法院不得简单地以超过诉讼时效为由判决驳回权利人的诉讼请求。在该项工业产权受法律保护期间，人民法院应当判决被告停止侵权行为，侵权损失赔偿额应自权利人向人民法院提起诉讼之日起向前推算两年计算，超过两年的侵权损害不予保护。"

在数人共同侵害专利权的情况下，对每个侵权人而言，诉讼时效期间应当分别计算。

（2）专利临时保护纠纷的诉讼时效。本条第二款规定的诉讼时效的适用范围是发明专利申请公布后至专利权授予前使用该发明未支付适当使用费、专利权人要求其支付使用费的诉讼。该诉讼时效的期间也是两年，计算方法有两种：一般情况下，时效的计算与专利侵权诉讼时效的计算方法相同，从专利权人得知或者应当得知他人使用其发明之日起计算；特定情况下，如果专利权人于专利权授予之日前即已得知或者应当得知他人使用其发明，时效从专利权授予之日起计算。

【案例】　本田汽车外观设计专利无效案

本田技研工业株式会社（以下简称本田株式会社）是"汽车"外观设计专利权（简称本专利）的专利权人。石家庄双环汽车股份有限公司（以下简称双环公司）、河北新凯汽车制造有限公司破产清算组（以下简称新凯公司）分别向国家知识产权局专利复审委员会（以下简称专利复审委员会）申请宣告本专利无效。专利复审委员会认为，本专利与对比文件（简称证据1）属于相近似的外观设计，决定宣告本专利无效。本田株式会社不服该无效决定，向北京市第一中级人民法院提起诉讼。

一审法院认为，本专利与证据1的外观设计虽存在一定的差别，但属于局部的细微差别，且对于汽车整体外观而言，一般消费者更容易对汽车整体的设计风格、轮廓形状、组成部件的相互比例关系等因素施以更多注意，二者的上述细微差别尚不足以使一般消费者对两者整体外观设计产生明显的视觉差异。因此，本专利与证据1属于相近似的外观设计，本专利应被宣告无效，遂判决维持专利复审委员会的无效决定。本田株式会社不服一审判决，提起上诉。北京市高级人民法院二审支持一审法院有关本专利与证据1属相近似的外观设计的认定，判决驳回上诉，维持原判。

本田株式会社不服二审判决，向最高人民法院申请再审。最高人民法院裁定提审本案，并认为，诉争类型汽车外观设计的"整体"，不仅包括汽车的基本外形轮廓以及各部分的相互比例关系，还包括汽车的前面、侧面、后面等，应当予以全面观察。在综合判断时，应当根据诉争类型汽车的特点，权衡诸部分对汽车外观设计整体视觉效果的影响。就本案诉争的汽车类型而言，因此类汽车的外形轮廓都比较接近，故该共性设计特征对于此类汽车一般消费者的视觉效果的影响比较有限。相反，汽车的前面、侧面、后面等部位的设计特征的变化，则会更多地引起此类汽车一般消费者的注意。这些差别对于本案诉争类型汽车的一般消费者而言是显而易见的，足以使其将本专利图片所示汽车外观设计与证据1汽车外观设计的整体视觉效果区别开来。因此，上述差别对于本专利与证据1汽车外观设计的整体视觉效果具有显著的影响，二者不属于相近似的外观设计，遂撤销专利复审委员会无效决定及原一、二审判决。

四、申请国内外专利的途径

1. 申请汽车外观设计专利所应当提交的申请文件

《专利法》规定：申请外观设计专利的，应当提交请求书、该外观设计的图片或者照片以及对该外观设计的简要说明等文件。

申请人提交的有关图片或者照片应当清楚地显示要求专利保护的产品的外观设计。

外观设计与发明或者实用新型不同，它所涉及的不是技术方案，而是关于产品外表的装饰性或者艺术性设计，所以专利法对申请外观设计专利应当提交的文件规定了不同的要求。

申请外观设计专利应当提交如下申请文件：

（1）请求书。使用外观设计的产品名称应当与外观设计图片或者照片中表示的外观设计相符合，准确、简明地表明要求保护的产品的外观设计。产品名称一般应当符合国际外观设计分类表中小类列举的名称。产品名称一般不得超过20个字。产品名称对图片或者照片中表示的外观设计所应用的产品种类具有说明作用。

（2）图片或者照片。

① 尺寸：不得小于3cm×8cm（细长物品除外），且不得大于15cm×22cm，并应当保证图形缩小到2/3时产品外观轮廓的各个细节仍能清晰可辨。

② 绘制：图片应当参照我国技术制图和机械制图国家标准中有关正投影关系、线条宽度以及剖切标记的规定绘制，并应当以粗细均匀的实线表达外观设计的形状。

③ 拍摄：照片应当清晰，避免因对焦等原因导致产品的外观设计无法清楚地显示；照片背景应当单一，避免出现除该外观设计产品以外的其他内容；产品和背景应有适当的明度差，以清楚地显示产品的外观设计；照片的拍摄通常应当遵循正投影规则；照片应当避免因强光、反光、阴影、倒影等影响产品的外观设计的表达；照片中的产品通常应当避免包含内装物或者衬托物，但对于必须依靠内装物或者衬托物才能清楚地显示产品的外观设计时，则允许保留内装物或者衬托物。

第十章　汽车专利法规

④ 色彩：请求保护的外观设计包含色彩的，提交彩色图片或照片一式两份，色彩包括黑白灰系列和彩色系列，用着色牢固、不易褪色的颜料绘制。

⑤ 立体外观设计图片或者照片应当满足的特殊要求。就立体产品的外观设计而言，产品设计要点涉及 6 个面的，应当提交六面正投影视图；产品设计要点仅涉及一个或几个面的，应当至少提交所涉及面的正投影视图和立体图，并应当在简要说明中写明省略视图的原因。就平面产品的外观设计而言，产品设计要点涉及一个面的，可以仅提交该面正投影视图；产品设计要点涉及两个面的，应当提交两面正投影视图。

2. 中国人向外国申请汽车专利的介绍

任何单位或者个人将在中国完成的汽车发明或者实用新型向外国申请专利的，应当事先报经国务院专利行政部门进行保密审查。保密审查的程序、期限等按照国务院的规定执行。

中国单位或者个人可以根据中华人民共和国参加的有关国际条约提出汽车专利国际申请。申请人提出专利国际申请的，应当遵守前款规定。

国务院专利行政部门依照中华人民共和国参加的有关国际条约、本法和国务院有关规定处理汽车专利国际申请（表10-4）。

表10-4　申请国外专利的途径

申请国外专利的途径	巴黎公约途径	PCT 途径
PCT 简介	PCT 是《专利合作条约》（Patent Cooperation Treaty）的英文缩写，是有关专利的国际条约。根据 PCT 的规定，专利申请人可以通过 PCT 途径递交国际专利申请，向多个国家申请专利	
具体介绍	申请人应自优先权日起 12 个月内向多个巴黎公约成员国所在的专利局提交申请，并缴纳相应的费用。这种途径使得申请人可能没有足够的时间去准备文件和筹集费用	申请人自优先权日起12个月内直接向中国国家知识产权局提交一份用中文或英文撰写的 PCT 国际申请，确定了国际申请日后，则该申请在 PCT 的所有成员国具有正规国家申请的效力
注意事项	专利申请人只能通过 PCT 申请专利，不能直接通过 PCT 得到专利，要想获得某个国家的专利，专利申请人还必须履行进入该国家的手续，由该国的专利局对该专利申请进行审查，符合该国专利法规定的，授予专利权	
PCT 给专利带来的好处	方便：只需提交一份国际专利申请，就可以向多个国家申请专利 节省费用：某些国家对 PCT 国家阶段申请的费用比普通申请要低	

3. 外国人和外国组织在中国申请汽车专利的权利

《专利法》规定：在中国没有经常居所或者营业所的外国人、外国企业或者外国其他组织在中国申请汽车专利的，依照其所属国同中国签订的协议或者共同参加的国际条约，或者依照互惠原则，根据本法办理。

外国人、外国企业和外国其他组织可分成两种：一种是在中国有经常居所或者营业所的，另一种是在中国没有经常居所或者营业所的。按照国际惯例和巴黎公约的原则，第一种外国人、外国企业和外国其他组织在专利权的保护上可以享受国民待遇，即与本国国民一样有权申请专利，从而获得专利保护。至于第二种外国人、外国企业和外国其他组织，根据本条规定，有下列三种情况之一的，可以依照《专利法》在我国进行汽车专利申请：

① 外国人的所属国与我国签订的双边协议规定互相给予对方国民以专利保护的。

② 外国人的所属国和我国共同参加的国际条约规定互相给予对方国民以专利保护的。

③ 尽管外国人所属国和我国既没有签订双边协议,又没有共同加入国际条约,但对方在专利法中规定或者在实践中依照互惠原则给我国国民以专利保护的。

巴黎公约是迄今为止国际上最主要的工业产权国际公约。该公约规定了国民待遇原则,即在保护工业产权问题上,该公约成员国应当将赋予本国国民的权益给予其他所有成员国的国民,即使不是该公约成员国的国民,只要在该公约的某一成员国内设有住所或者真实有效的工商业营业所的,也视为该成员国国民。我国于1985年3月19日加入巴黎公约,到2000年1月1日为止,巴黎公约共有157个成员国。我国加入巴黎公约后,该公约所有成员国的国民(自然人、法人和其他组织)有权在我国申请专利。此外,非公约成员国的国民,如果在某一公约成员国内有住所或者真实有效的工商业营业所,也有权在我国申请专利。至于非公约成员国的其他国民,可以根据双边条约或者互惠原则在我国申请专利获得保护。

4. 申请汽车专利的权利和专利权的归属

执行本单位的任务或者主要利用本单位的物质技术条件所完成的发明创造为职务发明创造。职务发明创造申请专利的权利属于该单位;申请被批准后,该单位为专利权人。

非职务发明创造,申请专利的权利属于发明人或者设计人。申请被批准后,该发明人或者设计人为专利权人。

利用本单位的物质技术条件所完成的发明创造,单位与发明人或者设计人订有合同,对申请专利的权利和专利权的归属做出约定的,从其约定。

专利法第六条所称执行本单位的任务所完成的职务发明创造,是指:

① 在本职工作中做出的发明创造。
② 履行本单位交付的本职工作之外的任务时所做出的发明创造。
③ 退休、调离原单位后或者劳动、人事关系终止后1年内做出的,与其在原单位承担的本职工作或者原单位分配的任务有关的发明创造。

《专利法》第六条所称本单位,包括临时工作单位;专利法第六条所称本单位的物质技术条件,是指本单位的资金、设备、零部件、原材料或者不对外公开的技术资料等。

《专利法》所称发明人或者设计人,是指对发明创造的实质性特点做出创造性贡献的人。在完成发明创造过程中,只负责组织工作的人、为物质技术条件的利用提供方便的人或者从事其他辅助工作的人,不是发明人或者设计人。

五、国家机关的法律责任

《专利法》规定国家知识产权局、专利复审委员会、国务院专利行政部门和有关工作人员处理专利申请的基本准则有以下几点:

① 国务院专利行政部门及其专利复审委员会应当按照客观、公正、准确、及时的要求,依法处理有关专利的申请和请求。
② 国务院专利行政部门应当完整、准确、及时发布专利信息,定期出版专利公报。
③ 在专利申请公布或者公告前,国务院专利行政部门的工作人员及有关人员对其内容负有保密责任。

六、申请汽车专利的意义

申请汽车专利既可以保护自己的发明成果,防止科研成果流失,同时也有利于科技进步

第十章 汽车专利法规

和经济发展。人们可以通过申请专利的方式占据新技术及其产品的市场空间，获得相应的经济利益（如通过生产销售专利产品、转让专利技术、专利入股等方式获利）。

从 2011 年开始，我国成为全世界专利申请量第一大国，中国专利申请量继续保持了跨越式增长态势。伴随我国经济总量的不断增长，科技投入增长明显，创新活动空前活跃，自主创新能力日益增强，汽车知识产权已经成为支撑我国经济社会发展的重要力量。

近年来，汽车知识产权事业得到了相关部门的高度重视，同时，汽车相关法律法规体系逐步完善，汽车知识产权的创造、运用、保护和管理能力持续提升，致使全社会的汽车知识产权意识与日俱增，汽车知识产权也日益成为国家发展的战略性资源和国际竞争力的核心要素。

第二节 我国的汽车专利

当今世界，没有强大的汽车工业，也就不太可能有强大的经济实力。汽车工业是衡量一个国家产业技术整体水平的重要标志。加入世贸组织后，中国市场不断扩大和开放，世界大型跨国汽车公司纷纷在我国投资设厂，并把汽车的核心专利技术作为扩大其在中国汽车市场竞争中的利器加以实施，正所谓"资金未到，专利先行"。在这场没有硝烟的汽车专利技术战中，我国汽车行业在技术创新方面面临着紧迫艰巨且至关重要的任务。

一、汽车行业专利数据的分类

1. 汽车行业专利数据的总体概括

结合汽车整车及其各部分结构中零部件的申请情况，即车身部分、电气仪表部分、底盘部分（包括传动系统、制动系统、转向系统、行驶系统）、发动机部分中各零部件的专利申请数量，将其汇总所得。

2. 汽车行业专利数据统计原则

专利数据库中发明、发明授权、实用新型是依据 IPC 国际专利分类原则为分类标准，外观设计是依据国际工业分类原则为分类标准。

3. IPC 国际专利交通运输类分类（表 10-5）

表 10-5 IPC 国际专利交通运输类分类

IPC 专利分类	B60 一般车辆
IPC 专利共分为 8 大类。包括：A 部——人类生活必需（农、轻、医）；B 部——作业、运输；C 部——化学、冶金；D 部——纺织、造纸；E 部——固定建筑物（建筑、采矿）；F 部——机械工程；G 部——物理；H 部——电学	B60B 车轮；脚轮；车轴；车轮附着力的提高
	B60C 车用轮胎；轮胎充气；轮胎的更换；一般充气弹性体与气门的连接；与轮胎有关的装置或布置
	B60D 车辆的连接件
	B60F 轨道和道路两用车辆；两栖车辆或类似车辆；可转换的车辆
	B60G 车辆悬架装置的配置
	B60H 车辆客室或货室专用加热、冷却、通风或其他空气处理设备的布置或装置
	B60J 车辆的窗、风窗玻璃、非固定车顶、门或类似装置；车辆不用时的护套

(续)

IPC 专利分类	B60 一般车辆
IPC 专利共分为 8 大类。包括：A 部——人类生活必需（农、轻、医）；B 部——作业、运输；C 部——化学、冶金；D 部——纺织、造纸；E 部——固定建筑物（建筑、采矿）；F 部——机械工程；G 部——物理；H 部——电学	B60K 车辆动力装置或传动装置的布置或安装；两个以上不同的原动机的布置或安装；辅助驱动装置；车辆用仪表或仪表板；驱动装置的联合控制；车辆动力装置与冷却、进气、排气或燃料供给结合的布置
	B60L 电动车辆的电力装备或动力装置；用于车辆的磁力悬置或悬浮；一般车用电力制动系统
	B60M 电动车辆的电源线路或沿路轨的装置
	B60N 其他类不包括的车辆乘客用设备
	B60P 适用于货运或运输、装载或包容特殊货物或物体的车辆
	B60Q 一般车辆照明或信号装置的布置，及其安装或支承或其电路
	B60R 其他类不包括的车辆，车辆配件或车辆部件
	B60S 其他类不包括的车辆保养、清洗、修理、支承、举升或调试
	B60T 车辆制动控制系统或其部件；一般制动控制系统或其部件
	B60V 气垫车
	B60W 不同类型或不同功能的车辆子系统的联合控制；专门适用于混合动力车辆的控制系统；不与某一特定子系统的控制相关联的道路车辆驾驶控制系统

二、我国汽车行业专利概况

1. 中国汽车专利公开量持续保持稳步增长态势，专利质量逐步提升

2020 年中国汽车专利公开量为 29.5 万件，同比增长 8.05%，持续保持稳步增长态势。发明专利授权量为 6.4 万件，同比增长 2.61%，反映了中国汽车专利创新质量持续提升，汽车企业技术创新能力逐步加强，如图 10-1 所示。

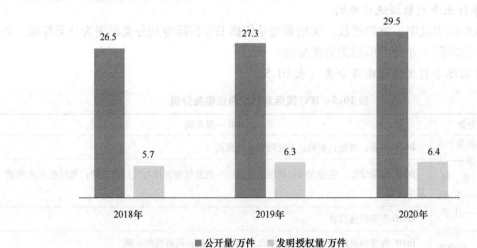

图 10-1 中国汽车专利数据（2018—2020）

2. 聚焦四化，专利技术聚焦新能源与智能网联汽车

2020 年中国汽车行业技术发展仍聚焦新能源与智能网联汽车，研发热度不减，两者专

第十章 汽车专利法规

利占比总和达 43%，其中新能源汽车专利公开量同比增长 16%，智能网联汽车领域同比增长 18%，如图 10-2 所示。

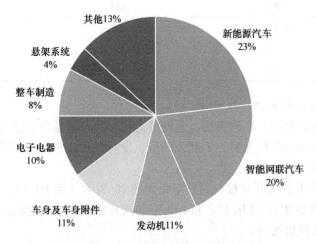

图 10-2　2020 年中国汽车专利构成比例

3. 2020 年中国汽车发明专利授权

2020 年发明专利授权量按创新主体前 10 名中（表 10-6），国内企业占据三席，其中比亚迪以 945 件、25% 的同比增长率排名第一，进入量稳质升阶段；前 10 名外资企业中，除本田、电装，其余外资企业发明专利授权量较往年均有所下滑。前 20 名企业中，供应商潍柴动力、宁德时代同比增长明显。

表 10-6　2020 年中国汽车发明专利授权量按创新主体前 20 名

排名	创新主体企业	发明授权量/件	同比增长率（%）
1	比亚迪	945	25.17
2	现代自动车	929	-4.13
3	罗伯特·博世	925	-14.19
4	丰田自动车	895	-16.28
5	福特	808	-19.84
6	本田技研	616	9.41
7	通用汽车	512	-26.65
8	江淮汽车	487	-36.09
9	电装	446	5.69
10	潍柴动力	442	105.58
11	舍弗勒	322	-22.78
12	北汽新能源	316	-3.07
13	日立	278	6.11
14	自动网联研究所	253	39.01
15	奇瑞汽车	250	9.17
16	长城汽车	249	34.59

（续）

排名	创新主体企业	发明授权量/件	同比增长率（％）
17	宁德时代	243	86.92
18	矢崎总业	228	4.59
19	大众	223	14.95
20	奥迪	210	1.94

4. 自主品牌企业重视知识产权工作

以一汽股份、东风集团、广汽集团、北汽等为代表的自主品牌企业在外资企业中艰难突围，加强技术创新的知识产权保护，专利公开量、发明专利公开量、发明专利授权量均持续上涨，各项专利指标均向上向好发展。

2020年中国汽车专利公开量按自主整车集团前20名中（表10-7），央企开始高度重视知识产权工作，一汽集团以4236件、114.48％的同比增长率位居榜首；东风集团以3935件、66％的同比增长位居第三。

表10-7 2020年中国汽车专利公开量按自主整车集团前20名

排名	创新主体企业	发明公开量/件	同比增长率（％）
1	一汽集团	4236	114.48
2	上汽集团	4093	13.85
3	东风集团	3935	65.76
4	北汽集团	3760	48.73
5	吉利控股	2979	20.46
6	广汽集团	2318	77.90
7	长城控股	2278	32.06
8	比亚迪	2265	-16.88
9	奇瑞控股	1758	32.18
10	长安集团	1593	-5.63
11	江淮集团	987	-39.63
12	中国重汽	562	55.68
13	宇通客车	518	-34.51
14	小鹏汽车	488	-34.67
15	浙江零跑	338	39.09
16	北京车和家	283	-32.62
17	蔚来汽车	268	-77.02
18	陕汽控股	260	-22.62
19	爱驰汽车	223	-42.67
20	威马智慧	189	-42.38

2020年发明专利授权量按自主整车集团前10名中（表10-8），比亚迪以964件、25.03％的同比增长率高居榜首，吉利、长城、东风发明专利授权量涨幅明显。

第十章 汽车专利法规

表 10-8　2020 年中国汽车发明专利授权量按自主整车集团前 10 名

排名	创新主体企业	发明授权量/件	同比增长率（%）
1	比亚迪	964	25.03
2	北汽集团	709	-5.59
3	吉利控股	590	68.57
4	江淮集团	508	-35.37
5	上汽集团	408	-4.23
6	长城控股	290	52.63
7	奇瑞控股	283	7.60
8	长安集团	267	20.81
9	东风集团	241	104.24
10	一汽集团	208	26.06

5. 协力攻关，动力电池及充电系统技术攻关力度加强

2020 年中国新能源汽车产业加大动力电池及充电系统技术攻关力度，动力电池系统专利占比达 41%，专利公开量同比增长 35.8%，其中锂电池单体结构、电池系统结构以及电池管理系统均有大量专利布局，充电系统专利占比达 19%，如图 10-3 所示。

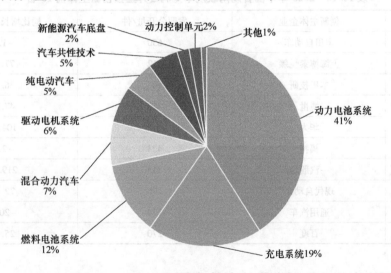

图 10-3　2020 年中国新能源汽车专利构成比例

新能源汽车专利公开量前 10 名企业中，国内企业占据五席，比亚迪、蜂巢能源、宁德时代分列第二、三、四位。

表 10-9　2020 年中国新能源汽车发明专利公开量按创新主体前 10 名

排名	创新主体企业	发明公开量/件	同比增长率（%）
1	丰田自动车	703	-16.61
2	比亚迪	605	-19.97
3	蜂巢能源	597	33.56

(续)

排名	创新主体企业	发明公开量/件	同比增长率（%）
4	宁德时代	545	-29.68
5	本田技研	446	3.72
6	北汽新能源	379	38.32
7	国轩高科	328	-13.46
8	博世	324	29.08
9	福特	300	-19.57
10	现代自动车	296	12.98

6. 加速融合，传统汽车与多领域技术加速融合，网联化专利占比提升，驾驶辅助技术向高阶发展

2020年，科技及通信企业加速入局智能网联汽车领域，与传统整车及零部件企业共同谋划智能网联汽车发展新格局。2020年智能网联汽车专利公开量按创新主体排名中，上海博泰以612件、77%的同比增长率排名第二，仅次于丰田，以华为、百度为代表的多家高科技公司依托其电子信息技术优势入围前10名，见表10-10。

表10-10　2020年中国智能网联汽车专利公开量按创新主体前10名

排名	创新主体企业	发明公开量/件	同比增长率（%）
1	丰田自动车	650	-1.37
2	上海博泰悦臻	612	77.39
3	本田技研	607	36.10
4	博世	550	47.06
5	华为	548	104.48
6	福特	423	-2.98
7	一汽股份	313	219.39
8	现代自动车	296	72.09
9	通用汽车	274	-20.12
10	百度	270	25.00

三、我国汽车行业专利发展的有效途径

1. 加大研发投入

企业是自主创新的主体。因此，我国汽车行业的研发，不能只依靠政府的专项资金扶持，企业应该树立自主创新意识，加大研发经费的投入。企业只有在研究领域加大投资力度，才能提高核心竞争力。同时，还应该加强基础性研究，重点对高新技术产品的关键技术进行研究。

在当今竞争日益激烈的世界汽车市场上，汽车产品开发速度的加快，新技术的广泛应用，使汽车的资本密集度越来越高，新产品开发的投资规模越来越大。国外各大型汽车公司为了赢得用户和市场，不惜投入大量资金用于科研开发和掌握领先技术。

第十章 汽车专利法规

2020年对于大多数车企来说都是非常困难的一年。虽然外部处境不容乐观，但众多车企依然坚持加大研发力度。中国部分车企2019年至2020年上半年的研发费用见图10-4。其中上汽集团以192.4亿元的研发费用遥遥领先，比亚迪和长安汽车分别以81.54亿和46.34亿元排在第二和第三位。

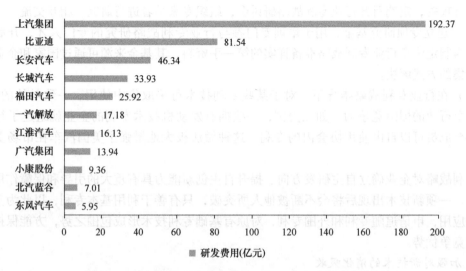

图10-4　中国部分上市车企2019—2020年上半年研发费用

2. 建立知识产权人才的培养制度

人才是企业技术创新的动力源泉，高素质的人才将直接影响企业的技术创新能力。其中，对知识产权工程师的培养显得尤为重要。知识产权工程师必须具有一定的复合能力，包括技术专长和法律专长，还要有企业经营的知识，因此要有专门的权威机构负责这项工作。知识产权工程师的培养需要国家、企业和社会各方面共同努力，才能满足社会各方对知识产权人才的需求。

3. 加强对信息的利用

企业应加强对汽车专利信息的利用，通过对专利信息进行定性、定量分析，将专利信息转变为专利技术。这样可以使企业在技术创新活动中的目标更明确，避免盲目性和重复性研发立项，提高企业专利技术的稳定性，在引进技术的过程中，应该有选择地引进专利技术，避免企业利益受损。

据统计，有90%~95%的最新技术资料首先反映在专利文献上。有关资料显示，利用现代信息手段可以达到减少创新时间90%、降低成本75%、减少风险65%的效果。美国的一份关于技术创新的调查表明，不重视专利信息调查，凭空构思，只有1%~3%的方案能够成功。

4. 加强行业专利战略研究

建立和实施企业专利战略是企业保持市场竞争优势的重要手段。利用专利制度，依靠专利技术进行竞争，并将其提高到战略的高度，已成为企业发展的生命线和护身符，同时也是国内外汽车企业在市场竞争中保持优势地位的重要手段。从某种意义上讲，企业专利战略是企业争夺市场、保持可持续发展能力的关键因素。

目前，由于我国汽车行业尚未建立一整套专利战略研究机构，缺乏专门研究人员和研究经费，难以开展系统的调研工作，汽车行业专利战略研究尚处于探索阶段，没有形成完善的理论体系，这与我国汽车工业发展所面临的挑战很不协调。因此建议汽车工业的主管部门发挥政府的宏观领导和协调作用，力争从以下几方面进行改进。

(1) 建立行业知识产权战略研究机构，配备专门的研究人员，使之从上至下形成体系，组织协调整个行业的研究工作，把汽车工业专利战略研究作为关键课题加以研究，分工协作，联合攻关，定期召开行业专利战略研讨会，组织专家学者进行研究，相互交流。

(2) 建立专项研究基金，用于培训专门参与行业专利战略研究的专门人才，开展专项调研，为制定汽车行业专利战略准备详实的第一手资料，其基金来源可通过国家和企业双方共同筹集的方式解决。

(3) 在行业专利战略指导下，对于某些专利技术可采取集中使用、一致对外的策略，提升整个行业的国际竞争力。如在美国，一些拥有发动机技术专利的企业就组建了行业协会，协会成员可以自由使用协会内的专利。这种做法极大地增强了美国汽车在市场上的竞争力。

专利战略对企业确立自主研发方向、提升自主创新能力具有重大的引导和保障作用。毋庸置疑，一项新技术出现后将会不断被他人所突破，只有善于利用基本专利，以此为基础加以改进应用，申请追随专利和外围专利，对原有基础专利技术形成包围之势，方能保持长久不衰的竞争优势。

5. 加强对新技术的消化吸收

中国汽车工业自主研究开发能力从整体上来说技术水平较低，将技术引进放在突出的位置是必要的。但不应采取单纯引进的方式，如若一味地模仿，亦步亦趋，最终将丧失技术进步的主动权。因此，必须把技术引进与研发相衔接，加大技改力度，使技术引进后能及时得到消化、吸收和创新，提高自主开发能力，并适时申请新的专利，打破跨国公司对专利技术的垄断，在引进技术中实施技术创新战略。

坚持引进技术和自主开发相结合的原则，跟踪研究国际前沿技术，积极开展国际合作，发展具有自主知识产权的先进适用技术。引进技术的产品要具有国际竞争力，并适应国际汽车技术规范的强制性要求发展的需要；自主开发的产品力争与国际技术水平接轨，参与国际竞争。国家在税收政策上应对符合技术政策的研发活动给予支持。

虽然无法立刻提高我国自主知识产权的水平，但应加强我国汽车产业的自主知识产权的积累和重视，从小的方面逐步开展自主知识产权活动，进而逐步充实我国汽车产业的自主知识产权资源，增强资金技术的积累和沉淀，最终形成完整的自主知识产权产品。国家与企业之间、国内企业之间均需要加强交流和相互支持，从而实现我国汽车产业的整体振兴。

四、汽车企业应如何申请专利

在当前知识产权越来越重要的时代，通过申请专利保护为企业建立一定的垄断地位，以及保护企业免受他人的专利侵权指控已经成为每个企业必须解决的问题，因此，制定适应自身产业特点的专利策略是每一个汽车相关企业所面临的严峻挑战。制定相应的专利策略应从以下几点出发。

1. 明确企业自身的技术定位

作为具有自身研发能力的企业，则要根据自己的实际情况，设置专人管理和对产品开发

第十章 汽车专利法规

人员进行专利培训。对于自己设计的任何一款产品，都应该争取获得一些专利，以期充分保护本企业的知识创造成果。

2. 根据企业产品决定申请重点

一般来说，对于有自主研发能力的企业，专利申请的主要方向是它生产的产品，原因有以下几点：第一，企业对于自己的产品研究最透彻，技术上往往会比较领先；第二，产品一旦公开出售，就可能引起其他企业的模仿，如果不申请专利，则很难制止他人的仿制行为，企业为产品设计进行的投入无形中被他人分享了；第三，对于企业生产中的关键技术环节，也应当考虑选择一些重点技术进行申请；第四，申请专利需要恰当选择专利类型。

许多企业不知道自己的技术应当选择申请发明专利还是实用新型专利。这个问题需要重点考虑自己的申请目的和技术更新速度。如果企业申请专利的目的是避免自己陷入专利纠纷，则可以多申请一些实用新型专利；如果企业申请专利的目的更为积极，期望限制竞争对手，则必须积极申请发明专利，尤其是围绕产品申请发明专利。另外，发明专利的保护期限为20年，而实用新型专利的保护期限为10年，对于技术更新非常快的产品，10年已经足够了，但是，对于大多数汽车零配件产品，10年的保护时间往往过短。一般来说，汽车产业的相关企业申请类型还是以发明专利为主较好。

3. 专利申请应与产业链结合

汽车产业的产业链特别长，上下游企业的关系非常复杂。上游企业向某个厂家定制某种产品，下游企业可能会将学习到的相关技术手段为该上游企业的竞争对手生产相关的产品，因此，厂家不仅要考虑自己企业的产品申请专利，而且要考虑如何通过申请专利对自己的下游企业进行限制。一个典型的做法是，在专利申请中，将保护范围延及其上下游企业的产品，这样，在出现侵权时，能够有更多的诉讼对象可以选择。

4. 申请专利应与生产开发周期相配合

汽车设计往往需要三五年的开发周期，许多厂家在产品开发初期没有考虑专利申请工作，在产品即将上市时才紧急申请相关专利。这种情况会由于任务过紧造成严重的遗漏，最后不能对产品进行充分的专利保护。一个产品往往无法通过仅仅一个专利获得充分的保护，而且一些与产品相关的工装、生产方法也可能非常重要，也需要进行保护。可以说，一个产品开发完成后，往往需要围绕它申请许多专利，时间过紧对获得充分的专利保护极为不利。就是对于研发中获得的一些并非最佳的技术方案，往往也需要申请一些专利，以限制竞争对手使用，为其建立更高的专利门槛，这些内容如果不在开发过程中随时注意搜集，极有可能流失。另外，在产品上市后，很可能需要对在使用中暴露的问题进行改进，上述各个方面都要求将专利申请放在整个开发生产周期中考虑，而不是仅仅在研发完成时申请专利。

另外，专利实行先申请原则，如果申请时间过晚，则有可能将原本可以获得专利的技术错过了申请的时机。一个专利从申请到批准需要较长的审查周期，如果到产品上市还没有获得相关的专利，则难以及时制止他人的仿制行为。

5. 申请专利需要与市场相配合

专利申请存在地域性，在中国申请的专利在国外不能得到专利保护。为此，企业必须明确自己产品的市场范围，尤其是对于有可能出口的产品，需要明确产品的可能市场，以及将来可能为哪些国家、地区的上游企业提供产品，这些问题决定了专利应当到哪些国家和地区申请。一些在国内销量很好的产品却无法进入国际市场，往往是由于忽略了在这些国家的专利申请，错过了专利申请的时机，造成市场被其他仿冒者占领。

6. 申请专利应做到"知己知彼"

汽车产业竞争非常激烈，如果不能及时了解对手的研发情况，则可能造成自己的被动。因此，不断地查阅竞争对手的专利申请，可以了解其技术水平和技术发展思路，当然，能够查阅到的专利一般是一段时间以前提出的技术方案，对手可能已经进步了。另外，也有一些技术先进的厂家开始有计划地申请一些误导同行的专利来迷惑对手，这些都是专利战中经常使用的招数。对于企业，对同行的专利不闻不问的态度不可取，要注意分析搜集到的专利文件，避免落入陷阱。

7. 申请专利需要建立保障体系

对于任何一个具有研发能力的汽车生产相关企业，在面临异常激烈的市场竞争的情况下，都必须高度重视专利问题。专利申请是一项专门的法律事务，仅仅依靠企业的一般法务人员是不可能较好地管理专利申请的相关事务的。因此，根据企业情况配置人员，并将这些人员安排在合适的部门显得尤为重要。人员配备整齐了，上下关系理顺了，才可能使企业的各种技术通过这个渠道转化为专利，形成企业的自主知识产权。

8. 选择适当的代理所可以事半功倍

目前，国内的专利代理行业日趋成熟，企业应该根据自己的定位，选择合适的代理机构作为合作伙伴，由其代理专利申请。在选择过程中，主要需要注意专利代理机构的经验以及资质。对于研发能力强的汽车企业，选择一个能够提供全方位知识产权服务的代理公司是比较明智的。

【小阅读】

长春市"清洁汽车"获得国家专利

长春汽车燃气发展有限公司自主研发的石油液化气常温液相生产汽车燃气方法、一种常温液相精制车用石油液化气的方法与装置两项成果，通过国家科技部、全国清洁汽车行动专家组的验收，获两项国家专利。用这两项专利技术生产加工的液化石油气中杂质减少了，大大提高了石油液化气汽车装置的使用性能，使长春市"清洁汽车"冲上"快车道"，走在了全国的前列。

国家科技部、国家清洁汽车协调领导小组已将长春市列为全国12个试点"清洁汽车"示范城市之一。长春市政府高度重视"清洁汽车"的推广，把发展燃气汽车列为有关民生的大事。长春市财政专门列支420万元作为燃气汽车产业的启动资金，组建了以长春汽车燃气发展有限公司为核心，吉林大学、吉林省石油化工设计研究院、一汽集团、长春公交集团等大专院校、科研单位和企业参与的"产、学、研"一体化科研攻关队伍，先后围绕车用液化石油气的试验、研究、开发，电喷出租车车用燃气器具的匹配、开发等课题展开技术攻关，及时解决了这些影响燃气汽车推广应用的难题，扫清了障碍。特别是长春汽车燃气发展有限公司自主研发的两项国家专利，从根本上解决了以前车用液化石油对车的腐蚀性比较大的难题，使长春市的公交车、出租车气源质量和供应得到充分保障，推动了长春市燃气汽车的快速发展。

第三节　汽车 WTO 知识产权与海外并购

2001年12月11日，我国正式成为WTO的成员国。加入WTO以后，我国国内汽车企业面临着各种冲击和挑战。由于"世贸"已经把与贸易有关的知识产权问题纳入其管辖范围，同时我国也正在加大对外国汽车企业并购的步伐，因而对我国的汽车知识产权保护工作也会产生相应影响。加入WTO后，对我国的知识产权保护提出了更高的要求，使我国汽车企业面临更多的知识产权方面的竞争。

目前，我国的汽车知识产权保护工作不够完善，人们对汽车知识产权的作用认识不够深入，对汽车知识产权的保护意识也较差。另外，我国拥有了和WTO成员公平竞争以及公平解决汽车知识产权争端的权利，但是我国的汽车知识产权制度有些地方与国际惯例不太一致，这都导致了我国企业在国际竞争中处于不利地位。面临入世后的严峻形势，我们必须提高全社会的汽车知识产权意识，建立健全知识产权制度，提高技术创新能力，拥有自主知识产权，加强知识产权保护，鼓励和保护知识产权，与国际惯例接轨，实现真正的"双赢"。

一、WTO 知识产权的保护

1. WTO 与知识产权保护的关系

《与贸易有关的知识产权协定》（Agreement on Trade-Related Aspects of Intellectual Property Rights，TRIPs）简称《知识产权协定》，是世界贸易组织管辖的一项多边贸易协定。《知识产权协定》有七个部分，共73条。其中所说的"知识产权"包括：①著作权与邻接权；②商标权；③地理标志权；④工业品外观设计权；⑤专利权；⑥集成电路布线图设计权；⑦未披露的信息专有权。

WTO与知识产权保护的关系，可从《知识产权协议》产生的历史过程中寻求答案。知识产权国际保护制度从建立至今已有100多年的历史，随着商品经济的发展，科学技术的进步以及文学、艺术创作的繁荣、智力性创造成果财产价值以及对其应采取的法律保护措施越来越受到人们的关注。

国际社会基于跨国界的知识产权保护的需要，先后签订了一系列的知识产权保护国际公约，并建立了相应的知识产权国际保护组织或国际机构，形成了一整套知识产权国际保护体系。但是，从1986年开始并于1993年结束的乌拉圭回合知识产权谈判及其所达成的《与贸易有关的知识产权（包括假冒商品贸易）协定》，将知识产权保护问题引入国际贸易领域，把知识产权保护与关贸总协定的基本原则相结合，从而引起了国际社会的广泛关注。WTO的前身《关税贸易总协定》（GATT），自1947年至1994年，共经历了八轮多边贸易谈判，讨论的都是减让关税，第七轮东京回合首次把冒牌商品贸易纳入会议议题；第八轮乌拉圭回合则把与贸易有关的知识产权整个纳入议题，并形成了一个与贸易有关的知识产权协议以及其他14个协议期，作为对方成员方、缔约方具有法律约束力的一揽子协议。任何一方要参加WTO，必须接受这15个协议。

随着《知识产权协定》的生效，知识产权国际保护原有的体制被打破，知识产权国际保护新体制已经形成。它在许多方面弥补了原有体制的不足，并对各国经济以至政治和外交产生引人注目的影响。

2. WTO 的知识产权规则的特点及内容

（1）WTO 的知识产权规则的特点。TRIPS 协议是 WTO 中最为复杂、条款数目最多的协议，它不仅涉及知识产权问题，还直接渗透到货物贸易和服务贸易大部分领域，是当前世界范围内知识产权保护问题领域中涉及面广、保护水平高、保护力度大、制约力强的一个国际公约，受到各国和各个关税独立区的高度重视。与其他知识产权国际公约相比，TRIPS 协议具有如下特点：内容涉及面广，几乎涉及知识产权的各个领域；保护水平高，在多方面超过了现有国际公约对知识产权的保护水平；将 GATT 和 WTO 中关于有形商品贸易的原则和规定延伸到知识产权的保护领域；强化了知识产权执法程序和保护措施；强化了协议的执行措施和争端解决机制，把履行协议保护与贸易制裁紧密结合在一起；设置了"与贸易有关的知识产权理事会"作为常设机构，监督本协议的实施。

（2）WTO 的知识产权规则的内容。TRIPS 协议涉及的知识产权包括版权与有关权、商标、地理标志、工业品外观设计、专利、集成电路布图设计及未披露过的信息七个方面，涉及现代工农业生产、交换、服务，乃至文化、艺术等上层建筑的各个领域。

《知识产权协定》关于知识产权规定的主要内容：第一，重申保护知识产权的基本原则，即国民待遇原则，这是在巴黎公约中首先提出，在《知识产权协定》中（第3条）再次得到强调，各个知识产权国际公约共同遵守的基本原则；保护公共秩序、社会公德、公众健康原则，这是立法、执法的一条基本原则；对权利合理限制原则；权利的地域性独立原则；专利、商标申请的优先权原则；版权自动保护原则。第二，新提出了保护知识产权的基本原则，即最惠国待遇原则，这是在《知识产权协定》中首次把国际贸易中对有形商品的贸易原则延伸到知识产权保护领域，对知识产权的国际保护将产生深远的影响。第三，确立了知识产权协议与其他知识产权国际公约的基本关系。

3. 《知识产权协定》在 WTO 中的意义

多边货物贸易和服务贸易协议是就与贸易政策有关的一般规则和原则达成的协议，并取得了各国自由化的承诺，但并没有寻求各国政策的协调统一；《知识产权协定》包括所有成员都必须达到的知识产权保护的最低标准。《知识产权协定》要求各成员积极采取行动保护知识产权，这与前两个协议只对成员的政策进行约束是不同的。这证明在多边贸易框架下可以寻求协调统一，即制订最低标准，以影响贸易的政策和管理制度。

《知识产权协定》的形成，对发达国家的利益是显而易见的。例如，美国的药品业、娱乐业和信息产业基本上得到了谈判发起时就期望得到的一切，因为《知识产权协定》是一个具有实质性义务且漏洞很少的协议，它确定了保护知识产权的最低标准及实施该标准的义务，建立了一个有效的多边争端解决程序。

而对于发展中国家而言，接受《知识产权协定》，除了有迫于美国的压力以及作为一揽子协议得到了一些交换的原因外，根本上还是因为知识产权与经济发展、国际贸易密切相关，加强保护是大势所趋。发展中国家在克服了短期的困难后，将最终从知识产权的保护中获益。

在知识逐渐发展为基本的生产要素以及全球经济一体化的今天，知识产权保护制度也出现了统一化的趋势，经过乌拉圭回合促进后的国际知识产权法的统一过程，不仅有利于发展世界高技术市场，而且对于发展中国家建立自己的知识产权制度和提高对知识产权的认识也不无益处。最终达成本身就说明了各缔约方对知识产权在国际经贸中的重要地位给予充分重视，它不仅是对知识产权在国际经贸中与日俱增的重要性的肯定和对现实中与知识产权相关的经济实践活动的规范，实质上甚至可以认为这一协议是国际社会对于"知识经济"时代的来临在法律层面上做出正式回应的标志。

二、WTO与汽车海外并购

伴随着经济全球化和中国经济的发展，中国对外直接投资每年都在快速增长。作为对外直接投资的重要形式，中国企业的海外并购规模和金额也在不断扩大。目前，中国企业逐渐走出国门，进行海外并购，开拓国际市场。2010年3月8日，中国民营轿车企业——浙江吉利控股集团成功收购沃尔沃，成为中国汽车企业迄今为止最大的一次收购，并且完成了对沃尔沃汽车相关知识产权的收购。

我国收购国外知识产权一般以专利技术和商标为目标，收购方式主要有两种：一种是直接收购知识产权的模式；另一种方式是并购国外现成的企业，将企业和其拥有的知识产权一并收入囊中。

（一）中国汽车企业海外并购的动因分析

1. 市场动因

中国汽车企业海外并购的市场动因主要有垄断市场、实现多样化经营、实现经营协同效应三方面。

（1）垄断市场。通过海外并购，可以提高产业集中度，使产业结构朝着有利于自己的方向发展，减少产业内部的竞争对手，使汽车企业获得超额利润，还可以增强对买主和供应商讨价还价的能力，增强物流有效性；也可以绕过进口国家的贸易壁垒，抢占进口国家的市场，提高市场占有率。

（2）实现多样化经营。通过海外并购可以进行多样化经营，分散经营风险，提高对汽车企业知识人才的专业化利用；可以实现不同经营活动的转变，实现汽车企业利润最大化，保证企业活动的平稳。

（3）实现经营协同效应。通过海外并购，可以充分利用资源，实现人力资源、技术等的整合和优化配置，实现规模经济和利润最大化的目标，同时还可以协调企业内部的合作与生产，减少交易费用，分散经营风险。

2. 管理动因

通过海外并购，可以获得外国先进的管理经验和方法，以便尽快形成我国汽车企业的核心能力。

3. 技术动因

进行海外并购，可以获得国外汽车企业的核心技术，缩小与国外企业技术水平的差距。并且，通过海外并购可以获得大量的研发人员，实现与原有企业研发人员的交流，提高原有研发人员的水平，实现从新技术学习到新技术创新的跨越。

4. 资源动因

资源竞争成为影响经济发展的重要因素之一，而我国是战略性资源相对贫乏的国家，在工业化向纵深发展的今天，对于能源等战略性资源的需求居高不下。海外并购可以获得战略性资源，促进我国经济的快速持久发展。

(二) 汽车知识产权并购审查

1. 审查权属

汽车知识产权并购首先要审查的是知识产权的权属，如果权属有瑕疵，会直接导致并购的失败。我国汽车企业参与并购的律师首先要审查的就是知识产权的权属问题，汽车专利和商标是否取得授权，这些审查对象通过公开的途径非常容易查到。

审查汽车知识产权的权属当然不能仅查看知识产权的证书，很多权属上的瑕疵在证书上是不能反映的。有不少专利由于专利文件写得太差，使该专利的权利要求很容易被绕过，或者真正核心的部分不被保护，该专利实际处于不被保护的状态，这样的权属瑕疵在国内外很多案件中都出现过，因此，专利文件是必须要审查的。

汽车知识产权权属瑕疵更多地表现在知识产权对外许可使用上，如果汽车知识产权对外有使用许可，必然构成权属上的瑕疵，因此必须要审查是否有使用许可。另外，有的国家会限制敏感技术对国外的转让，有的国家限制驰名商标的转让，这些限制性的规定称为权属限制转让，所以要审查汽车知识产权权属问题，对各国在知识产权权属限制转让的法律规定也一定要弄清楚。

2. 审查地域性

汽车知识产权的地域性可以这样理解，比如在美国获得的汽车专利，如果在中国没有申请该专利，那么该汽车专利在中国就不受保护，任何企业都可以使用该专利技术在中国生产、销售该专利技术制造的产品。商标也是一样，国外汽车商标如果在中国没有注册，那么，该汽车商标在中国基本不受保护。因此，大型跨国公司研发的汽车技术一般都会在很多国家申请专利，其产品也会销售到很多国家，在其产品销售国一般都要注册商标。同一项汽车技术可以在很多国家取得专利，同一个汽车商标也可以在很多国家获得注册。购买某一个国家的汽车专利或商标并不意味着获得其他国家的汽车专利或商标，汽车海外并购知识产权应注意，对并购的专利或商标必须进行审查，审查该知识产权在哪些国家或地区申请注册，不能遗漏，如果有遗漏将会付出相当惨重的代价。

3. 关联性审查

汽车知识产权的关联性审查比较容易被忽略，单个的汽车专利或商标都不是相互独立的，因此，我们不可以单独购买某些汽车专利或者某个商标。汽车专利有基础专利和从属专利之分，一般汽车基础专利的技术含量比较高，汽车从属专利基于对基础专利的再次开发，其权利的实施对基础专利形成依赖，而基础专利要将其技术产品化，也必须要使用从属专利。如果选择购买某些关键汽车专利技术，就必须考虑其关联性的专利。汽车商标相对比较单纯，但是也必须考虑关联性问题，商标也有联合注册和防御注册，这样的注册使商标具有高度的关联性，有的国家法律规定，这样有关联性的商标必须一并转让。汽车商标的关联性还体现在围绕一个商标，将该商标的图形、文字元素单独或者进行组合注册，以便使用在不同的场合，而实际上只作为一个商标来使用。

(三) 汽车企业海外并购后所面临问题

尽管我国专利申请量世界第一，但是我国在很多领域的高新技术还受制于人，我国拥有的商标数量也是世界第一，但在世界知名商标榜上几乎找不到中国的商标，为此我国提出要自主创新，要创立自己的民族品牌。这种自力更生的精神很难在短期改变我国技术相对落后、缺乏世界知名品牌的现状，改变的捷径是直接购买。

第十章 汽车专利法规

我国汽车企业现在开始去海外并购知识产权，尽管并购技术在逐步成熟，但是有个问题不能忽视，即专利技术在不断发展，更新换代极快，我们尽管可以通过购买获得先进的汽车技术，但这不是我们保持技术领先的根本出路。购买先进的汽车专利技术只是我们提高开发起点的一个选择，想要拥有自主的高新专利技术还得自己去开发，我们要学习日韩模式的成功经验，走购买引进→消化吸收→改进升级这样的道路。

从中国汽车企业海外并购后的经营活动可以看出，在中国汽车企业成功实现海外并购以后，面临着以下问题：

1. 资源整合问题

实现并购并不意味着并购成功。由于中外企业的企业文化差异，如何吸收西方企业文化的积极方面，保留本土企业文化的优势，是亟待解决的难题。在此过程中，要极力地使国内汽车企业在企业文化等方面已具有的优质资源成为企业新文化的主导力量。

2. 政治风险问题

在汽车企业海外并购以后，企业不仅受本国政府的监督管理，还会受到东道国政府的影响。因此，并购以后中国汽车企业要密切关注东道国政府的法律法规的变化，采取合理有效的措施进行政治风险管理，避免或减少企业对外直接投资的损失。

3. 现金流问题

汽车企业并购往往需要大量的资金，而并购以后又需要对被并购企业注入相当大的资金，对其生产销售进行资金支持，同时并购后要对汽车企业进行整合，这样就存在着整合成本。中国汽车企业的海外并购往往对交易成本和整合成本的估计不是很充分，往往不能在收购以前对自身的现金流是否能支撑和消化成本进行正确的测算，以至于并购后母国汽车企业现金流出现短缺，造成企业大量亏损。

4. 人才缺乏问题

麦肯锡咨询公司进行的一项中国企业调查显示，中国汽车企业缺乏有国际经验的高管，这增加了进行汽车海外收购的难度。这就使海外并购和并购后的一系列公司整合和经营出现问题，无法快速实现汽车企业的并购目标。

5. 品牌定位问题

商标是一种竞争工具，收购商标就是收购市场。收购汽车驰名商标的根本目的是驰名商标的市场，而不是驰名商标本身。成熟的汽车品牌价值不仅仅是它在相关消费者中的知名度，更体现为现成的市场渠道。收购一个已有的品牌，对其加以改造，赋予其新的内涵，可以利用其原有的渠道达到迅速成名的目的，大大缩短了品牌的培育时间以及经济成本。

"中国制造"享誉全球，中国汽车产品以物美价廉闻名内外，这就导致中国对外直接投资瞄向"低端"品牌。从长远来看，低端品牌不是主流消费者的选择，如何冲击高端品牌，形成自己的品牌，已成为汽车企业海外并购面临的难题。

并购必须考虑消费者情绪，与普通的汽车品牌不同，国际驰名的汽车品牌，尤其是奢侈品牌具有很强的"血统"，一旦脱离其"血脉"传承，必将出现一定的负面影响。因此对待国际汽车驰名商标的收购还要多一些理性，应以系统的策略、谨慎的步伐来完成驰名商标的可持续发展，最终实现驰名商标的软着陆，顺利过渡。

总之，汽车海外并购知识产权对我国汽车企业而言是获得高新技术、知名商标的捷径。但是，汽车企业海外并购知识产权是个系统的工程，必须要有经验丰富的专业人才的参与，要有全面周详的策划、精细的审查，这样才能使我国的汽车企业海外并购"善始善终"，取得成功。

（四）对中国汽车企业海外并购的建议

针对中国汽车企业海外并购面临的问题，我们提出以下建议：

（1）正确认识汽车企业海外并购后的汽车企业文化。汽车企业文化整合在并购后的一系列整合中处于核心地位。通过提升和完善自身的企业文化来促成被并购企业文化的"同化"，从而形成统一的汽车企业文化，提升文化价值。

（2）提升汽车品牌在全球的认知度。依据国家引导汽车企业走出去的战略，中国汽车企业要提升自己的研发能力，由"中国制造"向"中国创造"进化，形成自己的汽车品牌，需要通过自身产品质量的提高和创新能力的增强，扩大汽车品牌在全球的知名度，经过一系列的企业资源整合，使自己的品牌成为全球知名品牌。

（3）进行人力资源整合。在海外并购以后，留住对企业未来发展具有重要作用的关键性人才，并有效地发挥这些人才的才智。中国汽车企业需要加强沟通，建立信任，建立有效的激励机制，增加企业员工对新企业的认同感和归属感，同时要注意对企业管理层的培养，形成企业的高级管理人才。

（4）减少政治风险和企业现金流风险。中国汽车企业要充分认识本国和东道国的法律法规和政策的变化，与政府形成良好的关系，同时要合理正确地测算整合成本和交易成本，运用合理的融资手段筹措并购资金和后续的投入资金，减轻对原有企业现金流的影响。

现阶段，世界正处在汽车企业并购的浪潮中，希望中国汽车企业抓住这次机遇，合理地采取海外并购，扩大汽车企业规模，走向国际市场。

【案例】

2010年3月28日，在瑞典哥德堡，中国浙江吉利控股集团有限公司（以下简称吉利集团）与美国福特汽车公司正式签署收购沃尔沃汽车公司的协议，获得沃尔沃轿车公司100%的股权及相关资产。吉利集团用18亿美元换回的不仅有沃尔沃轿车的9个系列产品、3个最新平台的知识产权、境外工厂和员工，还有福特公司提供的支持、研发人才和全球经销商网络和供应商体系。吉利集团收购沃尔沃，创下了中国收购海外整车资产的最高金额纪录，是国内汽车企业首次完全收购一家具有百年历史的全球性著名汽车品牌，并首次实现了一家中国企业对一家外国企业的全股权收购、全品牌收购和全体系收购，吉利集团收购沃尔沃轿车公司被视为中国汽车产业海外并购最具有标志性的事件。

1. 吉利集团成功收购沃尔沃的因素分析

吉利集团并购沃尔沃轿车公司的难度可谓是中国海外并购成功案例中最高的，因为吉利集团与沃尔沃轿车公司不论在品牌、技术、管理水平等各个方面，都存在着巨大差距。

（1）基于对自我战略的坚持。吉利集团为了实现"最安全、最环保、最节能的好车，让吉利汽车走遍全世界"的战略目标，提出了将核心竞争力从成本优势重新定位为技术优势和品质服务。为了突破自我发展的壁垒，吉利集团坚持内外兼修的原则。对内通过引进外部高级人才来加强核心能力的建设，完成自主知识产权的研发与制造，改进生产工艺流程，完善生产质量管理，加强管理体系建设。对外则通过并购全球第二大DIS自动变速器厂，实现了汽车核心零部件自动变速器的生产。国内汽车产业整合规划为"四大、四小"集团，而吉利集团短期内在品牌、技术、国际化市场、产品质量等多个重要维度下难以获得质的提升，产业

第十章 汽车专利法规

定位与企业定位难以改变，面对不利于自身长远发展的现状，吉利集团将并购战略放到了全球，通过缜密准备，实现了蛇吞象的并购，为企业实现战略目标打下了基础。

（2）并购的前期准备充分。吉利集团在并购前期充分了解了并购过程中可能出现的风险，从专业人才的聘请、政治风险的防范、资金的融资渠道到工会的调解方面都做了充足的准备。吉利集团的董事长李书福早在2007年就开始着手准备收购沃尔沃轿车公司，与福特公司总部进行过多次协商。吉利集团坚信福特是出于战略性出售，并聘请了庞大的外部专业收购团队来进行辅导与协助，如并购事务顾问洛希父子公司、法律事务顾问富尔德律师事务所、财务事务顾问德勤会计师事务所、汽车公司整合咨询顾问罗兰贝格公司，以及全球知名的并购公关公司博然思维等，除此之外，童志远和沈辉联合加盟吉利。在专业机构的帮助下，吉利集团掌握了并购活动中所有的危机点。而美国在并购中也并没有夹杂任何政治因素，吉利集团作为民营企业的这个身份使海外收购经常遇到的"政治风险"减为最小。收购价格也大大低于此前报价，相关品牌、知识产权也均归属吉利集团所有。吉利集团多方筹措获得收购所需资金，融资方案得到了各方的踊跃支持。经过多次沟通与调解，沃尔沃轿车公司工会也表态支持。最终，吉利集团击败众多竞争者，使得并购取得成功。

（3）并购后的整合方案符合各方利益。由于福特公司十分关注沃尔沃轿车公司内部人员对此次出售的满意度以及出售后沃尔沃轿车公司是否可以摆脱困境，吉利集团收购后的整合运营方案最大限度地满足了福特公司的上述要求。吉利集团允许沃尔沃轿车公司内部保留单独的运作体系，不干涉沃尔沃轿车公司的运营管理，保留高管团队，并且对工会承诺不转移工厂和不裁员。除此之外，吉利集团规划了沃尔沃轿车公司未来的发展，一是通过采购沃尔沃轿车公司设置在中国工厂生产的零部件，以降低采购成本。二是扩大销售规模，摊薄整车成本。通过详尽的成本测算，准确地预测出沃尔沃轿车销售35万辆即能实现扭亏，而在中国市场2009年各品牌中，奥迪销售15.72万辆，宝马9.05万辆，奔驰6.85万辆，沃尔沃2.24万辆，沃尔沃只占四大高端汽车33.86万辆的6.6%，沃尔沃轿车公司只需在中国扩展5万辆就能实现35万辆的全球销售，从而全面扭亏。

2. 吉利集团进行国际化经营可能存在的挑战

对于吉利集团来说，收购沃尔沃轿车公司就是要打造中国式最安全、最环保的车，让中国汽车走向世界，提升民族品牌，造福中国的消费者。当前新能源是世界汽车工业的未来，仅凭中国的研发水平还赶不上发达国家，而沃尔沃轿车公司拥有82年的历史，被称作"世界上最安全的汽车"，在汽车的安全和环保方面有独家的技术与专利。因此，对两个企业来说，这次收购都是各自战略发展的需要，双方能否实现其战略目标，达到互利双赢，也将面临挑战。

吉利集团收购沃尔沃轿车公司对于吉利集团和中国民族品牌发展都起着积极的作用。吉利集团目前存在品牌劣势的根本原因之一就是产品生产技术落后，通过购买沃尔沃轿车公司，吉利集团应尽快吸收、消化生产技术，提高吉利集团相关品牌车系的生产技术和质量，培育自有品牌竞争力。只有提高"吉利"这个母品牌的产品质量和品牌美誉度，才能从根本上解决吉利和沃尔沃两者品牌形象冲突问题，确保未来吉利集团的多品牌策略正常实施。

此外，沃尔沃轿车公司知识产权和研发人才为以后吉利集团运作沃尔沃品牌、加入中国元素提供了技术和人才支持。

全球的经销商网络和供应商体系有利于吉利集团继续拓展沃尔沃品牌的全球市场，而供应商体系则有利于为未来沃尔沃汽车在生产和品质等方面提供保障,也可以进一步提升沃尔沃汽车的全球声誉。

3. 吉利集团收购沃尔沃轿车公司对中国企业走出去的启示

(1) 明确并购目标,抓住并购时机。企业需要在全球范围内确定不同的收购目标,并且有自己明确的中长期发展规划,并依据自己的战略规划目标,合理制定战略举措,尤其是制定通过并购手段来获取跨越式发展的路径。除此之外,还应该具备获取颠覆行业格局的能力。当然,并购也可以从产业链低端开始,逐步递进,积累经验,通过整合全球资源来弥补企业短板,持续观察,等待合适的并购时机,在时机的选择上应注意避免在企业所处大环境非常好的时候进行并购,而多选择目标企业资金短缺或行业不景气的时候进行并购。

(2) 准确判断对方出售意图。准确判断出对方的出售意图可以避免并购中出现的风险。对方的出售意图无非有三种,一是战略性出售,如福特公司出售沃尔沃轿车公司。二是财务性出售,如中铝并购力拓。三是管理性并购,如米塔尔并购阿塞洛。企业只有准确判断对方是战略性出售时,才可以进行收购。而财务性出售则应谨慎或者提高出售方的违约成本,否则就会造成并购失败。因此在并购前期,应充分调研,全面研究,了解对方的出售意图,避免财务风险。

(3) 选择专业并购团队。海外收购相当复杂,选择一个专业并购团队对并购成功起着关键性的作用。中国企业应着手培养从事并购的专业人才,在法律、财务、并购、公关、行业运作等多个方面选择国际化的并购专业合作团队,做尽职调查、并购要约制定、政府公关、并购谈判等工作。加强对细节的关注,避免引起公众、政府与工会的对立情绪,尤其是关注竞争对手,特别是潜在竞争对手的研究,避免被竞争对手打个措手不及。

(4) 合理制定后期整合方案。并购的最终目的是为了获取海外资源,充实企业的关键竞争要素,没有强有力的整合方案,并购将拖累母公司的发展。吉利集团正是对并购后的运营方案有着详尽的计划,才获得了福特的青睐。这种整合涉及运作具体的人财物、产供销,更重要的是理念上的整合、文化上的整合、模式上的整合。文化整合更为困难,因此企业在海外收购中更应该重视这种整合。如果并购后在文化与管理上不能融合,产生严重冲突,那么企业肯定会倒闭破产。中国式的管理与外国的技术相结合才能实现最大的互补,获得双赢。

【小阅读】

美国知识产权政策评述

第二次世界大战之后,美国在经济、科技等方面具有绝对的全球领先优势。但自20世纪70年代中期"石油危机"开始,日本、西欧等强势崛起,美国在世界经济和贸易中所占比例快速下降。美国人自己把这段暂时的经济和贸易颓势称为"经贸危机"。危机的出现,促使美国知识界和政治界反思。最终在美国知识界达成共识,美国的"经贸危机"缘于美国对民用技术重视不够,巨额研发费用未能在经济领域产生效果。改变这种状况,最重要的就是在全世界范围内加强知识产权尤其是专利保护,使美国的领先科技能够及时走出实验室,转化为现实的生产力和竞争优势。为此,美国政府及国会实施了如下政策:

(1) 技术的产出方面。为鼓励进一步的创新,打破执法界对产业联合的敌视,增强产

第十章 汽车专利法规

业的全球竞争力,通过了《1984年国家合作研究法案》,鼓励工业企业合作研发新的产业适用技术。1982年后,美国政府又先后制定了中小企业创新研究计划、中小企业技术转移计划。1990年,由美国商务部牵头实施先进技术计划(ATP),旨在推动政府与私人企业间的合作,推动企业进行风险研发。另外,在专利的审查方面也采取了一系列动作,包括加快专利的审查速度,提高专利的质量。

(2) 技术的转移方面。1980年通过《史蒂文森-威德勒技术创新法》,明确指出联邦政府对在国家支持下的发明成果负有促进转化的责任。1984年通过《贝赫-多尔法案》,确定统一的联邦专利政策,允许大学和非营利研究机构保留在联邦支持下研究成果的专利所有权,鼓励大学和产业合作,以促进技术成果商业化。

(3) 成立联邦巡回上诉法院,通过该法院的一系列判例补充和完善美国的专利制度。

(4) 加强对国外知识产权保护的影响。1988年,出台了《综合贸易与竞争法》,完善其中的301条款和337条款,以美国广阔市场为后盾,要求其他国家加强对美国知识产权的保护。

20世纪80年代的强势知识产权政策直接导致了美国90年代长达10多年的"黄金时期",并催生了"新经济"和"知识经济"概念,成功实现了向后工业化经济的转型,造就了一大批领导世界相关产业的巨型跨国公司。

但21世纪以来,伴随着经济全球化的进一步深化以及美国制造业加速向外转移,过强的知识产权保护政策产生了诸如垃圾专利、专利丛林、专利侵扰等问题,对美国企业的创新、正常的市场竞争造成了实质性干扰。美国的政策制定者开始重新审视其知识产权政策。2003年,美国司法部和联邦贸易委员会联合发布了《专利保护与竞争政策的平衡》报告,提出要对专利制度进行调整,以促进市场竞争。2006年,美国最高法院在一则判例中,对专利的创造性标准重新进行了解释,实质性地提高了专利的创造性标准,增加了获得专利授权的难度。2008年6月9日,美国最高法院在中国台湾广达与韩国LG的侵权诉讼中再次出手,对最重要的专利权限制手段"权利穷竭原则"进行了解释,把权利穷竭原则适用范围扩大至方法专利,对专利权运用进行限制,缩小专利权人行使权利的范围。美国最高法院前后两则判例,从某种程度上说是对2003年报告的具体实施,是在立法上使政策建议成为具有约束力的法律制度。这两则判例表明,为寻求增强产业竞争力,美国知识产权保护正在向充分的市场竞争妥协。

考察美国知识产权政策体系与国家发展的关系,我们至少可以看到以下几个共同点:

(1) 国家知识产权系统政策的制定与实施应当从经济社会发展的客观要求出发寻找着力点。每个国家在不同的历史时期有着不同的发展水平,在世界经济版图上有着不同的地位,知识产权政策需要解决的发展问题也必然有所差异,政策的重点也必然不同。

(2) 知识产权系统政策应当和国家科技、经济等政策紧密联系,形成一个完整的国家政策体系。应当以知识产权政策固有的激励创新、促进竞争、促进知识资源流动等政策效益为核心,促进市场机制在知识资源的有效利用方面发挥基础性配置作用。

(3) 政府应当在知识产权系统政策的制定和实施中发挥主导作用。知识产权政策是在对当前整体形势的判断下针对未来发展目标而制定、实施的,一定的前瞻性是各国不同时期知识产权系统政策的共同特点,因此政府的引导、管理在知识产权系统政策的制定和实施过程中不可或缺。

(4) 实施知识产权系统政策必须充分调动企业等市场主体的积极性。国家经济社会发展表现在市场主体的发展壮大,知识产权系统政策实施的社会效益也必须体现在企业知识产权创造、运用能力的增强上,因此,必须充分调动市场主体自身的积极性,使知识产权系统政策的环境构建、制度支撑作用得以充分发挥。

(5) 构建和实施知识产权政策系统,其基本措施是根据未来社会发展目标,创设体制、机制,因此,战略的制定和实施要勇于解放思想,侧重于体制和机制建设,敢于制度创新。

美国将知识产权政策体系融入国家经济社会总体发展政策,乃至上升至国家发展战略,是科技、文化等知识资源在经济社会发展中的地位日益提高的结果。

复习思考题

1. 简述汽车自主品牌的定义。
2. 知识产权并购审查包括哪几个方面?
3. 申请外观专利应提交的申请文件有哪些?
4. 简述我国汽车行业专利发展的有效途径。

第十一章 汽车法律服务

第一节 我国的汽车法律环境分析

2020年,全球汽车产业迈入深度的转型变革。中美贸易战、全球新冠肺炎疫情也无法阻止中国连续12年汽车产销量居世界第一。中国拥抱汽车电动化与智能化,新能源汽车保有量全球居首,智能网联汽车商业化进度加快,以网约车为代表的移动出行竞赛进入下半场,出行模式进一步多样化,高级别自动驾驶与无人驾驶出租车落地。

"十四五规划"提出:"……推动汽车等消费品由购买管理向使用管理转变……"。进入汽车消费时代的中国需要更加优质的法律服务环境。

一、汽车法律服务释义

1. 汽车法律服务的定义

汽车法律服务作为法律服务中的一种专业服务,是指法律服务人员根据委托人的要求所进行的与汽车的生产、投资、贸易、消费等相关的各种法律服务活动。

2. 汽车法律服务的特征

汽车法律服务既具有法律服务的基本特征,同时又具有汽车的专业特性。汽车法律服务的特征有以下几方面:

(1) 专业性。汽车法律服务提供者一般需通过专门法律职业考试才能取得进入市场的资格,同时,还必须具备一定的汽车专门知识。

(2) 地域性。汽车法律服务往往与服务提供者或接受者所在地的政治、经济、文化、法律制度及语言密切相关,不同国家的法律制度往往具有不同的社会性质,在汽车法律属性、术语、结构、实施等方面也大相径庭,外国律师要提供涉及东道主或者第三国法律服务的业务相当困难。所以,外国律师以从事本国法律或国际法有关的业务为主。因此,汽车企业在进行跨国诉讼时,往往会聘请一个律师团,其中必定包括当地的律师。

(3) 信任性。汽车法律服务的对象既有汽车生产制造企业,也有汽车贸易维修企业,同时也有汽车消费者,几乎涉及社会各个领域,服务提供者与委托人之间往往有直接且高度信任的关系。

(4) 差异性。汽车法律服务内涵的多样性决定了汽车法律服务的差异性,另外,国际汽车法律服务的增加,使各国之间汽车法律服务市场的需求差异变大。

二、我国的汽车法律服务环境

汽车产品质量缺乏保障,服务水准不高,这是中国汽车消费领域当前存在的一个严重问题。说到国内的道路交通状况,恐怕没几个驾车人能笑得出来。堵车烦、停车难、乱抢道、乱罚款等现象屡见不鲜,这些许多地方普遍存在的"老大难"问题,始终是我国汽车法律服务方面的一根"软肋"。

汽车消费者维权艰难,这是个不能不说的"老生常谈"的话题。维权难具体表现为以下几方面。

1. 举证难

汽车消费维权量大幅增加,消费者却遭遇维权难的尴尬。由于汽车设计原理比较复杂,工商部门最初难以判断所反映的问题是"后天"故障还是"先天"缺陷,遂按照"谁主张,谁举证"的原则,建议消费者将"问题车"送往机动车产品质量监督检验站做"体检"。如确系"先天"缺陷,工商部门再启动调查程序。而在"体检"环节,消费者往往要花费大量资金和精力,将车送往北京、上海等地。高维权成本使不少消费者选择"沉默"。

【案例】

李女士驾驶某品牌越野车在公路上正常行驶,且所有操作都是正常的,当她以车速超过30km/h右转弯时,却因翻车造成右腿截肢。因为车辆曾在维修店里修过,因此,她为举证花费了大量财力、精力,均无法证明是因汽车质量问题导致了这次事故。但是,当她从网上得知在美国进行的这种车型试验中,发现存在设计缺陷,她才得到有力证据。

此案说明,车辆出现问题后,"举证难"是消费者面对的第一道坎。由于汽车系统的复杂性,许多消费者缺乏汽车消费的专业知识,有的甚至根本不懂车的结构,所以无法像分辨其他商品一样对它有个起码的评判。而且,消费者也很难举出令人信服的理由来证明是由车辆的本身原因造成的。当消费者车辆中的一个部件因为损坏而修理过时,如果消费者认为是由于修理单位以次充好造成的交通事故,那么,消费者必须证明两点:首先,证明该车在该单位修理过;其次,证明造成此次事故是因为修理质量问题。而事实上,拿出修理的单据对消费者来说不是难事,而证明造成事故的原因是由于车辆问题却非常困难。因此,这样的举证对于一般消费者来说难以操作,维权困难也就不足为奇了。

2. 鉴定难

与举证相比,汽车质量问题的鉴定则更让消费者头疼。

【案例】

王某驾驶某国外品牌汽车在高速公路上正常行驶时,前保险杠突然脱落,由于车辆高速行驶,导致汽车的前部严重受损。王某认为是该车的质量问题导致了此次交通事故的发生,因此他去4S店要求索赔。然而厂家却不认同王某的说法,称王某的维护保养不当是导致事故发生的主要原因,同时建议去权威部门进行检测。双方公说公有理,婆说婆有理,使汽车质量纠纷的解决在这一步就戛然而止了。

此案例说明,一旦消费者和厂商产生纠纷,鉴定汽车质量的好坏就变成了一个难题。厂商说得很有道理,要检测,可以一起到权威部门去。而鉴定部门也有难处——厂商得提供真品的样本或者数据才可以鉴定。消费者则说,如果这个产品是很多年前生产的,消费者已经无法在市场上找到同款新车,那么很难找到有说服力的样品,而厂商提供的样品和数据又很难做到真实、客观。

从法律上说,消费者在汽车出现质量问题之后,可以根据相关标准对汽车进行检测以确定是否存在缺陷。但现实中，这条维权途径一般比较困难，原因主要有以下三点：

（1）国家制定的汽车产业标准主要的约束对象是汽车生产者，专业汽车检测中心一般不对公众个人开放。

（2）其他的检测机构缺乏权威性和公信力。国内出现过的案例是，公民委托一些司法鉴定中心对事故车辆进行全面鉴定，但该鉴定结果并不被交警部门认可，因为这种检测在法律上没有必然的法律效力。

（3）鉴定、检测所需费用很高。例如，上海国家机动车产品质量监督检验中心可以进行公正的汽车质量鉴定，但前提是接受执法部门和司法机关的委托，而且收费也比较昂贵。

消费者由于知识、设备、资金的欠缺往往无法进行缺陷汽车的检测，所以，除非汽车制造商同意进行检测、鉴定，否则这条维权路径很难起到作用。

即便有能力举证，也要有足够的经济实力承担检测费用。多数消费者在"协商→投诉→诉讼"循序渐进维护自己权益的过程中往往只走到第二步就中止了，维权成本高成为限制消费者拿起法律武器维护自己权益的一大瓶颈。

3. 索赔难

【案例】

张先生花78万人民币购买了英国某公司生产的一辆豪华品牌汽车。该车行驶到5267km时，在正常驾驶情况下，转向拉杆突然脱落，汽车行驶方向失去控制，造成交通事故，不但车辆面目全非，而且张先生的身体也受到了伤害，于是，他将销售该车的上海某公司告上法庭要求索赔。公司经理王某却认为，公司不该是本案第一被告，张先生不能把生产者扔在一边，只告销售商。然而如果起诉作为生产者的英国某公司，则要通过外交部送达法律文书，开庭的时间起码要推后一年。

此案说明消费者、销售商、生产厂家三者之间在商业行为的过程中，责、权、利往往不明确。现行的相关法律虽然有些规定，但是实际操作起来存在困难，所以很容易造成各方互相推诿，将问题推来推去，索赔困难，最终导致消费者投诉无门。

4. 法律规范缺失

"制度安排"同样也是汽车消费的"软环境"，汽车行业毕竟是一个专业性很强的大行业，因此，对汽车市场的管理，应该有更详细、更有针对性的办法和规定。其中，最为紧迫和突出的当属汽车售后服务、民事责任规定方面的法律制度。

【案例】

张先生买了一辆经济型轿车，买来行驶5.5万km就发现车门打不开了，他到特约维修站修好后没多久，接着里程表又坏了，又去修。后来又换了消声器，没过几天仪表板的转向灯不亮了，又得去修。从买车到现在1年多的时间里，他跑了很多趟维修站，而从家到维修站往返需要50km多。有时厂家的配件迟迟不到，最短也得等10多天，最长等过两个月。眼看着快过6万km的保修期了，他现在一提起修车就心烦。

此案例说明，消费者在购买商品之后，一旦质量发生问题，一般按照《三包》规定执行退换，但是，新《三包》法规能够给消费者带来多大的实惠，还需要静观其变。

三、汽车法律服务的表现形式

我国的汽车法律服务表现形式主要有以下两方面。

1. 国内汽车消费者的维权方面

目前，我国在汽车消费领域普遍存在着维权难现象，在汽车消费法律服务领域的纠纷，主要体现在召回、维修和租赁三大方面。主要原因是由于我国没有专门针对汽车这一特殊消费品的消费法律，而相关法律规范往往针对性不强，合法权益难以得到保护。因此，希望有关部门能尽快出台相关法律法规，从而大大缓解这一问题。

2. 对外贸易法律维权方面

对外贸易法律维权又可以分为反倾销方面和解决贸易争端方面。

（1）反倾销方面。由于我国劳动力成本的竞争优势，我国的许多行业曾经遭受过国外的倾销指控。我国汽车行业蒸蒸日上，在国际市场上具有较强的竞争力，所以，难免在个别领域被提出倾销指控，如我国的汽车玻璃、摩托车等方面。此外，在我国加入 WTO 后，面临着外国汽车的低价竞争，我国可以考虑利用反倾销手段对其加以限制，以保护本国汽车工业。

（2）解决贸易争端方面。加入 WTO 后，我国现行的许多政策、法律、法规都与 WTO 的要求存在很大差距。因此，在我国加入 WTO 后，在诸多方面与其他成员国发生了争端。尤其在汽车产业，由于汽车工业是我国的重点保护工业，而外国汽车厂家又对我国汽车市场垂涎已久，我国与其他国家发生贸易争端的可能性自然较大。

事物是不断地向前发展的，在不断完善的法律的帮助与保护下，汽车消费也不能始终停留在"初级阶段"，完善汽车法律法规将会为汽车消费提供一条更为宽阔的道路。

第二节　汽车召回制度

一、概述

汽车召回制度（Recall）是指投放市场的汽车一旦被发现由于设计或制造方面的原因存在缺陷，不符合有关法规、标准，有可能导致安全及环保问题时，厂家必须及时向国家有关部门报告该产品存在的问题、造成问题的原因、改善措施等，并提出召回申请，经批准后对在用车辆进行改造，以消除事故隐患。厂家还有义务让用户及时了解有关情况，这对于维护消费者的合法权益具有重要意义。

汽车召回制度给人们的生产、生活带来的是一种保障，不仅是对车主的保障，同时也是对行人及其他与车主有直接和间接关系的人们的保障，所以汽车召回并不仅仅是有车一族的"私事"。召回并不是一种单纯的改错，而是维护和提高产品质量的一种必要手段，消费者可以从这一角度来判断这个厂家的信誉度。从缺陷的发生到处理问题的速度，最后到消费者的满意度，都是非常重要的指标。我们常说，不要被同一块石头绊倒两次，相信厂家更是能够从中吸取经验，从而确保未来的产品不会再次受到从前"阴影"的笼罩。

汽车召回制度 1966 年创建于美国，目前欧美汽车工业发达的国家和日本都有自己的汽车召回制度。

第十一章 汽车法律服务

二、各国汽车召回制度

1. 美国汽车召回制度

作为"车轮上的国家",美国向来都高度重视汽车的安全问题,也是世界上第一个实施汽车召回管理制度的国家。从 1966 年《国家交通与机动车安全法》正式出台,经过 40 多年的发展,已经建立起相当完备的机动车召回制度。

《美国法典》中的《机动车安全》,《联邦行政法典》中的《缺陷不符合报告》《轮胎确认和信息记录》《缺陷和不符合的通知》《民事处罚和刑事处罚》《缺陷和不符合的责任》,都对机动车的安全召回予以规定。

2000 年 11 月,美国国会通过了《交通工具召回的强化责任和文件法案》(TREAD 法令),对《机动车安全》进行了补充和修改,强化了企业在安全召回方面的责任,规定了企业在建立早期预警机制时有向行政主管机构及时报告缺陷的义务。

为实施 TREAD 法令,美国高速公路交通安全管理局(NHTSA)颁布了《关于记录、保留潜在缺陷文件和信息的报告》,对《联邦行政法典》有关缺陷报告和召回的部分进行了细化、补充和解释。

美国法律对缺陷产品召回的程序及实施监督的程序规定得非常详细,从用户投诉、主管部门立案调查、汽车生产商自检,到召回公告的发布以及免费修理等,都有明确的规定。何时向主管部门报告、具体报告什么、采取何种补救措施、不采取补救措施该如何处罚,也都规定得一清二楚。

美国企业如果不遵守缺陷产品召回的规定,将面临严厉的惩罚。根据美国国会通过的新交通安全法规,凡厂家隐瞒严重的质量缺陷以及相关事实真相,对有关负责人的最高刑罚将由之前的 5 年增加到 15 年,而厂家也将付出高达 1500 万美元的罚金。

全球几乎所有汽车制造商在美国都有过召回经历。美国高速公路交通安全管理局(NHTSA)2014 年 10 月 22 日表示,日本高田集团供应的安全气囊存在会爆裂金属碎片的问题,对前排乘客造成安全威胁。2013 全年和 2014 年至今,高田气囊故障导致汽车在美召回总量达到 780 万辆,如果扩大到全球范围,召回车辆早就超过了千万辆。同时 NHTSA 还指出,使用高田有安全隐患气囊的品牌涉及丰田、本田、马自达、宝马、日产、三菱、斯巴鲁、克莱斯勒、福特和通用汽车共 10 家汽车生产商。

2. 日本汽车召回制度

日本在 20 世纪 60 年代末,就建立起了比较严格的问题车召回制度。这项制度实施 50 多年来,在保护消费者安全等合法权益方面发挥了积极作用,效果非常明显。在 1969 年,日本根据《道路运输车辆法》出台问题车召回办法。在处理问题车的过程中,根据问题的严重程度大体上有三种不同的处置办法。第一种情况是,因汽车在设计、品质方面本身有缺陷,存在安全隐患。对于这类问题,无论是消费者投诉或由其他途径发现,生产厂商都必须尽快主动向国家主管部门国土交通省报告并提出解决办法,向社会公布召回全部问题车进行无偿修理。第二种情况是,汽车在设计和品质方面还谈不上有缺陷,但出于安全考虑又不能置之不理,厂商也要进行无偿修理,称之为"改善对策"。第三种情况是,为保证产品性能和质量,进行自主性修理,即"服务活动"。

上述第二种情况即"改善对策",在实施前也要向国土交通省报告,但法律上没有规定报告义务，所以一般也把第二种和第三种处置办法一起合称为"自主改修"。法律规定，对第一种情况，如果厂商不履行报告义务的话，最高要处以2亿日元的罚款。无论是实施召回还是进行自主改修处置，都会对产品和厂商的信誉产生巨大影响，因此在问题车的性质认定和处置办法方面，日本政府和厂商都比较谨慎，程序也比较复杂。

日本国土交通省在接到消费者的投诉后，要求厂商进行调查和报告相关情况，在接到厂商的报告后国土交通省还要进行分析研究。如果确认产品质量问题是因设计或生产过程中的原因造成的且不符合安全标准，即通过劝告、命令（厂商在接到劝告后不实施召回的话即采取命令方式）等方式要求厂商实施召回。厂商决定实施召回后同时要把具体措施等报告国土交通省确认，国土交通省公布召回公告，厂商具体负责实施召回修理，最后再将召回情况报告国土交通省。国土交通省在判定问题车性质的过程中，还导入了第三者认定制度以保证公平公正，即邀请相关专家对消费者的投诉和厂商相关材料进行检查认定，结果报国土交通省供决策参考。为使广大消费者能迅速了解到相关情况，日本政府要求厂商通过新闻发布、电话和邮件等方式通知消费者，同时，国土交通省也从1998年4月开始专门设立"汽车召回检索系统"，以方便消费者及时查询和了解召回车辆的种类、车型等。

2014年2月10日，日本本田汽车公司发布了一个自愿性召回声明，对象是日本市场中搭载着7速DCT（Dual Clutch Transmission）变速器的混合动力车型，如新一代飞度混合动力车以及Vezel Hybrid（缤智混合动力车），总计召回车辆达到了81353辆。

日本丰田汽车公司于2014年4月9日对外发布新闻稿，将针对5种车辆部件瑕疵，包括转向盘机柱、座椅滑轨、起动机等多处瑕疵，同时发起全球召回行动，范围涵盖了全球五大区域、麾下27种不同车款，总数则达到了639万辆，而这也是丰田史上第二大召回行动。

2014年9月18日，日本铃木汽车公司在日本召回45.32万辆微型车，以修复空调鼓风机风扇电动机的缺陷。据运输部门数据，该问题迄今已导致三次起火事件。此次召回的车辆涉及2005年8月至2010年3月生产的40.79万辆Every微型车和4.5万辆马自达Scrum。

3. 中国汽车召回制度

2013年1月1日起，对隐瞒汽车产品缺陷，拒不召回问题车辆等此类行为的处罚额度提至"货值金额10%"，乃至吊销违规方许可。我国首部"汽车召回"法规《缺陷汽车产品召回管理条例》（以下简称《条例》）正式公布，于2013年1月1日起正式实施。

2016年1月1日，《缺陷汽车产品召回管理条例实施办法》正式实施（下面简称"办法"）。与已废止的《缺陷汽车产品召回管理规定》（2004年3月）相比，增加了对汽车零部件生产者的义务，细化了零部件企业的责任，这是我国首次将零部件生产者纳入汽车召回体系。

2020年11月3日，根据2020年10月23日国家市场监督管理总局令第31号修订并发布了《缺陷汽车产品召回管理条例实施办法》。

（1）明确汽车召回责任。

《条例》明确指出，本条例所称缺陷，是指由于设计、制造、标识等原因导致的在同一批次、型号或者类别的汽车产品中普遍存在的不符合保障人身、财产安全的国家标准、行业标准的情形或者其他危及人身、财产安全的不合理的危险。意即同一批次、同一型号、同一类别的汽车产品，如果具有共性缺陷，这一缺陷不符合国标、行标，或者会对人身、财产安全构成危险，那么就应被召回。

《条例》明确规定批量性汽车产品存在缺陷是召回的法定原因。只要发现汽车存在缺陷，生产者就应当立刻召回，对其制造的汽车产品质量负责。具体而言，在中国境内制造、出售的缺陷汽车产品，由生产者负责召回；进口汽车产品存在缺陷的，进口商视同本条例规定的生产者，由进口商负责召回。同时，《条例》还规定，召回缺陷产品时，生产者应当承担消除缺陷的费用和必要的运送缺陷汽车产品的费用。

（2）建立信息共享制度，有助于发现缺陷线索。

鉴于消费者在使用产品过程中能发现实验室内无法发现的缺陷线索，《条例》规定，任何单位和个人有权向产品质量监督部门投诉汽车产品可能存在的缺陷。

汽车的缺陷信息往往分散于不同部门，比如公安交通部门可能会遇到多起有规律、类型相似的车祸，从而发现汽车产品存在的缺陷线索。为此，《条例》规定，质监部门、公安交通部门、海关、工商部门等应当建立汽车产品的生产、销售、进口、登记检验、维修、消费者投诉等信息的共享机制。

（3）明确了质量监督部门、汽车厂商、经销商的三方权责。

国务院产品质量监督部门负责全国缺陷汽车产品召回的监督管理工作。国务院产品质量监督部门应当建立缺陷汽车产品召回信息管理系统，收集汇总、分析处理有关缺陷汽车产品信息。也就是说，消费者的维权途径还是投诉。至于"缺陷"是否符合召回条件，则由国务院产品质量监督部门审核。

国务院产品质量监督部门一旦发现汽车产品可能存在缺陷，应通知生产商调查分析。生产商如果没有及时展开调查，国务院产品质量监督部门认为汽车产品可能存在会造成严重后果的缺陷的，可以直接开展缺陷调查。国务院产品质量监督部门开展缺陷调查，可以进入生产者、经营者的生产经营场所进行现场调查，查阅、复制相关资料和记录，向相关单位和个人了解汽车产品可能存在缺陷的情况。

生产者确认汽车产品存在缺陷的，应当立即停止生产、销售、进口缺陷汽车产品，并实施召回全部问题产品；否则，国务院产品质量监督部门将责令召回。《条例》强调，"生产者召回缺陷汽车产品后，不免除其依法应当承担的责任"，例如对受害人的民事赔偿责任等。

至于进口车，《条例》明确，进口汽车产品存在缺陷的，由进口商负责召回。

《条例》针对销售、租赁、维修汽车产品的经营者（以下统称经营者）制定了三大职责：保存汽车产品相关信息记录，保存期不得少于5年；获知汽车产品存在缺陷，立即停止销售、租赁、使用，并协助生产者召回；发现汽车产品可能存在缺陷，向国务院产品质量监督部门报告和向生产者通报所获知的汽车产品可能存在缺陷的相关信息。

（4）加重处罚力度，对非法行为增强威慑力。

《条例》将《缺陷汽车产品召回管理规定》上升为国家法规后，大大提高了惩罚力度，加大了对企业的约束力。《条例》规定，生产者、经营者不配合产品质量监督部门缺陷调查，或生产者未按照已备案的召回计划实施召回，或生产者未将召回计划通报销售者，由产品质量监督部门责令改正；拒不改正的，处50万元以上100万元以下的罚款；有违法所得的，并处没收违法所得。

针对生产者未停止生产、销售或者进口缺陷汽车产品，隐瞒缺陷情况、拒不召回等严重违法行为，《条例》规定对生产者处以缺陷汽车产品货值金额1%以上10%以下的罚款；有违法所得的,并处没收违法所得;情节严重的,由许可机关吊销有关许可。

按照《条例》规定,缺陷汽车产品召回后,生产者应当及时采取修正或者补充标识、修理、更换、退货等措施,消除缺陷。消除缺陷的费用和必要的运送缺陷汽车产品的费用,均由生产者承担。生产者依照《条例》召回缺陷汽车产品,不免除其依法应当承担的责任。

汽车产品存在《条例》规定的缺陷以外的质量问题的,车主有权依照《产品质量法》《消费者权益保护法》等法律、行政法规和国家有关规定以及合同约定,要求生产者、销售者承担修理、更换、退货、赔偿损失等相应的法律责任。

汽车产品出厂时未随车装备的轮胎存在缺陷的,由轮胎的生产者负责召回。具体办法由国务院产品质量监督部门参照《条例》制定。

三、我国《缺陷汽车产品召回管理条例》解读

汽车产品:指按照国家标准《汽车和挂车类型的术语和定义》(GB/T 3730.1—2001)中所规定的,是用于载运人员、货物,由动力驱动,或者被牵引的道路车辆(不包括农用运输车)。

召回:召回不等于退货。指按照条例的要求,由缺陷汽车产品制造商进行的消除其产品可能引起人身伤害、财产损失的缺陷的过程,包括制造商以有效方式通知销售商、修理商、车主等有关方面关于缺陷的具体情况及消除缺陷的方法等事项,并由制造商组织销售商、修理商等通过修理、更换、收回等具体措施有效消除其汽车产品缺陷的过程。

缺陷:指由于设计、制造、标识等原因导致的在同一批次、型号或者类别的汽车产品中普遍存在的不符合保障人身、财产安全的国家标准、行业标准的情形或者其他危及人身、财产安全的不合理的危险。

制造商:指在中国境内注册,制造、组装汽车产品并以其名义颁发产品合格证的企业,以及将制造、组装的汽车产品已经销售到中国境内的外国企业。

销售商:指销售汽车产品,并收取货款、开具发票的企业。

租赁商:指以营利为目的,提供汽车产品为他人使用,收取租金的自然人、法人或其他组织。

修理商:指为汽车产品提供维护、修理服务的企业和个人。

进口商:指从境外进口汽车产品到中国境内的企业。进口商可以视同为汽车产品制造商。

制造商、销售商、修理商、租赁商、进口商,统称经营者。

车主:包括以使用为目的依法享有汽车产品所有权,或者采用分期付款方式购买汽车产品,根据分期付款合同在未付清全部车款前尚未获得汽车产品所有权,但已获得完全使用权的自然人、法人或其他组织,或者根据租赁合同,获得汽车产品使用权的承租人。

主动召回:制造商确认其生产且已售出的汽车产品存在缺陷并决定实施主动召回的,按《条例》的要求,以书面报告的形式向主管部门报告,并及时制订包括以下基本内容的召回计划,提交主管部门备案。

(1)有效停止缺陷汽车产品继续生产的措施。

(2)有效通知销售商停止批发和零售缺陷汽车产品的措施。

(3)有效通知相关车主有关缺陷的具体内容和处理缺陷的时间、地点和方法的方案。

（4）及时有效、客观公正评估召回效果并向主管部门报告的方案。

责令召回：由主管部门组织建立缺陷汽车信息系统，负责收集、分析与处理有关信息。由主管部门组织、设立专家委员会作为技术支持，实施对汽车产品缺陷的调查和认定。根据专家委员会的建议，必要时委托具有客观性、公正性和权威性的汽车产品质量检验机构，实施有关汽车产品缺陷的技术检测。

主管部门根据其指定的信息系统提供的分析、处理报告及建议，在必要时，将汽车产品可能存在缺陷的信息通知制造商，并要求制造商确认其产品是否存在缺陷及是否需要进行召回。主管部门对制造商进行的缺陷汽车产品召回过程加以监督，并根据工作需要部署地方管理机构进行有关缺陷汽车产品召回监督的具体工作。

【小阅读】

2020 年国内汽车召回汇总

2020 年，国内乘用车市场共 54 个汽车品牌发布 136 次召回公告，累计召回乘用车 662 万辆，同比降低 1.63%。

其中日系品牌召回乘用车数量占比高达 45%，本田（包括讴歌）全年就召回多达 194.6 万辆；丰田累计召回 50.16 万辆。值得一提的是，电装燃油泵缺陷是其最大召回原因。继"高田门"和"机油门"之后，这次日系车栽在了"失速门"。

奔驰全年召回多达 17 次，宝马为 11 次，成为榜单中仅有的两家召回频次超过 10 次的品牌。

上汽通用旗下的别克、雪佛兰和凯迪拉克共计召回 5 款车型超 90 万辆，主要问题集中在供应商制造工艺波动，导致零部件无法正式使用风险。

沃尔沃全年累计召回超 50 万辆，召回原因分别涉及安全带系统隐患和前风窗玻璃刮水器安装设计失误。

随着造车新势力销量的爬升，召回规模同样激增。2020 年，特斯拉、理想、威马、极星、零跑 5 家造车新势力共发布 8 起召回公告，累计召回汽车 46449 辆；涉及品牌较上年多 3 家，召回数量增长 145.42%，且造车新势力的召回还屡屡伴随争议。（以上信息来源于国家市场监督管理总局缺陷产品管理中心）

第三节 汽车三包的法律规定

一、外国汽车三包制度

1. 美国的柠檬法

柠檬是一种又酸又涩的水果，消费者买到有问题的汽车时，就如同吃了一个青柠檬，酸楚不堪，难以下咽，因此美国人把买来的毛病百出、一修再修的不良汽车称为"柠檬车"，由此出台保障消费者权益的法规则称为"柠檬法"。"柠檬法"是美国各州保护汽车消费者权益的法律规定的总称。各州的具体规定不尽相同。以加州为例，在新车购买之后的 180 天或行驶里程达到 18000mile（1mile = 1.6km）之前，车辆存在不足以致命的质量问题，消费者在原厂或经销商处经过四次以上的维修仍无法解决问题时，汽车消费者可以要求汽车企业无条件退款或更换新品，汽车企业不得拒绝。

2. 欧盟的两年质量担保期

欧盟没有类似美国的针对汽车产品的"三包"法案。目前在欧盟适用的主要是《关于消费者商品销售及其担保的某些方面的指令》。根据这一规定，产品销售者必须向消费者提供符合销售合同的商品，强制的最短质量担保期为两年。若产品与销售商的允诺不相符，或销售商没有完全履行合同，则销售商需承担更换、修理、降价处理或补偿消费者损失的责任。为享受这一规定所赋予的权利，消费者必须在发现问题之日起的两个月内通知产品销售商。

3. 日本汽车三包制度

在日本，对于汽车售后的修、换、退，政府没有政策上的规定，对汽车售后的修换是企业根据市场竞争决定的。但经过一段时期的市场调整、磨合，现在各大集团都不约而同地制定了大致相同的修换规定：汽车质量保证期为 3 年或 6 万 km，重要部件为 5 年或 10 万 km。

日本 1994 年颁布了《产品责任法》（简称 PL 法）。其中规定了对由于产品的缺陷而引起的人身安全损失，要追究责任，并明确规定用户无需举证缺陷的原因，这是对消费者权益的保护。

日本自动车工业会（JAMA）是由各大汽车生产商组成的民间组织，它负责政府与生产商的联系、沟通，对政府的政策有协助、宣传的作用，同时负责处理调解用户与生产商的纠纷。

日本自动车工业会内设纠纷处理机构"汽车产品责任咨询中心"，它的主要作用是有效地利用汽车行业拥有的技术，保持中立性、公正性，迅速、简单地解决纠纷，增强当事人之间的信任，保护消费者的权益，为提高汽车产品的安全做出贡献。

"汽车产品责任咨询中心"的职能：汽车产品责任方面的咨询、帮助和调解、审查纠纷、与内外相关机构之间的交流和协作。

日本将汽车的检查、维修制度写入法律，《公路运输车辆法》第 47 条规定：使用汽车者必须对汽车进行检查，并进行必要的维修，维持汽车符合安全标准。这对保证汽车的使用安全、提高用户的法律意识是很重要的，同时也减少了纠纷的数量，提高了调解的成功率。

一般情况下，经调解，纠纷是能解决的，但也不排除调解失败，最后由法院判决的案例。

纵观欧、美、日等发达国家，目前都没有出台正式的强制性的汽车"三包"政策和法规。但实质上，他们保护消费者权益的法规，已很好地解决了这个问题。近年来，无论任何汽车品牌，在欧美一旦被发现存在缺陷或者故障而未能及时召回解决，都将面临政府和消费者的强大压力，甚至被告上法庭，在金钱方面和品牌形象上付出巨大的代价。个别企业甚至元气大伤，一蹶不振。

二、中国汽车三包制度

（一）《家用汽车产品修理、更换、退货责任规定》的产生

2013 年 1 月 15 日，国家质检总局发布了《家用汽车产品修理、更换、退货责任规定》（以下简称汽车三包规定）。历经 8 年，人们期盼许久的家用汽车产品"包修、包换、包退"

终于成为现实。《家用汽车产品修理、更换、退货责任规定》包括九章共 48 项条款,明确了汽车三包的核心理念是"为了保护家用汽车产品消费者的合法权益";明确规定了生产者、销售者、修理者的相关义务,三包责任,争议处理及相关罚则。确定汽车三包期限为:家用汽车产品包修期限不低于 3 年或者行驶里程 6 万 km;有效期限不低于 2 年或者行驶里程 5 万 km,均以先到者为准。

汽车三包规定经历了较长的起草过程。2001 年 3 月,国家质检总局组织国内企事业单位研究院所和消费者协会共同研讨制定汽车三包规定,并委托中国机械工业联合会开展了家用汽车三包规定的前期起草工作。2003 年年初,正式向各地征求意见。同年,邀请税务总局、交通部、工商总局,以及消费者,生产、销售企业代表,法律专家和部分企业对一些关键条款又进行了反复讨论。但是由于当时各方面的认识不尽一致,三包出台的条件还不够成熟,规定的起草经过了一段时间的停滞。

2010 年 10 月又重新组织有关各方进行了起草,并先后召开了 3 次研讨会,对讨论稿进行了进一步完善。2010 年 12 月形成《家用汽车产品修理、更换、退货责任规定》(征求意见稿),并召开针对汽车制造商的研讨会。2011 年 5 月、7 月、8 月和 12 月,又分别召开了 7 次企业、行业和地方质监部门、消费者代表的座谈会。2011 年 10 月 21 日质检总局召开立法听证会,来自社会各界的 16 位代表参加听证。2011 年 9 月、2012 年 1 月两次公开征求意见。结合两次向社会公开征求意见收集到的 200 余条修改意见,对《规定》进行了 50 余次修改完善。2012 年 12 月 31 日,国家质检总局以 2012 第 150 号总局令正式颁布实施《家用汽车产品修理、更换、退货责任规定》,规定自 2013 年 10 月 1 日起施行。

(二)《家用汽车产品修理、更换、退货责任规定》解读

《家用汽车产品修理、更换、退货责任规定》最终发布稿与以往征求意见稿相比,对部分内容进行了补充或细化,提高了规定的可操作性,便于消费者维护合法权益。具体如下:

一是加强了汽车生产者的信息备案责任。规定汽车生产者应当向质检总局备案"三包责任争议处理和退换车信息",使质检总局能够及时了解汽车三包规定运行情况,发现可能存在的共性问题,及时采取措施确保汽车三包规定能够正确执行。

二是对修理时间的计算进行细化。规定中明确指出:"需要根据车辆识别代号(VIN)等定制的防盗系统、全车线束等特殊零部件的运输时间不计入修理时间。"随着汽车技术的发展,部分车辆的防盗系统、线束等零部件是不通用的,需要针对 VIN 进行定制生产,配件无法提前储备。因此规定类似的部件运输时间不计算在修理时间内是合理的,能够避免或减少可能发生的争议。但生产者必须将特殊零部件的种类范围明示在三包凭证上,向质检总局备案,并对社会公布。

三是三包责任的争议处理更加便民。规定中明确指出:"可以依法向质量技术监督部门等有关行政部门申诉进行处理。"删除了意见稿的"当地",提高了操作性,方便了消费者维权。即对于一般性的质量争议问题,消费者可以向争议发生地消费者协会或质监部门进行投诉、申诉;如果三包争议问题涉及退、换车的,应当向销售者所在地消费者协会或质监部门进行投诉、申诉。

四是对汽车三包专家库进一步细化。规定中明确指出:"省级以上质量技术监督部门可以组织建立家用汽车产品三包责任争议处理技术咨询人员库,为争议处理提供技术咨询;经争议双方同意,可以选择技术咨询人员参与争议处理,技术咨询人员咨询费用由双方协商解

决。"明确省级以上质监部门负责建立三包责任争议处理技术咨询人员库（简称专家库），使三包工作进一步"落地"，便于保护消费者合法权益。

（三）汽车三包相关知识解读

1. 汽车三包

汽车三包即修理、更换、退货，是指销售者按照《家用汽车产品修理、更换、退货责任规定》对家用汽车产品在包修期和三包有效期内出现的质量问题，应当承担的法律责任。

三包期开始计算日期的界定：三包期从什么时间开始计算会对消费者和经营者的具体利益造成不同的影响。实际中有三种情况。一种情况是双方签订了买卖合同，消费者付了购车款，经营者开具了购车发票，消费者当日就提走车辆，双方交易完成，这种情况下从开具购车发票起计算三包期一般不会有任何争议；第二种情况是由于经营者原因消费者当日不能提走车辆，双方交易没有实际完成，这种情况下若从开具购车发票起计算三包期，消费者的权益就可能受损，经营者就应当以让消费者实际提车日起计算三包期，而不能再以开具发票日期为借口推卸责任；第三种情况是由于消费者自身原因当日不能提走车辆，双方交易也没有实际完成，这种情况下从开具购车发票起计算三包期，这可以看作是消费者主动放弃权利，当然经营者也可以根据实际情况考虑主动承担义务，顺延三包期。建议消费者理性购车，尽量即开票即提走车辆，或者在买卖合同中对不能即买即提的三包期做出明确约定。

2. 家用汽车产品

家用汽车产品是指消费者为生活消费需要而购买和使用的乘用车。乘用车是指相关国家标准规定的除专用乘用车之外的乘用车。这里所说的相关国家标准包括《汽车和挂车类型的术语和定义》（GB/T 3730.1—2001）、《机动车运行安全技术条件》（GB 7258—2017）。根据以上标准，将汽车定义为：由动力驱动，具有四个或四个以上车轮的非轨道承载的车辆，主要用于载运人员和（或）货物、牵引载运人员和（或）货物及其他特殊用途。汽车可分为乘用车、商用车及其相关组合的汽车列车。乘用车是指在设计和技术特性上主要用于载运乘客及其随身行李和（或）临时物品的汽车，包括驾驶人座位在内最多不超过9个座位，它也可以牵引一辆挂车。其种类包括普通乘用车、活顶乘用车、高级乘用车、小型乘用车、敞篷车、仓背乘用车、旅行车、多用途乘用车、短头乘用车、越野乘用车、专用乘用车（如旅居车、防弹车、救护车、殡仪车等）共11类。

（四）主要总成的主要零件种类范围

1. 发动机、变速器的主要零件

汽车产品自销售者开具购车发票之日起60日内或者行驶里程3000km之内（以先到者为准），发动机、变速器的主要零件出现质量问题的，消费者可以选择免费更换发动机、变速器。

在汽车产品三包有效期内，发动机、变速器累计更换2次总成后，或者发动机、变速器的同一主要零件因其质量问题，累计更换2次后，仍不能正常使用的（总成和主要零件更换次数不重复计算），消费者选择更换或退货的，销售者应当负责更换或退货。

发动机、变速器的主要零件由生产者明示在三包凭证上，其种类范围应至少包括表11-1所列出的内容。

第十一章 汽车法律服务

表 11-1 发动机和变速器的主要零件种类范围

总成	主要零件种类范围
发动机	活塞、连杆、主轴承、曲轴、轴瓦
	气缸盖
	凸轮轴、气门
	气缸体
	机油泵
变速器	箱体
	箱内机械和液压传递部件
	齿轮、轴类、箱内动力传动元件

2. 其他主要总成的主要零件种类范围

在汽车产品三包有效期内，转向系统、制动系统、悬架系统、前/后桥、车身的同一主要零件因其质量问题，累计更换2次后，仍不能正常使用，消费者选择更换或退货的，销售者应当负责更换或退货。

转向系统、制动系统、悬架系统、前/后桥、车身的主要零件由生产者明示在三包凭证上，其种类范围应至少包括表11-2所列出的内容。

表 11-2 其他主要总成的主要零件种类范围

总成	主要零件种类范围
转向系统	转向机总成
	转向柱、转向万向节
	转向拉杆（不含球头）
	转向节
	液压泵、助力电动机
制动系统	制动主缸
	制动轮缸
	助力器（泵）
	驻车制动器
	ABS（ESP）液压控制模块
悬架系统	弹簧（螺旋弹簧、扭杆弹簧、钢板弹簧、空气弹簧、液压弹簧等）
	控制臂、连杆
前/后桥	桥壳
	主减速器、差速器
	传动轴、半轴
车身	车身骨架
	副车架
	纵梁、横梁
	前后车门本体

(五) 易损耗零部件种类范围

家用汽车产品的易损耗零部件在其质量保证期内出现产品质量问题的，消费者可以选择免费更换易损耗零部件。易损耗零部件的种类范围及其质量保证期由生产者明示在三包凭证上。生产者明示易损耗零部件的种类范围不应超出表 11-3 所列出的范围。

表 11-3 易损耗零部件的种类范围

序 号	种类范围
1	空气滤清器
2	空调滤清器
3	机油滤清器
4	燃油滤清器
5	火花塞
6	制动摩擦片
7	离合器片
8	轮胎
9	制动液
10	发动机油、发动机冷却液
11	变速器油
12	液压（转向助力、悬架）油
13	蓄电池
14	遥控器电池
15	灯泡
16	刮水器片

(六) 家用汽车产品质量保证期

质量保证期包括包修期、三包有效期和易损耗零部件的质量保证期。汽车三包规定指出，"第十七条 家用汽车产品包修期限不低于 3 年或者行驶里程 6 万 km，以先到者为准；家用汽车产品三包有效期限不低于 2 年或者行驶里程 5 万 km，以先到者为准。家用汽车产品包修期和三包有效期自销售者开具购车发票之日起计算。"包修期是指经营者因家用汽车产品质量问题，对汽车产品提供免费维修或更换零部件等服务的期限。三包有效期是指经营者因汽车产品质量问题，依照法定的条件和要求，向消费者提供免费修理、更换或退货服务的期限。也就是说，自购车之日起，在 2 年或 5 万 km 的包修期之内，经营者按三包规定对汽车质量问题承担修理、更换或退货三种责任，而从第 2 至第 3 年或在 5 万至 6 万 km 之内，经营者对汽车质量问题只承担修理责任。易损耗零部件的种类范围及其质量保证期由生产者明示在三包凭证上。家用汽车产品的易损耗零部件在其质量保证期内出现产品质量问题的，消费者可以选择免费更换易损耗零部件。

(七) 消费者与经营者如在汽车三包方面出现争议的处理方式

根据《家用汽车产品修理、更换、退货责任规定》，如果消费者与经营者在汽车三包方面出现争议，可以通过以下四种方式来解决。

1. 协商

对于家用汽车产品三包责任的争议，消费者应优先与经营者协商解决。争议双方直接面对面地友好协商是解决三包争议最经济、最直接、最有效的方式。双方在协商过程中，可以充分阐述自己的理由，摆出相关证据材料，也可以充分听取和理解对方的意见和诉求。在此基础上，以三包规定中关于修理、更换、退货的相关条款以及相关标准为依据，这样，双方通过协商而达成一致的解决方案的可能性是很大的。这种解决方式无需经历繁杂的程序，无需花费高昂的律师费、专家费或检测费等费用，而且免去了在行政机关或法院之间的奔波，对双方来说都是最简单、最有效解决问题的方式。因此，推荐争议双方优先通过协商方式解决争议。

2. 调解

对于汽车三包争议，消费者可依法向各级消费者权益保护组织等第三方社会中介机构请求调解解决。这里，主要是依据《消费者权益保护法》，"各级消费者权益保护组织"主要是指各省、市、县的消费者协会。消费者如果对于双方协商的结果不满意，可以向当地消费者协会投诉，请求其出面调解。消费者协会调解的具体程序可拨打当地的投诉电话12315咨询。

3. 申诉

对于汽车产品的三包争议，消费者或经营者也可以向当地质量技术监督部门或工商、交通等行政部门进行申诉。对于提交到质量技术监督部门的申诉案件，依据第三十五条的规定，将"按照产品质量申诉处理有关规定执行"。具体程序可以拨打当地的12365产品申投诉电话咨询。

4. 仲裁或诉讼

如果争议双方不愿通过协商、调解解决或者协商、调解无法达成一致的，可以根据协议申请仲裁，也可以依法向人民法院起诉。对于汽车三包争议，双方协商和第三方调解有可能无法达成一致意见；或者暂时达成了一致意见，但因为申诉或调解的结果对争议双方都不具有法律上的强制约束力，任何一方都有可能不遵守业已达成的解决协议。在这种情况下，争议任何一方都有权申请仲裁或向当地法院提起诉讼。当然，消费者也可以不通过协商或调解、申诉等程序，直接申请仲裁或诉讼。在我国，仲裁协议和诉讼判决对当事方具有强制约束力，双方必须遵守，所以仲裁和诉讼是解决三包争议的最终手段。但通常程序较为复杂，当事双方耗费的时间和精力都比较大。

综合以上四种汽车三包争议解决的途径来看，建议消费者合法、理性地维权，经营者客观务实地面对问题，真正将顾客视为"上帝"，积极为消费者解决问题，不但做到遵纪守法，还要努力提高消费者满意度，努力做到"超越消费者预期"。双方唯有在此理念的基础上，才能积极地通过友好协商来解决汽车三包争议问题。

绝大多数汽车三包争议将通过协商和调解的方式解决。在协商和调解过程中，经争议双方同意，可以选择技术咨询人员参与。只有极少数案件可能需要进行产品质量检验与鉴定。从我国现行法律法规来看，对产品质量仲裁检验和产品质量鉴定进行规范的法律主要有《中华人民共和国消费者权益保护法》《中华人民共和国仲裁法》和《产品质量仲裁检验和产品质量鉴定管理办法》。《产品质量仲裁检验和产品质量鉴定管理办法》第二条规定："产品质量仲裁检验和产品质量鉴定是在处理产品质量争议时判定产品质量状况的重要方式。"产生三包责任争议的家用汽车产品所存在的问题是否属于产品质量问题,是三包责任争议处理判定的重要内容之一。

家用汽车产品经营者、各级质量技术监督部门或各级消费者组织等第三方社会中介机构,在处理家用汽车产品三包责任争议时,需要对相关产品进行检验和质量鉴定的,可按照《产品质量仲裁检验和产品质量鉴定管理办法》的具体规定执行。特别是当消费者或经营者对各级质量技术监督部门,或各级消费者组织等第三方社会中介机构,或从家用汽车产品三包责任争议处理技术咨询人员库中选调的技术咨询人员做出的相关判定不接受,并明确要求对相关产品进行检验和质量鉴定的,各级质量技术监督部门或各级消费者组织等第三方社会中介机构应协助安排进行产品质量仲裁检验或产品质量鉴定。

汽车三包规定中对汽车质量问题的处理提出了修理、更换、退货三种方式,并根据我国汽车行业的总体水平和汽车结构特点,参照国外法律法规制定了相应的质量担保期及退、换车条件。需要指出的是,汽车产品虽然价值高、结构复杂,但是各类故障基本上都有相应的维修措施,即都能"修得好"。一般的质量问题没有必要进行整车更换或退货,以免造成不必要的浪费和经济损失。因此,汽车三包规定的立法思想强调质量问题的处理"以修为主",严重的质量问题才进行退车或换车这一原则。上述原则与发达国家的做法也是一致的。所以,消费者在遇到质量问题后,应当首先与修理者联系,尽快检查、诊断、修复车辆。如果出现严重安全性能故障或多次维修还不能解决等符合三包规定中退、换车条件的情况,才应当考虑退、换车辆。

(八)《家用汽车产品修理、更换、退货责任规定》实施过程中的问题

《家用汽车产品修理、更换、退货责任规定》自 2013 年 10 月 1 日实施以来,在保护消费者合法权益、促进汽车市场健康有序发展方面起到积极作用,但也出现部分汽车经营者规避应尽三包义务等行为,限制或侵害了消费者合法权益。

举证难、检测难、维权难、处理难是汽车消费纠纷的主要难题。

(1)新规第三十四条规定,省级以上质量技术监督部门可以组织建立家用汽车产品三包责任争议处理技术咨询人员库,为争议处理提供技术咨询;经争议双方同意,可以选择技术咨询人员参与争议处理,技术咨询人员的咨询费用由双方协商解决。

如果遭遇纠纷,可以实施由企业举证自身无责,由此带来的第三方费用由企业负担,最大限度地维护消费者利益。或者指定一些专业机构,专门负责鉴定故障程度。可由国家出面设立独立的第三方鉴定机构,由相关的行政部门和社会大众对鉴定机构的运行模式进行监督。

在退换货的过程中,消费者始终处于弱势。新车开回家后,出现了故障,消费者认为是产品的质量问题,厂家推说是消费者驾驶不当造成的。这样的事情会经常发生,但是消费者处于弱势,举证很难。即使三包规定出台后,有了正常程序来保障消费者利益,仍需要相应明确的规定来支撑。只有通过法规制定的标准,企业和消费者双方依据统一的标准来衡量,才可能站在同一个平台上去协商解决问题。

(2)新规第二十条规定,发生下列情况之一,消费者选择更换或退货的,销售者应当负责更换或退货:因严重安全性能故障累计进行了 2 次修理,严重安全性能故障仍未排除或者又出现新的严重安全性能故障的……

第十一章 汽车法律服务

严重故障，这应该怎么理解呢？到底有多严重？应该有一个具体的量化标准，比如通过数据或其他的方式来将这一概念具体化，而不是模棱两可。不然发生了严重故障但不被承认，自然是由厂家及经销商说了算。这种既当"运动员"又当"裁判员"的现状，让消费者无法认可检测数据或鉴定结论，这是让消费者最担心的。

（3）新规第二十五条规定，按照本规定更换或者退货的，消费者应当支付因使用家用汽车产品所产生的合理使用补偿，销售者依照本规定应当免费更换，退货的除外。

（4）2013年12月31日，国家质检总局发布汽车生产者信息备案公开情况评估结果。评估结果显示，共有13项问题被发现，主要集中在三包凭证和保修保养手册方面。在这些问题中，有一部分属于生产厂商规避三包责任，甚至还侵犯到了消费者的合法权益。

评估中发现部分汽车生产者在信息备案、公开上存在一些违规问题和不公平条款，主要特征表现为：一是减免汽车经营者责任，规避其应尽的三包义务；二是限制或者侵害消费者权益，加重履行的三包义务；三是赋予汽车经营者单方权利。

这13个问题主要集中在三包凭证和《保修保养手册》上。其中，三包凭证上主要有5个问题：一是部分汽车生产者备案的三包凭证中，发动机和变速器总成，以及汽车系统的主要零件种类范围少于国家标准规定的要求，涉及此类问题的汽车生产者有19家；二是易损耗零部件的种类范围多于国家标准规定的要求；三是根据VIN定制的特殊零部件范围多于国家标准规定的要求；四是根据VIN定制的特殊零部件所占用的时间不计入修理时间。五是没有备案三包凭证，或者三包凭证内容不全。

另外《保修保养手册》上主要有8项问题：一是强制要求用户到4S店维修保养，否则免除消费者三包权利；二是有些零部件的质量问题被生产者排除；三是不承担轮胎保修义务，有13家生产者在《保修保养手册》中规定，汽车生产者不承担轮胎保修义务，轮胎的保修由轮胎生产商独立承担；四是里程表无法确认行驶里程的不予三包；五是限定消费者对车辆的加装、改装；六是不承担给消费者造成的损失；七是文件的单方更改权和最终解释权问题；八是部分生产者未备案保修或保养手册。上述情况侵犯了消费者的汽车三包相关权益，有关经营者必须迅速整改。

【案例1】 消费者不在授权4S店保养不能三包

部分生产者在《保修保养手册》等随车文件中规定："消费者必须在生产者授权的4S店保养，否则经营者不承担三包责任。"国家质检总局通报，重庆某汽车公司规定："未到其汽车特约服务站处进行定期保养，视为自动放弃质量担保权利。"

汽车三包规定第六章第三十条规定，在家用汽车产品包修期和三包有效期内，因消费者未按照使用说明书要求正确使用、维护、修理产品而造成损坏的，经营者可以不承担本规定所规定的三包责任。

厂商强制用户到指定4S店保养和限制合理改装是侵权。一些生产厂商强制把三包责任和保养绑定在一起，剥夺了用户保养汽车的选择权，是对消费者权益的侵害。对于车的保养，用户是有选择权的。

正确使用、维护、修理产品与强制保养没有因果关系。家用汽车产品不在生产者授权的4S店等保养，出现的质量问题只要与该保养没有因果关系，或者说在其他汽车4S店保养未造成损坏的，经营者不能免除三包责任。强制保养超出了汽车三包规定的责任免除范围，侵害了消费者的合法权益。可是消费者要注意，如果消费者换错了机油，或换了伪劣的零部件和材料，由于这种不当的保养与后面的损害存在因果关系，此时厂家和4S店不应承担责任。

【案例2】 不承担轮胎保修义务

在三包规定实施过程评估中，国家质检总局调查发现部分车企在《保修保养手册》中明示："不承担轮胎保修义务，轮胎的保修由轮胎生产商独立承担。"例如，北京某汽车公司规定："根据行业惯例，轮胎的质量保证服务由轮胎供货商执行。"

汽车三包规定第四条明确规定，三包责任由销售者依法承担。销售者依照规定承担三包责任后，属于生产者的责任或者属于其他经营者的责任，销售者有权向生产者、其他经营者追偿。因此，轮胎质量担保责任首先应由汽车销售者依法承担。若家用汽车轮胎出现质量问题，销售者可以依法向生产者、其他经营者追偿，但不能免责。

【案例3】 加装、改装需经企业允许

限定消费者对车辆的加装、改装也是此次评估中发现的侵权问题之一。

汽车三包规定第三十条明确规定，在家用汽车产品包修期和三包有效期内，使用说明书中明示不得改装、调整、拆卸，但消费者自行改装、调整、拆卸而造成损坏的，经营者可以不承担本规定所规定的三包责任。国内有些企业在说明书或者保养手册上明确告诉消费者，改装需要经过生产厂的允许，否则就免除三包责任。质检总局通报，广汽某进口品牌汽车公司、美国某品牌汽车中国销售公司等16家企业规定了"未经生产者允许，客户不得对车辆进行任何加装、改装或更改"等强制条款。

三包规定要求免责要有因果关系，也就是说消费者自行改装、调整、拆卸要与出现的质量问题之间有"因果关系"。三包规定强调，消费者根据自己需要自行改装、调整、拆卸，只要未造成汽车产品损坏的，如果在包修期和三包有效期内汽车出现质量问题，经营者仍然要承担三包责任。所以限制用户改装，侵害了消费者对产品的处置权和使用权。

【案例4】 三包零部件缩水

质检总局在实施评估中还发现少数汽车生产者备案的三包凭证内容不规范。厂商存在单方面缩减"质量问题"范围的行为，如：三包凭证中明示的发动机和变速器总成以及汽车系统的主要零件种类范围少于国家标准中规定的要求，易损耗零部件的种类范围多于国家标准中规定的要求。如有些生产者将玻璃制品、衬套和油封、传送带、离合器压盘等零部件包含在易损耗零部件的种类范围中。根据三包规定，所有在三包期内因为质量原因导致的问题，厂家都应该按照三包规定进行处理。

这样的零部件大致分三类：第一类，厂商将玻璃、离合器等一些易损坏的零部件列入不三包的范围，担心可能因为消费者使用不当造成损坏而容易导致纠纷。第二类是调整类的，比如四轮定位、动平衡、发动机调整。厂家认为不属于质量问题的，厂家的理解是可以不三包。如果不是质量问题，确实可以不三包。但是这类问题不一定就不是质量问题，比如，要是车辆因为四轮定位导致跑偏，如果四轮定位不当是厂家导致，厂家依然要三包。如果确实是使用中车辆正常的故障导致的，那自然不是质量问题，就不用三包，这是可以的。第三类

第十一章 汽车法律服务

问题是厂家认为机油、汽油、空调制冷剂、油液这些可以不三包。油液类没有被列为易损耗件，但是它的寿命绝大部分确实达不到整车的寿命。因为按照厂家保养周期规定，油液类是要定期更换的，比如一般制动液两年要更换一次，自然它的保期达不到3年6万km。油液类的三包期、质保期应该等同于它的保养周期，这样规定才是合理的。不是说油液类就没有质量问题，国外曾经出现过因为机油加得不对导致召回的，也就是说油液类是有可能出现质量问题的，所以厂家把这一类问题撇开，说这类问题不质保、不三包都是不对的，是需要改正的。

里程表因无法确认行驶里程而不予三包也属于单方面缩小"质量问题"范围的行为。在解决这个问题时要查清楚具体原因，里程表损坏到底是消费者的问题，还是质量问题？如果里程表不能够读取数值是产品质量问题造成的，那么经营者就要承担三包责任。

【案例5】 给消费者造成的损失不予承担

消费者因质量问题维修造成的经济和时间损失，经营者是否可以免责？车辆在授权代理商或授权服务中心处因失火、盗窃等造成损失，经营者是否应承担责任？

汽车三包规定明确指出，在家用汽车产品包修期内，因产品质量问题，每次修理时间（包括等待修理备用件时间）超过5日的，应当为消费者提供备用车，或者给予合理的交通费用补偿。

对于符合汽车三包规定第十六条、十九条的情况，汽车经营者应当承担相应的车辆拖运费或交通费用补偿，而不是强制规定不承担任何责任。如果车辆在授权代理商或授权服务中心处因失火、偷窃、盗窃等造成损失，应根据民法、合同法、物权法等有关法律承担相应责任。

对三包凭证、《保修保养手册》内容违规的汽车生产者，政府相关职能部门责令限期改正，整改不力或情节严重的，依法予以查处，还要将评估中存在的典型问题向社会发布，提醒消费者依法维护自身的合法权益。另外还应加大汽车三包政策法规宣传、汽车三包专业知识普及以及汽车三包违规信息披露，探索建立典型舆情问题快速响应机制。

消费者如果发现了问题，产生了三包争议，应该首先找4S店，找有关修理商，先和他们进行协商，因为这个时候双方最清楚情况。如果实在谈不拢，可以向消费者协会、工商局或质检部门进行投诉。如果问题还不能解决，可以通过法律手段来解决。

【小阅读】

汽车三包标准与汽车三包规定的关系

汽车三包标准可以说是汽车三包规定的重要补充，为汽车三包规定的顺利实施提供了技术支持。因此，不能脱离汽车三包规定而孤立地去解读汽车三包标准。具体而言，在汽车三包规定的第十八条中规定"……发动机、变速器的主要零件的种类范围由生产者明示在三包凭证上，其种类范围应当符合国家相关标准或规定，具体要求由国家质检总局另行规定""……生产者明示的易损耗零部件的种类范围应当符合国家相关标准或规定，具体要求由国家质检总局另行规定"，第二十条中规定"……转向系统、制动系统、悬架系统、前/后桥、车身的主要零件由生产者明示在三包凭证上，其种类范围应当符合国家相关标准或规定，具体要求由国家质检总局另行规定"。这两条中所提到的"国家相关标准或规定"就是指汽车三包标准。如果没有汽车三包标准，各个汽车生产者所确定的发动机、变速器、转向系统、制动系统、悬架系统、前/后桥和车身的主要零件以及易损耗零部件的种类范围可能就会千差万别。其结果是：各个汽车生产者所执行的总成更换标准、整车更换或退货标准以及易损耗件的范围存在较大的差异，由此可能会削弱汽车三包规定对消费者的保护作用，汽车三包争议案件可能会增多，相应的争议解决难度也会加大。比如，可能会有一些企业将大量本不属于易损件的零部件列为易损件，如传动带、玻璃、制动盘，甚至是气门、活塞环等重要零部件，并为这些零部件规定了相对较短的质保期，如1年1万km。厂家这样做的结果基本上等同于缩短了汽车三包有效期，规避了部分汽车的三包责任。这种情况既不利于汽车三包规定的顺利实施，也不利于保护消费者的合法权益。因此可以说，汽车三包标准是汽车三包规定必要的补充，是确保汽车三包规定得以顺利实施的重要支撑。虽然汽车三包标准是一个推荐性国家标准（GB/T），但因为有汽车三包规定的引用，实际上已经变成了强制性的国家标准，包括汽车生产者在内的所有汽车行业经营者都必须遵照执行。

（九）实施汽车三包规定对汽车行业发展的影响

对于企业来讲，汽车三包规定实际上是个多方共赢的制度。

（1）对于汽车企业，虽然会增加一点成本，但是这个成本是必要的，而且也不会很大。这种必要的成本对于培育消费者对中国汽车产业的信心是事半功倍的，作用非常大。汽车三包规定，第一会提升消费者对汽车产品消费需求的信心，扩大有效需求。第二会保障企业之间的公平竞争。不像没有三包的时候，没有标准，没有规则，缺乏公平竞争。所以这个规章的出台对企业之间的公平竞争、建立良好的市场经济秩序也发挥了重要的作用。第三会进一步促进企业提高汽车产品质量。质量少出问题，三包的成本就会降低，所以通过三包发现质量问题，促使企业把质量放在第一位，把质量看作企业的生命，对提高产品质量会起到巨大的促进作用。第四会提高企业的服务水平。顾客是上帝，企业的生产要赢利，更要服务广大消费者，所以服务是企业最大的赢利点。第五会促进汽车行业健康有序发展。化解矛盾、减少纠纷，在法制的轨道和平台上解决问题，能够降低企业的负担，减少成本，提升经济效益，促进汽车行业健康有序发展。

总之，汽车三包规定，对汽车产业来说能够公平竞争，提升质量，提升服务水准，减少由于不规范三包导致的纠纷矛盾，促进企业有序健康发展。

（2）对消费者而言，汽车三包是消费者的法律武器，可以有效维护自身的合法权益。

（3）对于政府来讲，有效地监督，依法行政，有利于更好地搞好社会经济管理，用更小的成本换取更多的社会公平、和谐。

（4）对社会中介机构也有了发展、壮大和服务的舞台。

（5）对全社会来讲，有利于形成法治文化、汽车文化、协商文化，正确的价值观、和谐的理念、协商的理念。

在物的关系中，精神文化的培育更重要。所以核心是两句话：汽车三包制度是共赢制度，汽车三包制度的有效实施要靠大家的共同努力，以实现社会共治，实现物质文明、精神文明双丰收。

2019年市场监管总局向社会发布了《家用汽车产品修理、更换、退货责任规定（修订

第十一章 汽车法律服务

征求意见稿)》，对家用电动汽车主要零件的三包责任、进一步加大对消费者合法权益的保护力度等进行了修订。

《家用汽车产品修理、更换、退货责任规定》自2013年实施以来，对落实企业质量主体责任、推动产品和售后服务质量提升、保护消费者权益、促进汽车产业健康发展等发挥了重要作用。随着我国经济社会发展和人民群众对美好生活的期待，汽车三包工作也面临一些新情况、新问题，该规章亟待修订。经征求有关部门、消费者协会等行业组织、部分汽车生产销售维修企业的意见，本次修订主要修改了以下内容：

1. 对家用电动汽车主要零件的三包责任做出规定

一是将动力蓄电池、行驶驱动电机作为与发动机、变速器并列的家用汽车主要系统，纳入免费更换总成的规定范围（第18条第2款）；二是将动力蓄电池、行驶驱动电机与其主要零件反复发生的质量问题纳入退换车条款（第20条第3款第（二）项）；三是要求生产者将动力蓄电池放电容量衰减限值和对应的测试方法明示在三包凭证上（第18条第4款）；四是在退换车条款中补充了家用电动汽车动力蓄电池起火的故障（第20条第2款）。

家用电动汽车其他与传统汽车相同的部件仍然适用于本规章，因此不再单独列举。油电混合动力汽车中的动力蓄电池、行驶驱动电机适用于本规章。氢能源等其他新能源汽车目前尚未批量上市，本次修订暂不涉及相关内容。

2. 进一步加大对消费者合法权益的保护力度

一是针对当前消费者退换车支付补偿费用偏高的问题，通过对比研究国外类似法规和测算，将使用补偿系数 n 从现行汽车三包规定中的0.5%至0.8%调整到不超过0.7%（第25条第2款）；二是增加了推动建立家用汽车产品三包责任争议第三方处理机制的规定，以构建多元的汽车三包争议处理体系（第6条第1款）；三是考虑到三包起算日期目前按开具购车发票之日起算，而实际销售活动中大量存在向消费者交付产品晚于开具发票的情况，增加向消费者交付家用汽车产品晚于购车发票开具日期的，按照实际交付日期起算的规定（第17条、第18条第2款、第20条第2款）。

3. 调整本规章监督管理主体并明确各层级监管职权

一是根据机构改革情况，将汽车三包规定中"国家质量监督检验检疫总局"修改为"国家市场监督管理总局"，将"质量技术监督部门"修改为"市场监督管理部门"；二是进一步明确地方市场监管部门的监管职权，规定省级市场监管部门负责本规章在本行政区域内实施的监督管理（第6条第2款），市县两级市场监管部门负责依法受理消费者投诉，对违反本规定的行为实施行政处罚，并将处罚结果记入国家企业信用信息公示系统向社会公开（第6条第3款）。

【小阅读】

汽车三包和召回之间的区别与联系

对于汽车召回和汽车三包，很多人把这两个概念混淆了，可能是因为召回和三包都涉及汽车的质量问题，且处理这些质量问题的方式都是修理、更换或退货。其实二者的区别与联系还是很明显的，主要体现在以下几方面。

（1）二者的调整对象不同。召回管理的对象是所有的汽车，包括乘用车、载客汽车、商用车、货车,甚至挂车都包含在其中。汽车三包规定的调整对象仅为家用汽车产品。家用汽车主要是乘用车,即日常供人们乘用的汽车产品。而货车、大客车等商用车则不包含在汽车三包管理范围内。

(2) 二者管理质量问题的性质不同。所谓汽车召回是指按照《缺陷汽车产品召回管理条例》要求的程序,由缺陷汽车产品制造商进行的消除其产品可能引起人身伤害、财产损失的缺陷的过程,包括制造商以有效方式通知销售商、修理商、车主等有关方面关于缺陷的具体情况及消除缺陷的方法等事项,并由制造商组织销售商、修理商等通过修理、更换、收回等具体措施有效消除其汽车产品缺陷的过程。召回管理的是批量的、系统性、安全性的问题,且这些问题是由于生产者设计、制造原因而产生的;汽车召回的目的是为了消除缺陷汽车安全隐患以及给全社会带来的不安全因素,维护公众安全;而三包管理的问题则统称为质量问题,即家用汽车产品各类质量问题都应该在三包规定的调整范围内,经营者应该对消费者履行三包责任,但涉及产品缺陷的质量问题,生产者应当按有关法规实施召回。汽车三包是为了保护消费者的合法权益,在产品责任担保期内,当车辆出现质量问题时,由厂家负责为消费者免费解决,减少消费者的损失。

(3) 二者管辖的时间期限不同。对于召回,在《缺陷汽车产品召回管理条例》中并没有规定时间期限。这主要是由于召回所涉及的都是影响公共、社会安全、驾驶安全的车辆,不应该有时间限制,只要是在用车辆,都应该在召回范围内。而汽车三包的质量担保期(包修期)明确规定为 3 年或 6 万 km,退、换车的时限为 2 年或 5 万 km。

(4) 二者的法律属性不同。应被召回的汽车是根据《产品质量法》,对可能涉及对公众人身、财产安全造成威胁的缺陷汽车产品,国家有关部门制定《缺陷汽车产品召回管理条例》是为了维护公共安全、公众利益和社会经济秩序。召回属于行政责任的法律范畴,主要是为了维护公共安全、公共利益,政府应当对经营者的召回活动进行监管。汽车三包对经营者来讲在法律关系上属特殊的违约责任,根据《产品质量法》对在三包期内有质量问题的产品,国家制定了"三包规定",由销售商负责修理、更换、退货,承担产品担保责任。三包更多地涉及民事责任,其目的是为了维护消费者的合法权益。国家质检总局主要负责全国汽车三包的政策制定、组织和协调工作,更多的具体工作,如三包争议调解等,是由地方质监部门和消费者保护组织承担的。

(5) 二者的解决方式不同。汽车召回的主要解决方式是汽车制造商发现缺陷后,首先向主管部门报告,并由制造商采取有效措施消除缺陷,实施召回。汽车三包的解决方式是由汽车经营者按照国家有关规定对有问题的汽车承担修理、更换、退货的产品担保责任。在具体方式上,往往先由行政机关认可的机构进行调解。

复习思考题

1. 汽车法律服务的定义与特征是什么?
2. 什么是反倾销?
3. 简述汽车法律服务的表现形式。
4. 简述在汽车维权纠纷过程中消费者的维权途径。
5. 简述我国汽车出口防反倾销调查的策略。
6. 什么是汽车召回制度?简述美国、日本和中国的汽车召回制度。

第十一章 汽车法律服务

7. 什么是主动召回？什么是责令召回？
8. 什么是汽车三包制度？简述我国汽车三包制度的历史。
9. 我国汽车三包开始计算日期是如何界定的？
10. 简述我国汽车三包的主要零部件的种类范围。
11. 消费者与经营者若在汽车三包方面出现争议，处理方式有哪些？
12. 简述汽车三包和召回之间的联系与区别。

参 考 文 献

[1] 朱海玲，肖献法. 我国"机动车企业及产品"管理制度开启重大变革——《道路机动车辆生产企业及产品准入管理办法》解读［J］. 商用汽车, 2018（12）：19-22.

[2] 唐仁敏. 主动适应新形势深化汽车产业投资管理改革——国家发展改革委有关负责人就《汽车产业投资管理规定》答记者问［J］. 中国经贸导刊, 2019（01）：39-40.

[3] 国家发展改革委、商务部联合印发《鼓励外商投资产业目录（2020年版）》［J］. 招标采购管理, 2020（12）：8.

[4] 中共中央关于制定国民经济和社会发展第十四个五年规划和二〇三五年远景目标的建议［N］. 人民日报, 2020-11-04（1）.

[5] 万钢. 《新能源汽车产业发展规划（2021-2035年）》为新能源汽车产业发展制定路线［J］. 变频器世界, 2020（4）：27-28.

[6] 张泽明. 细节调整昭示政策导向［N］. 中国政府采购报, 2020-11-27（5）.

[7] 申杨柳，朱一方. 我国现行法律法规对自动驾驶汽车的适用性分析［J］. 汽车纵横, 2019（7）：59-61.

[8] 中华人民共和国工业和信息化部. 中国汽车行驶工况 第1部分：轻型汽车：GB/T 38146.1—2019［S］. 北京：中国标准出版社, 2019.

[9] 中国环境科学研究院. 轻型汽车污染物排放限值及测量方法（中国第五阶段）：GB 18352.5—2013［S］. 北京：中国标准出版社, 2013.

[10] 中国环境科学研究院. 轻型汽车污染物排放限值及测量方法（中国第六阶段）：GB 18352.6—2016［S］. 北京：中国标准出版社, 2016.

[11] 郑晋军，洪哲浩，佟静，等. 轻型汽车排气污染物实验教学实践研究［J］. 时代教育, 2016（1）：170-171.

[12] 郭千里，赵冬昶，陈平，等. WLTC与NEDC比较及对汽车油耗的影响浅析［J］. 汽车工程学报, 2017（5）：196-200.

[13] 工业和信息化部，财政部，商务部，等. 国家质量监督检验检疫总局乘用车企业平均燃料消耗量与新能源汽车积分并行管理办法［EB/OL］.（2017-09-27）［2021-05-07］. http://www.miit.gov.cn/n1146290/n4388791/c5826378/content.html.

[14] 工业和信息化部装备工业司. 关于加强乘用车企业平均燃料消耗量管理的通知［EB/OL］.（2014-10-16）［2021-05-09］. https://www.miit.gov.cn/ztzl/lszt/2015nqggyhxxhgzhy/2014ztrd/zcwj/art/2020/art_75ccad1f715a441293c0e7b4e20fa172.html.

[15] 荣雪东，宋月伟，冯双生. 国内外汽车油耗法规分析［J］. 汽车工程师, 2015（6）：13-15.

[16] 钱国刚，方茂东，周华. 欧盟2020年车辆燃油消耗量实时监示（OBFCM）法规初窥［J］. 汽车工业研究, 2019（4）：6-11.

[17] 中华人民共和国公安部. 机动车运行安全技术条件：GB 7258—2017［S］. 北京：中国标准出版社, 2017.

[18] 刘小利，王昉颢. GB 7258—2017机动车运行安全技术条件修订内容解读［J］. 汽车实用技术, 2018（15）：275-278.

[19] 苏晖. 解读新《汽车销售管理办法》［J］. 汽车维修与保养, 2017（10）：38-41.

[20] 国家税务总局工业和信息化部公安部关于发布《机动车发票使用办法》的公告［EB/OL］.（2020-12-28）［2021-05-08］. http://www.caam.org.cn/chn/9/cate_95/con_5232820.html.

参考文献

［21］中国人民银行中国银行业监督管理委员会令〔2017〕第2号《汽车贷款管理办法（2017年修订）》［EB/OL］．（2017-11-08）［2021-04-09］．http：//www.pbc.gov.cn/goutongjiaoliu/113456/113469/3412699/index.html.

［22］应朝阳，孙巍，穆文浩．GA 801-2019《机动车查验工作规程》公共安全行业标准制修订情况简介［J］．汽车与安全，2019（8）：72-75.

［23］交通运输部．小微型客车租赁经营服务管理办法（中华人民共和国交通运输部令2020年第22号）．［EB/OL］．（2020-12-20）［2021-06-09］．http：//www.caam.org.cn/chn/9/cate_95/con_5232820.html.

［24］中华人民共和国道路交通安全法［N］．人民日报，2011-08-06（6）.

［25］安心.《校车安全管理条例》解读［J］．道路交通管理，2013（7）：31.

［26］中国银保监会关于调整交强险责任限额和费率浮动系数的公告［EB/OL］．（2020-09-09）［2021-05-08］．http：//www.gov.cn/xinwen/2020-09/10/content_5542418.html.

［27］中汽咨询发布2020年中国汽车专利统计数据［R/OL］．（2021-01-22）［2021-05-10］．https：//baijiahao.baidu.com/s?id=1689547614730406242&wfr=spider&for=pc.

［28］李顺德．自由贸易协定（FTA）与知识产权国际环境［J］．知识产权，2013（10）：13-26.

［29］左世全．解读《新能源汽车产业发展规划（2021-2035）》［J］．智能网联汽车，2020（6）：21-23.

［30］包崇美．追求安全无止境——解读2018年版C-NCAP管理规则［J］．世界汽车，2017（6）：88-95.

参考文献

[21] 中国人民银行中国银行业监督管理委员会 [2017] 第 5 号.《存管注销管理办法 (2017 年第 17 号)》[EB/OL]. (2017-11-08) [2021-01-05]. http://www.pbc.gov.cn/goutongjiaoliu/113456/113469/3412629/index.html.

[22] 班瑞钧,陈新,杨大地. GA 801-2019《机动车驾驶证工本规格》公共安全行业标准解读与常见防伪[J]. 中国人民公安, 2019 (8): 72-75.

[23] 交通运输部. 小微型客车租赁经营服务管理办法《中华人民共和国交通运输部令2020 年第 22 号》[EB/OL]. (2020-12-20) [2021-06-09]. http://www.enam.org.cn/chn/9/cate_95/con_5232820.html.

[24] 中华人民共和国道路交通安全法 [N]. 人民日报, 2011-08-06 (6).

[25] 论 6.《汽车安全智能系例》编著 [J]. 道路交通管理, 2013 (7): 41.

[26] 中国最高法院关于工商登记文件查询下载和查询和采集的公告 [EB/OL]. (2020-09-09) [2021-05-08]. http://www.gov.cn/xinwen/2020-09-09/10/content_5542418.html.

[27] 中尔客调度发布2020 年中国汽车中柯新卡[登载 [EB/OL]. (2021-01-22) [2021-05-10]. https://baijiahao.baidu.com/s?id=1689547361473040242&wfr=spider&for=pc.

[28] 张钠雷. 自由贸易区(FTA)与海外产权同结合探讨 [J]. 通讯产业,2013 (10): 13-26.

[29] 冯超全.《新能源汽车产业发展规划 (2021-2035)》[J]. 智能网联汽车,2020 (6): 21-27.

[30] 郭竞美. 改革变化与过程——解放 2018 年做 G-NCAP 评价限说 [J]. 汽车评论,2017 (6): 88-95.